THE MILITARY ATTACHÉ

ALFRED VAGTS

武官
THE MILITARY ATTACHÉ

[美] 艾尔弗雷德·瓦茨 ———— 著

陈乐福——译 薛洲堂——审校

江苏人民出版社

图书在版编目(CIP)数据

武官／（美）艾尔弗雷德·瓦茨著；陈乐福译. —南京：江苏人民出版社，2021.1
 ISBN 978－7－214－25333－0

Ⅰ. ①武… Ⅱ. ①艾… ②陈… Ⅲ. ①武官－官制－研究－美国 Ⅳ. ①D771.233

中国版本图书馆 CIP 数据核字（2020）第 240728 号

The Military Attaché by Alfred Vagts
Copyright：© 1967 by Princeton University Press. All rights reserved.
No part of this book may be reproduced or transmitted in any form or by any means, electronic or mechanical, including photocopying, recording or by any information storage and retrieval system, without permission in writing from the Publisher.
Simplified Chinese edition copyright © 2020 by Jiangsu People's Publishing House.
江苏省版权局著作权合同登记号：图字 10－2020－419 号

书　　　名	武官
责 任 编 辑	张延安
装 帧 设 计	张　科
出 版 发 行	江苏人民出版社
出版社地址	南京市湖南路 1 号 A 楼，邮编：210009
出版社网址	http://www.jspph.com
照　　　排	江苏凤凰制版有限公司
印　　　刷	徐州绪权印刷有限公司
开　　　本	652 毫米×960 毫米　1/16
印　　　张	31.25　插页 2
字　　　数	320 千字
版　　　次	2021 年 1 月第 1 版　2021 年 1 月第 1 次印刷
标 准 书 号	ISBN 978－7－214－25333－0
定　　　价	78.00 元

（江苏人民出版社图书凡印装错误可向承印厂调换）

目　录

译　序　|001

序　言　|001

第一部分　武官历史述略

第1章　先驱和起源　|003

第2章　19世纪　|016

第3章　第一次世界大战时期　|041

第4章　两次世界大战之间　|056

第5章　第二次世界大战时期　|087

第6章　1945年以后　|108

第7章　武官与"上流社会"　|128

第8章　作为政客的武官　|150

　　　　1918年以前　|156

　　　　1918年以后　|188

第9章　从武官到大使　|207

第二部分　武官工作领域

第 10 章　作为观察员的武官　|221
第 11 章　刺探情报的武官与外交　|246
　　　　　间谍活动与法德关系　|253
　　　　　一个在巴黎的美国人　|259
　　　　　支持与反对俄国　|261
　　　　　极权主义时代的间谍活动　|269
第 12 章　武官与战争经济　|282
第 13 章　战场观察员　|301
第 14 章　武官与军备限制　|320
第 15 章　为专制统治服务的武官　|327
　　　　　普鲁士和俄国的全权军事代表　|329
　　　　　威廉二世与外国武官：不负责任的言行　|352
第 16 章　使团团长与武官：文官和军方的领导权之争　|376
　　　　　德国军国主义和海军至上主义的鼓吹者　|398
第 17 章　武官与联盟　|417
　　　　　1914 年以前　|417
　　　　　1918 年以后　|449
第 18 章　武官制度的未来　|460

参考文献　|465
译后记　|471

译 序

武官：集军事外交与军事情报职能为一身的独特军官

刘 强[①]

武官自19世纪产生以来，一直活跃在军事外交（西方称防务外交）和军事情报工作领域，对维护国家安全发挥着不可或缺的重要作用。世界很多著名将领都有过武官任职经历，例如人们熟知的美国历史上第一位五星上将约翰·约瑟夫·潘兴（John Joseph Pershing）1904—1905年任驻日本武官；日本联合舰队司令山本五十六（Isoroku Yamamoto）海军大将1925—1928年任驻美国海军武官。武官的任职经历不仅对他们的军人生涯产生过重要影响，也对其国家后来的军事战略产生过重大影响。

如今，世界绝大部分国家都设有武官制度，尤其是发达国家更是十分重视武官工作。但是，因国体和对武官地位作用的认知不

---

① 刘强，国防科技大学国际关系学院战略与安全研究所执行所长、博士、教授、博士生导师，国务院学科评议组成员。曾任驻伊朗大使馆陆、海、空军正团职副武官，联合国伊拉克—科威特观察团军事观察员，联合国民主刚果特派团军事观察员管理部部长、中国维和部队司令。

同,有的国家实行职业武官制度,即有人终身供奉此职;有的则实行非职业武官制度,即担任此职者只是暂时的或只有一次机会。无论如何,在任何国家军队中,武官都是极少数人从事的工作或担任的职务,其工作内容和性质也不为大多数人所熟知,因此显得有些神秘。但事实上,武官并不神秘。

《中国军事百科全书》对武官的定义是:"国家武装力量的外交代表,使馆馆长的军事助手,基本任务是从事军事外交和军事情报工作。"[①]可见,武官是集军事外交官和军事情报官为一身的独特军官,既是军人的一种职业称谓,也是军人的一种职务称谓。他们依据国际法和国际惯例,作为堂堂正正的军事外交官被列入驻在国外交官名册,从事着军事外交和军事情报工作。我们从各类媒体中也常常能看到他们的身影。

就武官的起源而言,武官是战争需求催生并依托于常驻使节制度暨大使馆制度的产物。学术界通常认为,当今的常驻使节制度起源于中世纪的意大利,而正式确立则是1648年《威斯特伐利亚和约》签署后。那些依据双边条约或约定派往对方国家大使馆(或公使馆)的军事使者,作为常驻军事代表,除了代表国家武装力量处理两军事务外,还担负着研究驻在国政治和军事问题、搜集本国关心的各类情报尤其是军事情报的重任。这些人后来逐渐演化为当今概念下的武官。

---

① 中国军事百科全书编审委员会:《中国军事百科全书》(军事学术Ⅱ),军事科学出版社,1997年版,第625页。

译 序

关于谁是世界上第一位真正现代意义上的武官,学术界并无统一定论,但其中一个最具代表性观点认为,武官最早始于拿破仑时期的1805年。因为那年拿破仑派遣了一位名叫德·拉格朗日(de Lagrange)的上尉到法国驻维也纳公使馆任二等秘书,其职责是:准确地了解奥地利各军团的实力和驻地,并规定必须每月向法国总参谋部和外交大臣报告奥军动向。拿破仑还特别强调,该上尉务必不遗余力地执行使命,不允许有任何奥军营级以上部队调动而没有发回情报的失职行为。① 此后,拿破仑还向法国驻君士坦丁堡、德黑兰、维也纳和柏林等使馆派遣军官作为外交官,并赋予其与拉格朗日相同的使命。此类人员后被统称为 Attaché Militaire(直译为"军事随员")。拿破仑此举遂被许多欧洲国家效仿。例如,1809年10月,奥皇弗朗茨一世(Francis I)在任命查理·冯·施瓦岑贝格(Charles von Schwarzenberg)亲王出任驻巴黎大使时,同时给他配备了一位军官作为军事助手,并规定其必须为国家获得有关驻在国的正确详细的军事情报。事实上,当时欧洲对军事外交官的称谓并不统一,甚至有些杂乱无章,军事专家、军事副官、军事秘书、军务代表等,不一而足。但是,自1843年奥地利派驻巴黎的路德维希·冯·吉亚尼(Ludwig von Giani)以 Attaché Militaire 头衔第一次出现于外交官名册之上后,从事此类工作者就都被称为 Attaché Militaire。因此,如果说1805年的德·拉格朗日

---

① Armmand Beauvais, *Attachés de Militaires*, *Attachés Navals*, *et Attachés de l'Air*, Paris, Les Presses Modernes, 1937, p.7.

不是世界上第一位现代意义的武官,那么,1843年的路德维希·冯·吉亚尼则无可置疑。因为吉尼亚无论是身份称谓还是地位职能,都完全符合现代武官的内涵和外延。但拉格朗日上尉的地位依旧不可忽视,因为,当今世界各国武官的英文均统称为 Military Attaché,而 Attaché 一词是英文中的法语外来词,因此也就不难判断现代意义的武官源头在哪里。

中国是世界四大文明发祥地之一,在悠久历史中,会否在武官的追根溯源中发现蛛丝马迹呢?答案是肯定的,却也是否定的。因为,中国确实出现过与现代意义的武官很相近但又完全不同因而常被误以为是"武官"的人物。例如,"北门之管"或"北门锁钥""厉兵秣马"成语中涉及的人物——秦国派往郑国驻守的大夫——杞子等人,就常被人认为是武官的缘起。必须承认,杞子等人的身份和在郑国从事的工作与当今的武官确有几分相像,但又难以被定性为武官。这主要是由杞子的使命和任务性质所决定的。因为,尽管杞子在郑国期间搜集了不少情报,尤其是他报告秦国称"郑人使我掌其北门之管,若潜师以来,国可得也"①。即他已掌控了郑国北城门的钥匙,若派兵来袭则可灭而得之。其后,当秦兵真的前来时,杞子等人厉兵秣马准备里应外合。但是,只要了解杞子等人的使命,就会明白他与现代意义的武官根本不是一回事。熟悉"烛之武退秦师"典故者均知,杞子等人去郑国的缘由在《左传·三十年》中记载如下:"夜,缒而出。见秦伯曰:'秦晋围郑,郑

---

① 杨伯峻编著:《春秋左传注》(修订版),中华书局,1999年版,第489页。

既知亡矣。若亡郑而有益于君，敢以烦执事。越国以鄙远，君知其难也，焉用亡郑以陪邻？邻之厚，君之薄也。若舍郑以为东道主，行李之往来，共其乏困，君亦无所害。且君常为晋君赐矣，许君焦、瑕，朝济而夕设版焉，君之所知也。夫晋，何厌之有？既东封郑，又欲肆其西封。若不阙秦，将焉取之？阙秦以利晋，唯君图之。'秦伯说，与郑人盟，使杞子、逢孙、杨孙戍之，乃还。"① 且不说《左传》中对杞子的职务身份未作交代，后人认为其是大夫。逢孙和杨孙在杨伯峻编著的《春秋左传注》中的注释是，前者为"秦大夫"，后者为"秦下大夫"。姑且认为他们非"文官"而是"武官"，但留在郑国的职责只是"戍之"，也就是驻守郑国助其防务。因此，笔者曾撰文认为，杞子的任务是驻防郑国，如果还留有其他军力，他就是秦国驻郑国军队司令，如果只是带领逢孙和杨孙两人帮助郑国戍边

---

① 杨伯峻编著：《春秋左传注》（修订版），中华书局，1999年版，第480—481页。参考译文：夜晚，(烛之武)从城楼攀绳而下，见到秦穆公说："秦晋两国围攻郑国，郑国已知即将灭亡。若灭掉郑国对您有好处，岂敢冒昧拿此事叨扰您。然而，翻越别国而把远方之郑国作为秦国的东部边邑，您知其难以为之，那为什么还要灭掉郑国而给邻国增加土地呢？若邻国势力雄厚了，您秦国的势力也就相对削弱了。若您放弃围攻郑国而将其当作东方道路上招待过客的主人，出使的人来来往往，郑国即可随时供给其缺乏之物，对您毫无害处。而且您曾经给予晋惠公恩惠，惠公也曾答应给您焦、瑕二座城池。然而惠公早上渡过黄河回国，晚上就在那里筑城防御，对此您十分清楚。晋国，会有满足的时候吗？现在它已将东部作为疆界，又欲向西扩大疆界。若不使秦国土地折损，它到哪里去夺取土地？削弱秦国对晋国有利，还望您三思此事！"秦穆公很高兴，遂与郑国结盟，派杞子、逢孙和杨孙驻防，(率军)返回。

守防,则其身份就是典型的军事专家或军事顾问。鉴此,因为事情发生在遥远的公元前630年,若说杞子是世界上较早(是否为最早仍需考证)的驻外军事使者、军事专家或军事顾问(这些职务和身份的人当今依旧存在)还是较为贴切的,但与现代意义的武官则相去甚远。

事实上,中国的武官制度始于清朝被西方列强炮舰外交打开国门之后。当时,美、英、法、德、日、俄等14个国家向清政府派驻武官。洋务运动兴起后,了解国外军事情况成为必需事宜。至光绪二十九年(1903),在清政府新任练兵处会办大臣袁世凯的推动下,向国外派驻"武随员"(即武官)制度得以建立。光绪三十二年(1906)清驻法国大使李式训又就有关武随员事宜上奏政府,就"武随员"的任务、地位、选派、衔级和经费以及派驻国家等提出建议。陆军部会商外交部和邮传部,经军机处上奏皇上,并得到批准,对后来的中国的武官制度建立起到了推动作用。1907年,清政府陆军部制定了《驻外使署武随员章程规则》,其中对武官的任务等做了详细规定。其后出台的《出使章程》和《出使报告章程》中也都明确了武官的军事情报工作使命和须报告的内容。至此,中国的武官制度步入正轨,形成了除个别国家外,驻外大使馆"武随员,各俱一人"的制度安排。其中,当时对武官的任务给予了详细规定,例如,要求武官"应当随时向清廷禀告当地军队编制、军署组织、军学教育、作战方略、马政、兵器、要塞、征募拨充征调章程、赏罚、战术、出师计划、大操事件、外国战史、战时各种勤务等讯息,还要搜集军用地图、军事报章、军事图书等物件。除此之外,他们还应调查所驻国的卫生、经济、交通机关及运输计划、戒严法等看似与军事并无直接联系的社会公共事务"。① 军事情报工作的色彩跃然纸上,为后来武官工作奠定了基础。

清政府被推翻后,民国政府承继了过往的武官制度。但最初由于军阀混战,这一制度并未得到很好的落实,最初10年间仅向美、日、英、法等为数不多国家派驻武官。直至20世纪30年代,武官制度才基本恢复正常并得以发展。其间,多次修订了《驻外陆、海、空军武官条例》《驻外武官业务规程》和《驻外武官办事通则》等规章。1933年至1942年间,向美、英、法、德、意、苏、土等8个国家派驻武官,1946年增加到17个国家。

新中国成立后,武官制度翻开了新的一页。开国大典一个月后,即向苏联派驻了第一位武官。到1950年底,已先后在苏联、缅甸、印尼、捷克、匈牙利、印度、瑞典、波兰、保加利亚、罗马尼亚、丹麦和瑞士等12个国家设立了武官处。到改革开放前,我驻外武官处已达43个。而改革开放后,武官制度得到跨越式发展,不仅各项制度得到完善,武官处的数量也得到快速增长。2019年颁布的国防白皮书明确说明,"中国迄今已同150多个国家开展军事交往,在驻外使馆(团)设有130个驻外武官机构",②遍布世界五大洲。随

---

① 虞和平主编:《近代史所藏清代名人稿本抄本(第一辑)》,大象出版社,2011年版,第30—33页。
② 《新时代的中国国防》白皮书全文,中华人民共和国国防部,http://www.mod.gov.cn/regulatory/2019-07/24/content_4846424_9.htm。

着时代的发展,有理由相信中国的武官队伍还将进一步扩大。

以上情况说明,中国的武官制度是以"师夷"理念依照西方武官制度模式而建。虽然中国原本就有"武官"一词,但其含义是区别文职官员的"军官"。而现代意义的"武官"一直被称为"武随员"或"武参赞",这显然也是依据 Attaché Militaire 的本意而来。直到1931年民国政府《武官条例》出现,才正式被称为武官。而《武官条例》中第一次将过往的称谓改为武官也是师从日本,即借用了日语汉字的"武官"而来。至此,中文"武官"一词成为一个多义词,除了具有原本区别于文官的内涵外,也成为一个与世界内涵与外延相同的专有名词。

如前所述,武官是常驻使节制度暨大使制度的产物,既作为外交官独立存在,更是作为大使的军事助手而出现。因此,武官的工作性质和职能定位决定了全世界各国武官大致都是从事两项主要任务,即军事外交和军事情报。

军事外交是国家总体外交的重要组成部分,执行军事外交的行为主体很多,上至国家元首和军队高层首长,下至普通官兵。但武官作为国家武装力量的驻外代表,常年驻扎国外,是军事外交最为直接的参与者和推动者。武官工作在军事外交第一线,发挥着纽带和桥梁功能,担负着维持两军正常交往以加深彼此理解和信任并由此推动双边和多边合作的重任,是军事外交最为重要的渠道。其中,武官通过交涉和谈判等,沟通和协调解决双边军事关系中存在的问题,并负责处理大量两军间各类具体事务;学习和借鉴驻在国的先进军事思想、作战理念、训练方法、武器装备与军事科技等,促进国防和军队建设与发展;加强与驻在国的交流与合作,协调和保障军队领导人互访、促成国内武器装备和相关军事技术走出国门、推动军品出口和联合研发、协调联演联训和互派军事留学生,等等。由于军事关系是两国关系中最为敏感的,因此,军事关系的好坏也成为两国关系的晴雨表。出色的军事外交工作不仅可以有效地提升两军关系,还可成为推动两国关系的巨大动力。由此可见,武官的军事外交素质和能力如何就显得十分关键。因为,尽管两国关系是军事关系的重要基础和关键支撑,但武官作为一线的具体操作者,其军事外交能力发挥着不可或缺的重要职能。所以,世界各国在遴选任用武官时,无不对其外交素质十分看重,并通过相应的培训来提高,以期能在未来的工作中发挥高效作用。

兵马未动,情报先行。军事情报是一切军事行动的前提和基础,是取得军事斗争优势和战争胜利的根本保证。武官军事情报工作是众多军事情报手段之一和最为重要的人力情报手段之一,是国家军事情报工作的重要组成部分,不仅关系到军事战略也关系到国家战略的构建,并对具体军事问题产生重要影响。从历史源头不难发现,武官是因战争需要尤其是军事情报需要而生。由于军事问题是个专业的问题,尤其是在战争频发的年代,需要专门人员来了解和处理相关国家的军事问题,而大使终究在专业军事问题上有所欠缺(除非本身是军人出身)。因此,拿破仑就想到应该派军人进入到大使馆之中,搜集、研究和报告驻在国和相关国家的军事情况,后来各国纷纷效仿,国家间根据相关协议互派武官也就逐渐成为惯例,军事情报工作也就一直是武官的重要工作内容。

由于武官身处国外,对驻在国的事情有着最直接的接触,能够搜集到驻在国最为"新鲜"的情报,并能更为深刻地了解和感悟地区形势变化迹象。因此,武官发回的驻在国情况,均会得到军队甚至国家的高度重视,历史上很多国家也都十分注意利用武官对驻在国的研究成果,例如美国五星上将麦克阿瑟就极为重视武官情报。也正因为如此,武官也常常被誉为国家的战略哨兵。

需要着重说明的是,往往一说到情报,尤其是军事情报,人们的第一反应就是间谍。无论是从历史还是从现实看,世界各国武官虽均从事军事情报工作,但与间谍完全不同,也不是间谍。因为,间谍是秘密的,武官是公开的,间谍需要各种身份做掩护,而武官则是登录于驻在国外交官名册的外交官。因此,间谍通过各种手段尤其是秘密手段获取情报,而武官则是通过公开合法手段搜集情报(通常被形象地比喻为"戴白手套"),两者有着本质差别。间谍一旦被识破并被抓捕,依据不同国家的法律,要么判以重刑要么处以极刑。而武官是外交官,根据相关国际法和国际惯例,有权通过合法手段对驻在国的政治、军事、社会和文化等相关信息进行调查搜集和分析研判,并可将研究成果通过包括电报和外交邮袋等渠道上报回国内。即便某武官因某种原因受到驻在国的"厌恶",驻在国只能以"不受欢迎者"的名义令其限期离境,因为武官具有外交豁免权。

尽管武官的情报工作是公开合法的,但毕竟其从事的是军事工作,尤其从事军事情报工作,军事的敏感性直接导致其身份的敏感。因此,各国对待武官的到任也都有着严格的审查批准惯例,这种"待遇"在大使馆中,只有大使和武官有,即便是作为首席馆员的政务参赞,也无须等驻在国批准而直接上任,足见武官的特殊地位。当然,从武官出现之日起,违反驻在国法律、法规而从事超越合法手段获取情报的情况一直存在。我们常常能够从媒体上看到某国驻某国的武官因从事与其身份不相符的活动而被驱逐出境的新闻。这只能说这些武官还不够专业,或有其他原因所致,并不代表武官这种职业和职务本身的问题。

随着时代发展,武官工作也变得丰富起来,不仅分工越来越细,层次和称谓也更加细化,从最早的陆军武官,发展到今天的国防武官、三军武官(陆、海、空军武官)、军种武官(陆军武官、空军武官、海军武官和陆空军武官等)和技术武官等,还相应设置了副武官、武官助理、武官秘书等职。目前,世界各国的武官军衔因国情不同,一般是从少将到少校不等,但历史上也曾有上将或中将等高级将领担任武官的案例,如 20 世纪 70 年代末苏联驻美国武官是中将,墨西哥驻美国武官则是上将,[①]新中国担任武官的最高军衔者是 1955 年上任的驻苏联武官韩振纪中将。在驻在国任职的武官们还组成武官团,除了作为内部的工作和娱乐交流平台,也是与驻在国军方交流的一个团体组织。

可以预见,只要各国还拥有军队,国家间军队交往还在进行,武官就一定还会存在,各国也必将对武官制度建设着力推

[①]《口述历史:中国驻外武官鲜为人知的故事》,中国新闻网,http://www.chinanews.com/news/2006/2006-02-07/8/687018.shtml。

进。因为,每一位武官都是国家的军事使者和战略哨兵,其独特的地位和作用,对国家国防和军队建设至关重要,会在更多涉及国家安全的领域和问题上,为国家生存和发展发挥重要作用。

以上是我结合自己的亲身经历和平时研究,从学理上对武官的一点认识。

现在读者看到的这本由艾尔弗雷德·瓦茨撰写的《武官》,虽然成书较早,但作者以较为宽阔的视角,对武官的历史和具体工作进行了阐述和解读,触及了武官所涉及的很多问题,尤其是通过大量案例对两次世界大战中的武官工作进行了较为生动的阐述,是一部内容十分丰富且严谨亦严肃的著作,对了解武官历史和工作极具裨益。更重要的是放眼世界,有关武官的著作实属凤毛麟角,十分罕见。因此,当同事陈乐福先生译出此书后,我便积极推荐给江苏人民出版社张延安先生,他们很快通过了选题评审并购得版权。因此,在此要特别感谢张延安先生和江苏人民出版社的慧眼,才使各位读者有机会读到此书,从一个侧面了解到武官的世界。

2020 年 8 月 30 日

南京听风阁

序　言

写一本关于武官的书，一本关于武官的历史和社会学著作，几乎必然会导致历史的不公。原因在于，武官往往是因为他们的行为不慎才为人所知。人们记住的不是他们的功绩而是失误，不管是以何种方式——纪实文学、回忆录以及从警方、法庭或者其他渠道流出的新闻。这些"真相"和"曝光"，无情地将公众关注的目光聚焦于一个唯恐避之不及的群体。

自从武官作为一个独立的群体出现以来（到写作本书时还不到150年），他们根据长期的或者特别的命令，负责观察、判断、报告外国军事动向以及经济、组织、发展、人员和物资情况，也许还包括军事思想。武官身处不利的环境，甚至经常要面对紧张局势，必须时刻小心谨慎。他们不能从事间谍或其他阴谋活动，也不能结交一些可能影响国家间正常的、"和睦的"以及促进和平的外交关系的人。只有十分的谨慎才能让军人在使馆的存在显得协调和可以接受，因为使馆人员的职责应该是维护和平。如果武官无视这些命令，仅凭一腔热情，想尽可能地搜集关于驻在国军队和装备的情报，且过分注重"物质因素"（武器、防御工事等），忽视士气、经济和战争潜力，他们就可能暴露自己。如果武官的活动被发现，或者仅仅是被怀疑,他们就会被遣送回国,被二元领导体制中的外交系统所压制。武官表面上似乎听命于这种二元领导体制,但其接到的命令往往正好相反。

因此,武官更多的是因为他们的非正常活动而为人所知(据公开信息,目前仅有一名历史学家对武官报告档案进行过研究①),尽管数据显示,武官因不光彩行为而被中止任期的只是例外。正常状态下的武官极少有人关注,比起那些引起上级、同僚或历史学家不快的特工而言,他们在历史上留下的记录要少得多。

在阅读和评价本书之前,还有一点需要说明:因为资料掌握方面的原因,对普鲁士和德国武官活动和倾向的了解要多于对其他国家武官的了解。人们可能会觉得,他们(以及沙俄武官,有关他们的资料少得多)最黩武好战,对大多数国家都习以为常的文官主导体制最为敌视。很多(即使不是大多数)德国武官来自总参谋部或海军部,他们把在柏林、围绕于德皇身边的那种对外交部和文官主导体制的敌意带到了德国驻外机构。

一般来说,选拔武官是基于其出众的能力素质,只有极少数是因为特别的原因(如奖赏政治上的宠信者,或是把已"不宜"留在国内任职的军官派往国外)。因此,武官成为一群百里挑一、甚至千里挑一的精英。1948 年,美国三军每一千名现役军官中,仅有

---

① 见 George Castellan, *Le réarmement clandestine du Reich, 1930 – 1935*,该书采用了法国总参谋部二局的档案,包括当时法国驻柏林和其他国家首都武官的报告。这些报告的数量巨大,平均每天有三四篇。

三人被派往国外武官处任职。仅从数据上来说,武官的选拔确实非常严格。他们与众不同的品格,在任职岗位上得到进一步的锻炼和提升。这种岗位介于外交和国防之间,十分重要却又模糊不清。

这些精挑细选出来的军官的任务,是负责观察和报告一切与军事有关的事务,因此他们不可避免地变得越来越专业化。① 显然在过去的150年间,他们的注意力已经从骑兵转向核武器和远程导弹。从更大的角度来看,对武官最初的要求是多才多艺,足以胜任司令或参谋长之类的职位,熟悉至少一个国家的情况,包括这个国家的军队和领导人。然而,只有极少数武官能擢升到如此高位。实际上,武官从外国首都结束任期回国后,一般从事情报和联络工作。这反映出,和平时期越来越重视与本国军队、战术、武器和指挥方法有关的知识,与克劳塞维茨所强调的战时更重视"敌人的情报"形成鲜明对比。

专业化的另一个结果,"军种利己主义"(service egotism),成为武官身上一个显而易见的弱点,它不仅主宰了他们的判断,也可能误导那些肩负国防重任的人。与大使相比,武官不仅更加尚武

---

① 尽管武官撰写的报告和回忆录很多,对军事专业文献却着墨不多。弗里德里希·冯·伯恩哈迪(Friedrich von Bernhardi)是为数不多的一个例外,他的著作包括 *Germany and the Next War* (London, New York and Toronto 1914),译自 *Deutschland und der nächste Krieg* (Berlin 1912),以及 *Vom heutigen Kriege* (Berlin 1910)等。

好战①,而且在看待战争与和平、国家的优势与缺点等问题时,更容易表现出一种"军种爱国主义"(service patriotism)倾向,除非这个武官所属的陆军或海军获得更多的预算,否则国家将面临敌人进攻的危险。1907—1908 年,英国在讨论德国登陆的危险时,对此深表忧虑的约翰·弗伦奇(John French)爵士和其他一些将军、作家都主张建立强大的陆军,英国驻欧洲的陆军武官们也有同样的担心,并在他们的报告中阐明了这样做的理由。海军武官们则没那么大惊小怪,他们对大英帝国海军很有信心,认为只要英国海军保持实力,就足以应付这一威胁。德国驻伦敦陆军武官与大使一样,认为英德两国短期内不可能爆发武装冲突,而海军武官根据提尔皮茨(Tirpitz)欲激化海军军备竞赛的决心,认为这种威胁已迫在眉睫。② 为防止过度专业化带来的这种危险,德国国防军(Wehrmacht,1935 年至 1945 年间纳粹德国的正式军事力量的称呼。成立于 1935 年 10 月 15 日,解散于 1945 年 5 月 9 日,包括国防军陆军、海军和空军。——译注)在 20 世纪 30 年代中期设立了国防军武官(Wehrmacht-attaché)职位,在驻外国首都的三军武官中挑选最合适者担任该职,除了报告驻在国的军事实力之外,还负

---

① 1908—1809 年波斯尼亚危机期间,俄国外交大臣伊斯沃尔斯基(Isvolski)的警告最初来自于俄国驻维也纳陆军武官的报告。后者对于维持和平根本不抱任何希望,以至于英国驻维也纳大使不得不再三安抚他。见 *British Documents on the Origins of the War*, V, 771。

② George W. Hallgarten, *Imperialismus vor 1914*, 2 vols. (Munich 1951), II, 59.

责评估本国在事关驻在国战争潜力上的整体利益。专家可能犯"只见树木,不见森林"的错误。

如果只是为了更好地发挥武官的作用,必须让他们远离政治,无论是过去还是现在,尽管武官的个人兴趣及其密切观察外交活动的经历使得政治对他们充满了吸引力。但是,并非所有国家的当权者能做到这一点,甚至从未想到过。有时他们,就像瓦德西(Waldersee)或提尔皮茨那样,更愿意把武官置于其文官上级的对立面。历史记录显示,将武官"政治化"是最能让军人腐化的方式之一,会降低他们的专业判断能力和弱化他们在国家军事机构或国家整体政治中的作用。国家领导人(通常是文官)明白,武官竭力"使自己不受任何政治控制"(就像在德意志第二帝国时期经常出现的局面),但他们必须记住,正如一个文官主导体制的倡导者所强调的,"这些武官的观察对政治和军事事务的走向有着重要的现实意义"[①]。因此,荷尔斯坦因(Holstein)——1890—1906年德国外交的实际领导人,也是对威廉二世(Wilhelm Ⅱ)时期文官外交与军事外交统一的需求有着最清醒认识的人——为武官的工作进行辩护。他认为,只有二者统一,军事观察和军事报告才能被政治领导人使用,也才能克服部门主义或者过分夸大或贬低军事因素的弊端。

即使这样,也不能确保武官的报告能发挥最大价值——它

---

① Rich and Fisher, Ⅰ, 31.

们也许不被赏识、不被相信,甚至不被国内当局注意。希特勒将他对职业外交官(所谓"失败主义者俱乐部")的鄙视扩大到了武官身上(除非他们通过了党的考验)。他对武官们关于意大利陆军存在明显不足的报告视而不见,相信法西斯主义正给予它新的力量,而且能够克服武器装备上的劣势。对于德国驻莫斯科武官科斯特林(Köstring)将军关于苏联军事工业实力或者其政治制度稳定性的警告,他也完全置之不理。① 最终,当武官们的警告使柏林意识到,德国1939年前的重整军备正在制造越来越多的敌人时,德国陆军部部长布隆贝格(Blomberg)却没有把这当作一回事,"那不正是'敌人越多,荣耀越大'嘛"。②

"不受欢迎的"报告往往会被国内当局认为不可信。1941年6月16日,日本驻柏林陆军武官报告,新的战争即将爆发,但确切时间无法确定,东京对此并不相信。③ 反之,那些"受欢迎"的报告,由于符合国内当局、陆军部、总参谋部和外交部门的预期,往往受到重视。1913年,一名法国驻哥本哈根海军武官,发回了德国与瑞典海军会议闭幕(事实上并没召开)的报告,法国外交部对此深信不疑。"这个消息毫不令人惊讶",十分依赖武

---

① Heinz Guderian, *Panzer Leader*, transl. Constantine Fitzgibbon (New York 1952), p. 151.

② Moriz Faber du Faur, *Macht und Ohnmacht. Erinnerungen eines alten Offiziers* (Stuttgart 1953), pp. 195ff.; Geyr, *The Critical Years*.

③ William L. Langer and S. Everett Gleason, *The Undeclared War, 1940–1941* (New York 1953), p. 626.

官报告的外交部政治事务主管帕莱奥洛格(Paléologue)指出,他相信瑞典已经完全落入了德国的势力范围。① 1949年,当美国国务院已决定放弃台湾,而且台湾似乎很快就要落于共产主义之手时,查尔斯·梅纳德·库克(Charles Maynard Cooke)海军上将(后来他主张建立一个"文职高级情报顾问组,负责为美国决策进行情报评估",类似中央情报局)听说,驻远东地区的一个副武官 J. R. 曼宁(J. R. Manning)上尉,曾想报告一些与国务院驻当地代表所期望的观点不符的情况。曼宁直接报告了陆军部(the War Department),"后来他被立即调离了副武官岗位"。②

有时,总参谋部作为情报接收机关会与外交部一样心胸狭隘。1933—1939年,德国总参谋部对其武官的报告基本不屑一顾。在他们眼里,好像武官在各国首都的目的与其说是搜集情报,不如说是为了维护德国军队在国外的荣誉。相反地,总参谋部十分仰仗卡纳里斯(Canaris)海军上将领导的阿勃韦尔(Abwehr,德军最高统帅部谍报局——译注)的情报,导致他们"在黑暗中摸索,认为德国无法打败法国却能够征服苏联"。③直到1940年,美国对作为美军登陆地的北非海滩的情况仍一无所知,责任至少应该由华盛顿和武官平摊。华盛顿"从未将非洲

---

① George Maurice Paléologue, *Au Quai d'Orsay, à la veille de la tourmente: journal de 1913-1914* (Paris 1947), pp. 21, 104.
② 《纽约时报》,1960年11月12日。
③ Faber du Faur, pp. 190ff.

放在其重要利益地区清单的重要位置,因此我们的陆军武官和海军武官没有重视这一地区"。为弥补这一错误,一名美国海军武官被派往摩洛哥丹吉尔(Tangier),尽管"仓促上阵",却成功地提供了最新的情报。① 如果没有对所有有关情报的搜集与评估进行恰当的、统一的安排,那么最好的武官报告也将毫无价值。

---

① Robert Murphy, *Diplomat among Warriors* (New York 1964), pp.70, 92.

第一部分
武官历史述略

第 1 章　先驱和起源

观察一个国家的武装力量、战备情况及其总体战争实力,通常且最初是大使和其他外交官最重要的任务之一。正是这一任务为他们赢得了"间谍""体面的间谍"的称号,这两种说法是科米纳(Commynes)和亨利·沃顿(Henry Wotten)爵士根据他们的个人经历给出的。① "使节不过是公开的间谍",西班牙人迭戈·德·萨韦德拉·法哈多(Diego de Saavedra Fajardo)在《基督教政治原则》(*Idea de un principe politico Christiano*, 1640)一书中写道,"而且无损于上帝律法或国家的法律,他们试图通过贿赂和馈赠,瓦解大臣们的忠诚……并判断大臣们有何反对国王的阴谋"。②

在情况不复杂时,大使可以自己从事谍报工作,但随着陆、海军的发展对军事专业化的要求越来越高,政府或是选派军人出任

---

① Logan Pearsall Smith, *The Life and Letters of Sir Henry Wotton*, 2 vols. (Oxford 1907), I, 110.

② 引自该书英译本 *The Royal Politician* (London 1700), II, 222f.。

大使,或是给大使配备专业助手——被称为"间谍中的间谍"的陆军武官、海军武官或空军武官。武官的称号出现于 19 世纪,但其很多职能的历史要古老得多。"他,像一个享有特权的间谍,没有什么能毁其声誉"(多恩[Donne])。关于间谍的记载见于近古时代的文献中,当兵士第一次有了文化,或者当人们第一次觉得能够从书本中学习战争时。弗龙蒂努斯(Frontinus,公元 40—103)将间谍工作写进《谋略》(*Stratagems*)一书,该书被罗马用于训练军官。他提到,卡尤斯·利乌斯(Caius Lelius)是如何受西庇阿(Scipio)派遣,以使节身份为掩护进入西法克斯(Syphax)的军营,带了几名扮成他佣人的军官专门从事间谍工作。当其中一人的身份即将被识破时,利乌斯用手杖狠狠地抽打他,于是所有人都认为那人只不过是个家奴。①

中世纪乃至后来的战争总体而言比较简单,缺乏军事上的分工和计划,因此特别的侦察任务并非十分必要,尽管《富尔达年代记》(*the Fulda Annals*)的一名僧侣作家怀疑,公元 900 年匈牙利人派出的谒见阿尔努夫国王(King Arnulf)的使节实际上是些间谍,受命对进入帝国的道路进行侦察。② 马基雅维利(Machiavelli)在其《论战争艺术》(*Arte della guerra*)(第 6 卷)中提到,"使节们在假扮成仆从的专业军官陪同下,抓住机会观察敌军,打探虚实",但

---

① *Strategematicon*, Book I, ch. 1.
② "Missos illorum sub dolo ad Bavarias pacem optando, regionem illamad explorandum transmiserunt", *Annales Fuldenses*, A.D. 900.

这很可能是摘自古老的文献,而并非当时的实际情况。事实上,在马基雅维利之后的近两个世纪里,外交使团中极少有专业的军事观察员。

17、18 世纪的联盟战争期间,这样的军事观察员作为盟军随营联络官再次出现。其职责是协调盟军行动,向盟军将领建言献策,报告战争捐助金的使用情况,或者在大使无法离开首都时代表其行使职权。

布汶(Bouvines)会战(1214)之后,欧洲联盟战争的形态并没有发生明显变化,而且战争捐助金(根据 18 世纪早期的定义,①是指"一位君主付给另一位君主用于战争的资金")的使用常常很不合理。战争捐助金的提供者,如黎塞留(Richelieu),对多年以来法国付给北方盟友瑞典的金钱被肆意挥霍十分不满。三十年战争期间,黎塞留(在很多人看来,是他建立了常驻使团制度,并将其作为不间断观察和外交竞争的手段)在瑞典元帅古斯塔夫·霍恩(Gustav Horn)的军营中安插了一名军事特使。之后,黎塞留的继任者又将一名法国中将派往好战的查理十世古斯塔夫斯(Charles X Gustavus)身边,并随后者参加了在普鲁士、波米拉尼亚(Pomerania)、波兰及其他巴尔干地区的战役。这位中将随营联络官死后,舍瓦利耶·J. 特伦(Chevalier J. Terlon)接替了他的任务,并在 1658 年初参加了那次穿越冻土地带的令人惊叹的行军。他关于

---

① Johannes Hübner, *Reales Staats-, Zeitungs- und Conversations-Lexicon*, 4th ed. (Leiptzig 1709), p. 1579.

此次行军的记录成为很好的军事史著作。①

尽管西班牙王位继承战争证明反法同盟的作战相当成功——这得益于马尔博罗(Marlborough)公爵和欧根(Eugene)亲王紧密而真诚的合作,18世纪后来的联盟战争,特别是七年战争,常常暴露出军队间协调不力的问题。军队无法领会君主的外交政策,于是后者在对方国家的首都除外交使团外又增设了军事使团。为协调盟军作战行动,"随盟军行动并在需要时提供建议",法国向俄国和瑞典军队派出了一些军官,他们或是从大使随从中挑选,或是专门从巴黎抽调。奥地利同样在奥普劳克辛(Apraxin)军中派了一名联络官,跟法国同行一样,他对俄国将军在大贾根多夫(Gross-Jägerndorf)大捷(1757)后毫无理由地向东退却大为不满。② 当然,这些人在抱怨时仍不忘遵守外交礼仪,但1761—1762年在波米拉尼亚瑞典军营中的法国联络官就没那么客气了。根据丹麦的报告,这位联络官"精力过人,自诩在军队享有盛誉;他似乎需要这么说,以使人们原谅他的夸夸其谈和自吹自擂"。③

这些军事联络官在七年战争期间表现最出色、最令人称道的当属马克—勒内·蒙塔朗贝尔侯爵(Marc-René Marquis de Montalembert, 1714—1800),他是一位富有创造力并享有盛名的军事

---

① Beauvais, p.7; Vagts, *Landing Operations*, pp. 58-59.
② *Recueil des instructions données aux ambassadeurs de France*, IX (Russie II), 61, 101, 103.
③ Aage Friis, ed., *Bernstorffske Papirer* (Copenhagen 1904) I, 455.

作家。1756年10月,他先是被派往瑞典军中(当时瑞典军队在波米拉尼亚的作战并不顺利),受命"想方设法使我国(即法国——译注)军队与瑞典军队间的同盟更加有效,并使两国增添荣耀"。① 他随瑞典军队参加了两次战役,随俄军参加了三次战役,向两国军队介绍了防御工事方面的最新发展情况。

蒙塔朗贝尔前往圣彼得堡之际,他收到了两份指令:一份来自外交大臣舒瓦瑟尔(Choiseul)公爵,另一份来自陆军大臣贝勒—艾斯勒(Belle-Isle)公爵。这表明他同时接受两人的领导。贝勒—艾斯勒公爵不厌其烦地强调一定要服从大使,"在后者引见下觐见俄国女皇,向其报告此行的目的;从大使那儿获得关于观察行动的指示,并在其认为合适的时候前往军队效力"。无论后来的陆军部或者总参谋部如何强调武官的独立性,武官必须服从使团团长这一点从一开始就得到了充分的承认。②

蒙塔朗贝尔从外交部得到的指示中强调,"国王对女皇陛下的成功很感兴趣,希望能派一名将官到俄军中,亲身经历俄军在波米拉尼亚的军事行动,为俄军效力并记录其中必定十分有趣的见闻……"蒙塔朗贝尔带着大使写给俄军司令官费莫尔(Fermor)的介绍信,寻求获得后者的信任,"他定期了解俄军的实力,俄军将领的计划、作战行动、普鲁士军队针对他所采取的行动以及一切与军

---

① *Recueil*, IX, 104.
② Fleury de Saint-Charles, "Un attaché militaire français à l'armée russe (1759): Le Marquis de Montalembert", *Revue d'histoire diplomatique* (1903), pp.265ff.

事有关的动向"。蒙塔朗贝尔还带着一份密码,使他能够与陆军大臣以及法国驻瑞典和奥地利军队的代表联络,他与后者的一系列安排,克服了反腓特烈联盟内部的一些分歧,工作令人称道。他随费莫尔参加了三次战役,并在1760年,当柏林向其敞开大门时,劝说费莫尔不要撤退,而是果断进军,与其他俄军指挥官一起占领普鲁士首都,哪怕仅仅占领几天。1761年,他回到法国。① 他从不公开自己对联军(通常不佳)的看法,直到16年后,他才发表了1757—1761年间的信件。② 这本书在中立国中引起了不少丑闻和嘲笑。他们得知,原来这位侯爵称自己为"法国赐给瑞典和俄国军队的导师。他似乎非常真诚……几位瑞典人可要气疯了。书中对他们的描写惟妙惟肖"。这是丹麦驻巴黎大使的看法。一位丹麦将领曾向其保证,"信中对人物的描述非常真实客观"③。

蒙塔朗贝尔承担的任务明白无误地表明,军事代表在国外拥有一定程度的独立性。事实上,就他的情况而言,不可能不是这样。然而,关于他须服从驻斯德哥尔摩和驻圣彼得堡大使(他们代表法国外交部)的严格指示,把外交部和陆军部各自的地位暴露无遗。很长时间以来,它们一直在争夺法国外交事务的主导权,包括

---

① *Recueil*, IX, 105ff.

② *Correspondance de M. le marquis de Montalembert étant employé parle Roi de France à l'armée suédoise... pendant les campagnes de 1757, 1758, 1759, 1760 et 1761*, 3 vols. (London 1777).

③ Friis, III, 533.

在外交报告方面,尽管其中必然包含重要的军事情报,但外交部占了上风,获得了为"外交政策的至高无上"代言的地位。在路易十四(Louis XIV)执政时期显然还并非如此,当时的陆军国务大臣卢瓦(Louvois)拟向国外派遣独立的谍报人员,负责报告军事和政治事务,引发了持续的纷争。外交大臣托尔西(Torcy)坚持认为,法国之所以在卢多维克(Ludovic)执政晚期遭受严重挫折,主要是因为外交部不受尊重,不如陆军部,甚至比不上建筑监督部。①

在旧制度(ancien régime)结束之前,法国外交部以及大使的优势地位似乎毋庸置疑。有时,外交官中也有一些军官或者退役军官,特别是那些消息灵通、能够对军事事务进行观察和判断的,包括后来的"公民"热内(Genêt)——他曾是一名龙骑兵军官,1779年在圣彼得堡从事过类似武官的工作②——以及阿克塞尔·弗尔桑(Axel Fersen)伯爵——他是玛丽·安托瓦妮特(Marie Antoinette)的瑞典朋友,也是法国王室赴瓦雷讷河(Varennes)避难的策划者。然而,才华过人的助手丝毫不会影响大使的地位,后者的地位类似早期工业组织中的工厂老板。对外大使代表这个企业并全权负责,不管该企业内部如何分工。

---

① Camille George Picavet, *La diplomatie au temps de Louis XIV* (Paris 1930), pp. 187, 42ff.; Gaëtan de Flassan, *Histoire générale et raisonée de la diplmatie française, depuis la fondation de la monarchie jusqu' a la fin du règne de Louis XVI*, 2nd ed., 7 vols. (Paris 1811), XV, 404.

② *Recueil*, IX, 479.

大革命和拿破仑(Napoleon)时期迟滞了文官主导体制在法国的发展,某种程度上在其他地区也是如此,尽管塔列朗(Talleyrand)从编制令中获得了一份禁止军人出任大使的命令,除非他们具备从事外交工作的品质。为适应连年征战的需要,拿破仑除了任命将军担任大使之外,还命令法国驻外使团的部分人员专门从事谍报工作。1806年,一名上尉被任命为法国驻维也纳使馆二等秘书,给他的命令是"严密监视并报告奥地利军团的实力和位置"。这些情报通过一套卡片索引系统进行搜集、整理并时时更新,然后每月报给拿破仑军队总参谋部和法国外交部。为完成这一任务,这名上尉秘书须竭尽全力,"以确保每个营的调动都在其掌握之中"。① 除了名称之外,这名上尉是最早的真正意义上的现代武官之一。他的首要职责是持续地、系统地观察潜在敌人,在19世纪不断加剧的军事竞争中,这样的武官成为不可或缺的工具。报告敌军实力之外的其他任务由维也纳使馆的另一名军官秘书负责。1807年初,他奉拿破仑之命,前往多瑙河下游的维丁(Widdin)搜集巴尔干地区的军事动向情报。② 此外,为了准备1806年与普鲁士的战争,拿破仑派出他手下一些最出色的年轻军

---

① Beauvais, p.10; Napoleon to Berthier, March 3, 1806. *Correspondance de Napoleon Ier*, 32 vols. (Paris 1858 – 1870), no. 9919.

② Auguste Boppe, *La mission de l'adjutant-commmandant Mériage à Widdin* (Paris 1886); Pierre Bertrand, *Lettres inédites de Talleyrand à Napoleon* (Paris 1889), p.350.

官前往驻柏林使馆,负责报告有关普鲁士军队调动与集结的情报。① 或许是出于对他们到来的不满,一些头脑发热的普鲁士卫兵在法国使馆的门槛上磨起了刀剑。

拿破仑并不是唯一,甚至或许不是第一个,想到派军官去使馆工作并搜集情报的将领。耶拿(Jena)战役时的普鲁士军队参谋长马森巴赫(Massenbach),早在1795年和1800年就提议,普鲁士"应该在我们驻圣彼得堡、维也纳、巴黎、伦敦等的使馆中派驻军官,应选择那些肯定将升至更高指挥职位的军官,他们可以利用在使馆的机会,好好研究下那些将来或许成为敌军或盟军首领的人物的个性。只有这样,我们才能为将来的战争做好准备"。② 查理大公(Archduke Charles)(奥地利将领中让拿破仑最头疼的对手)也想把军官派到奥地利驻外使团中去,但文官当局不同意。事实上,1804年,当奥地利首相兼外交大臣柯本兹(Cobenzl)得知,陆军部在米兰和伦敦驻有秘密间谍,而且他们与迪穆里埃(Dumouriez)——此人受雇于英国人,负责策划反对法国的登陆行动③——保持着联系时,他非常震惊。维也纳官僚机构仍然急切地想要保住文官在所有外交事务上的主导地位。1809年,施瓦岑伯格(Schwarzenberg)被任命为驻巴黎大使,并接受了一名军事顾

---

① Beauvais, p.11.

② Vagts, *Militarism*, p.179; Gerhard Ritter, *Staatskunst und Kriegshandwerk: Das Problem des "Militarismus" in Deutschland*, 3 vols. (Munich, 1954-), I, 210f.

③ August Fournier, *Gentz und Cobenzl* (Vienna 1880), p.122.

问作为使馆成员,首相府收到了一份国王命令,"所有任职于外交部门的军人不得再从军队领取薪金,而只能从首相府秘密情报厅(Geheime Hofund Staatskanzlei)领取",就像其他外交官一样。[1] 因此,至少从对钱包的控制上,从事外交工作的军官已被置于文官的控制之下。

在1810年奥地利颁布的《给总军需部派驻国外公使馆军官的指示》(Instruction for an Officer of the General Quartermaster staff Attached to a Legation Abroad)中,这种控制被进一步强化。由拉德茨基(Radetzky)——他后来晋升为元帅——起草的这份文件规定,此类任务包括两个首要目标:为国家获取有关驻在国准确而详尽的军事情报,以及把驻外军官培养成为将来与该国打交道时有用的人才。驻外军官的任务,是向大使提供关于下列所有问题(不管是军事方面还是民事方面)的最精确的报告。首先,为更好地服务帝国的事业,驻外军官须在大使指导下,学习外国宫廷的政治行为规范。其观察行动应主要涵盖以下方面:

> (一)关于驻在国军队准确而详细的情况。包括各兵种的兵力和变化情况,部队的素质、士气、训练和驻地情况,行军、演习、宿营和作战情况,食物供应、征兵和内务管理情况。特别是关于这支军队的统帅和其他指挥官的情报,关于他们性格和智力情况的具体细节。

---

[1] Beauvais, p.12.

驻外军官获取驻在国兵力及其他方面的信息应该不会太难，在这方面公使可以提供帮助。他可以通过一种间接的、无可非议的方式获取这些信息——从离驻在国最近的邻国那里打听，从而证明自己值得嘉许。只是需要再三强调的是，他在获取方式的选择上必须表现出最大智慧，要避免给人留下间谍的印象，从而危及帝国的事业。

（二）即将爆发战争的迹象（无论远近）和备战措施。包括持续关注驻在国当地的报纸、其他印刷品和公开发表的文章，兵站、要塞和其他军事要点的构筑情况，军火库和军需供应情况，军营内部或附近部队集结情况，以及对于深入判断两国关系十分重要的所有其他战备情况。

凭借社交能力的掩护，有经验的军官知道如何结交军队和其他方面的关系，从而使其能够在不被察觉的情况下进行有用、有趣的观察。一个善于跟人打交道的行家和机敏的观察者，通过与精心选择的对象之间的信任关系，往往能更容易地获取一个国家的秘密，且无须担心成为令人厌恶的间谍。该军官行事须十分小心，因为他肯定会成为外国秘密警察时刻监视的对象。但如果他足够谨慎，就能轻易地在驻在国建立关系网，未来他和他的政府都可以从中获取想要的情报。

（三）关于作战行动、作战方向和兵力部署的准确而及时的情报，以及驻在国与第三国之间的作战情况。这是驻外军官观察的主要目标。为此，驻外军官应在重要道路交会处安排心腹，向其报告部队的行军或作战行动。如确有必要，大使应亲赴战区观察,或者应获准派其手下军官观察战役进程。

在驻在国对上述情况及其他重要军事情况进行观察时,应做好记录。这些记录应作为军事史料定期上报,在发生重大情况时应立即报回,刻不容缓。这些记录将成为总参谋部情报机构和首相府秘密情报厅的消息来源之一。

(四)以军情为基础的驻在国国情。包括全国的进攻与防御情况、军事要地及其在战争中最有可能的用途。这些情况必须通过悄悄地旅行,小心翼翼、有条不紊地搜集,逐渐凑成全貌。

(五)驻在国的军事、科学、警察和教育制度情况。驻外军官应观察和报告,以便在必要时将其中值得仿效之处以及其他有用的东西带回本国。还要报回有关的文献资料,包括军事年鉴、军官名册,关于增加和使用军事预算的命令、军队内部教材、有价值的新版地图和计划,地理和统计方面的出版物。

驻外军官的教育背景、谦逊的语言和了解这些东西仅是个人兴趣使然的堂皇借口,足以使他在任何地点都能畅通无阻。在从事上述工作时,以及有必要行贿时,他也可以向上级申请,后者将提供必要的资金。

如果驻外军官行事明智而谦逊(这一点无论怎么强调都不过分)并时刻将最高利益放在心上,在言语、行动甚至通信中都极为小心,避免任何有失身份之举,他将找到为军事部门服务的有效方式,即通过结识并联系那些凭借影响力、知识和服务在发生战争和其他情况时能发挥作用的人。

另外,要相信从事此工作的每一名军官,他知道在任何场合下如何作出明智的判断,他采取的所有措施也都将符合大使的想法和思路。①

这些针对奥地利军官(只是缺少名分的武官)的早期指示,不仅列出了现代武官的大部分任务,而且强调要相信其知识和判断力,其在国外环境中的举止以及行事必须谨慎小心,由于其使命始终受人怀疑,其言行必须检点。因此,武官的任命通常需要驻在国的许可,除大使之外的外交官都没有这一要求。② 他们一再强调,大使(不论是文官还是军人)是他的上级,而他是使馆工作人员之一。这些已经成为19、20世纪大多数陆、海军强国对其武官所规定的纪律,只有奥地利和其他几个国家的军事当局比较特殊,它们后来使武官摆脱了大使的控制。

---

① *Denkschriften militärisch-politischen Inhalts aus dem handschriftlichen Nachlass des K. K. österreichischen Feldmarschalls Graften Radetzky* (Stuttgart and Augsburg 1858), pp. 40ff. 根据书中内容缩写。
② Potiemkine, III, 806. 1963年7月,英国外交部拒绝了苏联政府拟派往伦敦的一名新的空军武官的任命。见《纽约时报》,1963年7月6日。

第 2 章 19 世纪

从某种意义上说,19 世纪的武官属于由拿破仑开启的军事变革的一部分,并被那些推翻他的人所接受,尽管他们并不接受他的军国主义(militarism)。从此,外交报告中的军事部分变得更加专业,同时军事竞赛也需要关于外国军队的情报。尽管全部由文职人员构成的使馆和公使馆也会对军事事务进行观察和报告,并在必要时向当地派出一名随员或秘书——就像年轻的罗伯特·莫里尔(Robert Morier),"为了获得在海峡建立军事殖民地的暗示"①,1856 年赴奥地利军事前线考察——但一些国家在解放战争(1813 年第六次反法同盟与拿破仑在德国进行的一系列战役——译注)结束后仍然向其驻外使馆派驻了军官。

1816 年,普鲁士首任总参谋长冯·格罗尔曼(von Grolman)将军在一份致陆军大臣(该职位在当时及之后的 50 多年中一直是总

---

① Rosslyn Wemyss, ed., *Memoirs and Letters of Sir Robert Morier*, 2 vols. (London 1911), I, 145ff.

参谋长的上级)的备忘录中,提到了派遣驻外军官的想法。格罗尔曼认为,普鲁士不能落后于人,必须紧跟其他国家的步伐。陆军大臣和首相哈登贝格(Hardenberg)都表示同意,并立即下达了六项任命,涉及的军官均为少校或上尉。然而,这一制度并未立即发展起来,不是因为文官们的反对,而是由于普鲁士窘迫的经济状况。格罗尔曼向他们保证,"此次任命的目的……是从纯军事的角度掌握这些国家的准确消息。他们的目标完全是非政治性的,要杜绝任何干预政治的行为,最重要的是,他们必须注意自己的言行,一定要小心谨慎"。① 远离政治的决心在这里表达得无比清楚,而且就格罗尔曼本人而言,也无比真诚。

几年后,向普鲁士公使馆派遣军官的努力再遭挫折。1824年,鉴于那时的公使馆极少能提供关于军事制度和资源的完整情报,普鲁士炮兵总监奥古斯都(Augustus)亲王向陆军大臣和外交大臣递交了一份"关于向具有重要军事意义的公使馆派遣军官的建议"。当时,法国、俄国、奥地利和英国经常向其驻外公使馆派驻军官,而这一制度也已被拿破仑证实十分有效。事实上,如果拿破仑早在1813年就向柏林派出情报军官,他就能够掌握普鲁士在法国公使馆眼皮底下从事备战的情况。在接下来的给普鲁士总参谋部的拨款中,提供了六名驻外军官的经费,但只有两名被任命,一名被派往圣彼得堡,另一名被派往法兰克福德意志邦联议会

---

① E. von Corady, *Leben und Wirken des Generals Carl von Grolman*, 3 vols (Berlin 1894 – 1896), iii, 29f.

(Bundestag)。外交大臣拒不配合,认为这些任命将在别国首都引起猜疑。他本人须避免任何"可能对目前被愉快维持的、作为同盟和友谊基础的信任和诚实造成哪怕是最小伤害"的行为。① 他决不会让任何诸如军事密使这样的东西破坏神圣同盟的美好气氛。

1815年以后,出现了一段被法国军界斥为"深陷泥潭停滞不前"的时期。由于保守倾向的影响,军事变革不再受欢迎,但这并不是因为军人的懈怠,而是因为文官再次占了上风。滑铁卢之战后法国军队的重组者古维翁·圣西尔(Gouvion St. Cyr),试图为波旁王朝保留拿破仑时期在编制方面的一些先进做法,包括允许军官常驻使馆和公使馆,"以侦察和研究列强的军事艺术,并与法国的进行比较"。圣西尔的目标远不及拿破仑的情报机构,但他的外交部同僚德索勒(Dessolle)侯爵(曾经也是一位将军)担心,这样一个提议看起来拿破仑色彩太浓,会损害法国驻外使团的和平特质。"尚未从法国的军事和冒险精神所造成的痛苦和恐惧中恢复过来的欧洲,对可能让其想起那段时期的任何东西都会投以不安的目光"。另外,这种新的制度很难不"被解读为法国政府用于掌握外国军事状况的工具"(1819)。②

显然,复辟时期(Restoration,1814—1830——译注)的法国外交部门竭力想要避免的,是在驻外机构中吸收常驻军事人员,以及随之而来的由军事专家发出的警报和"战争危险"报告。但它并

---

① Meisner, *Militärattachés*, p.10.
② Beauvais, p.14.

不妨碍军官(通常为参谋军官)赴国外研究军事制度和发展情况。与常驻相比,这显得不那么令人不快。这种访问军官与本国驻外使馆之间的关系差异巨大,但后者通常会将他们引见给访问对象国的军事部门和其他有助于其完成任务的机构。有时候这种外交保护不仅不能提供帮助,反而会带来阻碍。1829年,一名法国军官在维也纳使馆完成了一项任务后抱怨,"外交官的身份让他不能像普通旅行者一样仔细观察"。①

1815年后发生的战争较少,那些中立国家因而急于获得观摩实战的机会。1821年奥地利对那不勒斯的干涉,1823年法国对西班牙的干涉,1828年的俄土战争以及法国对阿尔及尔的远征,提供了这样的机会。欧洲大陆通过外交努力保持了和平,但在文明边缘地带(非洲、高加索和其他地区)战争依然存在。在申请参加此类行动时,有时言辞非常彬彬有礼,拟让本国军官参加"一次英勇的探险",如征服阿尔及尔,此时"俄国军服应该与法国军服并肩而行"。通常,这样的申请都会被批准,而且会保证这些特使"受到最友善的接待和最理想的服务"。② 极少数被拒绝的记录之一,发生在普鲁士全权军事代表明斯特尔(Münster)伯爵申请随俄国军队参加克里米亚战争时。当时,西部盟国还远没有做好在其军中接纳普鲁士和其他中立国观察员的准备。"马雷夏尔·德圣—阿诺(Maréchal de Saint-Arnaud)的司令部呈现出小型军事国

---

① Beauvais, p. 15.

② Beauvais, p. 16; Gustave Gautherot, *La conquête d'Alger 1830* (Paris 1929), p. 29.

会的面貌",在那里人们可以看到准备不足、挥霍浪费以及随性而为,几乎是俄国人对最友好的观察员也要竭力隐瞒的事实。然而,普鲁士人从圣彼得堡发回的关于俄国军队的报告,因为被法国驻柏林公使馆雇佣的一名间谍窃取而变得广为人知。

偶尔,只是偶尔,军官也会被派往驻外公使馆工作一段较长的时间,但对其的称呼并不是"attaché"——这个称呼最初是用于使馆的文职馆员,而且在 1835 年前从未进入英语。不过总体而言,复辟时期的外交部门倾向于不使用这样的军事助手,或者认为他们的作用不大。七月革命(起初有军事上的危险)标志着这种抵制出现了某种变化,"因为法国的战争法则已经变了"。1830 年,普鲁士首次任命了一名上尉担任驻巴黎公使馆的"军事专家"(Militär-Sachverständiger),这是普鲁士第一名真正意义上的武官,尽管尚无武官的头衔。[①] 1833 年,法国决定,作为对其总参谋部进行改组的一部分,总参谋部人员"将可能受外交部安排,从而能够被派往使馆或从事外交工作"。19 世纪 30 年代后期,四名军衔为上尉的总参谋部人员(此后相当长时间内的多数武官均为上尉军衔),被陆军派往法国外交部门任职。他们有时在外交部工作(负责从军事方面评估国外发回来的报告),有时在国外工作。

这种二元领导体制(让人想起封建时代政治与军事当局的争斗)在此后一百年间一直困扰着武官。尽管军官在被派往使馆或

[①] Meisner, *Militärattachés*, p. 10.

公使馆之前，军事当局（可能心理上有所保留）在给他们的指示中，都要求他们服从自己的临时上级，但武官们最效忠的还是各自的部队，那里不仅是他们的来处，也是他们大多数人的归宿。克里米亚战争期间的普鲁士驻维也纳武官克雷夫特·楚·霍恩洛厄（Kraft zu Hohenlohe）亲王，是第一位从总参谋部军官中选派并接受过情报搜集和评估方面系统培训的武官。在他离开柏林之前，总参谋长命令他，不得要求被任命到公使馆的军官直接向他报告；这些报告将通过外交部和陆军部转给他。在陆军部，霍恩洛厄被告知，他被正式委派到全权公使手下工作，所以在有关官方通信的所有问题上必须接受后者的领导。陆军部认为，尽管公使馆内任职的军官在所有实质性问题上应保持完全独立，但其所有报告发出之前都应由公使先行阅看。至于其他的，"在奥地利，只要懂得如何追求女人就能知晓一切"。在其任期内，霍恩洛厄小心地避免所有可能暴露其职位低于全权公使的场合，在他的报告上一律写"报呈皇家外交部和陆军部"。①

外交部和陆军部都想将霍恩洛厄和他的同僚置于自己控制之下。根据19世纪50年代初达成的一份部际协议（实际上从未被完全遵守），武官在其报告中应"只谈军事技术问题"，避免涉足政治领域。但陆军大臣指出，有些看似技术上的问题常常具有政治

---

① Prince Kraft zu Hohenlohe-Ingelfingen, *Aus meinem Leben* (Berlin 1879), I, 242ff., 254, 339. 关于霍恩洛厄在维也纳的活动，见 Gordon A. Craig, *Political Science Quarterly*, LXIV (1949), 67。

含义,这不应妨碍武官就此类问题撰写报告。因此,最终达成的共识是,公使应阅读所有报告并负责上报,或原文上报,或附上自己的观点。再后来,显然是在1869年之后,武官与陆军部或总参谋部之间关于"纯军事和技术问题"的通信得以直接进行,不再受到监管。① 外交与军事当局之间的矛盾(在这些年里已经有所预示),因为那种教条主义,即唯科学主义(Scientism)甚至非实证主义(non-Comteism)被引入政治后的那种优越感,开始变得尖锐起来。1860年前后,总参谋部,特别是情报部门,先后在普鲁士和法国完成了科学化的"管理"重组。② 当军人将他们科学高效的工作方法与混乱不堪的外交工作流程进行比较后,他们心里很容易滋生出一种优越感,而1864年、1866年以及1870—1871年的军事胜利,更是让这种优越感进一步膨胀为一种不折不扣的总参谋部傲慢。至少在德国是如此。

从很早时候起,普鲁士武官就成为总参谋部的热心仆从,他们几乎没有受到总参谋长(他们很快意识到他才是真正的、永久的上级)的制约,但这是对文官主导体制的挑战。该体制本质上来说是以首相(后来是总理)为首,因此一再强调对武官的外交控制。早在1854年,普鲁士陆军大臣就已知会总参谋长,诸如驻巴黎武官

---

① H. O. Meisner, ed., "Aus Berichten des pariser Militärattachés Freiherrn von Hoiningen gen. Huene an den Grafen Waldersee (1888-1891)", *Berliner Monatschefte*, XV (1937), 959.

② 有关法国方面的情况,见 Castellan, p.16。

这样的军官须被视为临时从事外交工作,从属于所在公使馆的负责人。他不得寻求建立独立的政治关系。他的报告以及给他的指令,均须通过公使传达。他的报告须限制在军事范围内,如要涉及政治事务,须在其与军事事务有紧密联系时方可。

即使是在军备竞赛不那么激烈的时期,这些规则也意味着军事情报的传递与报送是在一种比较缓慢的方式下进行。这些情报首先被报给陆军大臣,然后再到普鲁士的军人皇帝们手中,他们显得更加急于看到这些报告,往往需要数周才能报给总参谋长毛奇(Moltke)。1876年,毛奇向至少一名武官下达命令,将报告副本或摘要直接报给他。从那以后,武官们接到命令(1869—1875年间的命令):"纯军事技术"方面的报告须报给其"直接军事上级"。

谁是"直接军事上级",陆军大臣还是总参谋长?被接连三次战争胜利的威望冲昏头脑的毛奇认为应该是他,但威廉一世对此不置可否(1876),而俾斯麦(Bismarck)同样对武官的"职权范围问题"采取冷处理。武官问题通常与间谍案有关,根据俾斯麦的命令,间谍工作须交给"社会地位较低的人"来做(1877)。武官的"直接上级"问题被再次提起,是在瓦德西(军需部部长和毛奇的继任者)掌管总参谋部时(1882)。在俾斯麦有些漫不经心的批准下,瓦德西耍手段搞掉了满脑子规则的陆军大臣(位于"国王和总参谋长中间"),于是总参谋长成为与皇帝"关系最近"的军人之一。这些德皇身边的军人们,竭力想把皇帝从首相的文官控制和影响下解救出来。俾斯麦事后才意识到瓦德西的阴谋以及他的部门习惯(包括直接与驻外武官联系)的影响,这些影响的效果直到1888年新皇帝继位后才显现出来。

1889年夏,外交部作为须最终承担法律和政治后果的最高政治部门,再次主张对武官采取控制措施。如何处理情报问题?"军事命令(或许不得不被排除在外)一般来说不适合走书面程序,因此这方面的官方责任无法确认"。这一规定能在多大程度上让外交官摆脱军事间谍的肮脏交易依旧存疑,但它无疑会延续下去,因为首相坚持要成为"(外交)屋子里的主人"。他甚至要求,当关键时刻外交形势需要时,武官要向他报告所谓的纯军事事务,就像1887—1888年时那样。

首相对武官拥有绝对控制权的最后认定问题被搁置了起来,尽管这似乎通过一份"基本指示"就可实现。俾斯麦当时正处在与瓦德西(1888年后担任总参谋长)争夺对年轻皇帝控制权的最后关头,显然此时不宜强调什么文官主导。然而,继任者冯·卡普里维(von Caprivi)至少和俾斯麦一样,从他以往的经历中十分清楚,所谓军事秘密的重要性可大可小。又一桩间谍案的发生促使他采取了行动,并得到了外交部"固定人员"的大力支持,他们十分清楚瓦德西通过"他的"武官们所进行的私密外交。卡普里维成功地(成功并非是因为皇帝与总参谋长的隔阂,后者竟敢公开批评威廉二世领导的一次演习)宣布:

> 武官在国外期间的活动应置于使团团长领导之下……作为使团团长的下属……他们不得寻求任何独立地位……如果

他们发表政治观点,须报告使团团长。① ……后者有权向武官下达军事方面的命令。② ……如果有人向武官提供有关外国陆军或海军的来路不光彩的情报,武官可以接受,但须征得使团团长批准。武官不得主动寻求此类情报。武官在履行职责时,不得采取一旦公开将危及德国军官声誉的行动。……他们须尽可能多地向首相呈递军事观察报告。在呈递之前,这些"军事报告"须先报使团团长批阅。原则上,这些报告中不得涉及政治事务,不作任何评论,除非它们与军事内容有着密不可分的关系……③

在与德皇或陆军大臣的争论中,瓦德西强调这样的指示降低了武官的地位,既不利于调动他们的积极性,也不利于他们通过一些有价值的渠道获取政治形势方面的情报。该指示迫使武官执行使团团长的命令,这意味着他们将面对"外交官的反复无常……傲慢无比的代办仅凭心血来潮就能对武官发号施令"。所有这些观点,包括军人对外交官有着"众人皆知的心理优势",或者使团团长向武官下达军事方面的命令实属可笑,是针对年轻皇帝身上最坏的军国主义品质而说的。德皇与总参谋长关系的最终破裂(1891年1月,后者被突然解职,本来他还希望升任首相)使得这

---

① 瓦德西在"基本指示"草稿此处的评语是:"他们因此被降低至报告者的等级。"
② 瓦德西评语:"这是一句漂亮的废话!"
③ 瓦德西:"啊哈!但这个密不可分是什么意思?……谁来解释这个词的意思?"

些观点失去了土壤,它们也没有出现在1890年12月11日发布的"对派驻国外使团军官的基本指示"中。①

在看不出外交部门有明显合作意图的情况下,外交机构中武官的数量——(据1839年以来的《哥达年鉴》(Almanac de Gotha)记载——从19世纪30年代至50年代呈现缓慢增长。虽然仍未实现完全意义上的常驻,但武官确实越来越常见了。惠灵顿(Wellington)去世(1852)前的几年,驻伦敦(或许在其他地方也是如此)的武官团,已经变成一种国际形象的展示。英国当时一份流行的彩色刊物上,有一张铁腕公爵在海德公园的照片,公爵骑着一匹黑色战马,各国武官骑马尾随其后。② 1851年,法国开始定期向其驻柏林公使馆派遣常驻武官,可能是首个推行常驻武官制度的大国。奥地利直到1859年初才效仿。据奥地利驻法国大使不无讥讽地记载,"该物种的第一人"在意大利战争前夕才抵达巴黎,已经太晚了,发挥不了大的作用。③ 在此后的数十年里,武官的名称一直没有统一,有的国家称军事代表(military agents),有的国家称军事秘书(military secretaries, addetti militari, agregados militares),而普鲁士也并非总是使用全权军事代表(military pleni-

---

① 以上内容见 Gerhard Ritter, *Die deutschen Militaer-Attachés und das Auswawertige Amt. Aus den verbrannten Akten des Grossen Generalstabs* (Heidelberg 1960)。

② C. T. Courtney Lewis, *The Story of Picture Printing in England during the Nineteenth Century* (London n. d. 1928), p.329.

③ Joseph Alexander von Hübner, *Neun Jahre der Erinnerungen* (Berlin 1904), II, 149.

potentiary，Militärbevollmächtigter）称呼其派驻至沙皇身边的军官。其实，全权军事代表（奥地利在 19 世纪 90 年代末以前也用它来称呼其某些驻外军事代表）自始至终都是一个误称，因为这些军官几乎从未获得过谈判的全权。①

另外，全权军事代表也被用来称呼法兰克福德意志邦联议会内的各邦国军事代表，以及在 1866 年后，被用来称呼较大的北德意志邦联（the North German Confederacy）成员国的军事代表，如巴伐利亚、巴登（仅一段时期）、符腾堡和萨克森，他们都驻在柏林——北德意志邦联和德意志帝国首都。这一称呼始于 1866 年和 1867 年签订的一系列军事协定，后者使 1866 年战争的战败者承认了普鲁士的军事霸权。他们委任了谒见普鲁士国王的全权代表，后者反过来也向几个邦联成员国首都派出代表（后来仅为随

---

① Eduard von Wertheimer, *Graf Julieu Andrassy, sein Leben und seine Zeit*, 3 vols. (Stuttgart 1910 - 1913), III, 269. 变革发生时在柏林的任职者写道："只要稍加思考就会发现这种古老称呼的问题。全权军事代表听起来或许比武官（军事随员）更响亮、更气派。但后者显然更适合这一职位。对于全权代表来说，毕竟意味着给予任职者某些确切的权利。但是，对于这份工作的性质来说，事实并非如此。"见 Stürgkh, p. 167，这一名称从未完全消失。第一次世界大战期间，德国统帅部不仅包括巴伐利亚、符腾堡和萨克森的全权军事代表，而且，为了联络需要，还包括了来自奥地利、土耳其和保加利亚的全权代表，而德意志帝国在奥地利统帅部有一位"德国全权将领"，并在君士坦丁堡、索菲亚以及（《布列斯特-里沃斯克条约》签订以后）在莫斯科，安排有全权军事代表。Hermann Cronn, *Geschichte der deutschen Heere im Weltkriege 1914 - 1918* (Berlin 1937), p. 6.

员),最初的目的只是为了详尽地阐述军事协定的条款。① 后来,他们的目的变为确保德意志第二帝国(其中一些"邦权"意识难以消除)内各支军队间的团结一致。他们为柏林的高层军官和小成员国的陆军部之间建立起情报和建议传递的渠道。每当邦联议会讨论军事问题,除了那些更小成员国的临时全权军事代表之外,他们代表"邦权"中的军事权。他们并非各自邦国驻柏林全权公使的下属,只是与各自政府的陆军大臣进行直接联络,不受外交部门控制,尽管国内指示要求他们与"皇家公使馆保持不间断接触",并与公使交流情报,"当这对于一致代表巴伐利亚利益非常重要的时候"。②

尽管总的来说各国外交部门并不支持,这些军事代表还是通过观察和引进,促进了本国军事领域的进步,包括后膛装填大炮和步枪、膛线炮、蒸汽海军、铁甲舰以及陆军改革(就像普鲁士那样)。陆军和海军首脑们非常渴望及时了解这些国外的新发展,于是产生了向外国首都派遣常驻陆军武官和海军武官的需求。外交官的抵制减弱了。至少在1848年以后,很多大国及其统治阶层内

---

① 更多细节,见 Meisner, *Militärattachés*, pp.43ff。关于对巴登(普鲁士全权代表在1868年成为该国陆军大臣)的"军事合并",见 Hermann Oncken, ed., *Grossherzog Friedrich I von Baden und die deutsche Politik von 1854–1871* (Stuttgart 1927), II, 35, 40ff., 67ff., 113f。

② 关于这些全权代表的活动,见 Karl Demeter, ed., "Politische Berichte Ludwigs Freiherrn von Gebsattels, bayerischen Militärbevollmächtigen in Berlin, 1905–1911", *Preussische Jahrbücher*, 231 (1933), 24ff。

部的权力关系已经发生了变化,军人作为国内外冲突的制造者①正在压倒作为调解者的外交官。在法国,拿破仑三世(Napoleon Ⅲ)政权高度依赖军队的支持,因此对军方可以说是有求必应,其中就包括派遣常驻武官。

1860年,发生了一件名副其实的大事,有人称之为"恶之花"。当年1月,法国皇帝同意任命总参谋部一名少校为驻伦敦陆军武官,另外两名少校军官被派往圣彼得堡和维也纳,柏林还有一名。4月,法国皇帝意识到,"在法国驻伦敦大使身边安排一名与陆军武官素质相同的高级海军军官很有必要",于是选择了一名护卫舰舰长,他可能是第一名海军武官。在这之前,跟陆军相比,海军对竞争对手的兴趣似乎并不大,或者另有其他调查渠道。

法国驻伦敦大使对派遣两名军官来辅佐他并没有感到十分高兴,第一名军官到任后立即向陆军部报告了这一点。鉴于大使的"不友善"态度,他怀疑自己的工作能否顺利开展。他还担心英国政府会觉得受到了冒犯,因为这一任命事先并未征得英国政府同意。然而,英国只是派了一名海军上校为驻巴黎的第二名武官,在那儿克莱尔蒙(Claremont)上校任驻法国武官已有几年时间。② 他

---

① 1852年10月,奥地利警务大臣肯彭(Kempen)将军提出,应派参谋军官到奥地利驻德意志邦联成员国的公使馆,"以便让我的部门获得真正需要的人手",Josef Karl Mayr, ed., *Das Tagebuch des Polizeiministers Kempen* (Vienna 1930), p.266。

② Beauvais, pp. 24f.

"像法国人一样熟悉法国和法国军队",他的报告经常被送往柏林。① 法国人1860年的做法后来被列强和其他各国不同程度地效仿,尽管有时会遇到国内外交部门的反对。

多年来,英国一直对欧洲大陆的发展尽量采取冷眼旁观的态度。但克里米亚战争使它再难置身事外,不得不派出联络官(所谓女王特使)驻巴黎、都灵和君士坦丁堡的盟军司令部,以及法国东方军团。战争的结果让女王没有了继续这种联系的强烈意愿,也许是为了处理后续事宜,只是在巴黎和都灵保留了武官。他们从1857年才开始使用这一名称,并出现在外交官名录中(但从1874年才开始列入陆军名册)。这显示了外交部门对这些军官的掌控,他们的报告亦须呈交唐宁街。驻都灵武官在一份1860年的报告中含糊地表达了裁军的希望,显然体现了当时英国外交的精神,"一个以去除军事秘密的神秘色彩为宗旨的国际体系,其越是行之有效,和平就越有保障。另外,如果假定不同国家根据这一体系出现利益不均的结果,那些军事化程度较低的国家以及那些不愿打破欧洲和平者的好处将会越来越多"。②

---

① Oncken, *Rheinpolitik*, III, 372; II, 545, 552, 576f. 1859年,当科布登(Cobden)试图开启英法"友好关系"时,克莱尔蒙报告,拿破仑正在集结大量船只准备入侵英国。帕默斯顿(Palmerston)被这一报告吓坏了。Herbert C. F. Bell, *Lord Palmerston* (London and New York 1938), II, 245, 458.

② Lothar W. Hilbert, "L'origine du service des attachés militaires en Grande-Bretagne", *Revue d'histoire diplomatique*, LXXVII (1961), 155ff., also *Journal of the Society of Army History* (December 1959).

剑桥公爵、英国陆军（当时不在进步潮流的前沿）总司令惠灵顿，对普鲁士军事重组的成功（尽管尚未在战场上得到验证）留下了深刻印象。于是，他想要在柏林派驻一名武官，任期至少半年，以详细观察普鲁士军事发展情况。1860年5月，他向约翰·拉塞尔（John Russell）男爵提出了这一建议，却无果而终。1864年3月，惠灵顿公爵重提此事，提议向柏林、维也纳和圣彼得堡派驻武官。鉴于新近陆军发展中的高技术特点，他认为，尽管大使们试图提交可靠的军事情报，但无力应对军事的复杂化，容易使一些重要的事项被忽略："在目前欧洲的乱局中，很多国家都在进行军事合作和备战，我认为最重要的是应该向我国的主要外交使团派驻武官，如柏林、维也纳、哥本哈根、圣彼得堡等。事实上，我认为还应该将这一制度扩展到美洲。我不是说派遣高级专员，那很可能会引起反对……我将负责挑选军衔不太高的军官，以免引起特别注意。"①这一次，外交部门让步了，可能是因为其在公国问题上政策的后果让他们感到震惊，于是1864年4月下达了驻上述三国首都武官的任命。

终于，英国在巴黎、柏林、都灵、圣彼得堡、维也纳和法兰克福（直到1866年）都派驻了武官，还在巴黎和华盛顿派驻了两名海军武官。到1874年，英国陆军终于觉得自身已经参与到欧洲如火如荼的军事竞赛中，不管这算是因还是果。一名在伍尔维奇（Wool-

---

① Col. Willoughby Verner, *The Military Life of H. R. H. George, Duke of Cambridge*, 2 vols. (London 1905), I, 322, 361f.

wich)军事学院讲授历史,后来被派到欧洲研究武官制度的少校写道:"为制定优秀而详细的备战计划,必须研究某某特点和某某数据,这对英国人来说没什么新鲜或者别扭的。"①

普鲁士人 1864 年和 1866 年的军事成功,加上军事领域技术复杂性的提高,大大地削弱了外交官以及他们报告中军事内容的重要地位,也削弱了他们由此可能对军人所拥有的控制力。以前,外交部通过外交渠道搜集到的所有军事情报都呈递给陆军大臣,再由后者将其中他认为具有战略重要性的转给总参谋长。武官们的报告并非报给总参谋部,而是通过公使和外交大臣报给陆军部,再由后者决定其中哪些具有战略性而需要转给总参谋部。② 即使俾斯麦可以维持报告渠道不变,他也不能让大使们报告那些一眼便知属于"纯军事方面"的事务,他们对此或是一窍不通,或是难以让那些桀骜不驯的军人们满意。③

在他通过三场战争统一德国的大业中,俾斯麦对普鲁士武官的工作并不十分满意。1866 年夏,驻巴黎武官冯·勒(von Loë)中校未接到命令就来到位于波西米亚的统帅部并待在那儿,俾斯麦严厉地申斥了他:"作为驻巴黎的武官你是我的下属,我现在作为

---

① Hilbert, p. 160.

② Gerhard Ritter, *Lebendige Vergangenheit* (Leipzig 1944), p. 111.

③ 在俾斯麦首相任期结束前,德国已经在巴黎、维也纳、圣彼得堡(1891 年起,之前是由全权军事代表履行职责)、罗马、伦敦、布鲁塞尔(1872 年起)、伯尔尼(1875 年起)、马德里(1883 年起,由德国外交部提议)和布加勒斯特(1888 年起)派驻了武官。见 Meisner, *Militärattachés*, pp. 17ff。

你的上级批评你,因为你擅离职守。"在很长一段时间内,俾斯麦对勒没有向他准确汇报法国军队准备不足的真实情况十分不满,而且他的汇报还是在他返回巴黎后,在俾斯麦已经与奥地利和其他敌人缔结和约后,如果他对情况有更深入的了解,和约条款对普鲁士将更为有利。同样地,拿破仑三世也没有从驻柏林武官克莱蒙特—托内尔约(Clermont-Tonnerre)少校那儿得到更好的帮助。通过他在1864年战争期间的报告,当时普鲁士和奥地利军队在石勒苏益格(Schleswig)并肩战斗,这位少校让法国人更相信后者的优势。奥地利军队的行动非常迅捷,远超过普鲁士军队(他们不必要的伤亡也更大),于是克莱蒙特—托内尔约和他的上级都被误导了。①

到19世纪70年代初,向国外派遣常驻军事专家的做法已经固定下来,并开始出现在军事文献和政治学著作中。威廉·鲁斯陶(Wilhelm Rüstow)是个狂热的军事民主主义者,1860年曾任加里波第(Garibaldi)将军的参谋长,从普鲁士军中逃走之后在中立国瑞士撰写了大量著作。显然,他在70年代初对这种新的军事制度评价不高,也许作为一个民主主义者,鲁斯陶被充斥着贵族头衔的武官名册(这在当时和以后都是如此)激怒了。但无论如何,他纠正了人们对武官的错误观念。当时很多人认为,"武官不过是些沙龙军官,行使代表职责,他们自己并没有什么重要的任务,只是掩护从事秘密任务或者执行临时任务的其他军官的行动"。鲁斯

---

① Rich and Fisher, I, 27ff.

陶认为,这种观点是错误的,因为那些被派遣执行短期任务的军官无法发挥武官的作用。"这是因为,要想看得清楚,就必须持续观察;否则,就会遗漏很多细节从而看不清整体"。①

洛伦茨·冯·斯坦因(Lorenz von Stein)的《军事制度体系》(*System of Military Institutions*, 1872)堪称19世纪这一领域的经典之作。他在该书中将武官称为"军事统计学"(对每支军队来说都至关重要的制度)的特殊仆人。"只是在提到它时,我们不能只想到收集数据,因为真正的统计学不仅仅是统计那些能以数字体现的力量。没有在公使馆设立武官(Militär-bevollmächtigte)的制度,军事统计学就毫无价值;他们既收集有关外国军队的客观事实,但更重视了解他们的士气情况。这些统计数据不能仅限于与军事设施直接相关的简单事实;更重要的是物质层面的数据,特别是这支军队的经济、士气以及它的作战行动情况"。② 对此类数据的需求,需要一种多数统计学都必不可少的特性——持久性,而这一点,正如我们看到的,是武官处所具备的。③

---

① 鲁斯陶在1857年出版的 *Feildherrnkunst des 19. Jahrhunderts* 第一版中并未论及武官内容,而是在1878年的第三版才加入。后来基于第三版出版了法译本,*L'art militaire au XIXe siècle*(Paris 1881)。此处内容引自法译本第2卷,第111页。
② *L'art militaire au XIXe siècle*(Paris 1881)P. 199.
③ 从1860年起,或者自那时后不久,建立了27个常驻武官处。为了寻找普法战争失败的原因以及未来复仇的途径,战后法国在已有的5个武官处基础上增加了8个武官处;在驻柏林和维也纳使馆增派了第二名武官。到1914年前,法国驻外武官总数已达24名。Beauvais, pp. 30f., 49.

其他人对武官的作用、级别和重要性持怀疑态度。1882 年,军国主义(总是使欧洲分崩离析)的一位早期(罕见)反对者,也是一位俾斯麦的反对者,德国政治评论家康斯坦丁·弗朗茨(Constantin Frantz)质问:"如今在一些大的使馆到处设立了所谓的全权军事代表,负责观察驻在国的军事制度和军事潜力,这难道不是我们的现状吗?掌握这些情报是如此重要,以至于需要任命一名特别专家。或许确实如此,但是我想问:为什么不设立全权文职代表,来观察和报告立法上的进步、文化和国家经济的发展呢?"①

从 1870 年至 1914 年,更多的陆军武官和海军武官被派往使馆和公使馆,偶尔也被派往领事馆(法国在缓慢推进对突尼斯的控制过程中,感到有必要在驻该国总领事馆中安排一名陆军武官)。陆、海军力量弱小的国家向大国(军事进步的推动者)派出武官,但它们之间却极少派驻武官,除非是邻国或出于战略考虑。大国在小国首都派驻武官,有时是为了控制的需要,如俄国驻黑山陆军武官。

武官甚至还被派到帝国主义竞争最敏感的地方,不再像俾斯麦这样的老牌政治家那样有任何犹豫。1875 年,有人提议,应向德国驻君士坦丁堡使馆派出一名陆军武官,但被俾斯麦否决。他不愿引起俄国的猜疑,认为德国也想染指海峡问题。如果需要军事情报,或者可以任命一名军官为使馆秘书。他缩减了为土耳其

---

① *Die Weltpolitik unter besonderer Bezugnahme auf Deutschland* (Chemnitz 1882), III, 25.

皇帝服务的德国教官数量,而且知道如何让他们的活动不引起俄国人的怀疑——相比在博斯普鲁斯的英国和法国教官,俄国人更喜欢德国专家。但慢慢地,当俾斯麦下台后,君士坦丁堡成为由总参谋部人员、财团或军火商的代理人所发动的帝国主义竞争的焦点。①

美国参与陆海军竞争始于1888年9月22日国会通过的一部法案,该法案授权向驻外使团派驻陆军武官和海军武官。1889年,作出首批五项任命,分别是驻柏林、维也纳、巴黎、伦敦和圣彼得堡武官,后来在罗马(1890)、布鲁塞尔(1892)、马德里(1893)、日本和墨西哥(1894)派驻了武官。美西战争期间,美国驻外武官的数量增加到16人,为的是获取关于敌人的情报(华盛顿的情报机构因不受重视、准备不足,对此并不掌握)以及关于中立国军事措施的情报。

1898年,美西战争一结束,武官数量又被华盛顿固定在10人,②这是国会决心控制军事部门的又一表现。再后来,当军方施加压力时,驻外武官数量又有所增加,特别是为了实现各军种的大美洲理想,增派了驻拉丁美洲国家首都的武官。但并非所有的公使都想接收武官。1903年,美国驻巴西公使汤普逊(Thompson)向

---

① 更多细节见 George W. F. Hallgarten, *Imperialismus vor 1914*, 2 vols., 2nd ed. (Munich 1963), I, 225f., 231; II, 373ff., 551ff., etc.。
② Beauvais, p.33. 1903年,在英国、德国和意大利三国干涉委内瑞拉期间,华盛顿向该国派驻了一名任期八个月的海军武官。

他在彼得罗波利斯市(Petropolis)的德国同行保证,"只要他能够阻止,武官别想来他的公使馆"。威廉二世对这种文官勇气的评价是,"他不可能阻止得了",后来证明是正确的。显然,相比政客出身的美国外交官,德皇更清楚军方的力量。①

1914年,第一次世界大战爆发前后,美国与俄国驻外武官的数量相同,包括23名陆军武官(驻拉美7名)和8名海军武官(驻拉美3名),人数位居列强首位。截至当时,全世界武官总数达305名,其中陆军武官214名,海军武官85名。② 德国驻外武官共25名(包括17名陆军武官和8名海军武官),而外国驻柏林武官有30人,是接纳武官人数最多的国家,法国次之。英国作为第一海上强国,接纳的海军武官人数也最多。这不仅是对国家实力的褒奖,还代表着军事科学和军事调查最值得学习的领域。

到1914年,武官已经成为大多数使馆和公使馆的一个正式职位,虽受人尊敬却无法得到其他外交官的信任,无论是在自己的国家还是在驻在国。武官是各国军事竞赛中曝光最多、级别最高的代理人,其工作既需要最大程度的审慎和机智,也需要在一帮战士中间表现出骑士精神,这种骑士精神由于军备竞赛而愈发难得,③

---

① 德国驻彼得罗波利斯公使冯·特洛伊特勒(von Treutler)的报告,1903年10月23日,附德皇的边注。*Archives of Auswärtiges Amt.*
② Beauvais, pp. 44ff.; Meisner, *Militärattachés*, pp. 36ff.
③ 关于德国元帅冯·勒,普鲁士驻巴黎陆军武官(1863—1866),与法国侯爵德加利费(de Gallifet)上将的友情,见 Schlözer, pp. 25ff。

特别是在战前、战争期间以及战后。先前的敌人之间重建外交关系总是一件微妙的事。例如,战后新使馆是否应马上就派驻武官?武官太快重现会不会让人联想起不久前发生的武装冲突?在1866年战争中被征服的奥地利人一直等到1869年年中才向柏林重新派出武官,而他们驻佛罗伦萨(较小的前敌国首都)的武官在1867年就已经到任。① 1871年,俾斯麦任命战前的驻巴黎武官瓦德西伯爵为代办,负责战后重开使馆事宜。1919年,协约国不允许德国向外国派驻武官,而它们(至少其中一些国家,以及像西班牙这样的许多中立国②)或保留或几乎立即向柏林重新派驻了武官。这代表了一种野蛮化的发展趋势。另一个发生在1962年的案例,情况有所不同。在军人集团推翻秘鲁文人政权十天后,三名美国驻利马武官公开会见了军方领导人,而当时美国已经与秘鲁中止了一切外交关系。这次会见预示了华盛顿对新政权的承认。③

在武官的任命方面,陆军基本上在任何国家都是地位较高的军种。最初,陆军武官也报告海军事务,特别是在那些海军力量较小的国家,这种做法更普遍也更持久,但专业化的趋势逐渐发展。

---

① Beauvais, p. 28.
② 关于1913年到20年代中期的西班牙驻柏林陆军武官唐·露易斯·鲁伊斯·德瓦尔迪维亚(Don Luiz Ruiz de Valdivia)上校的生平,见 *The Rebel Prince. Memoirs of Prince Louis Ferdinand of Prussia* (Chicago 1952), p. 55 and passim.
③ 《纽约时报》,1962年7月29日。

早在 1869 年,普鲁士就考虑向驻巴黎使馆派驻一名海军武官,但这一计划"因为对人员能力要求太多"而没有实现。1894 年,威廉二世下令,以后派驻一国首都的第二名武官须为海军人员,但海军当局对此仍不十分满意。他们认为,由于法国人不信任所有德国人,在此身份掩护下的海军军官不大可能比陆军军官获得更多的海军情况,而后者在这方面往往被认为"一无所知";如果因为法国人的提议而作出此项任命,那么互派海军武官仍不符合德国的最大利益。有关法国海军的主要数据来源是法国报刊,而法国人能从德国报刊上得到的海军情报却少得可怜。

"因此法国人比我们更需要通过其他渠道获得情报。去年我们逮捕了他们从事秘密间谍工作的两名海军军官,在一定程度上封锁了他们的情报渠道,因此他们想通过派遣海军武官的合法方式获取情报。鉴于德国人对法国人的敌意没有他们对我们的敌意那么大,法国武官不用像我们驻巴黎武官那样必须谨慎从事。这么看来,一名机敏的法国海军武官将会在柏林和海军港口了解到很多有用的情报"。来自海军司令部的这一观点并未占据上风。1894 年 11 月 19 日,内阁发布命令,任命西格尔(Siegel)海军少校为首位德国驻巴黎海军武官。他后来作为海军专家参加了第一次海牙会议(the First Hague Conference)。①

奥地利海军力量在 1914 年前不值一提,因此德国直至 1911 年才在维也纳派驻海军武官。在此之前,这一职位由驻罗马海军

---

① Meisner, *Militärattachés*, pp. 11f.

武官兼任,首位驻罗马海军武官于1891年到任。这是一个被延误的外交互换,因为心急的意大利人早在1889年就向柏林派出了海军武官。① 1869年,德国人开始在伦敦派驻一名陆军武官,从1882年起,该职位改由海军军官担任。1898年,总参谋长施利芬(Schlieffen)切断了这一"人员联盟",从那以后改为派海军武官和陆军武官各一名。1886年,德国驻"北方帝国"(俄国、瑞典—挪威、丹麦)的海军武官被派往圣彼得堡。至于美国,两国海军之间最初的关系相当"友好"。1873年,德国派出一名驻华盛顿"海军事务随员"(attaché for naval affairs),而此任命自1869年就开始酝酿。第一名"海军事务随员"是轻型护卫舰舰长冯·艾森德克尔(von Eisendecher),后来担任驻美公使。1875年,他被任命为常驻东京公使,而他在华盛顿职位一直无人接替,直至美西战争前夕。②

---

① Meisner, *Militärattachés*, p.13ff.
② Meisner, *Militärattachés*, pp.16f., 19, 21f.

第 3 章　第一次世界大战时期

对第一次世界大战和 1914 年 8 月作出参战决定负有直接责任的,是欧洲各国政府,它们都坚信能赢得战争。但大使和武官们也要承担一些间接责任,因为多年以来,他们的报告和建议令外交部门和军方越来越充满信心。1914 年 7 月,这些人表现得比其他任何时候都更恭顺,更服从于他们的国内部门。欧洲列强的大使和武官中,没有一个反对开战,他们都相信自己必胜。

战争期间,离任回国的武官和资深的前武官们相对来说并未得到重用。几乎没有一个国家认为,武官可以胜任高级指挥官的位置。原先期望,一个曾在潜在敌国任职的军官,应该了解未来战场上的敌军指挥官,知道他的优势和弱点,如今这种期望也已所剩无几。在这方面,1914 年前最糟糕的例子莫过于津岛(Tsushima)海战中的败军之将——罗热斯特文斯基(Rozhestvenski),他在担任战场指挥官多年之前曾任驻伦敦海军武官。

但有两个人是例外。一个是格里尔森(Grierson)将军,1914 年,他曾指挥英国远征军(BEF)的一个军团,但在部队集结之前不幸去世。① 另一个是潘兴(Pershing)将军,他从驻菲律宾部队调任驻东京武官,负责跟踪日本陆军在中国东北的行动。另外,还有几名前武官最终官至总参谋长。佩顿·C.马奇(Payton C. March),美国陆军参谋长,1904—1905年日俄战争期间曾任武官和驻日方观察员。佩莱(Pellé),霞飞(Joffre)元帅的参谋长,1909—1912年曾任法国驻柏林陆军武官。冯·德舒伦堡(von der Schulenburg)伯爵,1902—1906年曾任德国驻伦敦陆军武官,一战期间在一个名义上由皇太子指挥的军团任参谋长(顺便说下,该军团从未真正与英国军队交手)。对对手力量优势有着清醒认识的德舒伦堡,以及受他影响的皇太子,较早提出"我们必须尽力求得和解",而不是什么"胜利之后的和平",这是鲁登道夫(Ludendorff)和很多德国将领设想的唯一结果。"但没有办法对抗'那个独裁者'"——鲁登道夫,他是一个对其他国家及其实力一无所知的斗士,②也从不考虑与指挥决策(必须保持"纯军事"特色)有关的政治因素,不

---

① 《大英百科全书》以讣告口吻写道,格里尔森"了解战争,熟知德国军队情况,他的夭亡给英国造成了不可估量的损失"。*Encyclopaedia Britannica*, XIIIth ed. (London and New York 1926), Suppl. II, 294.

② Wolfgang Foerster, *Generaloberst Ludwig Beck. Sein Kampf gegen den krieg* (Munich 1953), pp.17, 154. 曾同在参谋部任职的贝克(Beck),从未忘记如希特勒主义者所说的"失败主义"的这一教训,因此他反对希特勒的战争,将希特勒视为又一个鲁登道夫,又一个缺乏"中止手段"的战争发起者。

管由谁提出来。①

前武官在战争期间的最大作用(如果不适合高级指挥角色),在于搜集和评估与其驻在国有关的情报,②或者从事与友好国家或盟国的联络工作。③ 这样的安排必然使他们驰骋疆场的个人愿望落空。1914年,法国驻圣彼得堡陆军武官德·拉吉什(de Laguiche)将军在俄国统帅部任联络官时,发现他的英国同行诺克斯(Knox)上校(很快升至将军)也在那儿,而且二人有大把的空闲时间,他感到十分沮丧:"想到我,在经历了38年军旅生涯后,虽然一直梦想着一场复仇之战,却不得不待在这儿蹉跎岁月!"即使他凭借对曾任职武官的两个国家(德国和奥地利)军队的卓越知识,能够给俄国人提供很大帮助,也难以抚平他的失落心情。④

胡格特(Huguet)上校,1914年前曾任法国驻伦敦武官多年,被任命为驻英军的法国使团团长。该使团不仅负责霞飞元帅和弗

---

① 关于海牙会议上由武官提出的建议(它们被用于应对1918年春德国的进攻,以及设计更具可行性的和平方案),请见 *The Memoirs of Prince Max of Baden*, transl. by W. M. Calder and C. W. H. Sutton, 2 vols. (New York 1928), I, 268f.

② 维德曼(Widenmann),前驻伦敦海军武官,1915—1916年间任德国海军部情报局局长。Alfred von Tirpitz, *Politische Dokumente*, vol. II, *Deutsche Ohnmachtspolitik im Weltkrieg* (Stuttgart 1926), 631.

③ 关于德国陆军武官在联络工作中的作用,见 Ernst von Wrisberg, *Wehr und Waffen 1914-1918* (Leipzig 1922), pp.173ff., 187, 208. 德国驻土耳其陆军武官获得了充分的授权,以至于其头衔更名为全权军事代表。

④ Knox, I, 41, 46.

伦奇将军之间的联络,也负责英国远征军与法国当局及民众之间的联络。① "他非常温和友善,对英国和英国的所有东西都崇拜不已",但他似乎对英国在 1914 年 8 月的援助不力感到失望,在这方面没人比他更有预见。当比利时放弃中立,决定投靠西部同盟(Western allies)时,一名曾在布鲁塞尔当过武官的法国少校,"显然是与比利时人进行联络的适宜人选"。② 第一次世界大战期间联络官中的典范(不算安德烈·莫鲁瓦[André Maurois]作品中虚构的布兰布莱[Bramble]上校),要数英国军队中的斯皮尔斯(Spears)中尉,他在战争开始时在一个法国军团中担任联络官。

1917 年以前,美国驻"协约国"武官受到了驻在国的关照,获准在所有可能的前线对战争的最新形态进行观察,并在美国参战后得到了外交保护。威尔逊(Wilson)总统和陆军部部长贝克(Baker)认为,应该让这些武官以及"其他在我国几个使馆中任职的陆军人员"不受美国驻欧洲远征军总司令潘兴的指挥。③ 这一安排有望使他们更好地从事外交活动,发挥最大作用,也可以确保外交优先的地位。有些军方高官则认为这种做法有些过分,富兰克林·罗斯福(Franklin D. Roosevelt)就是其中之一,他当时是海

---

① 查尔斯·朱利安·胡格特(Charles Julien Huguet)后来写了 *L'Intervention militaire britannique en 1914* (Paris 1928)。

② Brig. Gen. Edward Louis Spears, *Liaison 1914* (London 1930), p.87.

③ Frederick Palmer, *Newton D. Baker*, *America at War*, 2 vols. (New York 1931), I, 171. 关于美国武官在战时的工作情况,可见 Mott, pp.190ff。

军部助理部长。一次前往战区的途中,罗斯福不顾炮火,想尽量靠近西线前沿阵地(这样就可以获得参战人员的荣誉,后来他凭借此次"参与"敌对行为的经历申请美国参战军团成员资格),然而,他的这个愿望因为一个带他绕过交战区的海军武官而没有实现。罗斯福"在接下来的几个月里一直对这个可怜的家伙不依不饶"。①

德国战败后,许多曾在这个国家任职的武官进入负责监督执行停战协议的委员会工作。其中,美国的塞缪尔·G.沙特尔(Samuel G. Shartle)上校在1914年前后曾任驻柏林武官。1914年前任德国驻巴黎武官的冯·温特费尔特(von Winterfeldt)将军是停战协议签字人之一,也是德国停战委员会军方主要代表。据沙特尔上校回忆,"他是一个头脑冷静的德国使团发言人,总是彬彬有礼但却固执地坚持德国的观点"。"在与努丹(Nudant)将军(停战委员会法国使团团长)发生争吵时,他总能应付自如,从不惊慌失措"。②

国内当局并不是总能为离任回国的武官找到最好的职位。当博伊—埃德(Boy-Ed)上校从华盛顿回到柏林时,他在一些海军同事眼中似乎已经成了一个"彻头彻尾的美国人",跟所有人说美国必将对德国宣战,除非德国在路西塔尼亚(Lusitania)问题上让步。正如提尔皮茨在统帅部中的代表向这位"谎言之父"报告时所说

---

① James MacGregor, *Roosevelt: The Lion and the Fox* (New York 1956), pp. 65, 80.
② Col. Samuel G. Shartle, *Spa, Versailles, Munich* (Philadelphia 1941), pp. 40, 48, and passim.

(1916年2月7日):博伊—埃德本人不会觉得与美国作战将是灾难性的,"但是那些U型潜艇战的反对者把他当作己方观点的明星证人。冯·米勒(海军参谋长,提尔皮茨的对手)现已任命博伊—埃德,这个从未在海军参谋部任过职,对海军参谋部在战争期间工作一无所知的人,为海军参谋部在统帅部的代表!任何评论都是多余的。但我仍然希望,在合适的时机'解决他的问题'……现在,围绕U型潜艇战正在上演一场疯狂的争夺战"。① 这个难题须由比博伊—埃德上司级别更高的人来决定,多半是由"海军"来定。据美国驻柏林海军武官从一名德国海军军官处得到的消息,不管德国外交部做什么,海军都将采取它认为正确的行动。② 另一名德国武官,冯·巴本(von Papen),从华盛顿发来的关于美国战争潜力的建议同样毫无作用。他对兴登堡(Hindenburg)和总理建言:"除非阁下能使美国不加入敌方阵营,否则德国必将战败,这一点毫无疑问。"③

出于对维护和平的职业悲观情绪,可能大多数武官都预见到第一次世界大战不可避免,但几乎没人能准确地说出战争可能的形态甚至敌人最初的行动。一些较积极或较现实的战争准备者,像亨利·威尔逊(Henry Wilson),在1914年前就已经对有些武官的工作方法表示不满了。1910年,就任皇家总参谋部陆军作战局

---

① Tirpitz, *Deutsche Ohnmachtspolitik*, p. 471.
② Tirpitz, *Deutsche Ohnmachtspolitik*, p. 407.
③ Ernst Fränkel in *Jahrbuch für Amerikastudien*, V (1960), 117.

局长不久的威尔逊在视察英国驻巴黎陆军武官处时,发现他们的工作方法十分落后。"这里有很多东西需要改进,我想,其他武官处也一样。在我看来,他们干的都是些细枝末节的事情,不是忙备战,而是忙和平。"①但是,有识之士未必能说了算。

1914年前的法国驻柏林陆军武官塞雷(Serret)上校(后来在指挥法国山地步兵团的"阿尔卑斯山猎手"[Chasseurs alpins]行动中死于孚日山脉),十分肯定德国人不仅会入侵中立国比利时(巴黎和伦敦的总参谋部人员大都预料到了这一点),而且还会凭借其强大的右翼形成一个宽大的弧形包围圈。法国总参谋部认为这不可能,因为俄国的威胁,德国没有足够的兵力完成如此大规模的调动。② 塞雷的预测十分准确,但是他却由于忽视了德国在战争开始时对预备师的使用而受到责难。③（这就引出一个问题:如果不在开始阶段动用预备师,形成强大的右翼力量可能吗?)

1914年时的英国驻圣彼得堡陆军武官诺克斯少将的说法很有代表性。1915年12月,他向预计战争会持续很长时间的基奇纳(Kitchener,时任英国陆军大臣——译注)承认,"武官们都错误地认为大战将很快结束,因此不会使各国伤筋动骨"。换言之,他们认同施里芬等人提出的观点,这也是他们所处的主流军事圈的看法。考虑到战争前景,基奇纳认为,有必要对武官的想法和报告作

---

① Callwell, I, 86.
② Spears, p.41.
③ Pertinax, I, 25.

些更改,他们须考虑经济战因素并研究敌人的经济战潜力。"未来,武官须报告驻在国的工业生产能力,不能像过去那样只报告军队的组织和训练情况。"①第二次世界大战爆发后,与柏林军事经济与军备办公室对经济战的系统准备相比,伦敦和华盛顿简陋的经济战办公室以及武官报告中可用材料的贫乏,充分说明这一要求早已被抛到脑后。

那些交战国的驻外武官,包括战争期间仍在职的或者刚到任的,②竭力通过合法和非法的方式支持本国作战。德国驻华盛顿武官弗朗茨·冯·巴本海军上校和博伊—埃德海军中校,煽动并赞助了针对接受德国敌人订单的美国企业的破坏活动。他们的活动非常猖獗,或者说非常适合摊牌,以至于1915年美国政府要求将他们召回。③

---

① Knox, p.364.
② 一名新任德国驻波斯(该国的中立并未得到交战国的尊重)武官,组织了一支由波斯志愿者组成的游击队,专门针对英国银行和协约国领事们采取行动。见 *Wiseen und Wehr* (1926), pp.180ff。
③ *Papers Relating to the Foreign Relations of the United States: The Lansing Papers, 1914 – 1920* (Washington 1939), I, 75ff.; 关于对美国政府政策的批评,见 C. Hartley Grattan, *Why We fought* (New York 1929), pp.100ff。关于巴本,另见 Franz von Rintelen, *The Dark Invader—Wartime Reminiscences of a German naval Intelligence Officer* (London 1933), Horst P. Falcke, *Vor dem Eintritt Amerikas in den Weltkrieg* (Dresden 1928), and Papen's *Memoirs*。

最尊重中立①的莫过于协约国武官。法国驻海牙陆军武官布卡贝耶(Boucabeille)将军,与一些德国叛国者和前俄国警察办了一份名为"Le Kempf"的报纸,"实际上是一份专门煽动叛逃和从事革命宣传的媒体"。法国政府对此没有反对。但是,当布卡贝耶开始在法国中央银行研究伪造德国支票(他称自己在德国境内的行动中或许用得着)的方法时,克列孟梭(Clemenceau)不得不让这位他口中的"怪人"和疯狂草率的家伙安分点,或许因为他觉得即便在战争期间,也应该遵守货币神圣的资本主义信条,又或许因为他担心此事一旦暴露会引起公愤。②

第一次世界大战期间,那些中立国及其武官并不总是保持中立,而是倾向于某一阵营,或是中立阵营,只要对自己有利。1914年12月,土耳其威胁要处死一名受雇于希腊海军武官、被判处间谍罪的希腊海员,土希关系一度十分紧张,几乎导致两国外交关系中断。德国力图调解,提议释放那名海员,而那个海军武官(俄国驻雅典公使称他"十分活跃且消息灵通","关于土耳其舰队动向

---

① 关于德国陆军武官卡勒(Kalle)少校以及公使馆秘书施托雷尔(Stohrer,后来成为希特勒的驻法大使)破坏西班牙中立的情况(二人均在一战结束时被驱逐),见 *Neue Weltbühne* (Paris), December 22, 1938。日俄战争期间,数名日本武官联络并资助了沙俄的敌人,芬兰人、波兰人以及包括列宁在内的社会主义者。有关更多细节,见 *Documents diplomatiques français*, II. Ser., X, 706f., 以及 Stefan T. Possony, *Lenin: The Compulsive Revolutionary* (Chicago 1964), pp. 78ff.

② Raymond Poincaré, *Au Service de la France—Neuf années de souvenirs* (Paris 1926 - 1933), X, 276ff., 335.

的大部分情报都是他提供给我们的")则由希腊政府召回。韦尼泽洛斯(Venizelos,时任希腊首相——译注)断然拒绝了这一提议,宣布将关闭希腊驻土耳其公使馆并将全部人员召回,这让协约国失去了一个很有价值的情报来源。①

在很大程度上,正是由于法国驻雅典武官的活动,才使1915—1916年协约国在希腊的干涉行动如此复杂,甚至几近犯罪。法国海军武官、护卫舰舰长德罗克菲尔(de Rocquefeuil)代表法国海军部行动,作为战争期间情报工作的一部分,他直接向海军部报告,而不是依照白里安(Briand)的指示向文职外交部门报告。法国驻雅典公使对此无奈地抱怨,"情报部门的工作状态给了他绝对的独立地位,我无法阻止情报负责人海军武官随心所欲地给他的部长发电报"。武官和韦尼泽洛斯派的人,都急于想让希腊脱离国王竭力保持的中立地位。当武官雇用一帮匪徒,悍然发动事变时,他们的阴谋达到了犯罪的程度。他们进入法国公使馆开枪,目标是当时正在公使馆内的协约国公使们。这次事变使英国和法国政府束手无策,在白里安领导的行动迟缓的文职外交活动设法废黜了希腊国王,使希腊加入协约国阵营参战之前,真相才大白于天下。②

---

① *Die internationalen Beziehungen im Zeitalter des Imperialismus* (USSR), II. Reihe, Bd. VI, 568.

② Georges Boussenot, "Le drame du 1er décembre 1916", *Revue d'histoire de la guerre mondiale* (January 1938); Georges Suarez, *Briand Sa vie—son oeuvre*, 6 vols. (Paris 1938–1952), III, 446ff.

中立国武官最重要的职责是通过观察判断驻在国军队的实力,他们与本国有关的行动,以及他们最后获胜的可能性。最后一点会不会成为本国加入某一阵营的依据? 1915 年 1 月中旬,匈牙利驻俄国武官回国口头汇报了俄国军队的情况。让费迪南德国王(King Ferdinand)和首相十分高兴的是,他坚信俄国人因为缺乏装备而无力发动进攻。奥地利驻索菲亚公使馆收到这些消息后立即向维也纳报告,但这份报告中途被盗,最后被俄国人得到。萨松诺夫(Sasonov,时任俄国外交大臣——译注)当着匈牙利驻俄公使的面宣读了这份用德语写成的报告,这位公使立即给本国政府发报,称为避免发生最坏的情况该武官必须马上被召回。①

交战国有时会利用一些本国前武官从事和谈工作,或是谋求与他们曾任职的国家停战。1913 年前曾任德国驻巴黎陆军武官的冯·温特费尔特将军(一次演习中发生的严重交通事故让他赢得了很多同情,当时称之为骑士风度)入选了停战委员会。另外,战前奥匈帝国驻布加勒斯特(Bucharest)陆军武官兰达(Randa)上校,受卡尔皇帝(Emperor Karl)和切尔宁伯爵(Count Czernin)之命挽救帝国(包括奥地利)在东欧的王位。1918 年,在与罗马尼亚的和谈刚开始时,德国人想把费迪南德从王位上赶下来,但是卡尔和切尔宁表示反对,认为这反过来可能威胁到双君主制自身的合法性。当同盟国军队司令部正在商量如何使用军事手段迫使罗马尼亚同意和谈时,兰达携卡尔皇帝的命令秘密来到雅西(Iassy),经

---

① *Die internationalen Beziehungen*, Bd. VII, 35f.

过与费迪南德国王的会谈,使后者软化了态度。哈布斯堡(Hapsburg)王朝将确保霍亨索伦(Hohenzollern)王室(至少是费迪南德)的王位,因为所有国家的君主须联合起来,共同维护王室的合法性(并对抗鲁登道夫)。在德国人对这一行动并不知情的情况下,罗马尼亚至少了解到,同盟国并非在所有问题上都看法一致。①

事实证明,巴尔干的黑山彼得罗维奇(Petrovic)王朝已是彻底无法挽救,无论哪个武官还是其他什么人都已无能为力。1915年下半年,黑山国王尼基塔(Nikita)转告奥地利人,他愿意通过前奥地利驻采蒂涅(Cetinje)武官胡布卡(Hubka)上校进行谈判。但是,由于战争局势对协约国和尼基塔本人来说大为改善,还没等胡布卡从意大利前线赶到,这场谈判已经意义不大,就像尼基塔后来试图与奥地利单独媾和时一样。②

协约国(the Western Powers)驻俄国陆军武官们一直在竭力鼓舞沙俄军队的士气。1917年第一次革命刚结束时,似乎有可能使克伦斯基(Kerenski)领导的俄国军队继续参战。一名英国军官从克朗斯塔特(Cronstadt)写道,俄国的政策是"诱骗人民进行一次夏季攻势,希望这样就会使和平轻松来临。对此我不抱什么希望。所有人都明白,俄国早已厌倦了战争"。英国陆军武官诺克斯将军是个"直言不讳的军官,不仅能看清事情真相,而且还能不加修饰

---

① August von Cramon, *Unser österreichisch-ungarische Bundesgenosse im Weltkriege* (Berlin 1920), p.143.
② *Die Weltbühne* (Berlin), September 6, 1927, p.369.

地记录和报告给他的上司"。在劳合·乔治(Lloyd George)看来,他"对当时俄国事务的了解"超过了大使。诺克斯是个北爱尔兰人,后来成为一名强硬的议员,他很早就被视为一名同情沙俄的反动分子,威尔逊总统甚至禁止他借道美国赴西伯利亚指挥干涉军。最初,诺克斯并非毫无希望:"人心没有问题,只是缺乏兵力,只要政府中有一名意志坚强的人,就可以使部队团结起来。"但是,1917年7月克伦斯基的进攻失败之后,他开始担心社会主义者"想要一场阶级战争而非民族战争,对士兵们而言,前者的吸引力在于不那么危险……采列捷利(Tsertelli)和其他人认为他们可以同时进行两场战争……这根本不可能"。

1917年8月底,诺克斯将军返回英国,向战时内阁报告俄国形势。他吩咐其他武官和联络官,一方面要把布尔什维克党人留在战争当中,另一方面要维持好与旧军队军官和彼得格勒(Petrograd)新当权者的关系,包括托洛茨基(Trotsky)。① 由于托洛茨基没有得到各国大使(他们不承认苏维埃"伪政府")对自己"蛮横无礼的照会"的回复,他选择把即将与德国人就全面停战进行谈判的消息发给各国武官。武官们抗议,这违反了1914年9月5日签订的条约,该条约要求俄国不得单独媾和。虽然美国并非条约签字国,但美国陆军武官"十分明确和积极地反对俄国可能达成的任何单独停战的协议"。他后来才意识到,"对苏维埃当局进行抗议和

---

① 关于以上所述,见 *War Memoirs of David Lloyd George*, 6 vols. (London 1933 – 1936), III, 466; V, 80, 82, 98; VI, 176f.

威胁的时机已经过去了,如果曾经有过的话"。这些抗议被递交苏俄最高统帅部,在那里协约国的意见经过改头换面,变为希望俄国最高统帅部能"掌握在前线与共同的敌人对峙的俄军"。原先鼓舞士气的计划彻底落空。苏俄最高统帅部传阅了协约国致军队的宣言,其中包括协约国将对苏俄政府采取敌对行动的暗示,但托洛茨基抗议这种做法,是"通过威胁手段强迫俄国军队和人民继续战争,履行沙皇签订的条约",而他们并不承认这些条约。他警告协约国军事使团,他的政府"决不允许协约国外交和军事人员干涉内政以及企图煽动内战"。

最后一个亲协约国的总司令被杀之后,武官们开始寻找"合适的"俄国军队领导人以组织和领导白军。① 1918年3月到5月,他们中的一些人,如法国军事使团的萨杜尔(Sadoul)上尉和美国的勒格尔斯(Ruggles)上校,与托洛茨基进行谈判,讨论利用协约国军事使团、教官和物资对俄国军队进行整编。② 其他人,如英国海军武官克罗米(Cromie)上校,继续与新兴的白色反对派进行接触。然而,1918年夏发生的一系列政治谋杀,令布尔什维克党人对协约国外交官充满怀疑,一伙暴徒为寻找阴谋的"证据",竟然试图

---

① Lloyd George, V, 106ff., 123f.; John W. Wheeler-Bennett, *The Forgotten Peace, Brest-Litovsk March 1918* (New York 1939), pp. 72ff., 143.

② Louis Fischer, *Soviets in World Affairs* (London and New York 1930), pp. 62, 96, 98 and passim; *Papers Relating to the Foreign Relations of the United States: The Lansing Papers: Russia*, passim.

闯入英国使馆。他们迎面碰到克罗米,将其杀死在使馆门外。使馆内,据契卡(Cheka)称,陆军武官正在焚烧罪证文件,契卡将其逮捕并关押在彼得保罗要塞(the Peter and Paul Fortress)。作为报复,英国也在伦敦对李维诺夫(Litvinov)及其手下采取了"预防性逮捕"措施。① 革命使任何豁免权都失去了作用,包括外交豁免权,而为了捍卫该权利,有些武官甚至不惜牺牲生命。

---

① Nicholas Wreden, *The Unmaking of a Russian* (New York 1935), pp. 175ff.;关于法国陆军武官的阴谋活动,见 Fischer, p. 118。

第 4 章　两次世界大战之间

1919 年签署的诸多和约中(《凡尔赛和约》第 179 条[*Versailles art.179*],《圣日耳曼条约》第 158 条[*Saint-Germain art.158*]等),对战败国武官的行为进行了限制,禁止同盟国未来向国外派驻任何陆军、海军或空军使团。之前有人(通常是社会主义者与和平主义者)提出,为了维护和平应取消武官,但绝不是这种单方面取消的方法。当和平协议签字时,双方非常清楚,此禁令涵盖了整个武官制度。这是彻底使同盟国非军事化的一部分。前英国驻巴黎大使伯蒂(Bertie)爵士认为这不失为一个好办法,但他提出一个问题,"由谁来负责监督德国执行这些条款呢?武官的角色无足轻重,这将使他们被神圣化"。① 在伯蒂看来,他们根本不配。事实上,战争胜利者并未将这个监督任务交给武官(他们几乎立即被派

---

① Francis Leveson Bertie, 1st viscount, *The Diary of Lord Bertie of Thame*, 1914 - 1918, 2 vols. (New York 1924), II, 320 (March 20, 1919).

往战败国首都①),而是交给了国际监督委员会(运转至 1930 年 1 月 31 日)。

  直到战后国际关系重归"正常"后,武官才被重新用于国际监督或实情调查,以前武官就曾偶尔承担过上述任务,或者有人曾提议将这些任务交给武官。② 1925 年 10 月,保加利亚与希腊边境发生了一起严重冲突,被提交国际联盟理事会(the Council of the League of Nations),后来该事件通过动用武官才得以解决。国联理事会以制裁相威胁,命令涉事部队立即停止敌对行动并撤回各自领土,同时要求英国、法国、意大利政府命令其驻附近的军官立即赶往事发地,并直接向理事会报告命令执行情况。距离现场最近的军官(也是最"中立"的,他们既不驻在索菲亚也不驻在雅典)是英、法、意三国驻贝尔格莱德的武官们。他们及时赶到,向现场指挥官宣布了理事会的命令,监督入侵的希腊军队有序撤出,同时保加利亚军队开进至边境地带,并确保不发生新的冲突。他们向理事会报告,提议"继续调查,以弄清一些军事方面的具体情况,这些情况应该马上调查清楚,否则那些参与冲突的部队将撤出该地,而恶劣季节的到来也会使进入事发地调查事件真相变得十分困难"。理事会没有充分考虑他们的提议,但后来在一个特别调查委员会

---

① 后者中有后来的哈尔西海军上将,见 William F. Halsey and Joseph Bryan, *Admiral Halsey's Story* (New York 1947), pp. 48f.。

② 例如,*Grosse Politk*, XVIII, 5524ff., 5579。

被派往事发地时,这些军官再次被征召配合调查。① 1927 年,危机再次发生,国联理事会这时已经认识到,武官可以很好地服务于和平事业,于是很快让他们参与到危机解决之中。当时,立陶宛和波兰之间因为教育和语言问题发生冲突,两国军队已在边界地区集结,双方剑拔弩张,局面可能进一步恶化。英法两国武官受命立即赶往处理,成功地安抚了当事方,也让西方各国松了一口气。②

这些武官小组在情况调查方面的出色表现(他们往往以调查委员会的形式来调查军事性质的冲突事件),使国际联盟在 1931—1932 年提出了多项关于削减与限制军备、预防战争的建议。这些建议提出,让陆、海、空军武官和其他外交官一起成为调查委员会成员。③ 尽管这些建议并未付诸实施,但反映出一些热爱和平的国家有意将这些军备竞赛的倡导者变为和平卫士。

1936 年 3 月 31 日颁布的《德国政府和平计划》(the Peace Plan of the German Government)中,希特勒和里宾特洛甫(Ribbentrop)充分利用了人们的这一想法为德国重整军备服务。他们提出,成立一个由英国和意大利代表组成的委员会来确保《洛迦诺条约》(the Locarno Pact)的执行,以及由一个中立、公平的第三国担保,保证德国、比利时和法国政府兑现承诺,即在互不侵犯条约签

---

① *Journal officiel de la Société des Nations*, VII (1926), 194ff.; Beauvais, pp. 189ff.
② Beauvais, p. 191.
③ 详见 Beauvais, pp. 191ff。一名英国陆军武官通过现场观察,将日本人侵略中国东北的借口"九一八"事变称为"纯粹捏造"。见 *Potiemkine*, III, 438f。

订之前的四个月内,三国将不会在莱茵边境附近增加兵力。这个委员会将在英国和意大利武官的协助下进行必要的调查。① 1936年底,德国媒体猛烈抨击捷克斯洛伐克,称其向苏联出卖自己,不仅为苏联飞机建造地下机场,还让数百名苏联军官在其境内,准备对其实施军事援助。为此,捷克斯洛伐克希望赋予武官一项新的任务。布拉格政府请英国命令其驻捷克代表,特别是陆军武官,就这些指控进行调查。英国方面接受了这一提议,但德国政府对此置之不理。②

当发生冲突时,只有当事方都同意立案,国际调查机构才能开始运作。西班牙内战期间,1936年底在伦敦成立了一个不干涉委员会(the Non-Intervention Committee),在五个成员国中,四个国家均对制止冲突态度消极。该委员会由几个强国的驻外大使和一个外交部代表组成,下设由武官组成的分委员会,负责设法阻止志愿者和其他援助西班牙内战的行为。但是,由于没有一方(英国除外)真正想要阻止这一人员流动并防止战争扩大,委员会和分委员会的努力毫无结果,用参与此项工作的德国武官的话来说,这不过是一场"马背上的政治骗局"。③

与此同时,强国和次等强国武官之间已重新建立起广泛的网

---

① Beauvais, p. 194.

② Ibid.

③ Geyr, passim;关于慕尼黑协定后德国武官参与捷克领土划界的情况,见 *Documents on German Foreign Policy*, Ser. D, IV, 2f., 9, 22. etc。

络,相互之间的文书往来也空前活跃。① 当协约国军控委员会(the Interallied Military Control Commisson)在德国的监督工作一结束(1927年1月3日),依据《洛迦诺条约》,法国(1927年2月后)、英国、意大利和比利时武官便受命开始调查德国违反军事条约的情况。他们注意到德国军事力量正在重新崛起,于是在报告中详细描述了德国军事组织及其重组情况、工业和人力情况、魏玛共和国(the Weimar Republic)内外的重整军备情况、军事思想、新的军队指挥员和参谋长、战争动员准备情况、教育情况,以及被《凡尔赛和约》禁止的很多其他方面的情况。②

对这些武官们来说,最难探知的秘密是德国防卫军(Reichswehr,1919年至1935年间德国军事力量的名称,1933年就任德国总理的希特勒秘密开始扩充防卫军,并在1935年10月15日将德国防卫军改名为德国国防军。——译注)与苏联红军(Red Army)之间的联系。所有人都清楚,前者最不愿再次陷入两线作战的局面。为此,德国竭力想要分化法国和英国,并与红军发展近乎盟友的关系,这将压制他们的共同敌人波兰,后者也是法国第二条军事和外交战线的一部分。只是因为希特勒的威胁,以及波兰不愿意

---

① 1870年,瓦德西(*Denkwürdigkeiten*, I, 67)任驻巴黎武官时,他平均每两周写一篇报告。在1927年及以后,法国驻柏林武官每天发回三四篇报告。见 Castellan, passim。

② 关于法国武官1935年前的报告,详见 Castellan;关于英国武官的报告,见 *Documents on British Foreign Policy*, IInd ser. , I, 598ff. ; II, 182ff. , 515ff. ; IV, 254。

与苏联和捷克斯洛伐克组成东部第二战线,才使莫斯科与巴黎相互靠近。最明显的表现就是纳粹上台两个月后,法国即向莫斯科派出了战后首任武官。这名法国武官到任时,得到了红军领导人的承诺。获斯大林批准参加法国使馆宴会的伏罗希洛夫(Voroshilov)当面告诉法国武官,他将会看到越来越多的关于红军的情况,但这"要循序渐进,等我们的关系达到更高的水平,当武官不是唯一对我军感兴趣且与我军有接触的法国军官时……为什么你们不派些工程师来,帮助我们建造潜水艇、鱼雷艇甚至巡洋舰呢?我们海军非常需要这些;我们有许多事情可以做"。①

当时负责领导红军装备工作的图哈切夫斯基(Tukhashevski)暗示,苏联有意让法国军工企业取代德国人帮助发展军事工业,②但法国人对执行和互惠的兴趣不大。1939年前法国海军的实际领导人达朗(Darlan)上将,甚至不愿在莫斯科派驻海军武官,免得苏联派一个可能赤化法国水兵的海军武官来巴黎。③ 另一方面,美国已于1933年再次向苏联派出了武官。

据泽克特(Seeckt)的传记作者(他本人也是一位将军)记载,德国防卫军一直对被禁止派遣武官一事愤愤不平,认为德国武官

---

① Castellan, pp. 490f.
② Ibid.
③ Sir Lewis Namier, *In the Nazi Era* (London 1952), p. 170.

不得不在1919年4月1日中止工作"非常令人遗憾"。① 德国防卫军把这件"人数减少"(diminutio capitis)的事看得不那么重要,毕竟和约中还有很多其他需要德国人克服或规避的限制,但它毕竟使人耿耿于怀。有些军人或许还记得(就像一些文职外交官那样),法尔肯海因(Falkenhayn)在战时就提议,在战争胜利后应将文职大使解职,然后用武官来代替他们。②

武官被停职并不意味着柏林或者德国驻外机构不再重视对外国军队及其发展的研究。然而,让德国防卫军遗憾的是,这些报告往往都是交给一些不学无术、只会订阅剪报的年轻参谋处理。③一段时期内,德国防卫军对外国军队的了解仅限于这些渠道和军事文献,其中有些情报甚至通过《外国军事思想》(*Wehrge dan ken des Auslandes*)——德国防卫军部(the Reichswehr Ministry)1924年开始秘密发行的一份刊物——被透露给统帅部信任的人。这一次又一次地表明,当外国媒体十分热衷于国防问题时,德国及其媒体仍充斥着一片和平主义的氛围。

德国防卫军与外国驻德武官的关系在一定程度上还算和睦,至少对英美和中立国武官来说是如此。1935年3月,当希特勒重

---

① General Fredrich von Rabenau, ed., *Hans von Seeckt. Aus seinem Leben*, *1918-1936* (Leipzig 1940), p. 214;关于1919年以后德国武官的内部情况,见 Meisner, *Militärattachés*, pp. 37ff。

② Monts, p. 180.

③ Geyr, passim.

新引入征兵制时,古德里安(Guderian)和其他将军都十分"满意",英国和瑞典武官对此也表现出十分"理解"的姿态。[1] 英国武官认为,《凡尔赛和约》关于裁军的有些限制对于一支现代军队来说近乎荒谬,因此他们无法在上级面前掩饰他们对钢盔团(Stahlhelmbund,一战结束后德国的准军事组织之一。在魏玛共和国末期是德国国家人民党的武装组织。1933年纳粹掌权后,该组织改名为"国家社会主义前线战士联盟",其大部被吸纳进冲锋队中。——译注)这样的老兵和准军事组织的崇敬之情。即使注意到有违反裁军条款的现象,他们也不得不承认,有时这些情报是以"无法指控德国违反和约"的方式获得的。由于法国政府坚持单方面裁军的强硬态度,法国武官不可能理会德国防卫军将领的呼吁,即给予德国"平等地位",并将其作为"在正大光明的基础上发展法德真挚友谊"的首要条件。这一呼吁是在德国总参谋长指示下,于1930年底向离任的法国武官提出的。此后,据英国人的看法,"法德军队的关系逐渐恶化"。法国前武官图尔内斯(Tournès)将军在报纸上发表了一系列"无礼且不准确"的文章,惹恼了德国防卫军军官,他们自然不会让他的继任者日子好过。1931年4月,发生了一起"更加不得体、不适宜的事件",法国副武官和两名法国情报

---

[1] Heinz Guaderian, *Panzer Leader*, transl. Constantine Fitzgibbon (New York 1952), p. 35.

局人员因为偷拍军事设施而被捕。① 该副武官随后被召回。

这种单方面禁止武官的做法无法持久,因为事实证明武官职位是不可或缺的。包含武官禁令的《赛弗尔条约》(the Treaty of Sèvres) 既强加于人,也未经批准,取代它的《洛桑条约》(the Treaty of Lausanne) 并未重申这条禁令。1923 年后,土耳其重新向雅典、布加勒斯特、巴黎、罗马和索菲亚等地派出武官。德国防卫军在外交部(the Wilhelmstrasse) 算不上有力的支持下,一直在努力争取《凡尔赛和约》有关列强同意其重新向外国派遣武官,但均遭失败。泽克特的继任者海耶(Heye) 上将,在 1927 年秋赴美期间以个人名义再次尝试,同样无功而返。② 其他战败国更加大胆:1927 年匈牙利向巴黎和柏林,1930 年保加利亚向巴黎和罗马分别派出了武官,均未遭到拒绝。它们这么做,似乎符合对大使会议的解读,此会议负责监督执行那些"平淡乏味的"条约。1926 年的大使会议吸收了法学家们的意见,即《凡尔赛和约》第 179 条,以及其他条约的对应条款,仅禁止德国和其他战败国向外国派遣"军事指导使团",如 1913—1914 年的利曼·冯·桑德斯使团(the Liman von

---

① 上述内容是根据英国驻柏林陆军武官 1931 年的报告,以及英国总参谋长 1930 年 1 月关于德国军事形势的备忘录。见 Documents on British Foreign Policy, IInd ser., I, 598ff. and III, 515ff。1931 年 12 月,英国武官承认,为反对布尔什维克,应多说德国防卫军的好话。"大多数英国人,如果他们今天是德国人,将变成钢盔党人"。Ibid., II, app. IV.

② 这是德国驻华盛顿使馆的一个馆员告诉笔者的。另见 Die Weltbühne (Berlin), October 18, 1927。

Sanders mission)。重点转移到了这些条约的前言部分。它们规定,战败国与胜利的协约国的"官方关系","应在这些条约生效时立即恢复"。难道完全意义上的"官方关系"不包括交换武官?也许出于自尊心,①或者其他原因(也许是有意培植德国对其没有驻外武官的不平情绪,而这种不平正是德国军国主义者对凡尔赛列强不满的一个主要因素),德国防卫军或外交部倾向于暂时不使用这一和解性解释。只有五大国在1932年12月11日就"平等军备权"达成一致后,德国政府才决定再次向其使馆和公使馆派出武官,而且规模迅速扩大。在德国人看来,列强接受武官意味着对德国重整军备的初步认同或容忍。② 尽管这些武官的任命是在冯·施莱谢尔(von Schleicher)将军任总理期间,但他们开始履职却是在1933年4月1日(对他们先驱禁令的周年纪念日),即纳粹上台之后。当时,德国武官被派往巴黎、伦敦(兼驻布鲁塞尔和海牙)、罗马、华沙、莫斯科和华盛顿以及稍后的布拉格、维也纳和东京。作为秘密重建德国海军的一部分,海军武官(他们中的一些人1933年前就已"在掩护下"开始了工作③)也先后被派往伦敦、巴黎、罗马、斯德哥尔摩、东京和华盛顿。一年之后,奥地利也效仿了

---

① 正如半官方的 *Handbuch der neuzeitlichen Wehrwissenschaften*, 3 vols. in 4, Hermann Franke, ed. (Berlin and Leipzig 1936), I, 510 写道:"世界大战后德国中断了向国外派遣武官……"

② 对冯·莱布(Von Leeb)的辩护词。见 *Trials of War Criminals*, X, 170f。

③ *Trial of the Major War Criminals*, II, 329。

德国的做法。

鉴于俾斯麦和威廉二世时期与武官打交道的经历,德国外交部坚持这些军官不得从事间谍活动,不得自行雇佣间谍,必须把他们的报告提交使团团长以便其掌握情况并签字,此处使团团长必须签署意见。有些武官到任后发现,为自己举办的欢迎会气氛相当冷淡。伦敦的冯·赫施(von Hoesch)大使听说要再派武官时说:"现在要他们来做什么?不过是政治活动罢了。"①

这些德国武官通常军衔较高,这让他们拥有了仅次于大使或公使的礼宾优先权。另外,在每个使馆都设有一名国防军武官,除了自己所属的领域之外,还负责报告驻在国军队的情况及其整体作战能力。他们取得武官资格的方式各不相同。驻巴黎陆军武官库伦塔尔(Kühlenthal)上校(后升至中将)曾在防卫军部任外军局(Fremde Heere)负责人,该局自1928年起开始密切注意外军动向。驻罗马武官费舍尔(Fischer)少校(后升至中将)曾任防卫军部反谍局局长,②因此有理由相信,他在罗马应负责领导德国针对法国的间谍行动。科斯特林上校(后升至上将)自1931年起就在莫斯科任防卫军"非正式"代表,一旦成为正式武官,就将他关于苏联军事弱点和脱离西方军事发展的看法毫无保留地透露给了他的英国同行,而后者并未将他视为纳粹的狂热支持者。1938年5月,科斯特林告诉英国人,要不是红军内部的大清洗导致红军停

---

① Geyr, *Erinnerungen*, p.15.
② Berthold Jacob, *Das neue deutsche Heer und seine Führer* (Paris 1936), p.87.

滞,德国人现在也不会出现在维也纳。① 纳粹德国吞并奥地利最重要的军事推手是驻维也纳陆军武官穆夫(Muff)中校(很快升至中将),他是在已经退役后,在一所大学任军事学教授时被重新征召出任武官的,这在魏玛共和国还是第一人。② 很快地,他那些"纯粹的政治报告"让外交部系统的外交官们十分不安,因为那并非在"他职责范围内","为什么穆夫将军对政治问题如此费心劳神呢"?③

据他名义上的上级冯·巴本所说,穆夫"与倾向于国家社会主义的奥地利军界关系很好,但远比这更有价值的奥地利其他部分他却毫无接触"。④ 据说,纳粹党人计划在维也纳暗杀他,以激怒陆军,使其出于团队精神而向奥地利复仇。⑤ 他曾经警告(1933年8月和1934年1月),考虑到奥地利陆军的忠诚和奥地利冲锋队(S. A.)的弱小,从军事角度来看纳粹干涉不会成功。他的活动在3月纳粹德国吞并奥地利时达到高潮,当时他传达了戈林(Goering)的最后通牒。在冯·巴本看来,他"向党的靠拢",以及他在

---

① *Documents on British Foreign Policy*, IIIrd ser., I, 418ff. 关于科斯特林,可见 Hermann Teske, ed., *General Ernst Köstring. Der militärische Mittler zwischen dem Deutschen Reich und der Sowjetunion, 1921–1941* (Frankfurt 1966)。

② Castellan, p. 422.

③ *Documents on German Foreign Policy*, Ser. C, III, 376.

④ U. S. Chief of Counsel for the Prosecution of Axis Criminality, *Nazi Conspiracy and Aggression*, 8 vols. (Washington 1946), Supplement, 2 vols. (Washington 1947–1948), Suppl. A, 449.

⑤ Martin Fuchs, *Showdown in Austria* (New York 1939), p. 174.

奥地利的表现,让他获得了希特勒的快速提拔,甚至曾经在贝希特斯加登(Berchtesgaden)与希特勒共度数日。①

这种"东进"思想(Drang nach Osten,19世纪德国大日耳曼主义者创造的一个术语,后成为德国民族主义的座右铭。他们以条顿骑士团向东扩张为例子,认为德国应向东欧扩大生存空间。——译注),在纳粹推动之下,也得到了德国驻其他国家武官的配合。驻莫斯科的武官们很快地、真诚地为德国防卫军与苏联红军传统友好关系的破裂而感到惋惜。② 与此同时,首位派往波兰(只为寻求与其暂时的友好关系)的德国武官,受到了毕苏茨基(Pilsudski)"士兵般坦率"的欢迎。这位元帅承认,自己"原则上反对武官制度,在波兰这样一个毫无疑问与法国结盟的国家,为何需要派驻14名武官"?由于"德国在过去几年中对波兰所做的一切……波兰民众对德国武官毫不信任",而且元帅本人也曾反对这项任命,尽管他与这位武官之间并无不快,而且元帅听到的都是关于他的好消息,也保证他在波兰会受到热情的欢迎。"只是不允许他与部队直接接触。"③

入选驻伦敦武官的候选人通晓数门语言,自毛奇以后这在德

---

① *Nazi Conspiracy and Aggression*, IV, 314; *Documents on German Foreign Policy*, Ser. C, I, 165; II, 437; III, 255ff., 342, 373ff.; Ser. D, I, 300, 584ff.; Ernst Heinrich, Freiherr von Weizsäcker, *Memoirs*, transl. John Andrews (London 1951), p. 122; Papen, p. 427.

② *Documents on German Foreign Policy*, Ser. C, I, 609, 819ff., 856ff.

③ *Documents on German Foreign Policy*, Ser. C, I, 401ff.

国军队中已经十分罕见,另外,他对马也颇有研究。驻安卡拉、雅典和德黑兰的陆、空军武官汉斯·罗德(Hans Rohde)上校,在一战期间以及1918年后德国对近东地区漠不关心的时期,写了很多关于近东问题的著作,颇有豪斯霍费(Haushofer)的"地缘政治"风格。驻伦敦海军武官埃尔温·瓦斯纳(Erwin Wassner)1912年曾率第一艘德国战舰访问纽约,他还是在1932年11月向阿灵顿无名士兵墓献花的第一位德国海军军官,这些活动中的出色表现让他拥有了去伦敦的资格。在1935年的《英德海军协定》(the Anglo-German naval pact)谈判中(这是承认德国重获世界海军军备竞争平等资格的第一步),他发挥了重要作用。① 驻华盛顿的陆军武官冯·伯蒂歇尔(von Boetticher)将军,差不多是唯一被希特勒称赞过(也是被误解)的武官,他是研究美国内战史的专家。② 驻东京的奥特(Ott)上校曾经是死于纳粹谋杀的冯·施莱歇将军的副官。一战期间,他在德国情报主任尼古拉(Nicolai)上校开办的学校学习,这所学校是在希特勒上台后重开的。很快,奥特就与大岛浩(Hiroshi Oshima)——后来成为日本驻柏林武官——关系密切,

---

① 更多细节,见《纽约时报》,1937年8月25日的讣告。
② 关于冯·伯蒂歇尔与华盛顿总参谋部的良好关系,以及他们对赤色西班牙的反感,见 Documents on German Foreign Policy, Ser. D, III, 304。他知道仅仅向美国军官发放为其准备的纳粹宣传册是不够的。见 Nazi Conspiracy and Aggression, Supple. A, p.577,另见 General Gerhard L. Weinberg in American Historical Review, LXIX (1946), 1012。

武 官

他们两人作为间谍最后都升到了驻对方国家大使的高位。① 从 1935 年开始,随着战争临近,德国武官每年都被召回国内接受询问。有些领导人愿意听取他们的口头汇报,包括德国一旦开战英国必将参战的警告;但其他人,包括希特勒,对武官的报告要么心不在焉,要么置若罔闻。②

如果说布尔什维克党人(社会主义军事思想的继承者)在其政权建立初期曾动过取消武官的念头,这对法西斯国家来说简直是天方夜谭。无论是对这些国家的外交政策还是军事政策来说,武官都是不可或缺的角色。当法西斯主义刚刚在国际舞台上出现,民族主义极度膨胀,外交上缺乏深思熟虑时,发生了一起涉及意大利驻雅典陆军武官佩罗内·迪·圣马蒂诺(Perrone di San Martino)上校的事件。1923 年 8 月 27 日,意大利泰利尼使团(the Italian Tellini mission)在希腊被刺杀(尽管不一定是希腊人所为)的当天(此事导致对希腊科孚岛[Corfu]的轰炸和短期占领),佩罗内割伤了一名无辜的希腊商人的头,原因是这名商人大声点了一份通心粉。意大利武官觉得受到了冒犯,为捍卫自己和祖国的荣誉,二话不说就动了手。③ 凭借这次冒失的举动,佩罗内入选了调查团,并在 8 月 29 日的意大利最后通牒中被

---

① *Neue Weltbühne* (Paris), Febuary 9, 1939.
② Beauvais, p.74; Geyr, passim; Moriz Faber du Faur, *Macht und Ohnmacht. Erinnerungen eines alten Offiziers* (Stuttgart 1953).
③ Beauvais, p.142.

指定为意大利的代表,要求希腊当局"在他的配合下"在谋杀地附近进行严格的调查。这份最后通牒使希腊政府须"完全负责佩罗内上校的人身安全",而且对于他的任务(限定五日内完成)希腊政府也要在各方面提供方便。① 希腊上诉至国际联盟,而墨索里尼(Mussolini)选择用枪炮说话。最终,希腊躲过了让佩罗内参加调查的羞辱。②

本质上,意大利和德国武官都是确保柏林—罗马轴心这部机器流畅运转的齿轮,包括对西班牙的联合干涉。③ 对德国政府来说,此事是由长期任西班牙驻柏林武官的贝格韦德尔(Beigbeder)上校(后来担任西属摩洛哥地区专员)首先提出的。他和佛朗哥通过"他们的朋友"——德国驻巴黎陆军武官库伦塔尔将军,在军事暴动一开始时请求德国政府派运输机从北非飞往西班牙。在巴黎成立的西班牙民族主义委员会中的重要成员,都是一些已经卸任的共和国时期的驻外武官。"既然这些人都是我们陆军和海军

---

① 关于此最后通牒的文本,见 *Europäische Gespräche* I (1923), 314。
② 意大利法西斯政府试图在实力弱小的希腊身上发泄其自卑心理。1939 年,希腊驻布达佩斯陆军武官对意大利军事力量发表了一些负面评论,齐亚诺(Ciano)借机威胁与希腊断绝外交关系。后来,由于希腊及时召回了这名武官,避免了两国断交甚至更坏的后果。Gordon A. Craig and Felix Gilbert, eds., *The Diplomats 1919–1939* (Princeton 1953), p.523.
③ 德国驻贝尔格莱德陆军武官提出,由一名白俄将领率领一支 1,500 人的部队支援佛朗哥。柏林将该提议提交佛朗哥。*Trial of the Major War Criminals*, XXVIII, 346ff.

武官

武官的朋友,相互之间早已有联系",德国驻巴黎大使在暴动开始不到两周时写道,他指定使馆海军武官为"非官方联络人,负责与其前西班牙同僚进行会见,当然是在不断变换的中立地区进行,而且为避免危及使馆人员,事先要做好所有预防措施"。① 贝格韦德尔被佛朗哥任命为外交部部长,一开始他对德国军事机器的实力印象极为深刻,但后来被德国人提出的要价吓坏了。最终,他成为公开反对希特勒的亲英派,坚信虽然有1940年的灾难,最后的胜利一定属于盎格鲁—撒克逊国家。希特勒下令,"鉴于贝格韦德尔已卖身给塞缪尔·霍尔(Samuel Hoare)爵士(英国大使),他必须下台"。1940年10月,佛朗哥将其解职。②

尽管有针对战败国的禁令,1918年后武官人数依旧迅速增长。新兴国家,如波兰、捷克斯洛伐克等国,充分利用(或者滥用,正如有人指责后来的贝克上校③)这一制度,了解强国盟友所取得的进步,处理军事同盟存在的一些具体问题。同样地,老牌军事强国也利用这一制度了解新兴国家的军事潜力或者它们的一无是

---

① *Documents on German Foreign Policy*, Ser. D, III, 4, 7, 24, 154, etc.
② Sir Samuel Hoare, *Complacent Dictator* (New York 1947), p.55 and passim.
③ 根据俄国官方著作 *Histoire de la diplomatie* (Potiemkine, III, 608),该书在长达2,000页的篇幅中几乎未提及另一名武官,法国总参谋部在1923年发现,有些只提供给盟国(包括波兰)的关于法国陆军的情报到了德国人手里。因为这一丑闻,在福煦(Foch)本人的要求下,波兰武官贝克第二年被迫离开法国。1932年初,波兰试图让贝克出任驻法大使遭法国拒绝,一气之下毕苏茨基任命贝克为外交部部长。

处,如印度(日本很快向印度派出了武官)和爱尔兰。

苏维埃俄国迎回了沙俄的最后一名驻巴黎武官伊格纳季耶夫(Ignatier)伯爵,此后他在军校任战术教员多年。1922 年初,苏俄决定,作为其外交部门重组的一部分,武官(即便被重新命名)仍旧值得保留,而且使团团长手下应有"陆军和海军人员"。1923 年 11 月 12 日颁布的规定中,包含了驻外机构中武官(很快又恢复了这一称呼)的任命和派遣方法。很快,苏俄就任命了驻德国、中国和意大利陆军武官,以及驻英国、芬兰海军武官。①

有些苏俄驻外武官被怀疑鼓动或支持驻在国国内的共产主义活动,直至 1929 年,但整体而言,他们与文职外交官一样,并没有支持世界革命的任务,因此他们可以专注于军事观察和对国外军事进步的研究上。红军将一些最优秀的领导人和高级军官,包括后来的军长们,派到各国首都,特别是柏林,如科尔克(Kork)和普特纳(Putna,1929—1931)。后者后来还曾被派往伦敦。这些人在 1937 年的疑神疑鬼的大清洗中成了受害者,②但在与他们有过官方或社交接触的西方人看来,他们"完全地、彻底地忠诚于"他们的领袖。③

---

① Beauvais, p. 38.
② 关于科尔克可疑的举动及其 1929 年被召回的情况,见 Castellan, pp. 479ff。普特纳和费尔德曼(Feldman)是波兰人,布吕歇尔(Blücher)也不完全是俄国人。
③ *The Memoirs of General Lord Ismay* (New York 1960), pp. 225f.

莫斯科接纳了那些承认苏维埃政府的国家的武官。最先到任的是一名德国军官,在其工作的初始阶段他得到了一名1914年前德国驻俄武官的协助,尽管1933年前他还不是武官。他(而不是大使或者其他文职外交官)充当了德国防卫军与苏联红军之间的联络官。① 最初,这些外国人的行动和交往都相对自由,包括与红军官兵的接触。1930年初,一群武官参观位于梁赞(Rjasan)的一个炮兵团时,也许由于丰盛的宴会或者伏特加的刺激,接待方莫名其妙地向客人们敞开了心扉。一名红军军官吹嘘自己军队有严格而高效的政治管控,原因在于实行了政治委员制度,而这正是外国军官最不喜欢的红军发明。"我们的政治部门令人赞叹,外国军队对此一无所知,所以缺少这个战争中最具决定性的因素,我们会把红色细菌传播给你们。"在这些人中,波兰武官得到了特别的照顾,苏联人在为其送行时信誓旦旦地表示:"再见,我们很快就能再见!"②在大清洗之前,斯大林式的排外心理中止了这样的亲热行为,对外国人在苏联的行动进行限制,他们被视为潜在的间谍,而武官被限制到几乎不能与别人接触的程度。他们相互之间在谈论大清洗对军队的影响时,提到的都是消极的一面。大多数人都认为,"红军的战斗力下降了",至少需要两三年才能恢复,一是因为自1937年6月以来的大清洗使红军损失了至少65%

---

① Julius Epstein in *Der Monat* (Berlin), November 1948, p.49; Gordon A. Craig, *The Politics of the Prussian Army: 1640 – 1945* (New York 1955), p.411.

② Herbette, p.165.

的高级军官,二是因为重新引入了政治委员制度。① 对于在莫斯科的大多数武官(可能美国的除外)来说,苏联人出于支持现有列强的目的而介入欧洲事务不太可能,他们只会在苏联遭受攻击时才会战斗。除此之外,他们会找任何借口逃避对法国和捷克斯洛伐克的责任。1938年4月,当第一次围绕捷克斯洛伐克的危机爆发,苏联为支持捷克而进行干预似乎不可避免时,法国和捷克武官与英国武官进行了一番交流。法国人坚信,本国政府将不得不"向波兰政府施压,迫使其站在法国一边",如果必要的话,迫使波兰政府罢免外交部部长贝克上校,并"允许苏联军队穿越波兰领土进入捷克斯洛伐克"。② 但波兰的态度无比坚决,反对苏联军队进入其领土(即便是通过车辆运送的方式),无论是在当时还是以后。

很自然地,美国和苏联之间"不可思议的联盟"是由军人筹划实施的。这个联盟建立的基础是出于军事上的考虑和因素,这一点现在经常被遗忘。早在1933年2月,苏联驻东京陆军武官找到他的美国同行并告诉他,除了分享一些有关日本军队及其意图的新情报外,"美国和苏联达成某种友好谅解对两国的利益"③大有好处。1933年12月,美国承认苏联后刚刚抵达莫斯科赴任的布利

---

① *Foreign Relations of the United States: The Soviet Union, 1933-1939*, pp. 519ff.
② *Documents on British Foreign Policy*, IIIrd ser., I, 161, 172f., 418ff., 303ff.
③ Tokyo, February 23, transmitted to State Department by War Department, March 21. *Foreign Relations of the United States: The Soviet Union*, p. 3.

武 官

特（Bullitt）大使，找到了苏联革命军事委员会主席伏罗希洛夫。后者认为，日本对苏联的进攻迫在眉睫，"特别急切地想要在莫斯科派驻美国陆、海、空军武官"，最好会说俄语，能够向俄方提供航空方面最新发展的专业建议。"布利特清楚地表示，如果我国政府愿意，我国陆军和海军人员可以同苏联政府军事部门建立无比紧密的关系。"

与很多其他设想一样，这些军事方面的想法没有实现。1935年初，作为一个信号，几名美国武官被调回。华盛顿方面告诉他们，要让伏罗希洛夫明白，李维诺夫给苏美关系发展设置了不必要的障碍。然而，并非所有武官认为，他们的离开对美国利益最有利。陆军武官费蒙维尔（Faymonville）中校指出，不管与莫斯科其他部门的关系如何恶劣，与红军建立的联系为打破僵局提供了可能；从纯军事角度来说，武官也应该留下，对世界上最大的陆军和空军继续进行观察，而且他们与很多红军军官已经建立起十分亲密的关系。但华盛顿方面不为所动，几乎所有武官必须离开。被美国士兵称为"我们的贴心朋友"的伏罗希洛夫为此大为懊恼，他毫不掩饰对外交人民委员会（the Foreign Commissariat）及其策略的不满，因为这让他丧失了学习美国飞机制造技术的机会。最终，只有费蒙维尔、一名苏联陆军武官和一名苏联海军武官得以留任。1935年8月，布利特建议推迟召回和遣散这些武官，直至苏联方面采取"进一步的进攻性举动"。"由于陆军武官和海军武官并非直接的外交系统人员，由于红军代表的地位无疑高于其他苏联公民，也由于伏罗希洛夫（肯定出于个人的目的)渴望与美国建立真正友好的关系,我认为这一步应暂缓施行。"

几乎驻莫斯科的所有外国武官(或许除了费蒙维尔)都认为,1937—1938年的大清洗以及红军重新引入政委大大降低了苏联的"结盟价值"。费蒙维尔反过来用他对苏联实力的信念支持了戴维斯(Davis)大使的立场,这种信念似乎显得有些荒诞,但从军事角度上说又是必要的。仅从军事角度而言,戴维斯大使表现出值得赞扬的信任和判断力。①

一些小国,例如丹麦、厄瓜多尔和荷兰,取消了武官职位,以表示其裁减军备的诚意,或者它们觉得武官在军备竞赛中的作用无足轻重,保留武官只会产生毫无意义的费用。然而,随着新一轮军备竞赛的升级,荷兰在伦敦、柏林、巴黎和布鲁塞尔再次派驻武官。截至1936年,只有下列小国未向外国派驻武官:阿尔巴尼亚、阿富汗、丹麦、英国自治领、中美洲国家(除了古巴和多米尼加共和国)、埃及、爱尔兰、利比里亚、瑞士和暹罗(Siam,泰国旧称——译注)。

引入空军武官后,武官的数量进一步增加,这既体现了空军日益增长的重要性,也反映出空军以及该军种在生产和维护保养等方面技术含量高的特点。法国是第一个派出空军武官的国家(1920年12月11日)。到1936年,各国在职空军武官的人数已不少于46名。虽然一些小国,以及一些大国驻小国使馆,将

---

① *Foreign Relations of the United States*: *The Soviet Union*, pp.58f., 171, 173f., 177, 182f., 247f., 519, 597, 600f. 关于费蒙维尔,见《纽约时报》,1962年3月31日。

武 官

空军武官的职责交给陆军武官或海军武官,很多国家,除美国以外,仍觉得有必要在一些空军强国的首都长期派驻专家。通常,他们由各军种挑选和派遣,"领受任务,并在大使和全权公使领导下,研究与各自专业有关的所有问题"(法国1920年12月11日命令)。在法国,他们最初是受公共事务部航空局管辖,此机构旨在发展法国空军力量,因此具有与商务参赞类似的特点。最初,给他们的指示是"一方面进行调查研究",搜集并向航空局报告驻在国"所有与技术进步、民用和商用航空及航空器有关的情报","另一方面协助法国航空业向国外发展"。在这一指令中,曾对陆军武官和海军武官下过的秘密命令(帮助本国军工业参与国外竞争)被公开提出。由于新技术在战争准备中的重要性,对军官公开从事销售活动的禁令被抛到了九霄云外,拿破仑送给英国人的那句不怀好意的"市侩"的话,至少在部分军官身上变成了现实。但是不管他们的隶属关系如何,这些最早的法国航空参赞都是空军军官,只有驻德国的是个文职官员,因为按照《凡尔赛和约》(第108条)规定,德国不允许拥有任何军事航空力量。1928年,空军部(Ministère de l'air)成立后,空军武官划归空军部管辖,由此保留了军民之间的模糊地位,并成为总体战及其准备工作的一个重要部分。①

在德国空军(the Luftwaffe)正式出现之前,外国空军武官就已被派到德国。纳粹想以渐进的方式开始空中的扩军备战,采用帝

---

① Beauvais, pp. 40ff.

国航空部（Reichsluftfahrtministerium）这样一个带有民用色彩的名字加以伪装。1935 年 3 月，德国才向各国空军武官宣告，从此该部航空人员将是"军人"，跟这些空军武官一样，当然法国空军武官普安卡雷（M. Poincaré）例外，因为只有他是个文职人员，但他很快就被一名飞行员军官所取代。① 就这样，德国空军正式宣告诞生并像雨后春笋般发展起来。

全世界武官的总数，从普法战争爆发时的 30 人和第一次世界大战前夕的大约 300 人，增长到 1936 年时的 450 多人。在第二次世界大战开始前的几年里，这个数字还在继续增加。1936 年，武官人数最多的前几个国家分别为法国（50）、英国（38）、美国（34）、意大利（30）、德国（24）、苏联（24）。这些数字或许可以反映出一战战胜国对世界重整军备的警觉程度，或者它们对军事同盟的价值或孤立的不确定心理。被大小国家接纳的武官数量，尽管也能反映出这种深切的忧虑，但主要反映了其军事首脑坚信，应该到军事竞赛的中心学习一些新东西。法国在 1936 年的军事声誉仍然很高，因此它接纳的各军种武官人数也最多，达 48 名。德国 42 名，仅次于法国。接下来是英国（38）、意大利（25）、美国（22）、苏联（21）和日本（20）。驻罗马的武官人数相对较多，说明对意大利的军事价值和重要性估计有些过高。② 另外，几个国家的陆军，包

---

① 英国驻柏林空军武官在 1935 年 3 月 9 日给大使的报告，见 *Trials of the Major War Criminals*, XXXIX, 45f.

② 上述数据，见 Beauvais, pp. 44ff.

括英国从 1935 年 4 月以及美国从 1938 年 6 月起,恢复了一些"从前的军事礼仪",安排与德国陆军之间进行以教学为目的的军官交流。①

20 世纪 30 年代,随着武官人数的日渐庞大且自立门户,他们在各国首都外交圈成立了自己的团体。在伦敦,他们有了武官团团长(doyen),②在其他地方驻在国专门为武官团配备了"联络人"(bear leader),一位负责向其提供或拒绝提供情报,指导或者(如果需要)误导他们的军官。③ 1938 年,因撤换反战的陆军参谋长贝克而引发的德国国防军危机期间,"外国武官们被安排去东普鲁士观看演习,以便让他们离开帝国的心脏"。④"私下"透露的消息有时会广为扩散。1938 年捷克危机期间,英国陆军武官得到确定无疑的暗示,德国国防军内存在一股"秘密反对纳粹的势力",特别是总参谋部,在慕尼黑会议之前曾暗示希望英国明确反对希特勒采取"直接行动"。如果得不到这样的帮助,陆军将不得不臣服于希特勒和诸如希姆莱(Himmler)这样的纳粹极端分子。而如果陆军的反抗过于明显,这些纳粹极端分子或将被赋予最高指挥

---

① 《纽约时报》,1935 年 4 月 24 日,1938 年 7 月 11 日。关于英德军官交流的细节,见 Geyr, *Erinnerungen*, pp. 69ff。

② Geyr, *Erinnerungen*, p. 18.

③ 关于 1938 年 3 月 11 日德奥合并当天在柏林发布的虚假信息,见 *Documents on British Foreign Policy*, IIIrd ser., I, 9f., 167;关于法国陆军武官与德国国防部外国武官管理部门的关系,见 Castellan, pp. 440f. and passim。

④ Siegfried Westphal, *Heer in Fesseln* (Bonn 1950), p. 75.

权。"陆军尚未做好与纳粹公开对抗的准备,也许永远也做不到。"听到这些内幕消息的英国武官怀疑,任何外部力量企图"在希特勒有生之年干涉德国内政"的做法能否成功,这反而"肯定将导致我们不希望看到的结果"——纳粹完全控制国防军并发动战争。① 英国断然拒绝向德国反希特勒势力提供外援一定与这一态度有关。

除了武官的数量在增加,他们的军衔也越来越高,从19世纪时的上尉或中尉(19世纪90年代的美国海军武官大多为海军上尉),到一战后的上校和少将甚至中将。这一方面反映出国防问题在外交事务中的重要性在提高,另一方面也说明各军种都想让自己外交代表的衔级不低于其他使团成员。

这些观察人员能否完全或提前意识到德国国防军及其领导人的潜力和意图,就像他们中的某些人发回的警告对国内部门的影响一样,似乎都存在疑问。希特勒上台后的第一任美国驻德大使威廉·E.多德(William E. Dodd)发现,使馆内的四名军人(其中三人取了德国名字,可能是因为他们懂德语)根本不具备完成任务所需要的能力。"这里的陆军武官和海军武官,我相信整个欧洲的武官都一样,根本无法胜任他们的工作。除了操练和战术,他们从

---

① *British Documents on the Origins of the War*, IIIrd ser., II, 42ff., 65ff., 126f., 148.

未接受很好的训练。① 他们或许知道一点历史,但他们对驻在国的社会和经济问题根本不了解,也不具备通过间谍活动打探德国军事能力的才智。而在这些领域,实施间谍活动正是政府所期望的"。同时,身为历史学家的多德大使发现,德国驻华盛顿陆军武官冯·伯蒂歇尔对美国内战十分熟悉,"而这里的美国武官没人知道德国战争史"。多德大使认为,他的首席军事助手维斯特(Wuest)上校是个勤奋而仔细的人,"但军事的吸引力太强,他本能地赞赏(德国)陆军的操练和阅兵,然而这并不符合美国的利益";此外,维斯特似乎受到很多同事的影响,在对德国进行监视时他一会儿表现得从容不迫,一会儿又过于激动。1934年10月,维斯特上校在德国境内乘车转了几日后找到大使。"他非常激动,'战争一触即发,到处都在备战',但他说得不清不楚,我根本无暇去听。"②

据罗斯福的批评者称,当武官报回关于德国重整军备的真正有价值的情报时,罗斯福却一直置若罔闻。他们坚持认为,罗斯福拒绝向国会通报有关第三帝国及其空军的情报。至少有一名驻柏林的美国武官,在形势发展已经明朗之时,向上级发出了警报。

---

① 德国战后首任驻伦敦陆军武官也持相同的观点:"与其他西欧国家陆军相比,德国陆军对于语言知识的要求可能是最低的,而作为胜利钥匙的战术却得到大力培养和高度评价。"见 Geyr, *Erinnerungen*, p. 14。
② W. E. Dodd, Jr., and Martha Dodd, eds., *Ambassador Dodd's Diary* (New York 1941), particularly pp. 149, 151f., 181, 202.

1936年,为了更深入地了解情况,这位名叫杜鲁门·史密斯(Truman Smith)的军官竭力促成了戈林邀请美国飞行家林白(Charles A. Lindbergh)参观德国空军,包括其设施和生产线。林白的评估很快被"绥靖主义者"所接受,但其他人却不相信,包括英国情报机构以及华盛顿的很多人,他们也不相信他后来贬低苏联空中力量的一些观点。史密斯是纳粹运动的早期观察者,他对纳粹运动兴起的预见甚至超过了后来希特勒的追随者,如"普茨"汉夫施滕格尔("Putzi" Hanfstaengl)。① 史密斯与林白的交情一直很好,即使后来林白成为一名"美国至上主义者"(America Firster)和华盛顿的"不受欢迎者"(persona non grata)时也是如此。史密斯不断地向美国陆军部发出警报。他在1937年11月的报告中称,"德国已再次成为一个世界空军强国……德国空军从零开始发展到如今的水平仅用了四年时间,这肯定是我们这个时代世界最重要的事件之一……它迫使外国人,即使是习惯粗线条思考的美国人,要好好地思考未来"。②

但是罗斯福不为所动。据他在国会中的批评者称,他把这些文件扣下,不让相关委员会看到,还削减了陆军部1938年4,000万美元的预算,在珍珠港事件前的几年中可能也是如此,从而导致

---

① Ernst Franz Sedgwick Hansfstaengl, *Hitler. The Missing Years* (London 1957), pp. 31f.

② Published as "An American Estimate of the German Air Force" in *Airpower Historian* (April 1963).

武 官

美国对战争准备不足。① 其他人更愿意听取这样的警告,温斯顿·丘吉尔就是一个例子。1938年年中,应他的要求(尽管当时他尚未就任首相),法国驻伦敦陆军武官向其通报了对德国空军的实力评估。丘吉尔感谢后者提供了"很有价值的情报",他将"以最大的谨慎使用之,为了我们共同的利益"。②

法国人似乎对德国空军的情况及其发展了解得还算准确,但这并不是法国驻德武官的功劳,而是因为一个专家的一次参观之旅。陆军武官迪德莱(Didelet)将军,令法国总参谋部对德国装甲师及其价值一无所知。与军界关系最密切的巴黎记者佩蒂纳(Pertinax)提到,"冲突发生前的12年间,在选择法国驻柏林武官上的失误实在是说来话长。迪德莱的前任和他的助手都不会讲德语。难道任命他们的魏刚(Weygand)忘了,塞雷上校(1914年前的驻德陆军武官)关于德国预备师将不会参战的报告,对我们1914年8月的行动所造成的灾难性影响吗?"③在佩蒂纳看来,法国军队领导人对其部队的战斗力过于自信。虽然这种自信在实行一年

---

① 《纽约时报》,1919年3月12日,1944年10月25日。关于史密斯在柏林的观察和活动情况,见 Gen. Albert C. Wedemeyer, *Wedemeyer Reports* (New York 1958), pp.60f。该书认为,史密斯协调德国邀请林白上校访德亲自观察德国空军发展(最后证明,德国人并不想让这位上校看到的多于其他外国人)堪称他"最有效的情报活动";另见, Kenneth S. Davis, *The Hero, Charles A. Lindbergh and the American Dream* (Garden City 1959), pp.374, 408。

② June 6, 1938. *The Second World War. The Gathering Storm* (Boston 1948), p.265.

③ Pertinax, I, 23.

兵役制期间曾有所下降,但随着1935年春重新实行两年兵役制却再次抬头。驻巴黎的德国和意大利陆军武官也被这种自信所感染,只有美国武官富勒(Fuller)上校对此抱有怀疑。① 轴心国武官们的报告很可能让德国国防军的领导人变得小心翼翼,因此对希特勒强令的向莱茵兰(the Rhineland)地区、奥地利和捷克斯洛伐克进军犹豫再三。②

德国驻伦敦陆军武官盖尔·冯.施韦彭博格(Geyr von Schweppenburg)上校发出的警告让人大吃一惊(这位上校在莱茵兰地区重新军事化期间曾运用外交手段竭力避免战争),以至于从惊恐中恢复过来的希特勒下令斥责盖尔。布隆贝格正想对此大发责难,但德国陆军参谋长贝克将军认为,自己手下有自由表达观点的权利。③ 两年后,希特勒对自己的实力和绥靖主义者的怯懦都已非常自信,转而采取攻势。慕尼黑会议前几周举行的一次大规模海军演习向受邀的各国武官展示了德国海军重建后的实力,随后举行的陆上演习中还展示了坦克和其他先进装备。这些演习旨在向外国观察人员表明,如果捷克斯洛伐克及其盟国拒绝德国的要求,等待它们的将是什么。④ 事实证明,希特勒的虚张声势相当成功。1938年,英国驻柏林和布拉格的陆军武官对捷克抵

---

① Pertinax, I, 29.
② 关于这些报告及其在柏林的影响,见 *The Von Hassel Diaries*, p.90。
③ Geyr, *The Critical Years*, passim.
④ Potiemkine, III, 649.

抗德国进攻的能力非常悲观,远比德国总参谋部悲观得多。① 其他武官的战前判断也远谈不上准确可靠。后来获封爵士的韦弗尔(Wavell)在研究了20世纪30年代中期的法国军事部署和理论后发现,它们"极其过时且僵化,带有1916年堑壕战的味道……法国总参谋部的高效率早已被连续数任英国陆军武官吹捧得过了头"。②

---

① John W. Wheeler-Bennett, *Munich: Prologue to Tragedy* (New York 1948), p.152.
② Maj. Gen. R. J. Collins, *Lord Wavell* (London 1948), pp.151f.

第 5 章　第二次世界大战时期

武官的人数继续增长。1939 年,美国驻柏林武官至少有九人,驻伦敦和巴黎的也各有九人。武官的分布也越来越分散,甚至美国在阿富汗也有一名陆军武官,据说是该国"第一名美国外交官"。① 技术军官也更多地被派往武官处。第二次世界大战爆发后不久,美国武官中野战炮兵军官的人数就超过了其他兵种。②

显然,这些军官关于第二次世界大战备战情况的报告与 1914 年前的报告在性质上十分相似——战争必定到来,③或早

---

① Gordon Enders, *Foreign Devil* (New York 1942).
② *Feild Artillery Journal* (September-October 1940), p.364.
③ 1933 年 9 月 7 日,约瑟夫·C.格鲁(Joseph C. Grew)大使写道:"我们一名副武官说,他和同事认为(日苏之间)战争绝对不可避免,并预计战争将于 1935 年春爆发,而有些人觉得会更早一些。"见 Joseph C. Grew, *Ten Years in Japan*, *1932 - 1942* (New York 1944), p.98。

或晚。① 准确的情报有很多。例如,1934年8月美国驻罗马陆军武官报告,意大利总参谋部已有征服和占领埃塞俄比亚的计划。②但对战争总体的而不是对其可预见的政治结构的准确预测似乎并不多,③因此也常常缺乏那些对赢得战争来说十分必要的信息。拥护战争的人肯定十分有限,至少在一些武官和总参谋部(大多数武官都来源于此)那里是如此。1939年2月回到柏林的一名德国陆军武官,发现以前那种战争前夕的情绪完全逆转了,"英勇的刺刀进入了外交部,而外交官也坐进了帝国陆军部。在这里,人们为了维护和平而努力奋斗,因为不存在发动战争的理由"。④

事实证明,当时有些武官的报告非常具有误导性。1938年3月和5月,捷克人声称德国正在发起针对捷克的军事行动,但马

---

① 1941年,发出德国即将侵略苏联警报的人中,就包括苏联驻柏林陆军武官,但斯大林并不相信。他的这一失误也出现在1956年为其开出的长长的罪行清单之中。见 *The New Leader*(New York), April 16, 1956。
② *The Memoirs of Cordell Hull*, 2 vols. (New York 1948), I, 418.
③ 1938年夏,反轴心国阵营美国、英国、法国和波兰的几个军官在里斯本集合并一致认为,鉴于德国的备战行为,应该先发制人对德开战。美国海军武官约翰·阿林·加迪(John Allyn Gade)中校(被波兰人视作心腹和罗斯福的私人朋友,是个家境富裕、敌视德国的人)对其他人说:"就其本身而言,我们完全站在民主阵营一边。现在,他们正在研究美国马上援助英法的可能性。他们认为,一年之内美国的援助绝不会到来,美国士兵一年后才能参战,就像世界大战时那样,战争爆发的七至十天内应派出1,000架飞机。"见 Drittes Weissbuch der Deutschen Regierung, *Polnische Dokumnente zur Vorgeschichte des Krieges* (Basel 1939), p.13。
④ Vagts, *Militarism*, p.451.

上，他们就听信了德国驻布拉格陆军武官的话，认为事实并非如此。英国媒体开始大加讨伐，但英国驻柏林陆军武官并未指出这一错误，于是英国政府命令大使内维尔·亨德森（Nevile Henderson）爵士与德国外交部进行交涉。在延误了很久之后，5月22日，亨德森派出两名武官乘车赴萨克森（Saxony）和西里西亚（Silesia）地区，观察德军是否有向捷克斯洛伐克方向大规模调动的迹象。德国人很快就识破了他们的目的。无论是这两名外交官，还是包括法国人在内的其他外国武官，都没有发现任何"危险"的行动或任何"一个动员起来的人"。这让德国人十分满意，却使一些大国感到羞愧。它们觉得被捷克人的焦虑和担心误导了，于是这些国家的大使们声称，捷克斯洛伐克散布谣言，"其目的是为其在捷克进行局部动员寻找借口"（亨德森）。①

在捷克危机期间，德国人决定从此不再向外国武官提供军事方面的任何情报。② 1939年，当他们真正开始动员时，外国武官们被限令不准离开柏林，关于德军部队调动的情况他们再一次被蒙在了鼓里。在关键时刻限制武官的行动自由成为一种常见做法。1938年，捷克人在德国驻布拉格公使馆周围布置了警戒线，令德

---

① Nevile Henderson, *Failure of a Mission* (New York 1940), passim; *Documents on German Foreign Policy*, Ser. D, II, 169, 175, 295f., 330, 341, 349f., 407, 416, 449.

② *Documents on German Foreign Policy*, Ser. D, II, p.690.

国武官向柏林抱怨再也无法获取任何军事情报。① 这种做法在俄国持续的时间最长,甚至在美国也不例外。1941年3月5日,国务卿赫尔(Hull)要求意大利大使科洛纳(Colonna)亲王向其报告他手下几名武官在华盛顿以外的行踪。他们中的有些人被怀疑从事破坏活动。②

但事实证明,这些武官,不管是活动自由的还是被禁锢在首都的,在预测方面做得并不比之前更好,比如巴尔干战争时期,当时大多数武官都对土耳其人的失败感到十分惊讶。③ 在布鲁塞尔,各国武官和使团团长在关于德国对比利时和荷兰中立地位的威胁问题上意见截然相反。大多数人认为,德国不会进攻,看起来这绝不可能。只有三个使团团长,在听取了自己武官的意见后,认为德国将会进攻,时间是1940年夏。其中,就包括美国大使,他相信陆军武官布朗(Brown)上校的判断,后者从一开始就认为,德国对这两个国家的进攻不可避免。这一看法,就像大使后来所见证的那样,"对使馆的判断和报告产生了很大的影响"。④

比利时和荷兰政府却不认同这一观点。两国政府及其大多数

---

① *Documents on German Foreign Policy*, Ser. D, II, p.976.
② 《纽约时报》,1941年4月3日。
③ 见 *Grosse Politik*, XXXIII, 12332。
④ *Field Artillery Journal* (September-October 1940), p.366. 1940年4月,德国驻罗马大使与海军武官意见出现分歧。前者认为意大利应该参战,而后者表示反对,可能他对意大利海军实力的了解令他作出了这一结论。见 *Hassell Diaries*, p.135。

驻外代表都对德国即将来犯的警告充耳不闻,这些警告来自德国境内的反希特勒力量。驻某中立国的比利时公使对这样的报告嗤之以鼻,认为通风报信者必定都是些叛国者,而他不相信叛国者能打入德国司令部内部。在对其祖国的进攻开始前12小时,荷兰驻柏林陆军武官从相同渠道收到了类似的警告,但国内还是不相信。① 荷兰人并没有好好地从丹麦和挪威的命运中吸取教训。这两个国家的驻柏林武官都曾从德国反希特勒力量处,甚至从海军上将卡纳里斯那里,收到过类似的警告,但这两名武官坚持认为,德国人并不具备境外作战的能力。②

武官如果热衷政治,其观点可能影响其报告的专业性,这种怀疑可能早已有之,而这方面的证据也越来越多。1939年4月,美国驻柏林代理陆军武官以相当的篇幅报告,德国将在30天内对波兰发起进攻,除非它能通过谈判使波兰屈服。"现在的形势已经变得更加清楚了,德国正在发动一场战争。这是一场经济战,德国正在为它的生存而战。德国必须为其商品寻找市场,否则就是灭亡,而德国绝不会坐以待毙。"罗斯福和霍普金斯(至少他们的传记作家这样认为)并没有从这份报告中推断出这场战争的特性,反倒认为,这份报告反映出"这位陆军武官除了孜孜不倦地观察德国国防

---

① Hans Bernd Gisevius, *To the Bitter End* (Boston 1947), pp. 454f.; Görlitz, p. 530; *Vierteljahrshelfte für Zeitgeschichte*, VIII (1960), 17ff.
② Görlitz, p. 528. 瑞典驻柏林陆军武官在4月初暗示,北方国家预计德国即将对其发动进攻。见 *Hassell Diaries*, p. 131.

军和空军之外,还忠实地聆听了戈培尔的宣传并将其写进了报告中"。①

出于对保守主义的同情,一些美国观察者将珍珠港事件前日本政府的一些新变化归结为保守主义,其实保守主义的最后希望随着东条英机(Hideki Tojo)就任首相早已一去不返。美国驻东京陆军武官克雷斯维尔(Cresswell)上校在报告中称:"鉴于新内阁的构成体现出保守主义的特点,因此旧内阁的辞职不应被视为日本政策将在近期发生大的变化,至少……由于东条将军首先是个彻头彻尾的日本人,其性格中有国家野心和福利思想,他被认为是个视野广阔的人,似乎不可能采取极端行动。"②有关保守主义者(包括军人和文职人员)的常见错误,美国方面还有更多的表现,这种错误不仅表现在对法西斯主义和保守主义的评价上,还表现在将轴心国的进攻性举动误认为是防御性的。③

---

① Robert E. Sherwood, *Roosevelt and Hopkins* (New York 1948), p.116. 这还是那个在波兰战役结束时马上向德国最高统帅部表示祝贺的军官吗? 当时,他已经知道是希特勒决定发起了此次战役。见 *Trials of War Criminals*, X, 712f.
② Sherwood, p.419.
③ 1941年7月12日,日本人对维希政府发出最后通牒并进入法属印度支那。由美国陆军情报局出具的一份《军事情报评估》(*the Military Intelligence Estimate*)认为,这一行动"尽管在概念上是机会主义的,但性质上仍属于战略上的防御,意图主要是阻止英美势力切断从泰国和印度支那的橡胶、锡和稻米供应,而这些资源对日本来说无比重要"。见 Memorandum for the Chief of Staff, July 17, 1941. *Pearl Harbor Hearings*, unnumbered。

据目前所知,武官在二战时期的作用、活动和机会,在很多方面(或许在大多数方面)都与一战时期相同。中立国再次迫切地想要学习战争的新特点,了解交战国的意图,并希望对其他中立国(如苏联)进行观察。有时,这样的机会确实会出现。1940年11月,在新任国防人民委员铁木辛哥(Timoshenko)进行了历时半年的军队改革之后,苏联最高统帅部向外国(包括中立国和交战国)武官们展示了红军的一些情况。①

中立国武官的数量进一步增加。美国驻外武官人数从1936年的34名,增加到1940年的60多名。一名美国陆军武官被派到了土耳其,这里自一战以来还从未有过外国武官。1940年初,美国海军派出了五名海军武官,其中一人被派到了荷属东印度群岛的巴达维亚(Batavia,雅加达的旧称——译注),这是最早在首都之外设置的武官岗位之一。② 美国驻开罗公使馆增加了陆、海、空军武官后,日本政府在1941年初也提出申请,要求埃及同意其向开罗派遣一名陆军武官(日本此前从未向开罗派出过武官)。埃及人有些犹豫,他们或许担心日本人会将间谍活动得到的情报交给其他轴心国。③ 在这方面他们无所不用其极,二战期间他们甚至在内陆城市伯尔尼派驻了一名海军武官。④

---

① 美联社1940年11月3日莫斯科报道。
② 美联社1940年5月29日华盛顿报道。
③ 《纽约时报》,1941年1月18日。
④ Toshikazu Kase, *Journey to the "Missouri"* (New Haven 1950), p.222.

武官

战争期间,间谍活动成为武官工作中的重头戏,以致武官几乎成为间谍的同义词,这对外交制度并无益处。美国向其驻维希使馆派去的一名海军副武官,甚至"分不清船头和船尾"。实际上,他是一名战略情报局的特工,就像大使后来所了解到的,"是一个非常好的间谍,很有能力且言行谨慎",但还是没法不让纳粹怀疑他从事间谍活动。①

对中立国武官来说,以前那种可以随交战国上战场的机会再也没有了,②比起一战时期拒绝得更为坚决彻底。有传言说,一名驻柏林的美国武官在战争爆发时"以观察员身份随德军行动,目睹了德军在波兰、低地国家、丹麦和挪威的军事行动"。③ 实际上,当时德国外交部曾组织中立国武官在战斗结束后参观战场,这位美国武官只不过是参观团的一员而已。英国人期望美国人像一战时那样成为他们的"盟友",于是很早就与美国军官分享他们的经历。从某种程度上说,是英国人造就了舍曼·迈尔斯(Sherman Miles)准将,后者1939年担任驻伦敦陆军武官,1940年春成为美国陆军情报局(the U.S. Army's Intelligence Division)局长。英法

---

① William D. Leahy, *I Was There* (New York 1950), p.22.
② 1939年9月7日,马歇尔将军下令"立即着手研究交战国采取的战术和武器技术细节。为此我们应向我们的武官,或者向我们将要派出的使团,提供一份关于我们需要的详细情报的问题清单"。见Watson, p.47。在美国驻伦敦海军武官(他事先得到了海军部的批准)的建议下,海军军官作为观察员被派往英国舰队。Ibid., p.106.
③ W.霍恩撒尔(W. Hohenthal)上校的讣告,《纽约时报》,1949年2月9日。

空军似乎向美国空军武官透露了某些技术和生产方面的秘密。①日本人急于想把他们此前在登陆作战方面取得的经验教给德国人,②但由于德国对英国的登陆作战没有实施,这些经验似乎没什么用处。

不急于加入战争的苏联确认了与纳粹德国达成的中立协议。两国不仅互换大批战争物资,而且两军之间也不断展现友谊,几乎直到最后。1941年,日本外相松冈洋右(Matsuoka Yosuke)结束对西方的访问之旅来到莫斯科时,斯大林对他的客人说自己是"一个轴心国的坚定拥护者和英美的反对者"。4月12日,斯大林高调地出现在莫斯科火车站举行的送行仪式上。他搂着德国大使的肩膀说:"我们一定要做朋友,为了这个目标你要不遗余力。"接着,他转向一边的德国代理陆军武官克雷布斯(Krebs)上校,在确认他是德国人后说:"我们将会与你们保持朋友关系,不管发生任何事!"这是一次有意给别人看的表演,特别是驻莫斯科的外交使团。③ 同时,在德国进攻苏联前夕,这也是关于这两支军队之间存在于不同时代的奇特亲密关系的最后一次暗示。

可能在大部分时间里,这两支军队中一直都存在间谍行为。德国进攻苏联的"巴巴罗萨计划",就是以驻莫斯科陆军武官科斯特林将军提供的情报为基础而制定的(至少在对"领导人个性的

---

① 美联社1940年5月29日华盛顿报道。
② *Trial of the Major War Criminals*, XXXV, 103.
③ *Nazi-Soviet Relations*, *1939-1941*, pp.324, 326.

判断方面,领导人中只有铁木辛哥堪称出色")。① 无论是科斯特林还是他的手下克雷布斯,都无法向进攻苏联战争的策划者们提供有关苏军实力的可靠情报,尽管科斯特林一再警告,低估对手是危险的。② 战争一打响,他和其他与苏联打过交道的军官都从事招募苏军战俘加入德国国防军的工作,效果还不错,如果不是因为纳粹疯狂的占领措施,这个政策的效果应该还会更好。③

1941年4月2日,发生了一起,或者说上演了一次,跟一战时的"博伊—埃德案"非常相似的事件,美国国务院要求当时中立的意大利政府撤回其驻华盛顿海军武官阿尔贝托·莱斯(Alberto Lais)海军上将。美方指出,"各种事实和状况"(没有明确指出)使美国政府注意到,莱斯"与某些触犯美国法律的人有牵连",这使他"不再受本政府欢迎"。当时人们普遍认为,包括赫尔也认为,莱斯正策划在意大利商船被扣留于美国港口时采取破坏活动。为了给自己辩解,赫尔公开声明:"如今涉嫌非法活动的某些国家政府,毫不犹豫地憎恨那些遵守法纪的外国代表和政府。"意大利政府却坚持,莱斯在华盛顿的活动"一直严格限定在合法的范围内,他履职尽责,值得称赞",反倒是美国驻罗马陆军副武官威廉·C.本特利(William C. Bentley)的行为不那么规矩,这使他不再受欢迎。他们称,本特利从事了"肯定超越他职责范围的活动,甚至都

---

① *Trial of the Major War Criminals*, XXVI, 392.
② Görlitz, p.546.
③ 更多细节,见 *New Leader* (New York), January 28, 1950。

违背了他作为一名交战国客人的义务"。这很显然是报复。以同样的方法回敬超出了意大利政府的能力,它只能抨击说美国迫切想要得到轴心国的航运业务,并谴责其方法"是对别国的商船进行赤裸裸的掠夺"。尽管美国国务院和陆军部很快澄清,本特利"无论是在个人或公务方面都没有任何与其职位不相称的过错",但意大利人坚称,他们将其列为"不受欢迎的人"是出于"明确而具体的原因",只是跟美国方面一样未公布而已。① 美方对莱斯的指控还比不上"博伊—埃德案"时的一半。

为统一作战行动,一些交战国的以及从中立国变为交战国的武官被派往他们曾常驻的国家任联络官,这跟一战时也很相似。② 1941年,美国根据"租借法案"任命约翰·马格德(John Macgruder)准将为驻中国军事使团团长,称其此前长期在华工作的经历(他曾两次担任陆军武官)将使他"有一群相互非常了解的朋友,从而工作起来游刃有余"。后来选择约瑟夫·W. 史迪威(Joseph W. Stilwell)将军担任中国战场指挥官也是因为他曾任驻华武官。史迪威觉得,由于自己当年职位低微,这段经历反倒可能对他的履职有害无益:"在他们的印象中,我不过是个被人呼来喝去的小上

---

① 《纽约时报》,1944年4月4日,12日和22日。Huall, *Memoirs*, p. 927.
② 关于法国驻伦敦陆军武官勒隆(Lelong)将军1939年5月以后的联络工作,见 Auswärtiges Amt, *Les documents secrets de l' Etat-Major Général français* (Berlin 1941), passim (German White Book)。

校。他们见过我脚踩泥水,与苦力们混在一起,乘坐士兵的列车。"①

不管这些联络官之前是否有经验,由于国家利益、性情和战略眼光不同,在双方阵营的盟友内部都存在摩擦、不信任和误解。那些在不融洽的氛围里工作的下级人员经常发生摩擦,而上级为保证同盟关系不被争吵和误解所影响,不得不教训下级或将其调走。

有些联盟内部的矛盾非常激烈,甚至都被敌人知晓。1941年7月日本人进入印度支那后,暹罗总理告诉美国人,德国驻曼谷陆军武官警告他,不要与日本人"过于亲密","因为你们不能相信日本,德国将在赢得欧洲战争后与日本算账"。对美国陆军情报局来说,这条情报尽管涉及的人员级别不高,却预示了两国未来的分裂。如果审慎而明智地使用它,例如把它交到日本大使的手里,或许可以造成轴心国集团分裂。"我们的任何行动,只要能够使日本成为一个不情愿的轴心国伙伴,就可以削弱我们潜在的敌人,提高我们自己的声望和权威,并在实质上对我们的国防产生有益的作用。"情报部门的意见是否被采纳不得而知(陆军部部长敦促国务卿告知日本大使),但无论如何,向高层传达德国对日本的疑心很难让人相信。②

至于苏联,它对盟友的不信任(它们显然已不再是阶级斗争的

---

① Theodore H. White, ed., *The Stilwell Papers* (New York 1948), p.19.
② Memorandum for the Chief of Staff, signed Sherman Miles, Acting Assistant Chief of Staff, G-2, July 30, 1941. *Pearl Harbor Hearings*, Exh. 33.

敌人,但也只是暂时而已)似乎要变成一种仇外情绪,从而使其乐于接受外援但却不愿承认这是一种帮助。苏联甚至不愿向盟国代表们提供他们急需的情报(或许并非十分需要,只是出于武官长期以来养成的习惯),但苏联人认为,这些情报是最不应该作为租借货物的报酬被拿来交换的。与之前联盟战争的习惯不同,苏联人不允许即便是最友好的观察员看到极权主义战争的真相。从目前掌握的记录,还不清楚这种拒绝提供所有重要情报的做法,是否能够解释1941年美国驻莫斯科陆军武官伊顿(Yeaton)少校和他的前任费蒙维尔上校关于苏联战斗力和抵抗能力的看法为何有着令人惊讶的不同。不走寻常路的霍普金斯将费蒙维尔(他对苏联的判断和公正性引起了华盛顿很多人的质疑)派回莫斯科,任租借法案的代表。1941年10月,伊顿预见到苏联的抵抗已接近终点,但费蒙维尔还是认为,苏联人仍有继续抵抗的实力,而霍普金斯选择相信了他而不是伊顿。无法预料的是,他根据自己在莫斯科的短暂经历告诉赫尔,任何武官"都能从上班族或公众那儿获得任何合理的意见表达,这非常有用"。也就是说,这是当时驻莫斯科武官唯一的情报来源。①

军事使团的情况也好不了多少。"俄国人还是像之前对待武官一样对待军事使团,即使后者在行前接受了(似乎也遵守了)马歇尔将军的命令,不要追求情报并因此惹恼疑心很重的俄国人,从而危及更重要的行动合作。"这是1943—1945年美国驻莫斯科军

---

① Sherwood, *Roosevelt and Hopkins*, pp. 327, 395f.

事使团团长约翰·R. 迪恩(John R. Deane)少将,对他竭力为之服务的"奇怪同盟"所得出的结论。①

轴心国方面,曾任日本驻柏林武官和大使的大岛浩于1940年底第二次出任驻德大使,当时德日合作似乎牢不可破。大岛浩公开宣称,他在柏林最初的任务之一,将是"与德国人合作,任命联合军事委员会,作为联盟机器的一部分"②。但这一机构并未建立起来,大岛浩也无法劝说日本政府将苏联而不是美国作为头号敌人,尽管这十分符合军事逻辑。

东京与柏林之间的漫长距离带来了交通、运输和通讯等问题,这些问题随着苏德战争的爆发而更为恶化。并非所有居住在这两个国家的、符合服役年龄的德国和日本人都能被送回国内服役。因此,1941年秋,为了对居住在东京的德国人进行基本的训练,德国陆军武官开始对他们进行每周一次的军训。于是谣言不胫而走,"德国人想要组建一支义勇军,在日本参战时与日军并肩作战"。③ 在德国的日本人也一定有类似做法,因为1944年夏在诺曼底地区的战俘中就有随德国国防军作战的日本人。

在柏林—罗马轴心方面,来自较弱盟友的憎恨和背叛行为使武官的活动面临危险。波兰战役结束后,意大利驻柏林武官报告

---

① Gen. John R. Deane, *The Strange Alliance* (New York 1947), pp. 46f.; Watson, p. 329.
② 《纽约时报》,1940年12月20日。
③ Grew, *Ten Years in Japan*, p. 464.

了德国入侵比利时和荷兰的计划,"第一次希望德国失败"的墨索里尼秘密地让齐亚诺告知这两个国家的外交代表(1939年12月26日)。在某种程度上,这是意大利对德国人不满的表现,这种不满早在1939年秋就有了。德国驻罗马陆军武官林特伦(Rintelen),也许是因为在波兰的胜利而得意忘形,在一次活动中"出人意料地来到意大利军队中间,还带着一种检阅前线的神气问了一些鲁莽的问题。这让我们士兵,特别是军官,都烦透了"[1]。深受军事自卑情结折磨的意大利人只好拿倒霉的希腊人撒气,墨索里尼对希腊驻贝尔格莱德武官大发雷霆,后者据说对意大利军队发表了一些不尊重的看法。首相梅塔克萨斯(Metaxas)赶忙对意大利军队大加吹捧,并召回了这名武官。尽管宣布该武官在这件事上毫无责任,但为了取悦墨索里尼,还是削减了他一半的工资。[2]

很多交战国武官被召回后,或者效力疆场,或者在国内任职,至少被安排在他们的知识最能发挥作用的岗位上。1940年7月,原英国驻巴黎海军武官霍兰德(Holland)中校受命向位于阿尔及利亚凯比尔港(Mers-el Kebir)的法国海军递交最后通牒。他恳请这位法国将军与英军一起抵抗希特勒,但徒劳无功。至少有一次,这种从武官转到战斗岗位的做法遭到了来自驻在国政府的干涉。

---

[1] Hugh Gibson, ed., *The Ciano Diaries, 1939 – 1943* (New York 1946), pp. 169f., 183.

[2] Greece, Office of Information, *The Greek White Book. Diplomatic Documents Relating to Italy's Aggression against Greece* (London 1942), no. 45.

武 官

1941年,德国进攻南斯拉夫的当天,纳粹政府下令将南斯拉夫武官投入集中营。① 这种转换有时非常迅速,德国驻奥斯陆的空军武官和海军武官(后者在挪威叛徒吉斯林[Quisling]和第三帝国政府间担任联络员的角色②)穿上制服,担任了登陆部队的指挥官。据说,挪威爱国人士被这种违反中立原则的行为激怒了,后来将这名海军军官射杀,③而这名空军军官也在企图抓捕挪威国王时被杀。④ 1944年4月,由于一名男性武官离开岗位参战,美国陆军部任命弗洛伦斯·C.杰普森(Florence C. Jepson)少校为驻伦敦陆军副武官,⑤她也因此成为武官岗位上的第一名女性。

据目前掌握的情况,那些曾任武官的军官们的军事履历中似乎并没有特别出色的表现。曾在主要国家首都任职的德国武官中无人成为高级将领,除了克雷布斯上校,就是那个1941年在"巴巴罗萨"行动前夕被斯大林有意挑选出来的驻莫斯科陆军副武官,他后来成为德国最后一任陆军参谋长。1944年6月,他当时在东线一个集团军任参谋长,苏联发动的一次大规模进攻在那里取得了突破(当时克雷布斯有幸不在军中。根据一份1944年6月29日

---

① *Trial of the Major War Criminals*, XXXIX, 275ff.

② *Ibid.*, XXXV, 404

③ 《纽约时报》,1940年4月18日。据目前掌握的情况,这位武官在战争中幸存了下来。关于他在德国入侵期间的活动,见 Anthony K. Martienssen, *Hitler and his Admirals* (New York 1949), pp.57f.

④ T. Kingston Derry, *The Campaign in Norway* (London 1952), p.38.

⑤ 《纽约时报》,1944年4月21日。

的命令,他参加了一次灌输国家社会主义思想的培训。该培训旨在使每个参谋军官都成为国家社会主义的"领导军官")。1945年3月,在军事上已毫无希望时,他被任命为陆军参谋长。作为一名希特勒的信徒,他"忠心耿耿",陪着希特勒走完了最后的日子。后来克雷布斯失踪。有报告称,他在苏联人关押期间死亡,很可能死于自杀。尽管他在莫斯科时就结识了朱可夫,但他最终也没能从后者那里获得比东西方约定的无条件投降更有利的停战条件。①

"民主"阵营这边,组织能力远超其外交才华的史迪威陷入了中国的官僚主义泥潭中。他在人们的印象中,只是一名坚持自我、不留情面的武官。这一点,加上保守和腐败,以及与比他更能赢得白宫欢心的陈纳德(Chennault)将军的争吵,让美国援助无法发挥效用。如果说史迪威的使命并未真正施展,英国驻重庆陆军武官丹尼斯(L. E. Dennys)少将的表现远比他亮眼。丹尼斯是作为军事使团的团长,来华支持游击战和皇家空军行动的。②

珍珠港事件后美英联军作战的准备工作也是由一些武官完成的,如1939—1941年任驻伦敦海军武官兼管海军航空兵事务(naval attaché and naval attaché for air)的阿兰·古德里奇·柯克(Alan

---

① H. R. Trevor-Roper, *The Last Days of Hitler* (New York 1947), pp. 110, 209f., 215; Görlitz, pp. 637, 670, 700ff.; *Der Monat*(January 1951), p. 441.

② Charles F. Romanus and Riley Sunderland, *Stilwell's Mission to China* (Washington 1953), p. 28 and passim.

Goodrich Kirk)上校和雷蒙德·埃利奥特·李(Raymond Eliot Lee)准将。后者从1940年起任驻伦敦陆军武官,他在面临闪击战空袭时仍坚信德国空军终将失败。① 与他相反,驻开罗的博纳斯·费勒斯(Bonners F. Fellers)上校十分怀疑英国能否在隆美尔(Rommel)的进攻下守住埃及和苏伊士运河。②

在战争最高指挥官中,艾森豪威尔(Eisenhower)是少数有过短暂驻外武官工作经历的将领之一。但他的这段经历就军事而言似乎难以评价,在巴黎工作给他带来的情感效果似乎更加明显。③从积累外交经验方面来说,这段生活无疑为他指挥庞大联军所必需的才华提供了锻炼的机会。另一位有过武官工作经历的统帅是后来成为元帅的瓦西里·I.崔可夫(Vasili I. Chuikov),他在1941年德国侵略苏联时任驻中国陆军武官。他被召回并扮演了最高统帅部救火队员的角色,先是帮助遏制了希特勒在高加索方向的攻势,接着又使德军在斯大林格勒遭受挫折。他在那里的成功防守令其军事生涯大放异彩,并在20世纪60年代初登上了苏联地面

---

① 《纽约时报》,1958年4月8日。

② Maurice Matloof and Edwin M. Snell, *Strategic Planning for Coalition Warfare*, *1941 - 1942*, *1943 - 1944* (Washington 1953 - 1959), pp. 246, 297. 费勒斯是《和平之翼》(*Wings of Peace*)一书的作者。1945年后,他参加了极端民族主义和孤立主义运动。

③ 1919至1923年间曾任驻巴黎空军武官的刘易斯·H.布里尔顿(Lewis H. Brereton)中将认为,巴黎生活"对于一名渴望自由的年轻飞行员来说简直是天堂"。见 *The Brereton Diaries*, New York, 1946, pp. 341f.

力量最高司令官的高位。他在撰写《斯大林格勒战役》(*The Battle for Stalingrad*)时,或许早年的武官报告激发了他。这本书是由苏联最高司令官从指挥角度所写的第一部有关此战役的长篇著作,也是西方读者能够读到的第一部此类著作。①

战败者方面,意大利人喜欢从武官中选择参谋长,这或许可以被视为一个信号,即在法西斯统治下(如果不包括后来)政治考虑而非服役经历才是必要条件。陆军参谋长帕里亚尼(Pariani,1937—1939)曾任驻地拉那(Tirana,阿尔巴尼亚首都——译注)武官,并担任阿尔巴尼亚陆军教官;马拉斯(Marras,1945年后任意大利陆军参谋长)自1938年起曾不止一次担任驻柏林陆军武官。相同的情况还有罗阿塔(Roatta),他是1940年意大利参战时的参谋长,并于1943年崩溃时再次出任该职。纳粹德国对他并不信任。希特勒在席间闲谈时称他为"老鼠"、"鬼鬼祟祟的间谍"、阻挠墨索里尼实现理想的"贵族黑手党"成员、"法西斯革命的富歇"(Fouché,法兰西第一帝国警务大臣,以寡廉鲜耻著称的政治人物——译注)、"一个完全平庸的间谍"。希特勒认为,罗阿塔沿阿尔卑斯边境进攻法国(而不是德国人已经计划好或者强烈建议的从莱茵河上游发起进攻)几乎是犯下了危害国家罪,事实证明代价非常高昂。1943年8月,当巴多利奥(Badoglio)就意大利有条件投降和脱离轴心国集团进行谈判时,他向德国人提出,从这三个人

---

① *The Battle for Stalingrad*, Introduction by Hanson W. Baldwin (New York 1962).

中选择一位出任驻柏林大使。这是他决心效忠"钢铁协定"的一种表示。①

总体而言,很多例子表明,军事强国并不认为武官工作是一名军官成为高级指挥员的最佳资历。反而,武官经历为那些尽管不显眼却同样不可或缺的联络②和情报③部门职位奠定了基础。如果说武官是精英的话,他们是那种不大可能升到军界顶层的精英。

苏联的经验只能加强这种消极的结论。就目前所知,苏联二战指挥官中有驻外工作经历的极少。普特纳将军在担任指挥或参谋长职位前曾四次担任武官,分别是20世纪20年代驻柏林、东京和赫尔辛基以及30年代驻伦敦,中间他还担任过布吕歇尔远东军参谋长。他成为1937年莫斯科大清洗中的受害者。外国人,不管是法国人还是德国人,都认为他是红军中"最能干的领导人之一"、"一个了不起的人"。他曾坦率地跟外国人说,"布尔什维克

---

① Felix Gilbert, ed., *Hitler Directs His War* (New York 1950), pp. 29ff.; *Hitler's Secret Conversations, 1941–1944* (New York 1953), p. 254; Franz von Rintelen, *The Dark Invader, Wartime Reminiscences of a German Naval Intelligence Officer* (London 1933), passim. 关于罗阿塔本人的说法,见他的 *Otto milioni di baionette, L'esercito italiano in guerra dal 1940 al 1943* (Milan 1946)。

② "约翰·R. 迪恩将军,1944年10月时代表美国诸军种参谋长的陆军武官……" Edward R. Stettinius, *Roosevelt and the Russians* (New York 1949), p. 91。

③ 德国阿勃韦尔领导人卡纳里斯,一战期间曾任驻西班牙海军武官。"不苟言笑、表现出色的丸山(Marujama)大佐",20世纪30年代中期与其同为陆军武官的德国同行这样描述他,成为日本情报部门负责人。见 Geyr, *Erinnerungen*, p. 18。

主义并非源于苏联,而是一个德国犹太人的创造"。这样的异端思想或许是造成他被撤职和处决的原因,但公开的说法是,出生于波兰的普特纳在伦敦任职期间与一名德国军官过从甚密。① 领导伟大的"爱国战争"的只能是那些真正的、虽然没有出过国的苏联人。

---

① 1928 年 3 月 21 日法国驻莫斯科使馆报告。Herbette, p. 76; Geyr, *Erinnerungen*, pp. 17ff.; Castellan, pp. 479ff., 484ff.

第 6 章　1945 年以后

与日本的停战协议签署后,日本驻斯德哥尔摩陆军武官小野寺信(Makato Onodera)少将在一次记者采访中称,现在"这场融合了英雄主义的体育赛事"已经结束,同盟国应该与日本握手,就像在一场网球比赛结束时那样。但他也认识到,原子弹已经彻底改变了战争,"骑士精神已没有了用武之地"。① 事实上,无论是在对战败国的处理上,还是(经过一段暂停后)在那些因反对轴心国而暂时结盟的国家间的外交和军事关系中,都看不到半点骑士精神的影子。国际领域中向阶级战争概念和实践的回归,总是在资本主义一方得到更严格遵守的停战,以及苏联人因美国单方面拥有原子弹而感到的威胁,很快就开启了新一轮的军备竞赛。

不久,陆军武官(而非海军武官和空军武官)作为最重要的侦察力量之一出现在东西方斗争中,但关于两大军事集团中武官的

---

① 合众社 1945 年 8 月 11 日斯德哥尔摩报道。

联络及相关工作的情况几乎无从知晓。①"很有先见之明的是"（这在政治上常常意味着未雨绸缪），美国陆军部征召经验丰富的"军事外交官"，以便为和平问题和重新开始的军备竞赛做好准备。从1945年7月开始，他们面向一些上校和中校军官开设地区课程，为其在这些地区担任陆军武官打下基础。其中包括一门欧洲课程（有30名学员），以及美洲地区和远东地区（当时仍处在大规模的战争之中，局势每况愈下）课程各一门。②

在武官半秘密、半公开的历史上，他们还没有哪个时期像1945年以后那样被如此经常地、坦率地和正式地看作间谍（对他们的这种看法是冷战中精神扭曲的一种表现）。当战时渥太华（这里从来就不是一个重要的武官派驻地点）的间谍活动（由苏联武官扎博京［Zabotin］上校指挥手下实施）被曝光后，引起了共产党国家政府针对西方国家武官的一系列明显具有报复性质的指责和反制措施。苏联人本希望此事不要闹大。

通过取消加拿大外交官参观苏方军事设施的权利，苏联开始了一连串可以称之为不友善的行动。1948年1月，加拿大进行报复，在安排参观训练基地时将苏联武官排除在外，只邀请了驻渥太

---

① 对德意志民主共和国的承认包括苏联"卫星国"向东柏林派驻武官。其中包括捷克的雅罗斯拉夫·J.舒什塔尔（Jaroslav J. Sustar）上校，1941年他曾策划在利迪齐（Lidice）暗杀海德里希（Heydrich）。后来，他叛逃至西方。《新闻周刊》，1956年4月16日。

② 关于华盛顿针对武官的其他培训项目，见 J. W. Masland and L. I. Radway, *Soldiers and Scholars* (Princeton 1957), p.388。

华的其他七国武官。① 1947年秋,似乎接到了来自莫斯科的信号,苏联和它几乎所有的卫星国都指控英国和美国武官(以及后来的法国武官)在本国境内从事间谍活动,不仅被抓了现行,还与阴谋反对现政府的人士秘密保持联系。一些军事和其他法庭发起了针对这些武官的刑事诉讼,于是这些卫星国政府及其莫斯科主子纷纷要求美英政府召回这些已经丧失名誉的武官,而且要"在最短期限内"将其召回,因为他们已不受欢迎。根据国际惯例,西方国家同意了这些要求。但在与罗马尼亚的争执中,美国政府拒绝接受"罗马尼亚政府提出的召回理由",认为"十分荒唐,与事实不符"。出于报复,美国在对方无驻华盛顿武官的情况下,宣布两名罗马尼亚文职外交官为"不受欢迎的人",并要求将其召回。②

波兰政府认为,美国驻华沙大使馆是1945—1947年地下反抗运动的积极支持者,不过并未因此宣布美国陆军副武官弗兰克·杰西克(Frank Jessic)中校为"不受欢迎的人",只是对其抱怨不已,指控他与反抗组织保持联系,或者侮辱波兰领导人。波兰政府痛恨这位中校频繁地外出旅行,这远远超出了波兰人对于"一名武官在本国应该从事的活动的观念。在波兰人看来,武官应该盛装出席各种晚会,作为大使身边的陪衬,偶尔怀着感激的心情接受波方邀请去参观一场阅兵或炮兵演习。任何超出此范围的活动均被

---

① 美联社1948年7月19日报道。
② 1948年12月7日和10日美国与罗马尼亚的照会往来,见《纽约时报》,1948年12月12日。

视为多余且危险,尽管仅仅是试图搜集一些美国陆军部和媒体想要提供给外国使团的情况"。① 1948年4月,在担任约六个月的外交代表后,美国陆军部将这名活跃的中校召回。这恰好发生在波兰军事法庭对一件案件进行审理之前,此案件将揭露地下抵抗组织与英美使馆人员之间"危及国家"的关系。

莫斯科—拜占庭类型的新型外交更加过分——它认为自己有权决定外国使团实际需要的人数。尽管到处都存在武官人数明显过多的情况(并非仅在华沙②),此前外交礼节一直不允许干涉派遣国政府决定派驻人数的权利。但1950年3月,波兰政府要求美国使馆(并未涉及其他使馆)削减其武官处人数(包括8名军官和11名士官)。类似做法已有先例。当年年初,匈牙利政府曾要求英国削减其使团人数,理由是"大大超过了战前人数"。③

卫星国竞相模仿苏联或根据苏联的授意行事。相比莫斯科,它们与西方有着更长久、更紧密的关系,但现在,它们被要求切断其军事人员(对于那些已将国家交到莫斯科控制之下的人来说并不尽然)可能受到西方及其代表影响的所有渠道。

身处铁幕后面国家的武官的活动越来越受到限制,包括几乎

---

① 《纽约时报》,1948年4月12日驻华沙记者报道。
② 在其倒台前不久,中国国民党政府为了满足前线对军官的需要,关闭了其全世界范围内的50所武官处。《纽约时报》,1949年8月14日。
③ 《纽约时报》,1950年3月19日。1960年5月,苏联政府拒绝了美国三名武官的任命申请,称其在苏已经驻有四名武官。《纽约时报》,1960年5月20日。

彻底断绝与文职和军事人员的私人关系、旅行限制①（卫星国如匈牙利可以将其强加于外交官,只要确保此项自由的和平条约条款期满即可）以及来自共产党警方持续而严密的监视。事实上,在有关一桩莫斯科间谍案的问题上,美国国务院曾不顾外交礼节,谴责苏联警方在一名美国海军武官身边安插了"一名会讲流利美语的内线特工"。② 美国国防部部长在其1950年上半年报告中称,陆军情报工作现在"被两个因素严重阻碍——武官人数的缩减以及驻东欧社会主义国家外交使团数量被强制减少"。③ 在此情况下,武官还能发现些什么呢？1948年9月,对其超乎常人的知识相当有信心的英国陆军部,召集驻世界各国的武官在伦敦召开了一次为期一周的会议,刚从美国回国的蒙哥马利(Montgomery)元帅参加了这次会议。据说,这只是恢复"一个正常的、和平时期的做法",但外部世界想当然地认为,处在铁幕后面的武官们将有"最

---

① 1948年9月30日,苏联政府强行采取了一项针对外国外交官的旅行禁令,将其活动范围限制在莫斯科周边50公里半径内;超出这一范围需事先通知外交部或国防部。这大大超出了原先的限令,后者于1941年5月16日苏德战争爆发前颁布,并从未撤销。《纽约时报》,1948年10月5日。罗马尼亚仿效苏联,命令外国外交官不得踏入其三分之二的领土,包括沿边境30英里宽的地带。美联社1949年4月29日布加勒斯特报道。

② 《纽约时报》,1948年4月18日。

③ Department of Defense, *Semiannual Report of the Secretary of Defense*, January 1 to June 30, 1950 (Washington 1950), p.75.

令人翘首以盼的报告"。① 不用说,此次会议上提交的情报都没有公开。

这样的会议,无论正常与否,只会加剧相互之间的对抗、怀疑和警觉。1954 年 5 月,英国政府指控两名苏联空军副武官试图通过向飞机制造厂工人行贿以取得英国飞机的数据,随即宣布他们为不受欢迎的人。四天后,明显出于报复,一名因休假而不在莫斯科的英国陆军副武官,被苏联方面以从事"间谍活动"为由宣布为不受欢迎的人。双方各自召回了被指控的人员,但却拒不接受相关指控。也许可以这么说,对双方而言,通常被赋予间谍任务的副武官往往成为被指控和牺牲的对象。②

1951 年春,一名在西德的共产党特工短暂获取并复印了美国驻莫斯科陆军武官罗伯特·W. 格罗(Robert W. Grow)少将非常不光彩的日记。日记在东德出版,里面记录了一名不称职武官的许多糟糕表现,包括主张发起一场针对驻在国的先发制人的战争,"交往对象"(Contacts)的情况,与其他武官的交谈内容,苏联境内的空中打击目标,以及对其名义上的上司大使(一个无论在情报工作方面还是在外交举止上都不称职的人)的厌恶。这些用人不当的表现反映出,他在华盛顿的上级选择驻莫斯科武官(一个如此易受攻击的岗位)时存在失误。匆忙将其召回并送交军事法庭审判,

---

① 《纽约时报》,1948 年 9 月 15 日。
② 《纽约时报》,1954 年 5 月 14 日。

只会确认冷战对美方造成的损害。① 它在武官历史上创造了一个"第一"——第一个因工作不力而受到公开惩罚的案例。

仿佛为了证明1955年冷战缓和的可疑性,苏联人恢复的外交礼节并未提供给武官。1953年,美国政府要求召回三名苏联外交官——一名海军副武官、一名苏联驻联合国代表团二等秘书和一名被指控从事间谍活动的空军副武官。克里姆林宫反过来驱逐了两名美国武官,指控他们从事间谍活动以及"与外交官身份不符"的其他活动。1955年夏,这样的相互指责再次上演,苏联要求美国撤回三名陆军副武官。在处理此事时,双方表现出的某种不同寻常的谨慎显示出外交气氛的变化。② 稍早之前,北约阵营驱逐了两名苏联驻伦敦空军武官。英国议会下院被告知,他们其中一人"妄图收买女王陛下部队中的一名军官",但没有成功,而另一人"试图征召间谍"(国务大臣塞尔温·劳埃德[Selwyn Lloyd],1955年5月17日)。

在瑞士和瑞典(两国都尽量在这场充满间谍活动的冷战中保

---

① 关于格罗案的讨论,见哈桑·W. 鲍德温(Hanson W. Baldwin),《纽约时报》,1952年4月13日、18日、6月6日,以及德玛尔·贝斯(Demaree Bess)在1952年9月27日《星期六晚报》上的文章。日记的部分内容可见 Richard Squires, *Auf dem kriegspfad. Aufzeichnungen eines englischen Offiziers* (East Berlin 1951)。因为在私人日记中记录机密军事情报且保存不善,格罗遭到训诫,并在1952年7月被军事法庭判处解除指挥权6个月。1953年,军事上诉法院维持了该审判结果。《纽约时报》,1952年4月19日、6月6日、7月19日,1953年7月18日。

②《纽约时报》,1955年6月18日。

持中立），当局侦破了与两个苏联卫星国公民有关的间谍网，两个案件都牵涉捷克陆军武官。它们以从事"与外交目的不符的"①活动为名，要求涉及的使团成员离境。1956年2月，伊朗政府指责苏联在伊1955年加入亲西方的巴格达集团之后对其加紧了间谍活动。一名伊朗空军军官在向苏联陆军副武官转交关于伊朗空军设施的文件时，二人被当场抓获。伊朗人后来驱逐了这名副武官。②

这些虽未经计算、但人数一直在增长的武官和副武官③有没有受到帕金森定律（*Parkinson's Law*，官僚主义或官僚主义现象的一种别称，被称为20世纪西方文化三大发现之一。也可称之为"官场病""组织麻痹病"或者"大企业病"，源于英国著名历史学家诺斯古德·帕金森1958年出版的《帕金森定律》一书的标题。——译注）的制约呢？美国卸任大使埃利斯·O. 布里格斯（Ellis O. Briggs）对武官队伍的膨胀表达了不满。他告诉参议院，1950年底在雅典（并非冷战的焦点）他的使馆内有差不多70名海陆空军士兵。"如果我能令他们每天早上穿上全套军服，玩上三个小时的跳背游戏穿过卫城（Acropolis），其意义将和他们一本正经地宣称自己所从事的大部分武官工作差不多。"布里格斯任驻布

---

① 《纽约时报》，1954年12月23日，1955年3月15日。
② 《纽约时报》，1956年3月2日。
③ 截至1948年5月1日，美国陆、空军在59个国家武官处共有640名工作人员（包括258名军官，55名士官和327名士兵），而美国海军，截至1948年1月1日，共在43个国家武官处派驻了120名军官。*The Army Almanac*（Washington 1950），p.4.

武 官

拉格大使时,他得到国务院许可,为提高效率、节约成本,将使馆人数从 80 减至 40。但此举遭到了在布拉格派驻代表的华盛顿其他部门的坚决抵制,它们都坚称自己的使馆人员不可或缺。要不是捷克政府以从事或阴谋从事间谍活动的理由宣布 13 名美国外交官为不受欢迎的人,这次裁员将不可能完成。①

每个国家都迫切地想要使用武官,只有德国和日本例外。在二战结束十年后,它们仍未向国外再次派驻武官,而且对此犹豫不决。但在美国的催促下,它们在 1955 年似乎马上就将迈出这一步。当年 5 月,美国政府要求波恩政府立即向华盛顿派出一名武官(最好是一名年轻人,而非年长的将军),以便加快美国军队与(几乎不存在的)德国军队之间的协调工作。② 1955 年 9 月,日本文职长官们宣布,他们将在主要驻外使馆派驻"自卫队"人员,首先将向华盛顿派出一名军官,但这和 1945 年前的情况明显不同——这些军事观察员将被文职化,他们的身份将是秘书而非军官,并在 1956 年底前到任。③ 显然,无论德国还是日本都不愿再让武官恢复旧日的辉煌和独立地位,更不用说他们的傲慢无礼和桀骜不驯了。此后,关于德日武官的活动情况不为人知,但人们怀疑

---

① 《时代周刊》,1963 年 7 月 5 日。人员增长带来的问题继续存在。1964 年 12 月,国防部部长麦克纳马拉(Mc Namara)宣布,他已在每个使馆设立一名国防武官,"作为国防部驻所在使馆的首席代表"。该军官将通过参谋长联席会议向其报告,从而"提高我国驻外武官的工作效率"。《纽约时报》,1964 年 12 月 13 日。
② *Die Zeit* (Hamburg), May 19, 1955.
③ 《纽约时报》,1955 年 9 月 13 日,1957 年 2 月 18 日。

他们再次故伎重演。例如,有报道称,西德国防部部长弗朗茨·约瑟夫·施特劳斯(Franz Joseph Strauss)——一个野心勃勃、一心想要接替阿登纳(Adenauer)的人——利用联邦德国(bundesdeutschen)武官向其提供关于外国政治形势的分析,并向北约盟国提供鼓吹自己的材料。① 更过分的是(这实际上已超越了冷战环境容许的界限),他与《明镜周刊》(Der Spiegel)结下仇怨,指责该刊物发表德国重整军备的文章是犯了叛国罪。他绕过外交部直接打电话给驻马德里武官下命令,让西班牙警方(后者以为是国际刑警组织的要求,因此非常配合)逮捕并引渡当时正在西班牙度假的一名《明镜周刊》作家。因为这次行动,以及在此事件上的撒谎行为,施特劳斯不得不退出波恩政治舞台,并丢掉了至少是可以上位的绝佳机会。

跟旧时颇为相似,武官制度的"恶之花"在近东地区再次盛开。武官们不仅在国内成为泛阿拉伯运动(the Pan-Arab movement)中最活跃的政客,也在国外为之努力奋斗,尤其是纳赛尔(Nasser)上台后的埃及武官们。驻利比亚的埃及武官组织了"利比亚人民斗争阵线"(Front for the Struggle of the Libyan People),企图利用(埃及经济十分依仗的)西方空军基地"反抗帝国主义者的压迫",当然是指盎格鲁—撒克逊人。英法袭击苏伊士运河后,他加紧了工作。该"阵线"炸毁了一条管道,并用他提供的炸弹发动袭击,最终利比亚政府要求这名武官离境。但他拒绝离开,在使馆

---

① 《明镜周刊》,1961 年 4 月 26 日。

周围设置路障,向街上散发传单并挥舞一挺机枪。这一招于事无补,因为周围只有警察,没有示威者。1956年11月,这名上校终于被说服离开,其他埃及间谍也步其后尘,包括利比亚首席检察官和大约400名教师。①

在纳赛尔的领袖地位未被完全承认的国家,埃及武官明显越过了"其正常的职责范围"。他们组织游击队从约旦袭击以色列,煽动反对埃塞俄比亚、约旦、沙特的君主政权或基督教—阿拉伯国家黎巴嫩的叛乱。在这些国家,满载爆炸物的埃及武官汽车不止一次被拦下。沙特和约旦公开指责这些武官阴谋刺杀"公职人员",甚至还暗示,其国家领导人也成为暗杀的对象。武官受文职外交官控制的想法完全落空了,因为事实一次次地证明,"武官作为埃及军事政权在使馆的代表,在其中扮演了决定性角色"。②

苏联及其卫星国的武官们至少是偶尔参与了向埃及和叙利亚(这个国家实际上一度由诸如阿卜杜勒·哈米德·萨拉杰[Abdel Hamid Serraj]中校这样的前武官掌管)供应军火的活动。1953—1954年,萨拉杰曾任叙利亚驻巴黎武官,后来成为叙情报部门首脑。他指控美国外交官,包括武官罗伯特·W. 马洛伊(Robert W. Malloy)上校,与包括驻罗马武官在内的叙利亚人图谋推翻

---

① 《时代周刊》,1956年12月9日。
② 有关细节见《纽约时报》,1957年5月4日和12日,6月11日;*Die Weltwoche* (Zurich), July 26, 1957.

现政权。① 最后,这名"赤色上校"对叙利亚的统治(1957年春一些右翼分子提出任命萨拉杰为驻开罗武官,②企图以此动摇其统治,但没有成功)实在太过分了,乃至剩下来的文官们不得不谋求与纳赛尔(他与萨拉杰相比赤化色彩少得多)统治下的埃及结盟。纳赛尔很快提拔了萨拉杰和其他人,但当结盟彻底完成后立即罢免了他们。这对"纳赛尔的忠实走狗"(埃及人背后对萨拉杰的称呼)来说太过分了些。后来他成为1961年9月政变的策划者之一,该政变进一步削弱了阿拉伯联合共和国。③

显然,大多数叙利亚军官倾向于泛阿拉伯主义,但仍有人数足够多的反对者在埃及霸权建立约17个月后成功地发动了一场新政变。叙利亚再次独立,政变领导人阿卜杜勒·卡里姆·扎赫尔丁(Abdel Karim Zahreddin)上将成为政府首脑。他很快就遭遇了由亲纳赛尔派策划的三场大规模政变以及不计其数的小规模反政变,但他努力支撑。直到1963年3月,哈里里(el Hariri)上校(有人怀疑他正在策划新的叛乱)受命离开叙利亚前往约旦任武官。然而,哈里里率领一支装甲部队攻占大马士革,扶持反纳赛尔的复兴社会党(the Baathist Party)上台。那些亲纳赛尔的军官要么被强制退役,要么被派往国外执行训练任务或担任武官,包括哈里里本人,对他来说这场对泛阿拉伯运动不利的大清洗似乎太过分了。

---

① 《纽约时报》,1957年3月22日。
② 《纽约时报》,1956年12月11日,1957年8月15日。
③ 《纽约时报》,1961年9月29日。

武 官

1963年7月，大马士革政府宣布正与多个外国政府联系，寻找一个愿意接纳哈里里为武官的国家（对于那些政治上不安分的军官们来说，武官职位已成为一种体面的流放）。政府用飞机将他送到巴黎，再从那里前往悠闲的维也纳。新的强人是阿明·哈菲兹（Amin el Hafez）少将，在其职业生涯早期曾在莫斯科和布宜诺斯艾利斯从事武官工作。在镇压了另一场亲纳赛尔派的政变后，他采取了一个不太明智的举动，将30名政变参加者（多数是军官）交由行刑队枪决而不是将他们送往国外任武官。他的这种清算方式让纳赛尔觉得很不道义。①

并非所有武官都能在新中东和其他类似政权中谋得一席之地，因为这些政权对其在国外的代理人有了新要求；有些人效仿苏联的一些军人和外交官（克拉夫琴科［Kravchenko］、古森科［Gouzenko］、彼得罗夫［Petrov］等），向西方寻求避难。1946年，伊奇多尔·R. 莫德尔斯基（Izydor R. Modelski）中将出任波兰驻华盛顿陆军武官，负责指挥一个间谍网。1948年，他与华沙政府决裂并获准在美国避难。他向众议院非美活动调查委员会详细讲述了以苏联大使馆为中心的间谍组织的运作方式。② 波兰哥穆尔卡

---

① 上述内容源自关于近东的新闻报道，尤其是《纽约时报》，1963年5月5日、7月9日和28日；《时代周刊》，1963年3月15日。1966年2月，叙利亚的一次军事政变结束后，至少有八名政变失败一方的军官被派往国外任武官。见《纽约时报》，1966年3月12日。1965—1966年的多米尼加政变后，也对政变失败者进行了同样的光荣流放，见《纽约时报》，1966年1月27日。

② 见《纽约时报》，1963年9月28日讣告。

(Gomulka)政府的损失不仅包括驻巴黎和东京的两名叛变军事代表,还有帕维尔·莫纳(Pawel Monat)上校——1958年前任驻华盛顿陆军武官,后来负责协调波兰所有驻外武官的工作。1959年夏,莫纳申请赴美避难,随即他在波兰国内以叛国罪被缺席判处死刑。① 几乎与此同时,捷克驻华盛顿使馆的陆军武官弗朗齐歇克·蒂施勒(Frantisek Tisler)中校也离职并获准政治避难。②

一些古巴武官(多是追随卡斯特罗革命的元老)或辞职或叛逃,大多数都寻求赴美避难。驻华盛顿海军武官米格尔·F.G.庞斯·戈伊苏埃塔(Miguel F. G. Pons Goizueta)少校被古巴新政府称作小偷和叛徒,受到"妄图破坏古巴革命的"③外国(即美国)利益的唆使。1960年3月,另一名古巴海军武官,海梅·巴雷拉·卡诺萨(Jaime Varela Canosa)少校,寻求赴美避难。对他来说,美国仍是"美洲兄弟国家",他同时谴责共产主义对古巴的影响。④ 当年4月,驻墨西哥空军武官曼努埃尔·比利亚法尼亚·马丁内斯(Manuel Villafema Martinez)上校也如法炮制,马丁内斯曾担任卡斯特罗的空军司令,称革命理想正在被出卖。显然,他供出了古巴在国外活动的详细情况。⑤

---

① 《纽约时报》,1959年11月23日和24日;1960年6月20日。莫纳后来写了(与约翰·迪尔合著)他的间谍回忆录《间谍在美国》(1962)。
② 《纽约时报》,1959年11月5日。
③ 《纽约时报》,1960年3月20日;《时代周刊》,1960年3月28日。
④ 《纽约时报》,1960年3月26日。
⑤ 《纽约时报》,1960年4月13日。

古巴不过是冷战中的一个小角色和后来者。1960年5月1日,一架中央情报局的飞机在苏联领空被击落后,冷战骤然升级。不可避免地,美苏都指控对方武官从事间谍活动。艾森豪威尔总统辩称该事件是一次"特别行动",对此"未参与的我国政府部门并不知晓行动细节……我们并未动用陆、海、空军执行此类任务,首先是为了避免让军队牵涉到这类行动中,其次是因为我们的军事力量,因为明显的原因,不能用宽泛的指令给予其自由,必须在每个细节上都受到严格控制"。① 给了这样一番外交说辞后,美国向联合国提交了一份备忘录,详细描述了驻华盛顿和联合国总部附近的苏联外交官、武官和其他人员从事间谍活动的情况。②

1960年夏末,由苏联发起的与大国审判有关的一场反谍运动,绝对少不了对美国武官的指控。1960年8月,美国空军武官埃德温·M.柯顿(Edwin M. Kirton)上校被召回。根据苏联说法,是因为柯顿从事"与其外交身份不符"的活动,而且"对苏联公民有攻击行为"。与此同时,还给予他的副手"严厉警告",三个月后同样提出将其召回。③ 这显然是一次报复行动,因为就在19天前,美国驱逐了苏联驻华盛顿使馆的一名三等秘书,理由是其购买了

---

① 1960年5月11日记者招待会。
② 《纽约时报》,1960年5月25日。
③ 《纽约时报》,1960年8月11日和11月22日。

美国战略目标地区的航拍照片。① 这是在十年内被驱逐的第 13 名苏联外交官。

莫斯科的旅游季节因为反谍运动而更加热闹起来。与以往不同的是，这次是由《消息报》(Izvestia)，而非外交部，指控美国"陆、空军武官"戴维·温莎(David Windsor)上校与一名美国石油专家"秘密会面"，该专家是一个美国代表团成员，曾参观过苏联的石油设施。据说，这名石油专家利用参观机会从事间谍活动，包括对一些战略设施拍照。② 冷战的战线并没有局限在苏联。差不多与此同时，在对其从事情报搜集活动再三警告后，美国政府驱逐了匈牙利陆军武官卡罗伊·拉斯洛(Karoly Laszlo)上校。匈牙利随即进行报复，要求到任还不满一个月的美国陆军武官卡尔·W. 米勒 (Carl W. Miller)上校离境。既然无法对其提出任何指控，这次驱逐被解释为"因为美国驻布达佩斯公使馆军事人员所从事的活动"③——冷战不适合沿用外交礼仪。1962 年秋，《真理报》(Pravda)在描述一名被要求召回的美国海军副武官时写道，"他在我们国土上像一只狼一样游荡，将间谍情报通过小声口授方式录入藏在他衣服下面的录音机中"；但是，他被两名警觉的苏联爱国者当场查获。就在提出这一指控的几天前，美国要求两名苏联驻联合国代表团人员离境，他们被指控从一名美国水兵手中购买国防机

---

① 《纽约时报》，1960 年 8 月 11 日和 14 日。
② 《纽约时报》，1960 年 9 月 18 日。
③ 《纽约时报》，1960 年 8 月 14 日。

密,这名水兵随后被判入狱服刑。① 1963年9月,捷克总统安东宁·诺沃提尼(Antonin Novotny)在一个波兰—捷克斯洛伐克集会上说:"西方资本主义国家的武官以及其他一些工作人员正在加班加点地工作,他们在捷克境内四处搜寻苏联军队和导弹基地的下落。"②

在冷战一度升温的地方,如1960—1961年的老挝,在那些松散划出的战线上可以见到武官的身影。一名美国陆军副武官,阿曼德·里泽(Armand Riser)少校,在乘坐一架非武装美国飞机观察苏联向老挝巴特寮(Pathet)武装空投物资时,遭到地面火力或者苏联飞机的射击。他的飞机被击中,但仍安全返回了基地。③三个月后,另一架载有八名美国人(其中一人是另一名美国副武官劳伦斯·贝利[Lawrence Bailey]少校)的飞机则没有这么幸运。这架飞机被击落,飞机和机上人员被宣布失踪。④

1964年9月底,由于大约15名苏联特工强行进入一名英国武官和三名美国武官(他们正在西伯利亚进行一次被批准的旅行)的酒店房间,"和平共处"的局面明显恶化了。一反通常遵守外交豁免权的做法,这些军官被扣押和搜查,他们部分物品也被没收,包括笔记本、照相机以及(据苏联人后来宣称)表明其间谍意图的

---

① 《纽约时报》,1962年10月7日。
② 《纽约时报》,1963年10月1日。
③ 《纽约时报》,1960年12月9日。
④ 《纽约时报》,1961年3月28日。

胶卷。虽然这一点很难否认,但违反国际公认的规则,包括《维也纳外交关系公约》(苏联也是签约国)中的条款,却是外交史上一次严重的事件,使规范外交行为方面的最新努力面临威胁。美国和英国强烈抗议,但苏联人毫不理睬。他们一方面称,这些军官们的行为未"严格遵守正式外交代表的行为标准和规范","绝不允许",但在豁免权问题上却一直保持缄默,并允许三人回到莫斯科,尽管他们的行动受到严格限制。这次事件在近三个月后才得以"解决"——两个西方大国召回了涉事的四人,驱逐了同样数量的苏联武官,指控他们从事"与其外交身份不符的行为"。美国国务院表示,他们的违规行为情节轻微,如果在其他情形下可能被忽略。①

于是,这些涉及武官的"事件",而不是他们正常情况下的表现,成为新闻的话题,也反映出冷战期间的冷暖变换,但调节温控器的总是苏联人。1961年,他们一度愿意向外国武官展示一个摩托化部队模拟在核战场行动的战术演习,这是自1936年以来首次邀请外国武官观看地面演习。② 然而,1964年2月发生的两起案件中,美国武官招来了怀有敌意的苏联暴徒,在美国武官看来,这些人似乎是受了当局的鼓动,也可能是读了关于间谍的报道。克里姆林宫立即对涉事美国武官下达了旅行禁令,同时对英国和其他国家武官也下达了相同的禁令,为的是引起人们对东西方对抗

---

① 《纽约时报》,1964年10月6—8日和10月15日。
② 《纽约时报》,1961年8月18日。

武 官

的关注。这些禁令立即遭到西方国家的报复,包括对十名苏联驻华盛顿武官的旅行禁令(陆军和空军武官各三名,海军武官四名)直至莫斯科方面的禁令撤销为止。按照冷战时期的标准衡量,这些措施可以说是"异乎寻常的温和"。① 即使又发生了一件更耸人听闻的事件——在一次前往敖德萨(Odessa)参观的途中,一名英国武官和三名美国武官被用药麻醉,以便对他们的房间进行搜查,国务院也只是不痛不痒地表示了抗议。②

现在评价武官在冷战期间的军事表现自然还为时过早,虽然他们中的一些人已受到过奖励。1964 年 7 月,菲德尔·卡斯特罗上台时的美国驻古巴海军武官 C. R. 克拉克(C. R. Clark)上校(后来被派往马德里)因首先提出并确认了岛上藏有苏联导弹而获颁勋章。他"搜集并出色地分析了情报信息"。③ 最出色的前武官当属查尔斯·路易·马赛尔·阿莱莱(Charles Louis Marcel Alleret)上将,1962 年 7 月起担任法国参谋长联席会议主席。第二次世界大战后,他在莫斯科担任了一年的陆军武官(1945—1946),据说他"怀着对苏联军事力量的极度尊重"回国。1958 年戴高乐(De Gaulle)掌权后,他开始官运亨通,成为声名显赫的高官。两

---

① 《纽约时报》,1964 年 4 月 11 日。
② 《纽约时报》,1964 年 5 月 8 日。苏联人拒不承认,声称这几名军官当时处于"酩酊大醉"状态,而且他们的名字也出现在过去 12 个月因从事间谍活动被抓的 8 名外国武官之中。
③ 《纽约时报》,1964 年 7 月 10 日。

位将军对核子战争有着相同的看法,即它应该由西方首先发起——对苏联的大规模入侵进行核报复,而不是像美国人那样倾向于灵活应对。①

---

① 《纽约时报》,1964 年 7 月 30 日。

第7章 武官与"上流社会"

与外交官一样,1914年前的武官,如以出身或其他资格衡量,属于通常所说但并不准确的"上流社会"成员,或者说属于西方世界的"统治阶层"。实际上,这个阶层对他们所属阶层甚至更低阶层的掌控非常有限,仅仅在一代人的时间内,他们就见证了与这些自己血肉相连的管理体制的衰落。

由于大多数欧洲国家(以及某种程度上的美国)普遍实行军事和外交职业资格认证制度,武官们的家境都还不错,至少在1914年前是这样。① 总体而言,他们属于一个富裕阶层,不会与帝

---

① 1940年,美国选拔陆军武官的理想标准是:他必须对这个工作做好了特别准备,最好有曾在一个以上陆军兵种服役的经历。他要有积极、聪慧、有力、判断力、常识、合作精神等品质,还要有语言知识。如果家境富裕则更好,但这一点正变得越来越不那么重要。这个工作"越来越不是一个社会瞩目的中心,而是逐渐成为一个'充满男性气概的、时髦的'工作。当然,一定数量的社交和招待活动依旧必不可少"。Major Lowell M. Riley, "Duty as Military Attaché," *Field Artillery Journal* (September-October, 1940).

国主义①、沙文主义(Chauvinism)、军国主义(militarism)和海军至上主义(navalism)作对,反之,他们几乎专门把社会主义、共产主义和和平主义(pacifism)看作自己的敌人。

显然,对社交最在行的军官未必就是最好的观察者和判断者。他往往属于那种"有地位"的人,即通过出身或财富,已经在这世上得到属于自己的位置,因此工作不会太勤奋,但是他的财富却让其他专业上更有资格的军官无法企及他的地位。20世纪初,英国陆军部情报局认识到了这一点:"一名武官可以获得的情报数量,在很大程度上取决于他能花多少钱用于招待那些有望提供情报的人。"情报主管们还发现,武官遴选(陆军部并非唯一的,甚至并非主要的决定者)往往是因为金钱或其他"说不过去的理由",例如善于社交,或有一个很有魅力的太太,或是在外交部有朋友。于是,为了负担其高档(尽管便宜的更多)选择所带来的高昂生活成本,他们要求发放更高的薪水,结果发现"财政部的人根本不为所

---

① 1900年2—3月,德国驻伦敦陆军武官冯·吕特维茨(von Lüttwitz)(因参与卡普政变闻名)在南非成为塞西尔·罗德斯(Cecil Rhodes)的座上宾。后者("在长时间的谈话和骑马交谈中")认为英德应加强合作,"不仅是在非洲事务上,在其他世界问题上也应如此"。在伦敦,罗德斯提议让德国"在小亚细亚和美索不达米亚地区为所欲为。这个世界上有那么多垂死的、几乎不具备生存权利的国家,给我们两个健康的国家留下了充足的扩张空间"。Report from Bloomfontein, March 17, 1900. *Archives of Auswärtiges Amt.*

动"。① 1914年以前,绝大多数德国低级军官的工资要高于大使以下的外交官,②而很多法国军官却不得不依靠他们家人的财政支持。③ 对那些在外国首都工作的武官们来说尤其如此,于是有很多富人家的儿子或女婿从事这一工作,如施佩克·冯·施特恩贝格(Speck von Sternburg)或在华盛顿的巴本,或者后来的约翰·马里奥特(John Marriott)少将。后者曾任皇家卫队司令(1945—1947),1920年娶了金融家奥托·H.卡恩(Otto H. Kahn)的女儿为妻。④

尽管美国陆军和海军军官的工资是各国军官中最高的,但他们除了工资之外没有其他收入,国外工作的花费占到其收入的60%以上。为了保持"一名美国陆军武官在细节上的体面,……接受这些职位的军官们往往有其他收入来源,或者从他们的亲戚那儿获得财政支持"。⑤ 1905年驻圣彼得堡的陆军武官斯蒂芬·斯洛克姆(Stephen Slocum)少校,"在军中以罗素·塞奇(Russell Sage)夫人一个主要继承人的侄子而闻名,这应该会让他的事业如

---

① Field-Marshal Sir William Robertson, *From Private to Field-Marshal* (Boston and New York 1921), p. 131.

② Meisner, *Militärattachés*, p. 49.

③ 直到1900年,一个法国军官,如果其夫人的嫁妆少于1,200法郎,将无法获得结婚许可。Raoul Girardet, *La société militaire dans la France contemploraine* (Paris 1953), p. 258.

④《纽约时报》,1960年10月25日。

⑤《纽约时报》,1952年4月13日。

鱼得水"。①

旧的官僚体系,如果它们足够重视,能够通过动用秘密资金的方式,资助一名它们认为出类拔萃、足以胜任驻外岗位的军官。作为此类资金的提供者,俾斯麦曾询问驻圣彼得堡陆军武官约克(Yorck)伯爵(他因为过于贫困,负担不起一个体面的婚姻和日常生活而申请调离)武官岗位所需的花费,在得知数额之后,俾斯麦立即批准了此项额外经费(1889)。② 这类拨款一直处于预算控制之外。差不多到1910年时,跟海军有矛盾的德国财政部削减了驻伦敦(那儿的生活费用尤其高)海军武官的工资,希望以此限制其活动。提尔皮茨只好动用其掌握的秘密资金弥补差额。③

世界大战和世界性革命浪潮后的财富流转产生了一种平等化效果:军官(不管是在国内还是在国外任职的)如今都要严格地靠工资生活,武官也因此比任何时候都更加专业。实际上,到二战时只有少量武官是非职业武官,其中包括两个历史学家。一个是特奥多尔·冯·伯恩哈迪(Theodor von Bernhardi),他拥有丰富的军事知识但从未参军,与毛奇关系密切,俾斯麦为观察意大利军队在19世纪60年代令人失望的军事表现,任命他为驻意陆军武官。另一个是后来的哈罗德·坦珀利(Harold Temperley),作为巴尔干专

---

① Post Wheeler and Hallie Erminie Rives, *Dome of Many-Coloured Glass* (Garden City 1955), p. 300.

② Wilhelm Friedrich, *Maximillian Graf Yorck von Wartenburg* (Berlin 1941), p. 21.

③ Widenmann, p. 65.

家他担任过一段时间的驻贝尔格莱德陆军武官。此外,从事纽约杂志《外交事务》(*Foreign Affairs*)编辑工作多年的汉密尔顿·菲什·阿姆斯特朗(Hamilton Fish Armstrong)也曾担任过美国陆军武官。

除了业务熟练(包括语言能力和参谋工作经历),欧洲国家的武官(至少在1914年以前)取得资格的条件是属于所谓最好的家族和最好的军团,比如英国、德国和俄国的近卫军团。1914年前的这三大帝国招募了很多拥有贵族头衔的人担任陆军武官,其数量与外交使团其他成员中的贵族一样多,甚至超过了三国陆军中的贵族数量,尽管还比不上海军。① 柏林派出的武官中,几个等级较高的贵族有霍恩洛厄—英格尔芬根(Hohenlohe-Ingelfingen)亲王和冯·德格勒本(von der Groeben)伯爵,他们分别在19世纪50和60年代派驻维也纳,还有1870年驻巴黎的瓦德西伯爵。新的德意志帝国派出的武官中,有首相比洛(Bülow)的一个弟弟,两个波萨多夫斯基(Posadowsky)伯爵,韦德尔(Wedel)伯爵、多纳—施洛比特恩(Dohna-Schlobitten)伯爵、冯·许尔森—黑泽勒(von Hülsen-Haeseler)伯爵、约克·冯·瓦滕堡(Yorck von Wartenburg)伯爵、

---

① 1914年前的海军武官中有下列贵族的名字:德法拉蒙·德拉法约尔(de Faramond de Lafayolle 柏林),德国海军上校冯·费舍尔—洛森(Von Fischer-Lossainen 圣彼得堡),奥地利轻型护卫舰舰长约翰·利希滕施泰因(Johann Liechtenstein 罗马),法国海军上校默西埃·德洛斯坦(Mercier de Lostande 伦敦)和接替他的护卫舰舰长德圣—塞内伯爵(Comte de Saint-Saine)。

冯·布雷多(von Bredow)伯爵、冯·德舒伦堡伯爵,以及似乎无处不在的冯·巴本。后者曾任宫廷侍卫,并在近卫枪骑兵第一团和总参谋部任职。非贵族武官十分罕见,但却经常表现得好勇斗狠、咄咄逼人。法兰西第三共和国时期,尽管奉行平等主义,也大量使用贵族出任驻维也纳、圣彼得堡和柏林的武官。1914年前后,拉吉什侯爵在这三个地方都任过武官。在柏林,一位德波利尼亚克(de Polignac)亲王娶了一位克罗伊(Croy)公主,后任陆军武官(1872—1976),①还有一位德格朗西(de Grancy)男爵和一位德法拉蒙(de Faramond)子爵曾任海军武官。威廉二世就是跟这样的一些贵族吐露心声。而安德拉希(Andrassy)伯爵,在他与德国签订联盟条约从而让法国为复仇企图与奥匈帝国结盟的希望破灭的当天,也是对这样的人(一位名叫德拉·图尔·杜宾[de la Tour du Pin]的少校)说,"让一个欧洲最古老的君主国家生活在共和体制之下真是太荒谬了"(如法国一样)。② 沙俄曾有一位维特根斯坦(Wittgenstein)亲王、一位弗雷德里克斯(Fredericks)男爵(不是俄国人的名字)和一位特鲁别茨科依(Trubetzkoi)亲王担任驻巴黎陆

---

① 对"夫人掌权"怀有戒心的俾斯麦,将有些国外对他的敌意归咎于他1875年采取的"战争在望"(war in sight)政策(这似乎意味着主动对法国开战)以及波利尼亚克和他夫人的指控,后者与德国皇后(并非首相的朋友)关系紧密,而且"通过皇后将各种谣言和指控广为传播"。见 Grosse Politik, I, 180。

② Daniel Halévy, La République des ducs (Paris 1937), p. 312. 关于法国陆军中有爵位的军官,特别是19世纪70年代其人数增长的情况,见 Girardet, La société militaire, p. 186。

军武官,一位延加雷切夫(Engalitchev)亲王和一位多尔戈鲁基(Dolgoruki)亲王,在1870—1914年间分别担任驻柏林陆军武官和海军武官。① 另一位名叫多尔戈鲁基的在19世纪80年代曾任驻柏林的陆军全权代表。他热心于发展德俄友好关系,担心很多陆军军官发表的反德言论会危及德俄关系,这些军官"具有民主倾向,已丧失其纪律性"。② 1882—1895年的奥地利驻柏林陆军武官是冯·施泰宁格(von Steininger)男爵,他的继任者是施蒂尔克(Stürgkh)伯爵。意大利同样使用贵族担任武官。一位瓜尔特里奥(Gualterio)侯爵,一位迪罗比朗(di Robilant)伯爵和一位坎迪亚尼(Candiani)伯爵曾担任驻柏林和伦敦海军武官,还有分别驻君士坦丁堡(1896)和驻巴黎(1901)的迪特龙比(di Trombi)伯爵和巴拉蒂耶里(Baratieri)伯爵。爱德华·格莱亨(Edward Gleichen)男爵,属于古老的德国霍恩洛厄家族在维多利亚时期迁至英格兰的一个分支,分别担任威廉二世时期的驻柏林陆军武官以及西奥多·罗斯福(Theodore Roosevelt)时期的驻华盛顿陆军武官。罗斯福的妹妹也嫁给了一位美国海军武官——19世纪90年代驻伦敦的威廉·S.考尔斯(William S. Cowles)中校。③

  由于显而易见的原因,武官是一个令人羡慕的工作。正如一

---

① 维特根斯坦是霍亨洛厄亲王的内兄,后者后来成为帝国第三任首相。Alexander von Hohenlohe, *Aus meinem Leben* (Frankfurt 1925), pp. 255f.
② 给瓦德西的信。见后者的 *Denkwürdigkeiten*, I, 227.
③ Lilian Rixey, *Bambie: Theodore Roosevelt's Sister* (New York 1963).

位曾任武官的奥地利伯爵所说,武官"在年轻时就已经(拥有)一份很好的工作,拿着高薪,享受相当的独立和自由。总之,太多吸引人的东西,与一名在国内正常服役的军官所能得到的形成了鲜明对比"。① 把这职位给予那些拥有爵位、人脉很广的军官更体现出一种偏爱,这既有助于他们的晋升,延长了他们的服役时间,还让他们更容易绕过那个让很多人事业戛然而止的、危险的"少校拐角"(major's corner)。

武官有望受到外国首都上流社会的欢迎,包括有军事头脑的君主、宫廷、宽敞的宅邸、时髦的俱乐部甚至商界,②在这些环境中他们可以发挥其出色的社交才能,这也是他们能够入选武官的条件之一。③ 19世纪90年代,在华盛顿的上流社会,德国陆军武官,后来成为驻华盛顿一等秘书和大使的施佩克·冯·施特恩贝格,很受一批贵族化气息浓厚的、大有前途的人物的欢迎,如西奥多·

---

① Stürgkh, p.99.

② 1867年的卢森堡危机期间,普鲁士驻巴黎陆军武官知道,根据弗勒里(Fleury)上将(一位拿破仑主义的信仰者和投机商人)的表现——垂头丧气还是趾高气扬,就可以判断战争或和平的前景。Otto Graf zu Stolberg-Wernigerode, *Robert Heinrich Graf von der Goltz* (Oldenburg and Berlin 1941), p.263. 至于普法战争前夕瓦德西从巴黎银行家和捐客那儿获取的情报,既然"大多数巴黎高级官员和军官都从事投机活动,对财政大亨们来说自然谈不上有国家秘密可言",见他所著 *Denkwürdigkeiten*, 1, 76f.

③ 这些才能显然在选择本特利·莫特(T. Bentley Mott)为驻巴黎和圣彼得堡武官中发挥了作用。见他所著《武官生涯二十年》(*Twenty Years as a Military Attaché*)。他在巴黎时混迹于美国社交圈,而非法国社交圈。

罗斯福(利用其影响力帮助施特恩贝格得到了那个令人垂涎的使馆)、亨利·亚当斯(Henry Adams)和海约翰(John Hay)——他们请施特恩贝格帮自己驯马。① 1913年,施特恩贝格的继任者冯·巴本发现自己卷入了"持续不断的社交活动"中,在俱乐部和其他场所会见当时的名人和有望成名的人物,包括年轻的富兰克林·罗斯福。然而,巴本更喜欢工作而不是社交,因此,如他所说,②感到自己有些格格不入,直到他能够从事令他着迷的战时的破坏工作。

只有在一个对陆军、海军和战争都已习以为常,以及像施利芬那样(他有一个短期战争计划,也是资本主义经济唯一能够支持的计划)期望战争很快结束,从而不会对现状造成大的破坏的上流社会圈子里,③这样的殷勤好客才不令人怀疑。在这种环境中搜集的小道消息对武官来说就是解谜之碎片:威尼斯上流社会的闲言碎语,加上从报刊或间谍那儿获得的其他情报,让克里米亚战争期间的普鲁士陆军武官精确地拼凑出了奥地利的作战命令。④ 然而,这位武官的继任者在1866年战争前夕,却被威尼斯上流社会的魅力或其散发出来的优越感所害,造成柏林对奥地利备战情况

---

① Harold Dean Gater, ed., *Henry Adams and His Friends* (Boston 1947), p.192.

② Papen, p.15.

③ 1870年7月,普鲁士大使夫人离开巴黎时,法国外交部部长告诉她:"沿着边境开上数枪,一切就会结束,大家就会握手言和。"Waldersee, *Denkwürdigkeiten*, I, 81.

④ Gordon A. Craig in *Political Science Quarterly*, LXIV (1949), 67.

的了解严重不足。① 这些上流社会中的非军事"联络人"也可能提供军事情报。1941年10月,齐亚诺在其日记中提到一位生于美国的女侯爵,被怀疑是间谍和美国驻罗马陆军武官的情妇。②

各国首都那些男人光顾的时髦俱乐部,那些"充斥着粗俗交情和噪音的学校"(考柏[Cowper]),其中很多都对外国武官开放,特别在1914年前的圣彼得堡、伦敦、华盛顿、巴黎(柏林能够让外国人参加的俱乐部相对较少),能够提供对军人来说有情报价值的只言片语。1870年7月,战争爆发前的最后几天里,普鲁士驻巴黎陆军武官瓦德西伯爵,从皇家俱乐部获得了关于法国意图的各种线索。与他交情不错的英国武官也是该俱乐部会员,后者告诉他,几名法国将军已提出使用非动员部队发动战争(他们差一点就这样做了)。瓦德西还在自己的联合俱乐部内搜集情报,他尽可能地光顾这家俱乐部,直到那些法国会员们开始对所有德国人恶脸相向。③

在伦敦(1914年以前,乃至1918年以后,俱乐部生活最丰富的首都)外国武官们被各军种俱乐部当作荣誉会员。他们加入这些俱乐部,希望从中有所斩获。正如提尔皮茨的一位助手所说:"因为我很快看出这样的日常交流是多么有用,我养成了这个习

---

① Waldersee, *Denkwürdigkeiten*, I, 24.

② Gaudens Megaro in *American Historical Review*, LIV (1949), 132, noting the absence of this entry from the American version of the *Ciano Diaries*.

③ Waldersee, *Denkwürdigkeiten*, I, 76ff.

惯。最重要的是,你总能在联合军种高级俱乐部里碰到在附近海军部内工作的海军军官,并找到非正式交谈的机会……在那儿我获得了很多有用的情报。"①

至少有些人理所当然地认为,这些俱乐部中存在某些间谍和反间谍活动,但他们只是偶尔为察觉到这些或真或假的不绅士行为感到沮丧。在1914年前的圣彼得堡:

> 游艇俱乐部是外交官们最喜欢去的几个地方之一……豪华的晚宴自然让俱乐部成员们——都是些大人物——愿意坦诚交谈。一次,德国特别为尼古拉二世"本人"派驻的海军武官,冯·欣策(von Hintze)准将(上校),决意去偷听宴会上众人的谈话。在外交官们晚宴结束后他留了下来,偷偷藏在一块屏风后面。他很不走运,一名侍者不小心碰倒了那块屏风,于是在众目睽睽之下这位"友好"国家的代表暴露了。据说,这位被当场捉住的间谍甚至没有感到一丝羞愧。②

战前男性军官社交的另一场所——军营俱乐部和赌场,对客人来说不那么令人怀疑,所以他们也就更加放松地开怀畅饮,因为这些人知道的有价值的秘密较少。下面这个事例也许只对政治思

---

① Widenmann, pp. 37, 46ff.
② Ignatiev, pp. 96f. 尽管此事对于研究1914年前外交和军事圈成员们彼此之间的看法非常有意义,但谁能担保它的真实性呢?

想在沙俄的传播有些社会学意义。19世纪80年代,圣彼得堡的骑兵警卫团和其他团的军官在喝得醉醺醺的时候,向来访的普鲁士陆军武官透露,君士坦丁堡和布拉格"不得不成为俄国政策的目标"。在这名客人看来,这是"多年来对糊涂脑袋进行泛斯拉夫主义(Panslavist)宣传的结果"。①

各国军官之间交往的基础是一种荣誉观念和绅士举止,这在战争间隙,甚至在战争期间都普遍存在。至于什么被容许、什么不被容许,并没有清晰的界定,因人而异的情况甚至比在每个国家团体内部更多(后者有荣誉法庭以及其他制度和信仰作为规范)。这使得以绅士的方式做非绅士的事情(如从事间谍活动)成为可能。或者是因为界定的模糊,或者是因为经过严格挑选的驻外军官们出色的外交才能,涉及武官的国际决斗很少见,比想象得少得多。②

武官在上流社会非常受欢迎,他们看起来英俊潇洒、风度翩翩,因此他们中有些人缔结了跨国婚姻。俾斯麦等人极不赞成这样的跨国婚姻,认为这与国家利益相悖,因此这些武官不得不有意表现出强烈的民族主义色彩,以示爱国。在结束武官工作三年后,

---

① *Grosse Politik*, III, 617 (1884).

② 1898年"缅因"号(Maine)沉没后,西班牙驻华盛顿陆军武官提出,欲与美国驻哈瓦那总领事菲茨休·李(Fitzhugh Lee)上将和西格斯比(Sigsbee)海军上将进行决斗,就好战而言这两人都是很好的选择。他相信,这样既可以满足美国和西班牙的荣誉感又可以避免战争。Vagts, *Deutschland und die Vereinigten Staaten*, p. xvii.

瓦德西(他既是德国第二任总参谋长,也是第二个与盎格鲁—撒克逊人结婚的德国人)娶了一个美国女继承人为妻,其财富足以为他从事幕后政治(他希望以此获得德国首相之位)提供资金。冯·施特恩贝格也娶了一个美国女子为妻,后者的妹妹嫁给了法国驻柏林海军武官德法拉蒙子爵。19世纪八九十年代驻圣彼得堡的德国陆军武官冯·瓦滕堡伯爵与一个离异的俄国女子结为连理,但很快,他就发现自己被这座城市的大部分上流社会所排斥,这使他本已十分严重的厌俄症更加雪上加霜。与很多人想象的相反,在民族主义时代,这样的结合对于加强有关国家间的了解来说几乎毫无用处。① 在爱德华时代的英国,德国的死敌有爱德华·格莱亨男爵(他在德国有数不清的亲戚)以及外交部的艾尔·克劳(Eyre Crowe)爵士。克劳的德国母亲是冯·霍尔岑多夫(von Holtzendorff)海军上将的继姐,而他的内弟是19世纪末、20世纪初的德国驻巴黎海军武官。② 出于金钱原因与"一个彻底的世界性家

---

① 武官跨国婚姻的影响难以说清,因为有法加尔德(Fagalde)上将的例子。1918年,曾任法国驻伦敦陆军武官数年的他"娶了一位在伦敦社交圈非常有名的美国太太",与丘吉尔和其他英国政治家关系密切。Paul Reynaud, *In the Thick of the Fight* (New York 1955), p.364.

② Dawson, p.281; Widenmann, p.36. 最极端的与外国通婚者是E.冯·雷文特洛(E. von Reventlow)海军少校,一位泛德意志和海军至上主义者,也是一位反犹分子和希特勒的追随者。由于有禁止军官与外国人通婚的禁令,他在与一名法国女性结婚后从海军退役,然后开始从事宣传工作。Johannes Fischart, *Das alte und das neue System* (Berlin 1919), p.219.

庭"联姻的冯·巴本,在经历了两次世界大战(期间他曾任陆军武官和希特勒的大使)之后仍坚持认为,这些"显著的国际主义情感适时地传染给了我"。① 这一事实只能用早已不合时宜的封建情感来解释。

1814年之后的一个世纪中,欧洲贵族阶层参与了在历次战争结束后都不可缺少的虚假和解。欧洲列强的那些"了不起的大使们"大多都是贵族,武官们也是如此,而且绅士总是喜欢与绅士打交道。1871年实现和平后,法兰西第三共和国驻柏林的首任大使是德贡托—比龙(de Gontaut-Biron)子爵。他在与俾斯麦首次会面时,称他的使馆现在要补充两名(而非之前的一名)陆军武官——路易·德波利尼亚克(Louis de Polignac)亲王和德拉费罗内丝(de la Ferronnays)伯爵,希望能得到首相对他们的善意。令他宽慰的是,这次将军事观察员加倍的做法没有遭到反对。② 难道武官处那些明显有意为之的高效工作,以及观察德国军事成功秘密的企图,因为是贵族出任这些岗位就变得容易接受了吗?无论如何,这似乎多少缓和了资产阶级对代价高昂、危险重重的军备竞赛的忧虑。贵族阶层的加入,在技术让战争武器更完美、杀伤力更大的时候,为整个军旅职业增添了魅力。因此,外国驻巴黎武官团团长弗雷德里克斯男爵(一位有着德国名字和头衔的俄国人)才能在

---

① His *Memoirs*, p.9.
② Otto, Fürst von Bismarck, *Die gesammelten Werke*, 15 vols. in 19 (Berlin 1924 – 1935), VIII, 25.

1891年法国秋季演习结束致敬酒辞时说:"我们在这里的存在是团结的证明,这种团结使我们大家联合起来,追求美好的军旅职业。"①

这种军事专家内部超越国家界限的团结,有助于形成一个反对占统治地位(至少是在财政方面占主导地位)的资产阶级的共同阵线。发生在萨拉热窝(Sarajevo)事件后、战争爆发前的一次谈话中,德国驻巴黎陆军武官冯·克吕贝尔(von Klüber)少校,成为他的对手——法国陆军部外国陆军局德国处处长杜邦(Dupont)上校倾诉衷肠的对象。这位上校抱怨,他曾经几次在与其上级的谈话中坚持(但总是无济于事)认为,法国陆军已经落后,野战炮和步枪比不上德国,缺乏训练场地,堡垒也有问题,不过这都不算特别大的问题,因为法国决心采取战略进攻。克吕贝尔在给柏林的报告最后写道:"这一评论具有特别意义。"②

在有些事例中,这种军中兄弟情甚至在战争爆发时仍在延续。1914年9月,伦贝格(Lemberg)陷落的当天,俄国驻君士坦丁堡海军武官("非常多嘴,我多年的朋友")告诉他的奥地利陆军同行,这是"一次得不偿失的胜利。俄军伤亡巨大,整个俄国西部成了一所大医院。俄国人没想到会遭遇如此顽强的抵抗,也没有想到奥

---

① A. Hamon, *Psychologie du militaire professionnel* (Paris 1895), p. 25; Charles de Freycinet, *Souvenirs*, *1878－1893*, 9th ed. (Paris, 1914), p. 471.
② *Revenue de l'Histoire de la Guerre mondiale*, XIII (1935), 259.

匈军队会有如此强大的战斗力"。① 但 1918 年以后,这种贵族感情几乎荡然无存,或者在一些国家,怀有这种感情的人早已所剩无几。有人试图恢复它,将国际军事谅解建立在一个完全不同的、充满男性阳刚之气的基础之上,就像在老兵组织或体育活动中的那种,②但效果微乎其微。

在这之前,欧洲贵族阶层几乎没有在集团利益上保存一点超国家的团结。这种团结正是神圣同盟的君主和政治家们希望在拿破仑战争结束后重建的,尽管仍有一些强调战争好处的集团情绪。俾斯麦已经在德国根除了大部分,并对其手下仍有这种想法的外交官十分反感。这些外交官大都出身于贵族阶层——以前的凭借其出身,新近的凭借其财产,或者二者兼而有之。1871 年后,思想保守的外交官,包括俾斯麦,或许会缅怀过去,并从关于和平的思考中获得一些对于他们职业的信念。但是,同样身处外国首都观察岗位的武官,却只会期盼战争,这既是由最崇高的古代情绪所决定,也是为了促进国家利益的最大化。③ 后者往往符合军队的利

---

① Von Pomiankowski, *Der Zusammenbruch des ottomanischen Reiches* (Vienna 1927), p. 61.
② 作者在美国碰到的对纳粹政权最热情的描绘来自一名美国陆军武官,他曾目睹纳粹举办的柏林奥运会,因此对纳粹组织的其他活动也大加赞扬。
③ 离开柏林赴巴黎上任前,陆军武官冯·许纳受到了王储的接见。后者让他"十分沮丧",王储谈起与法国的战争时近乎恐慌,对自己的军队评价不高,并恳求许纳不要向法方传递警告,而是像明斯特尔大使等外交官一样使自己口气温和。Waldersee, *Denkwürdigkeiten*, I, 305.

益,这一点在19世纪末、20世纪初的德国海军身上体现得最明显,它将非贵族出身或属于新贵族的军官(包括武官)置于与外交官的灾难性冲突中,此类冲突不仅发生在柏林,也发生在外国首都。部门利益和雄心激化了这种冲突,当大使成为"显赫诸侯",而军官成为穷困潦倒、阶层较低的贵族或者干脆成为非贵族时,这种冲突达到了顶峰。德国有关这种冲突的记录最多最详尽,但在俄国几乎同样普遍,特别是在泛斯拉夫主义者中。在某种程度上奥地利亦是如此。

布尔什维克主义(Bolshevism)的崛起,以及1918年以后胜利者与战败者之间远非骑士的关系,阻碍了(或者说使之绝无可能)一个国际上流社会的再次出现,一个勇士们可以在战争间隙(非正式地,以及在某种程度上,惺惺相惜地)会面的交际圈。起初,军事勇士(如泽克特和他的副官们)与阶级勇士(如拉杰克[Radet]和其他布尔什维克主义者们)的会面在很大程度上属于秘密行为,① 但逐渐在社交会面中变得公开化。1937—1938年大清洗以前,苏联政府一度允许德苏人员聚会,甚至允许红军军官和外国武官偶尔在军营俱乐部内接触,之前的泛斯拉夫主义宏伟目标暂时被红色帝国主义理想所取代。② 根据1932年发自柏林的一份法国特务

---

① 有关细节见 Wipert von Blücher, *Deutschlands Weg nach Rapallo* (Wiesbaden 1951)以及 Helm Sppeidel, "Reichswehr und Rote Armee", *Vierteljahrshefte für Zeitgeschichte*, I (1953), 9ff.

② Herbette, p. 165.

组织的报告,"德国影响已经渗透进红军士兵中间,红军干部变得非常亲德,甚至他们在国内有麻烦时会毫不犹豫地听从柏林的命令"。① 不能忍受一丝亲德态度的斯大林下令对国内各条阵线进行清洗,受害者与外国人的非法交往成为向公众进行解释的理由之一。在这之后,铁幕在莫斯科骤然降下。

随着财富的重新分配以及政府和统治阶层的构成日益多元化,随着秘密活动的增加以及各国民族主义意识的增强,外国军人能够光顾的西方国家首都上流社会在1918年后大大减少。《洛迦诺条约》签订后,国家间的关系慢慢解冻,甚至在先前的敌人之间。1937年,德国陆军参谋长贝克将军拜访贝当,法国人对于能与前敌人握手感到高兴,"尽管这次握手言和用了20年,不像以前(更有骑士风度的时候)那样,在争斗结束后两小时"。②

武官再次进入外国首都的"上流社会圈",有些活动专门为他们组织,其他的则不带任何"官方"色彩。在柏林,他们能再打探到一些消息,甚至诸如德国防卫军与红军的关系,或者军事首脑及其"反动"夫人对防卫军与纳粹党关系的看法等禁忌话题。当法国武官们加入柏林的社交生活时,他们意识到,社交关系上的平等最终意味着"军备上的平等",而法国人在此问题上迟迟不肯让步。一些军官通过参加社交活动得出了一些具有军事意义的结论。1931年,德国防卫军的顶尖弹道学专家出席由意大利陆军武

---

① Castellan, p.484.

② Ludwig Beck, *Studien*, Hans Speidel, ed. (Stuggart 1954), p.297.

官举办的招待会,证实了法国武官关于"德国和意大利军队在战争物资生产方面仍存在合作关系的猜想"。1933 年,一些德国防卫军军官罕见地出现在波兰陆军武官家中,暗示法国人"《德波互不侵犯条约》(the German-Polish Pact) 的谈判已经取得进展"。1931 年,接连举办的两个招待会让法国驻柏林陆军武官浮想联翩。首先是德国防卫军司令专门为他及其助手举办的晚宴,"一次堪称亲切友好的会面",但交谈的话题全是打猎或军队逸闻。另一个是在苏联陆军武官普特纳将军住所举行的一次聚餐,到场的宾客大约有 150 人。"一开始,主音调是《灰色的田野》(Feldgran)。在其他类似招待会上,身着德国防卫军军服的不过两三个人,基本都是身着礼服的男女宾客,但这次的情况正好相反。围在桌子旁的全是将军、上校、少校、上尉和他们的家属。"[1]至少到目前为止,德国防卫军与苏联红军的关系已昭然若揭。

对纳粹主义来说,一场新的冰冻期开始了。罗斯福政府公开其反轴心国立场导致两国几乎断绝外交关系,也让美国与德国外交官之间的交往完全中断。双方是在 1939 年初,按照里宾特洛甫的命令中断的,从此美国人和德国人互不理睬。战争爆发后,华盛顿的德国人被"所谓的上流社会和大多数中立国外交使团彻底孤立"。与此同时,驻华盛顿的武官们继续"与美国军队部门定期交往,也与国务院工作人员保持经常性交往",甚至与参谋部交换情

---

[1] The above is based on Castellan, pp. 425f. , 432, 435, 456, 464, 474, 482 and passim.

第 7 章 武官与"上流社会"

报。鉴于这个不交往政策始于柏林,也必须由柏林来废除。在权衡利弊之后,该政策终于在 1939 年秋被废除。①

在纳粹统治时期,由拥有贵族头衔的军官出任德国武官的旧习惯保留了下来,直到 1944 年,纳粹希望旧贵族阶层能够和那些种族优越、思想狂热的新贵族联合起来。第三帝国拥有贵族头衔的武官中,有驻伦敦的盖尔·冯·施韦彭博格男爵,驻贝尔格莱德的冯·法贝儿·杜福尔(von Faber du Faur)以及驻华盛顿的受希特勒赏识的冯·伯蒂歇尔。② 驻罗马的冯·林特伦在所有人中任职时间最长。根据戈培尔收到的报告,此人在政治上"偏黑",对宗教问题感兴趣,曾促成教皇出席为德国士兵举行的招待会,他身旁围着的"都是神职人员或贵族人士"。戈培尔(Goebbels)搜集资料,想要在元首面前告他一状并将其召回,但林特伦在这个位置上一直待到墨索里尼倒台。③

在谈到严格意义上的上流社会时,身为贵族的拉罗什富科(La Rochefoucauld)说,人们如果不互相欺骗的话根本无法长期相处。但是上流社会(国内和国际的)依然继续存在,无视所有的民主愿望和蔑视。然而,自 1914 年以来,国际上流社会更加受到国家的

---

① *Documents on German Foreign Policy*, Ser. D, VIII, 159f., 331.
② *Hitler's Secret Conversations*, *1941 – 1944* (New York 1953), pp. 396f., December 16, 1942.
③ Louis P. Lochner, ed., *The Goebbels Diaries* (New York 1948), p. 246; December 16, 1942.

影响,其活动变得比之前更加注重"国家事务",①而且随着布尔什维克主义的崛起和阶级战争的宣战,欺骗行为已变得愈发厚颜无耻。1941年,当苏美英三国结盟后在莫斯科举杯庆祝时,让美国驻苏联军事使团团长迪恩将军感到"不可思议"的是,"这些酒是如何从这些人的舌头边倒入口中的"。② 制造这个假象的双方(一方故意为之,另一方也不得不仿效)实际上都是阶级斗士,③总是处于一种相互敌视的状态,仿佛无法长期共存。共存就等于只有一方,红色的一方,宣布休战,同时期望另一方也同意并遵守。在这些间歇期的"上流社会"活动中,与古老的德国谚语,"在桌上,阶级分明"(Bei Tische scheiden sich die Klassen),截然相反的宴会和派对,符合阶级战争不过是终结资本主义道路上的暂时停歇的逻辑。在某种程度上,这种态度让所有的出席者都变成了武官,而其中那些正式拥有这一头衔的不过受过更好的间谍训练,正是为

---

① 1956年前的很长时间里,美国国务院试图让国会批准提高"代表津贴"数额,以改善驻外使领馆的招待水平,"因为通常在社交场合你得到的远比收发照会之类的要多得多"(国务卿杜勒斯),而且"或许能获取对美国来说非常有价值的情报"。《纽约时报》,1956年3月24日。

② U. S. Department of State, *The Conferences at Malta and Yalta, 1945* (Washington 1945), p. 448.

③ 一名1945年后在莫斯科任职的英国陆军武官称,他"永远也忘不了,狂热的共产主义者总是认为他们已经与非共产主义世界处于战争状态……在这样一场战争中,任何计谋都被他们视为可允许的战术,例如,采取表面上的和解和国际友好态度"。Hilton, p. 194.

了这一目的他们才"钻入""上流社会"的。

武官也进入驻在国的底层社会,或者进入上下阶层混合的边缘地带,而且他们迟早会因此而被怀疑从事"间谍行为",这从1962—1963年的普罗富莫丑闻中可以看得出来。一名苏联驻伦敦海军武官和麦克米兰(Macmillan)内阁的陆军国务大臣约翰·普罗富莫(John Profumo),他们不仅在苏联使馆招待会上见面,还在阿斯特(Astor)子爵的克利夫登(Cliveden)庄园内碰头,而且在那儿两人同时迷上了一名妓女。这让公众怀疑可能发生了泄密事件,而非仅仅是道德丑闻。由英国最高法官丹宁(Denning)男爵出具的调查报告平息了这些怀疑,但它也显示,自从1960年以来,苏联武官除了在英国执行常规的工作任务之外,他"还是一名苏联情报军官",受命"在苏联计划中扮演一个新角色,该计划企图在英国与美国中间制造分裂",即采用各种方式,如不断向其在伦敦上流和底层社会中接触的对象宣传克里姆林宫的观点(特别是在1962年古巴危机期间),以此打击美国对于英国内阁成员或安全部门忠诚和审慎的信心。①

---

① 《纽约时报》,1963年9月26日。

第 8 章　作为政客的武官

> 让军人涉足政治总是危险的。
>
> ——温斯顿·丘吉尔《二战回忆录》

　　武官存在的悖论,源自起初的期望和指示(通常模糊不清①),即要求他做一名非政治的技术专家和后来他演变为某种政客之间的矛盾。实际上,在国外他在两方面都算是异类,一是在使馆内与文职人员共事,二是作为一名外国人在驻在国工作。如果这个国家碰巧是一个现实的或潜在的敌国,从事政治活动的武官往往成为驻在国军方特工眼中的敌人。他还可能成为所在使馆文职人员的敌人,甚至成为本国整个外交部门的敌人。

---

① "驻奥匈帝国武官的职责范围没受到任何禁令的限制……我出发前在维也纳总参谋部情报部接受了一些模糊的指示。大多数东西都是从我前任武官的报告中学到的。如果他能够做到实事求是而且预测方面没出差错,就能让国内满意,他的职业生涯也就能走得很远。"Giesl, p. 19.

他可能认为，外交官对这个国家有误解，因而没有很好地处理与它的关系，他甚至可能将这一指责扩展到外交制度本身。另一方面，如果驻在国是一个现实的或潜在的盟友，他也可能变成这个国家的朋友。①

尽管武官的职责只是观察和报告，武官却经常试图作出政治判断，进而从事政治活动。这可能导致武官自己想做大使，如有可能就取代其上司，毕竟，他们中的有些人就做到了，例如在君士坦丁堡挑起战争，在圣斯特凡诺（San Stefano）充当和平使者的伊格纳季耶夫（Ignatiev），或者驻华盛顿的施佩克·冯·施特恩贝格。在英国驻圣彼得堡大使莫里尔手下任陆军武官的杰勒德（Gerard）上校，"总感觉自己适合（大使）这个位置"，他至少比莫里尔继任者中的一人更加胜任。② 不止一个武官有这样的想法。

---

① 根据奥地利驻贝尔格莱德武官的报告，巴尔干战争之前到战争期间的俄国驻贝尔格莱德陆军武官阿尔塔莫诺夫（Artamonov）上校，是一个"极端泛斯拉夫主义者，他因为对塞尔维亚人狂热的'崇拜'受到外交人士的欢迎。他在塞尔维亚陆军部和军官中有很大的影响。有人私下告诉我，他一直试图破坏人们对奥地利陆军的尊重，尤其是贬低我们的炮兵装备以及我们陆军内部的困难"。*Oesterreich-Ungarns Ausenpolitik*，V，5852.

② Walters，"Secrets and Confidential"，pp. 158f.；关于有着类似志向的其他武官，见 *Grosse Politik*，XXV，8814；XXVI，9315，9504. 前俄国驻柏林武官延加雷切夫亲王，想要以大使身份重返柏林，这让德国外交部门感到害怕。

无视政治活动的禁令,①一定会危及或者破坏指挥的统一,以及外交队伍(武官也属于这个外交队伍)内部的系统分工。有时候,武官不得不用外交手段当挡箭牌,仅仅充当一名倾听者和报告者。然而,偶尔他也会在外交部门的特别指示下,接受一些政治秘密和投靠行为,并根据明确的指示作出回答。

武官对自己国家外交的批评也会破坏外交队伍的工作,文职外交官立即就会认定其"过分政治化"并大加讨伐。例如,1912年3月,提尔皮茨手下的驻伦敦海军武官发回了一份让大使和外交部都大为恼火的报告。据他们说,这份报告"充斥着对英国毫无根据的憎恨和不信任,如果这位海军武官对局外人表达同样观点,将会给我们与英国的关系带来不必要的麻烦"。早就想对武官进行约束的外交国务大臣冯·基德伦(von Kiderlen)向德皇报告称,这名军官说"英国的演习"是由于"德国犹豫不决",这是"擅自对陛下亲自领导的政治行动妄加评判,他没有资格也不适合对此评头论足"。然而,抗议只取得了部分效果。偏爱海军的德皇认定,这名海军武官的报告至关重要,只报告海军技术问题的限制并不现实,而且在这方面他以前的报告也很有价值。"另一方面,皇帝陛下也认为,公然指责'德国犹豫不决'是对帝国政策决不允许的批评。"这一指示被转告给这名武官,但承担这一任务的不是基德伦

---

① 当巴本(*Memoirs*, p.15)1913年到华盛顿使馆时,伯恩斯托夫(Bernstorff)伯爵立即警告他,"政治报告并非陆军武官的职责",而且他的前任就是因为没有遵守这一规定而被召回的。

(尽管他曾自告奋勇)而是海军参谋长和海军人事处。①

政治热情可能让武官忘掉其真正的职责。19世纪70年代，德国驻圣彼得堡陆军武官冯·李格尼茨(von Lignitz)少校的一名文职同事称，李格尼茨是"我见过的最野心勃勃的家伙之一"，这名同事从总参谋部处听说，"李格尼茨只埋头于政策层面而不管军事细节问题，而后者对我们来说才是主要业务。我们想派一名更好的观察员去俄国，可偏巧外交部又因为他的政治才能而无法舍弃他"。在外交部他们说，"但愿李格尼茨那笨拙的手不触碰政治！但对总参谋部来说，他对涅瓦河(the Neva)的了解又是不可或缺的"。大使施魏尼茨(Schweinitz)发现他是一个特别难以约束的下属。当俄国的恐德心理(Germanophobia)日益增长时，大使自己在谈及军事动向和举措、新闻报道和沙龙闲谈时出言特别谨慎，为的是尽量减少两国之间的不信任，但李格尼茨的报告对这些话题从不忌讳。当大使无法说服武官对其报告进行修改时，他总要进行冗长的解释，但他的这些解释在柏林看来并非总能自圆其说。这场倾轧的目击者，一个自认为是俾斯麦忠实奴仆的人，此时"第一次认识到过分热衷于政治的武官会造成怎样的危害……后来，当老皇帝和俾斯麦不再掌握国家权柄时，依然还时常感受到这样的危险"。②

---

① *Grosse Politik*, XXXI, 11413–11414.
② Arthur von Brauer, *Im Dienste Bismarcks* (Berlin 1936), pp. 53f.

武官的政治嗜好还可能影响他的业务能力,让他那双"生来为了观察,受命进行观察"的眼睛被蒙蔽。政治上的同情或反感都能造成十分危险的误导。美国①、法国②以及英国的武官们都认为,意大利、德国和日本的法西斯主义,从本质和目标上来说属于保守派而非革命派,因此对轴心国发动战争的能力、准备和决心作出了错误的判断。③

一名有分寸的武官会知道,或者可以弄清楚,加在他身上的种种限制。在讨论俄国1910年令人惊讶的演习时("德国和瑞典正与俄国作战"),驻圣彼得堡全权军事代表冯·欣策海军上校详细地谈起了造成这一不祥局面的政治因素。但他突然想起了加在他职位上的限制,"然而,政治并不是我的份内之事",④体现了很多人所没有的自制力。总体而言,民主国家的武官对不涉足政治的

---

① Robert E. Sherwood, *Roosevelt and Hopkins* (New York 1948), p. 419.
② 据伯蒂纳克斯(Pertinax, I, 18)的说法,由于"驻罗马陆军武官帕里佐(Parisot)上将(他被法西斯政权加诸于军事领导人头上的荣耀光环所迷惑)的报告",20世纪30年代意大利陆军的实力在巴黎被普遍估计过高。
③ 1936年,美国驻罗马海军武官对"意大利海军官兵在道德和精神上的备战状态印象非常好",但实际上,意海军当时在物质上的备战水平低下可以说是众所周知。另外,1939年,一名美国驻柏林陆军武官对波兰抵抗德军突击能力的评价几乎与波兰人自己的评价一样高。Charles C. Tansill, *Back Door to War: The Roosevelt Foreign Policy, 1933–1941* (Chicago 1952), pp. 252, 554.
④ *Grosse Politik*, XXVII, 551.

禁令遵守得显然要比三个前帝国国家的武官要好(目前缺少关于后来情况的清楚记录)。

武官可能会夸大驻在国的敌对性,对其友善的意图估计不足,从而忽略为现在或将来争取和平的机会。在法绍达(Fashoda)事件以后,法国驻伦敦使馆人员在英国人的好战性问题上出现了分歧。保罗·康邦(Paul Cambon)认为,大多数英国人都没有敌意,"但是与我们打交道的是一些极为强势(意为好战)的政客。他们能顺利地带领国家前进吗?……我们的陆军武官和海军武官都在竭力地警告我注意乐观主义的影响。在他们看来,英国人只是在等待向我们发难的第一个机会——我们自己犯错,我们媒体的不慎,以及殖民地发生更多的事件。他们已准备就绪,确信我们尚准备不足,而且他们再也找不到更好的机会了……这两名经历不俗的军官都用最直白的语言和最强调的语气表达了同样的观点"。① 康邦来伦敦不过才几个月的时间,两名武官待的时间要长得多,但康邦在有生之年看到了协约国集团(the Entente)的成立。

从外交史上看,悲观主义似乎是武官的典型态度,这可能与军

---

① Alfred Coville and Harold Temperley, eds., *Studies in Anglo-French History* (Cambridge 1935), p.152.

人"为战争而生"而外交官是"为和平而生"①有关。但也有明显的例外,有些武官能够根据纯粹的军事观察而非职业的好战性,反驳其上司更好战的观点。1875 年的"战争在望"危机中,德国驻巴黎陆军武官和大使对即将到来的战争危险性的认识都不如俾斯麦本人。② 1894 年,第一位获准赴俄国某地旅行的英国陆军武官沃特斯(Waters)少校,向伦敦和印度政府(后者不时担心会与俄国就中亚发生战争)报告称,根据他的现场观察,"他们无须担心"。③

1918 年以前

武官设立初期,外交官和政府似乎普遍没太重视这些"新人"的观察和报告,否则他们就会大胆地使用它们,不管它们原本的作

---

① 1912 年,德国驻伦敦使馆内部针对英法非正式军事协议的约束力产生了强烈的意见分歧。军人认为,自 1911 年以来已经出现了一个兼具进攻和防御性质的军事联盟,文职馆员则认为,尽管英国曾经在阿加迪尔危机(the Agadir Crisis)中尽力给予法国支持(通过提供武器的方式)而且还有可能再次这么做,但它依旧会采取一种自由超脱的态度,会就事论事地决定如何去做。从某种意义上说双方都没错,文职馆员重复的是像爱德华·格雷(Edward Grey)这样的英国文职政客的观点,而军人则是附和亨利·威尔逊上将的观点。对威廉二世来说,这"全都没有区别。外交官不情愿地承认了事实(因为他们不喜欢从外交部那儿听到),军人坚定地得出结论并给出了正确的答案,从效果上来说基本是一样的"。
Grosse Politik, XXXI, 11552.

② *Grosse Politik*, I, 171.

③ Walters, pp. iv, 82, 110ff.

用或者可能造成的后果。一个突出的例子,是 1870—1871 年前针对法国驻柏林陆军武官斯托费尔(Stoffel)上校报告的反应。他曾在拿破仑身边当过随从,1866 年 7 月末被派往波西米亚战区担任观察员,随后任驻普鲁士武官。他告诫拿破仑三世及其政府要注意德国日益增长的军事优势,这得益于德国总参谋部的出色组织以及系统的作战准备,尽管他作为一个炮兵军官似乎忽视了德国炮兵进步所带来的威胁。在他的报告中,斯托费尔自觉地将自己限定在"纯粹军事职责"范围内,从不作政治评判。但拿破仑三世就与普鲁士发生战争的可能性亲自发问,斯托费尔小心翼翼地说,在他看来战争似乎不可避免,只需一个事件就可能引发战争。他说,普鲁士并没有进攻法国的意图,它一点儿也不想要战争,会尽其所能避免战争。但是普鲁士也清醒地认识到,这场战争必将到来,所以它正尽全力准备,以免到时措手不及。法国没有同样的先见之明。① 在某些方面,俾斯麦(他喜欢斯托费尔并在自己位于瓦尔金[Varzin]的庄园里招待了他)可能想象不出比法国的反应更好的结果了。斯托费尔在柏林的顶头上司贝内代蒂(Benedetti)认为他"太普鲁士化了",要求将其召回。② 拿破仑三世和他的军事随从们开始还对他的报告感兴趣,但后来厌倦了这位穿制服的灾

---

① Report of August 12, 1869. Lieut. Col. Baron Stoffel, *Rapports militaires écrits de Berlin*, *1866 – 1870*, 3rd ed. (Paris 1871), p. 301.

② Emile Ollivier, *L' Empire libéral*, 18 vols. (Paris 1895 – 1918), XI, 339f.; XII, 326ff.

祸预言家。他们认为他的情报充满忧郁,或许过于悲观,于是他们开始"怀疑他的判断,而不是怪自己疏忽。军事部门内人们都说,斯托费尔是个普鲁士狂热分子,被俾斯麦迷住了"。最后,陆军大臣勒伯夫(Leboeuf)元帅将斯托费尔的警告压了下来,没有告知其内阁同僚。当战争到来时,斯托费尔接受了法国含糊不清的理由和目标,对柏林每个想听的人(包括德国南部州的代表)说,"战争是普鲁士自1866年以来就具备的优势的结果,针对这种优势,法国要维护其边界安全,只有通过占据直到莱茵河的德国领土才能实现。除此之外,没有什么能够维持两国之间的和平。拿破仑皇帝的民族原则已不再适用"。①

斯托费尔的报告在帝国灭亡后很快出版,使他有了预言家的名声,成为唯一预见到灾难并发出警告的人。② 虽然这些报告没有为作者赢得法兰西第三共和国的军事生涯,但它们大大提升了武官的声望。正如一名苏联红军将领和前沙俄武官所说:"人们对这些'军事代表'的报告越来越重视,他们的预测被证实比那些普

---

① Report of Bavarian minister at Berlin to Ludwig II, July 18, 1870. Oncken, *Rheinpolik*, III, 459.

② Ollivier, XIV, 99; Pierre de la Gorce, *Histoire du Second Empire*, 7 vols. (Paris 1908–1911), VI, 130. 退休后斯托费尔写了一本被广泛讨论的小册子(*De la possibilité d'une future alliance franco-allemande*, 1890),警告称俄国可能利用当时刚刚起步的法俄联盟称霸欧洲。他希望,德国能够归还阿尔萨斯—洛林,以此为代价建立针对俄国的西方同盟。*Documents diplomatique français*, 1st ser., VIII, 61.

通外交官的更加可靠。"

斯托费尔的例子也说明,一点舞文弄墨的文学能力,[1]既可以让军官成为一名武官,也可以让他成为一名穿制服的政客。弗里德里希·冯·伯恩哈迪是一个文学家族的第三代传人,在担任驻伯尔尼陆军武官期间,拿着一本不知何人所写的关于未来战争的小册子开始了他的政治活动。他将其视为义不容辞的工作,就像他在 1912 年出版《德国与下一场战争》(*Germany and the Next War*)一样。[2] 同时代的约克·冯·瓦滕堡,跟伯恩哈迪一样也曾在总参谋部战史部门任职,任驻圣彼得堡陆军武官期间(1885—1893)因为得罪了太多人,[3]在大使冯·韦尔德(von Werder)上将的要求下被解职。1897 年,约克写了一部具有军国主义色彩的书《世界史概要》(*Weltgeschichte in Umrissen*),给德国陆军制造了更多敌人。在这一类别中(如果算作一个类别的话),还包括前英国驻布鲁塞尔和海牙陆军武官(1900—1902)查尔斯·考特·雷平顿上校(Charles à Court Repington, 1858—1925)。当其军事生涯"因家庭原因突然终止"后,他转而进入新闻业,最后成为《泰晤士报》

---

[1] 武官写的回忆录和其他著作数不胜数,甚至德国驻巴黎陆军武官冯·温特费尔特还写了一部喜剧,1914 年春在柏林由上流社会的业余演员搬上舞台。Eckart von Naso, *Ich liebe das Leben* (Hamburg 1953), pp. 328ff.

[2] Friedrich von Bernhardi, *Denkwürdigkeiten aus meinem Leben* (Berlin 1927), p. 146.

[3] Friedrich von Bernhardi, *Denkwürdigkeiten aus meinem Leben* (Berlin 1927), p. 154. 关于约克的情况,见 Wilhelm Fredrich, *Maximilian Graf Yorck von Wartenburg* (Berlin 1941)。

武　官

（*The Times*）军事记者。

这种武官成为政治小册子作者或记者的变化或许令人担心，但这只是后来的事情。早期几乎没有任何先兆，武官似乎是外交部门领导手下一个安全的（尽管是非常规的）工作人员，是从事外交报告、指导或委任的一个临时渠道。各国外交部门和王室本身都继续使用武官，不管有什么使馆等级制度和其他规定。普鲁士和俄国的全权军事代表并非仅有的在保留专制政体的君主之间从事谈判的军人，尽管存在宪法的限制，他们在从事军事和外交事务时都尽力避开这些限制。

意大利驻巴黎武官（直到1870年）维梅尔卡蒂（Vimercati）伯爵在法奥意联盟谈判期间成为国王维克多·伊曼纽尔（Victor Emmanuel）的工具，甚至比佛罗伦萨的大臣们（他们对局势的了解不够彻底）更有用。维梅尔卡蒂自从政变后就一直住在巴黎，不光在那儿有亲戚，还曾在法国行政部门任职。他与鲁埃（Rouher）和拿破仑王子（伊曼纽尔的女婿、意大利在巴黎的代言人）关系密切，深得两国君主的信任，但他与特命全权公使尼格拉（Nigra）却合不来，后者屡次想让国内将其召回。俾斯麦在关注了他一段时间后，让普鲁士陆军武官冯·勒在1866年意普反奥结盟一结束即与其交往。维梅尔卡蒂很快就成为拿破仑三世的代言人，提议普鲁士通过割让莱茵河左岸给法国以赢得拿破仑三世同意其关于"整个德国"的计划，就像意大利也曾割让尼斯—萨伏依（Nice-Savoy）。俾斯麦对这一提议置之不理，并对其后来的类似意见也不予理睬。在后来反对风头过于强势的俾斯麦的三国联盟谈判中，奥地利谈判代表发现维梅尔卡蒂"在必要时头脑精明却又不露锋芒,很好地扮演了联络人的角色,让他的上司十分满意……他渴望战争而且对此毫不掩饰。和他的国王一样,他认为意大利军队应该抢占先机,只有这样才能让人们忘记它在上次战役中不光彩的角色"。当1870年7月战争开始时,三国结盟仍未就绪,在很大程度上是因为意大利的要求太高。最后,维梅尔卡蒂将这些要求作为对伊松佐河(Isonzo)一线的校正加入其中,以牺牲奥地利的利益为代价。①

俾斯麦的外交渠道(至少在1871年前)在看起来需要例行公事的场合绝对算不上墨守成规。他尽可能地(至少在外交报告方面)使用武官,尽管他通常不愿意让军人涉足他所认为的外交领域。一次,为了平衡一个不称职却无法撤换的使团团长与军人的骄傲,俾斯麦采取了一个非常步骤:他派冯·伯恩哈迪(此人从未在军中服役,却是毛奇十分欣赏的一名军事作家)在1866年战争前夕出任驻佛罗伦萨全权军事代表。这位文职武官言语刻薄,眼光敏锐,受到意大利人的厌恶,他们本来期盼能来一位中规中矩的普鲁士军官。伯恩哈迪在军事方面的报告是对公使乌泽多姆(Usedom)伯爵报告的有益补充;后者被认为能力低下且对俾斯麦的外交政策持有异议,只是因为他受到柏林王室的青睐而无法将其撤换。俾斯麦对伯恩哈迪的工作和报告十分满意,1867年再次派他去意大利,以了解关于意军在联盟中真正价值的可靠情报。

---

① Onken, *Rheinpolitik*, III, 181ff., 189f., 194f.; Ollivier, *L' Empire libéral*, XV, 452.

他对伯恩哈迪说,乌泽多姆的报告"十分靠不住,简直一无是处"。但俾斯麦没法让国王替换乌泽多姆,也不能亲自命令乌泽多姆手下的秘书提交特别报告,于是只有使用"拥有独立于公使地位的"全权军事代表了。两名最高军事首脑,罗恩(Roon)和毛奇,都提议由伯恩哈迪出任这一职务,首相顺水推舟地表示同意。伯恩哈迪不仅向毛奇(俾斯麦也可看到)报告军事方面的情况,还以私人信件形式向一名外交部官员报告政治形势。其在意大利的任务完成后,伯恩哈迪又因霍亨索伦王室候选人资格一事被派往西班牙。① 只是在1871年德意志帝国成立后且俾斯麦的外交目的和方法都趋于保守时,首相才开始对伯恩哈迪的工作表示不满。②

俾斯麦还使用另一名武官,驻巴黎的冯·勒男爵,从事外交工作,他是最先获悉拿破仑三世想要莱茵河左岸的人。在萨多瓦战役(the battle of Sadowa,1866年普奥战争的决定性战役——译注)期间,勒主动提出并火速赶往波西米亚战场,因为他觉得关于法国干涉的军事实力和意图的建议将会派上用场。他的朋友,也是一名前武官的冯·施魏尼茨(von Schweinitz),这样描述他的困境:"他重任在肩。作为驻巴黎武官他知道,而且只有他知道,如何判

---

① *Aus dem Leben Theodor von Bernhardi's*, 9 vols. (Leipzig 1893 – 1906), VII, 57, 162, 286f., 319f., 377; Germain Bapst, *Le maréchal Canrobert: Souvenirs d'un siècle*, 6 vols. (Paris 1898 – 1919), IV, 40f.; Meisner, *Militärattachés*, pp.14f.

② Moritz Busch, *Bismrck. Some Secret Pages of his History*, 2 vols. (London 1898), I, 493 (January 25, 1871).

断法军的状况和实力,而知道了法军实力,方能作出重要的决定。"俾斯麦批评勒擅离职守,但施魏尼茨认为这种批评毫无道理。事实上,勒早应该被召到总参谋部报告关于法军的最新情报,然后立即返回巴黎。① 普鲁士皇家委员会(显然研究了勒的报告)讨论并拒绝了法国由贝内代蒂大使提出的赔偿要求,然后勒被派往巴黎宣布这个在国王看来将不可避免导致战争的决定。"这对我来说很艰难",他对勒说,"马上让我的人民承受第二场战争,这场战争至少与上一场同样血腥,那场战争已经造成了如此重大的牺牲,但是我别无选择"。勒打消了国王关于法国的疑虑,尽管它好战心强,法国当时在军事上却不是普鲁士的对手。这也是毛奇的看法。8月8日,勒启程返回巴黎。他的观点是,只要意大利参与战争,德国其他地区支持普鲁士,开辟两条战线是可行的。勒完成了他的任务,对一名法国将军(尽管没有直接对法国皇帝)公开声称,"你我都很清楚,法国根本没有作好战争准备,你们缺乏炮兵、车辆、马匹。这都是因为墨西哥"。②

只要俾斯麦继续征战,他就继续按照自己的意图使用某些普鲁士武官。1870年2月,当勒的第二位继任者瓦德西伯爵在普法战争前夕(瓦德西已经对这场战争"渴望多年"并进行了深入的研

---

① Schwenitz, *Denkwürdigkeiten*, I, 234.

② Arnold Oskar Meyer, *Bismarck. Der Mensch und der Staatsmann* (Leipzig 1944), pp. 326f., 330, but see above, p. 30.

究)被派往巴黎时,俾斯麦警告他不要"像其前任那样仓促作出判断",并就如何与大使相处提供了好的建议。"他绝不是轻浮之人,人品很好,诚实正直。只要你请求他让你看外交信件,他定会欣然同意;我觉得你应该了解这些信件的内容。"①显然,这是一位年长的政治家在悉心教导一位他信任的、聪明的年轻官员。1871年,与法国恢复外交关系后,瓦德西被任命为第一位驻巴黎代办,俾斯麦再次以同样方式对其进行了指导。

在英国,无论是外交部门还是内阁都千方百计地排除军人的影响(从威灵顿到基奇纳的内阁中没有一个现役军人),但武官这个外交界的"新贵"仍然发挥了外交上的作用。"欧洲三名最好斗的男人"(他们在克里米亚战争前夕均任职于驻君士坦丁堡外交使团,对冲突的发生扮演了推波助澜的角色),其中之一就有英国陆军武官罗斯(Rose)上校。② 即使是在像维多利亚这样有着专制倾向的立宪君主统治下,这些武官的危险个性仍然可以在1877年的东方危机期间(尽管并非公开地)表现出来。维多利亚和首相迪斯累利(Disraeli),背着外交大臣,"以一种明显不符合宪法的方式"(西顿·沃森[Seton Watson]),而且事实上也是背信弃义地委派威尔斯利(Wellesley)上校出使沙俄。他当时是驻圣彼得堡及俄军总司令部的英国陆军武官(俄国在1877年夏天暂时停战),他的

---

① Waldersee, *Denkwürdigkeiten*, I, 49f.
② *American Historical Review*, LXII (1947), 41.

任务"被视为机密,在任何情况下不得向外交部提及"。经过与维多利亚的两次交谈后,威尔斯利认为女王陛下"当然期望战争继续",他还与迪斯累利进行了无数次谈话。凭借这一点他告诉沙皇亚历山大(Alexander),如果俄国能够发动对土耳其的第二次战役,英国将不会保持中立,将"发挥一个交战国的作用"。他还向俄国人保证,关于英国内阁中争论的传闻实际并不存在,是俾斯麦,而不是英国或迪斯累利,应该为将俄国拖入这场灾难性的战争负责。俄国人对这些都心中有数,于是同意继续战争,并试图在冬季到来前结束战争,以减少英国干预的机会,对此迪斯累利和内阁多数成员的意见并不一致。战事的发展对俄国人来说非常不顺,于是威尔斯利致信迪斯累利,提出对英国来说干预并与沙俄进行一场"不可避免的"战争的绝佳时机已经来临。迪斯累利对威尔斯利极为信任,觉得"他的报告似乎总是准确无误",于是倾向于赞同这个建议,但索尔兹伯里(Salisbury)无视这封"十分有趣但让人不安的信",认为俄国并未完全精疲力竭,土耳其人也帮不上英国人什么忙,"我因此看不出有什么理由同意威尔斯利的观点,即这是与俄国进行不可避免的(如果这是不可避免的话)冲突的有利时机"(1877年12月26日)。

1878年2月,威尔斯利回国接受咨询,当时俄国几乎已经进入君士坦丁堡,他依然主张与俄国开战,称英国即使没有盟友也无须担心。"波罗的海和黑海都被封锁,俄国根本不知道攻击会从哪里发起,中亚、黑海还是其他地方,其军队将不得不疲于应付。"①然而,这场战争被推迟了,就像其他许多被武官们认为"不可避免的"战争一样。当威尔斯利上校在1878年4月(索尔斯伯里去外交部之后)返回圣彼得堡时,②他显示出足够的灵活性,忍受了"他的政府作出的非常有和解性质的保证"。

在他作出复杂的结盟和再保证时,俾斯麦起初几乎未遇到来自军方有关人士的抵制,不管是公开还是秘密的。对德国来说,法国依然是最大的敌人,而对其他国家来说,法国又是个因为实力偏弱而并不理想的盟友。尽管法国及其军官们一直都有复仇的欲望,在奥匈帝国军队中间这种情绪却基本不存在。阿尔布雷希特大公(Archduke Albrecht),既是库斯托扎(Custozza)战役的胜利者,又是陆军总监和被指定的战时总司令,一度曾是打算与俄国结盟的军方集团的核心人物。他们这伙人的发言人是驻圣彼得堡陆军武官贝希托尔斯海姆(Bechtoldsheim)上校,他因在库斯托扎战役中率领骑兵英勇冲锋而闻名。像大多数曾在奥地利军中服役的德国军官一样,他对俾斯麦政治十分反感。1878年,贝希托尔斯

---

① 以上内容源自William F. Monypenny and George E. Buckle, *The Life of Benjamin Disraeli*, *Earl of Beaconsfield*, 2 vols. (New York 1929), II, 971, 1045ff., 1083, 1118; Lady Gwendolen Cecil, *Life of Robert*, *Marquis of Salisbury*, 4 vols. (London 1921–1932), II, 169f.; Robert W. Seton-Watson, *Britain in Europe*, *1789–1914* (Cambridge 1937), pp.527f.; Authur Ponsonby, *Henry Ponsonby. Queen Victoria's Private Secretary* (New York 1943), pp.164f.

② *Documents diplomatiques français*, 1ˢᵗ ser., II, 330.

海姆在巴尔干半岛担任俄军随军观察员后返回维也纳,警告总参谋部不要与俄国开战,①要在《圣斯提法诺条约》(the Treaty of San Stefano)签订后与其修好,而不是与德国或同时与两个帝国友好相处。保守派军官十分赞赏他的观点,即一旦与俄国开战,俾斯麦为维护传统的普俄友谊将置奥地利于不顾。但最终胜利者是与德结盟的倡导者、匈牙利人安德拉希,弗兰西斯·约瑟夫一世(Francis Joseph)批准了他的外交方案。奥皇准备将贝希托尔斯海姆从圣彼得堡召回,在那儿他仿佛就是戈特察克夫(Gortchakov,俄国19世纪政治家、外交家——译注)的代理人且公开对德国人怀有敌意。但安德拉希劝止了奥皇,认为这会引起太多注意力,贝希托尔斯海姆得以继续留任,但大使警告他要管住自己的嘴巴。② 阿尔布雷希特大公最迟于1879年得出结论,"奥地利未来的出路在于同德国结成最紧密的联盟",③这也是奥军恐德心理的终结。

19世纪80年代,对俾斯麦的现状体系威胁最大的是军方力量。俄国具有泛斯拉夫主义思想和亲法倾向的军官(诸如斯科别

---

① 另一个跟他相似的人是奥地利国驻君士坦丁堡陆军武官祖尔·黑勒(zur Helle)少校(1831—1917)。他向他的土耳其朋友保证,在土俄战争中奥将作为土方的盟友参战。当奥匈帝国最终保持中立时,这名少校认为他不应再为祖国效力。他换了一个土耳其名字,在土耳其陆军中做了一名普通列兵,但很快就被提升为上校,后来成为土耳其情报部门领导人。Giesl, pp. 44f.

② Eduard von Wrtheimer, *Graf Julius Andrassy, sein Leben und seine Zeit*, 3 vols. (Stuggart 1910 – 1913), III, 77ff.; Glaise-Horstenau, p. 199.

③ *Grosse Politik*, III, 455, 458.

列夫那样将战场上赢得的军事声誉转化为政治资本的人)对与德奥达成的协议大加攻击,使普俄间仅剩的一点两军和睦关系丧失殆尽。一次,德国陆军武官冯·李格尼茨少校失态地向俄国军官们喊道:"如果你们想要战争,我们求之不得,我们已经准备好了。"① 俄国驻巴黎陆军武官弗雷德里克斯男爵在一个法国战争纪念碑的揭幕典礼上发表了支持复仇的演讲。1888年,在观看了一次法国阅兵式后,他转身对一名法国政客说:"拥有这样的军队,你们还在等什么呢?向前迈一步,我们将向你们伸出手臂。"②

诸如此类的表态燃起了法国人与俄国结盟的希望,法国驻圣彼得堡使馆千方百计想要促成此事。一名驻俄国多年、通晓俄语的陆军武官,在其他人难以进入的军营内取得了有价值的情报,他"尤其同当时最著名的泛斯拉夫思想宣传者卡特科夫(Katkov)保持着亲密的私人关系,并为此颇感自豪"。③ 到19世纪80年代末,法国陆军武官们"都高兴地从圣彼得堡——通过他们与多米尼克街(the Rue Saint-Dominique,巴黎一街道名称,此处指法国陆军部——译注)的通信——发回报告,亚历山大三世对跟我们有关的一切的兴趣正与日俱增。另外俄国军官,特别是总参谋部军官,对我们军队的同情和信任也日益明确"。④

---

① Toutain, p. 23.
② *Grosse Politik*, VI, 1199; VII, 1510.
③ Toutain, pp. 169f.
④ Toutain, p. 181.

第 8 章　作为政客的武官

　　同盟国外交官注意到,这些鲁莽的无政府主义倾向(德国外交官称之为"奇思异想")不再受到来自一直思想保守的上层的坚决制止。他们认为,这种无政府主义思想来自右翼,最终到了奥地利驻圣彼得堡陆军武官含糊地称为"在民族旗帜下追求共产主义政策"的地步。① 这些倾向似乎是针对德国奥地利的一种真正的军事威胁,特别是驻守在西部边境地区的俄国军队持续增加的时候,但俄国人将其称为"纯行政性的"移防。② 这是俾斯麦再保证政策的弊端之一,即他无法轻易地、名正言顺地称呼俄国人的这些行动,或者向俄国人指出这些行动可能导致的危险后果。在"友好国家"中,这样的军事行动绝不会被认为有敌意。

　　鉴于俄国人的集结行动,柏林和维也纳军方越来越相信,俾斯麦的对俄外交政策不过是骗人的幌子。1889 年 10 月,亚历山大三世访问柏林时,俾斯麦(而不是年轻的皇帝)再次成功地赢得了他的信任,时任总参谋长瓦德西却宁愿没有这次会面——"因为我担心我们再被误导,相信可以再与俄国达成什么协议"。③ 瓦德西本人之前就已认定,同盟国与俄法联盟之间的战争是不可避免的,应该正面面对而不是消极避让,而且他最重要的武官,驻圣彼得堡的约克伯爵和驻维也纳的戴尼斯,都赞同他的观点。他们"很高兴我

---

① *Grosse Politik*, VI, 1153.

② *Grosse Politik*, VI, 1150.

③ Waldersee, *Denkwürdigkeiten*, II, 70.

提议采取行动",瓦德西写道。① 多年以来,不管是作为军需总监还是作为毛奇的继任者,瓦德西一直鼓励他们撰写政治报告。

如果俾斯麦发现武官在正式通信(除此之外还有私人信件)中对政治发表评论,他将责备其超出了职责范围。在这方面最屡教不改的武官是冯·戴尼斯(von Deines)少校,他先是在马德里任职,后来转到维也纳(1885—1893),再后来当了最后一任王储的教师。他是瓦德西的亲信,也是首相冯·比洛的朋友,曾向后者袒露心声,称"自己根本不喜欢外交官,因为觉得他们要么狡诈要么软弱"。当戴尼斯从马德里费尽心思地报回一篇包含善意建议的报告时,俾斯麦却称这篇报告"是政治性的而非军事性的"。"既然我有责任提出政治方面的建议,而这些建议将会被提交皇帝并有可能成为皇帝的决策,我将不会把这封信交给上层,因为我并不同意里面的观点。"驻马德里大使被要求给武官上一次有关职责范围的课。②

这个经历,尽管痛苦,却没让满脑子政治的戴尼斯吸取教训。他被调任到维也纳,在那儿,根据他的文职同事、秘书蒙茨(Monts)伯爵的说法,他"整日与那些王公们混在一起"。最初他没有受到大使的制约,后者不相信蒙茨的警告,说瓦德西在利用戴尼斯直接插手奥德关系,而且戴尼斯的看法"并非出自他那封闭而干瘪的头

---

① Waldersee, *Denkwürdigkeiten*, I, 338.
② Witzleben, pp. 149f.

脑",而是来自瓦德西本人。① 大使在 1887 年危机期间开始怀疑,当时戴尼斯违反俾斯麦的和平政策,怂恿奥地利与俄国开战。在一次与弗兰西斯·约瑟夫的谈话中,他建议发动一次冬季攻势,因为开战对奥地利最有利。在首相看来,这样的谈话本身会助长战争且涉嫌干涉政治。他写信严厉地斥责了这位武官,同时也给那个没能约束部下的大使写了一封信。

> 阁下直接干涉了只有我才有资格被皇帝陛下召见并建言的领域,尤其是在对德意志帝国制定政策来说最重要的问题上。我们是否应该让奥地利以及德国自愿自觉地卷入一场针对俄国的进攻战,这场战争将立即导致对法国的防御战,这就意味着,迄今为止在两条战线上规模最大的一场战争。即使我们在两条战线上都取得胜利,这对我们来说也是不可接受的,除了永久性地散布法国向俄国复仇的情绪之外,根本没有任何看得见的好处……现在我向你简要说明这些我向皇帝陛下建言时的考虑,并不是为了想让你明白它们是多么正确无误,而是为了让我不必恳请陛下断绝外交部与阁下的官方关系。陛下的外交政策并非是听取总参谋部的建议,而是仅由我向其建言。因此,在没有我明确指示的情况下,你无权向维也纳政治圈及其决策施加任何有严重后果的影响。

---

① Monts, p.173.

来自腓特烈斯鲁厄(Friedrichsruh,俾斯麦的家乡——译注)的这一声惊雷在俾斯麦首相任期余下的时间内都产生了效果,但人们纳闷,为何俾斯麦没有强行将他召回。戴尼斯"承诺从此只按照您的指示工作",而老毛奇自己也向外交部承认,戴尼斯"被军人的一腔热血弄得过头了"。①

在新皇帝统治时期,俾斯麦对武官们的权威受到严重威胁。瓦德西劝威廉二世不宜将这些军官置于首相控制之下,他们远比那些职业外交官优秀,而且他们的报告也因其独立性而更为出色,那些外交官只会写些俾斯麦想听的东西。一位君主如想让自己的统治更稳固,必须听取不同的意见,"分而治之"(divide et impera)。瓦德西提议,应发布一条内阁命令,由皇帝直接领导武官,但这又有些过分了,威廉二世尚不能下达这样一条俾斯麦肯定会坚决反对的命令与其正面对抗。不过,他倒是愿意开始为武官的这种"侧近位置"(immediacy position)而努力,于是1889年初下令驻巴黎武官直接向其报告。他相信,这些武官(这些精英很多都是他自己的心腹助手)的工作将会比大使更出色,而且"当时局严峻时,他们将承担主要工作"。②

---

① Witzleben, pp. 174f.; *Grosse Politik*, VI, 1183; Bülow, II, 178.
② Waldersee, *Denkwürdigkeiten*, II, 30f., 42; Rudolf Schimdt-Bückburg, *Das Militärkabinett der preussischen Könige und Deutschen Kaiser* (Berlin 1933), pp. 184f.; Gordon A. Craig in *Political Science Quarterly*, LXIV (1949), 78ff.

随着俾斯麦的下台(瓦德西是主要策划者),总参谋长的一位崇拜者①所说的"武官的兴盛期"似乎到来了。无数武官报告都为了吸引年轻皇帝的注意而特别设计。驻巴黎陆军武官冯·许纳(von Huene)少校野心勃勃且具有沙文主义思想,他用"生动的想象和文学才能"使他的报告在那位威严的读者眼中显得生动有趣,尽管首相卡普里维认为他的报告"缺乏严肃和有用的内容",仅比第一位驻圣彼得堡陆军武官维尧姆(Villaume)上校的报告稍好一些。② 然而,执行"新路线"的外交官对越权行为(尽管是在皇帝的支持下)保持警惕。在圣彼得堡,大使施魏尼茨对他手下的两名陆军武官约束甚严,驻维也纳使馆一等秘书蒙茨伯爵,也是维护文官主导体制的一员悍将。在俾斯麦离开后,外交部不仅没有让武官得到瓦德西所设想的"侧近位置",反而为防止来自皇帝和新首相的军人干涉设置了严格的规定。当戴尼斯痼疾重犯再次发回政治报告时,蒙茨劝说大使采取强硬立场,攻击一篇关于奥地利1891年军事预算的报告,称瓦德西命令戴尼斯作此报告"有邪恶的目的"。出于军人间的同气连枝,戴尼斯将此预算中的不足归咎于奥地利和匈牙利的财政大臣,而不是真正应该为此负责的陆军大臣。由蒙茨撰写、大使签名的一份弹劾武官的秘密报告,引发了一场总

---

① H. Mohs, *Generalfeldmarschall Alfred Graf von Waldersee in seinem militärischen Wirken* (Berlin 1929), p. 240.

② Wedel, p. 171.

参谋部和外交部之间的宫廷争斗。① 在这场冲突中,首相卡普里维(尽管他也是一名将军)决定支持外交官,指示"既然任何使团都不能在与另一国家的外交关系中执行两种政策,武官的每份报告都必须提交大使。如果后者同意其中的内容,他在报告上签署的'阅'字意味着他表示认同。但如果这份军事报告不符合使馆和首相的政策,使团团长有责任将其驳回"。这一命令以及之后的其他命令给了德国使团团长对武官完全的监督权,如果他愿意,他甚至可以阅看他们的专业报告。蒙茨作为这些政策的始作俑者不得不为之付出代价:瓦德西的报复是,蒙茨没有马上得到去一个大的使馆任大使的机会,尽管他有这个资格,而是被派往帝国内部一些无聊的小公使馆,如奥尔登堡(Oldenburg)和慕尼黑。② 瓦德西和他的武官们后来通过私人信件的方式避开了某些外交控制,尽管这种报告"极少或者没有一点官方色彩"。③

部门间的争斗可能持续很长时间,双方都可能(从君主或公众那里)获得外援,而且这种战斗,就像其他战斗一样,即使原来的主角倒下后还可能继续下去。外交部的那些文官们面对瓦德西及其手下有时会取得一些胜利,那往往是因为皇帝长期不在柏林。军

---

① 瓦德西本想成为第三任而不是第二任首相,希望卡普里维的才华被很快耗尽后迎来属于他的时刻。戴尼斯曾(在1890年2月27日)恳求他不要用总参谋长职位换取首相之职,因为首相是"其他很多人可以担任的",而他在总参谋长的位置上是无人可以代替的。Waldersee, *Briefwechsel*, I, 350.

② Monts, pp. 179ff., 511.

③ Waldersee, *Briefwechsel*, I, 388.

人所处的位置与皇帝如此之近,他们几乎总可以得到皇帝的支持。正如一名外交部人员所说,"皇帝认为自己首先是一名军人,因此总是给予他的侍从副官比那些他并不看好的外交官们更多的信任"。① 很多武官曾做过副官,如果觉得有必要,他们可以直接向皇帝本人求助。在武官与大使发生矛盾时,皇帝通常都站在前者一边,这迫使外交部在个人以及部门间发生争吵时不得不在最高层动脑筋。

当时武官中最不讨人喜欢的是1882—1895年任驻罗马武官的冯·恩格尔布雷希特(von Engelbrecht)中校。外交官们不喜欢他的原因很多,或是因为个人原因,他们怀疑他想当大使,或是因为他无休止的活动,看上去缺乏外交风度,或是因为他给总参谋长瓦德西递交"政治报告",甚至是因为不喜欢他的举止。菲利普·奥伊伦堡(Philipp Eulenburg)怎么也"不明白,皇帝是怎么被这个像犹太店员一样夸夸其谈,举止也十分不得体的人蒙蔽的"。② 军人们却高兴地传言,那些外交官对于恩格尔布雷希特掌握高人一筹的意大利知识(语言和军事情况)而且两国君主对他都很信任而愤愤不平。一个引发意见分歧的问题是关于意大利作为盟友的价值。一位大使劝恩格尔布雷希特,"为了能使我们逐渐地对意大利的价值有一种较高的评价,最好不要过于不留情面地揭露这个国家的缺点"。恩格尔布雷希特根本不管这样的外交考虑:"就我

---

① Monts, p. 179.

② Haller, pp. 245ff.

的报告而言,关于高层政策的考虑不能成为指导原则。"①他不肯在三国同盟(the Triple Alliance)中抬高意大利并不可靠的军事价值。

恩格尔布雷希特在瓦德西下台几年后仍在位,但当比洛成为驻罗马大使(在他登上首相宝座之前),他的朋友奥伊伦堡终于使皇帝同意将恩格尔布雷希特召回。皇帝并没有马上就彻底认输:"我和翁贝托国王(King Humbert)都完全信任他,他还是我的侍从副官和战友!如果他再受到虐待和迫害,我将对外交部不客气。"②甚至后来恩格尔布雷希特也从未失去圣眷。1896年,意大利在阿比西尼亚(Abyssinia,今埃塞俄比亚——译注)遭受耻辱的失败后,德皇打算派他给翁贝托国王带去一封慰问信并捎上一份口信:意大利仍将被视为一个可敬的联盟伙伴,或许可以(不管条约的限制)对军队进行削减、重组和加强,因为对这个国家的资源来说,军队实在是过于庞大了。外交部立即采取行动制止。首相老霍恩洛厄亲王必须坚决反对,因为如果计划得以实施,那就意味着皇帝的军人随从可以随意地影响他,比洛在罗马的地位也将岌岌可危(恩格尔布雷希特想去罗马密谋反对他,而他是必须受到保护的)。德国不能就意大利军队规模削减一事采取支持或反对立场,因为这纯粹是意大利的内政。皇帝让步了,虽然多少有些不情

---

① Waldersee, *Briefwechsel*, I, 59, 197; Rich and Fisher, 362, 473, 599, 601; IV, 44.

② Haller, pp. 87, 259.

愿,因为反面的看法同样有理有据。他原本是怀着最大的诚意,希望给予他的盟友一些急需的慰藉的。像恩格尔布雷希特这样的军人知晓其中涉及的军事问题,"而大使不管他的经验如何只是一个文官,无法像一个职业军人那样判断或理解军事事务,而且这个军人还参与了关于这些事务的所有谈判"。最重要的是,霍恩洛厄必须明白,一个普鲁士皇家上校和副官永远不会玩弄阴谋诡计,更不必说是像首相怀疑的那样反对他的大使上司了。① 这些话骗不了任何人,也解决不了一直存在的问题。

在很多文献中,都有关于文官和军队分歧的记载,特别是有关德意志第二帝国时期的文职外交官和武官的,比其他任何主要国家的都更为详尽。除了俄国和军事政变国家之外,没有哪个国家像德国一样,军队拥有如此强势的地位。对于这种不祥的事实,好听一点的解释是,帝国处于欧洲中部,四周被敌国环绕,"军事上的地位十分不利",但历史上的批评不会忽略防务部门之间的政治斗争,特别是在增加了海军之后。这使德国的敌人又增加了两个——英国和美国。令人遗憾的国内阶级和权力结构只会使问题雪上加霜,德国社会中的每一个团体,甚至是和平的社会民主党,都有各自的外国敌人。没有比1915年的那首著名的战地诗歌更不靠谱的了:"我们只有一个敌人——那就是英国。"另外,没有得到全部解决的宪法责任问题也让一项基本的(不仅是军事的)德国安全政策无法施行。这种模糊的形势导致出现各种分歧,文官

---

① Hohenlohe, *Denkwürdigkeiten*, pp. 193ff.

当局和军事官员在外交领域内的分歧不过是其中的一部分。俾斯麦没有消除或解决这些分歧,但他至少能够在它们影响到他对外交的领导时将其压制下去,他的继任者们不具备这种权势。

以皇帝为塔尖的庞大政府机构易导致彼此之间勾心斗角,沿着数不胜数的"侧近"(immediacy)渠道争夺皇帝的最终决策。大约 40 个部门,大多数是由刚愎自用、政治色彩浓厚的人领导的军事部门,享有向君主进言的特权,① 尚不算那些同样享有特权的、常常被派往国外任武官的侍从副官们。"领导层依然缺乏一致性,因为连陛下自己也并不一致",正如 19 世纪 90 年代皇帝最亲密的朋友菲利普·奥伊伦堡所说。"那些门口挂着陛下授予的司令部招牌(即便是在和平时期)的军营,门户大开,普勒森(Plessen)在其中当头,嘴里除了'射击'什么也不说。天啊,俾斯麦夸奖这些家伙的时候是不是老糊涂了!……现在诸如恩格尔布雷希特这样的人渣,就像盘踞在每座粪堆上的阿拉伯小精灵,所有的政治事务中都有他们的身影。"② 尽管德国树立的门面让人印象深刻,特别对那些外国武官们来说,事实上当时的立宪—议会政府是更好的组织形式,而且立宪部门对军方的控制更有力。外交部门和大使

---

① Gerhard Ritter, *Lebendige Vergangenheit* (Leipzig 1944), pp. 107ff., in a lecture on *Kriegsführung und Politik im Reiche Bismarcks*; Vagts, in *Military Affairs*, III (1939), 219f.; Jean M. Bourget, *Gouvernement et Commandement* (Paris 1930), pp. 62, 165, 263.

② Haller, pp. 108f.

将武官约束在计划的范围内。我们或许不清楚文职外交官和武官之间发生冲突的概率有多大,但毫无疑问,当此类冲突发生时,文官的优势地位和方向的一致性能够得到维持和加强。与第二帝国时期或希特勒时期的德国相比,立宪—议会政府内的武官表现得更顺从,也因此能够成为外交领导人手中更好的工具。①

不可避免地,在诸如英国这样的国家,外交部门和武官之间偶尔会出现政见分歧或程序上的争论。1897年底(当时德国正在攻占青岛,这与英国外交政策的总体方向相悖或者说超出了其范围),驻柏林陆军武官(1896—1900)格里尔森上校得出一个结论:"我们必须对付德国人,而且应该马上行动,否则他们就会来对付我们了。"②以前英德陆军间的合作正在演变成两国海军间的竞争,德国的军种老大以沉着冷静的姿态容忍了这种变化。1897年3月,德国第一个大海军法案获得通过,5月,在总参谋部英国处任职,曾在《军事周刊》(*Militär-Wochenblatt*)上发表过反英文章的冯·吕特维茨上尉,被任命为驻伦敦陆军武官(该职位已空缺多年)。格里尔森及其上司将这一任命称为"冒犯性的举动"。冯·吕特维茨的文章,在格里尔森看来,是试图说明"侵略英国并非不

---

① 据我们得知,1940年夏秋季里宾特洛甫从希特勒那儿得到一份命令,从此武官(包括陆军、海军、空军和宣传等)的所有报告都要提交给使团团长,因为直接向所属部门报告的做法已经导致了相当严重的分歧。

② Duncan S. Macdiarmid, *Life of Lieut. -General Sir James Moncrieff Grierson* (London 1923), p.133.

武 官

可能,主要障碍在于英国舰队,只有在拥有一支强大舰队之后德国才能取得这样的优势,这也是众人(特别是殖民主义者)盼望德国达到的"。英国海军情报部门则更为紧张:"对该军官的任命绝非仅仅是巧合。他近期的兴趣在于如何使入侵英国成为可能,现在他将有大把的机会研究如何使他的理论付诸实施了。在我看来,对德国试图侵略英国的担心大于任何其他国家。"①

这样的观点只能是"私人的"或"秘密的",只要一名陆军作战局局长(格里尔森后来的职位)也能有自己的私人观点。显然,持该观点的军官不想把它强加给自己的文官上司。因此,除了德国之外的强国的外交机构(包括武官们)可以达到较好的一致,或者至少是武官为了他们的任期能延续而采取服从态度。然而,德国出现了一批最桀骜不驯,甚至最不忠诚的武官。

美国和德国海军在差不多同一时期崛起并成为竞争对手,于是从1898年起两国开始相互在对方首都派驻海军武官。被派往三国同盟的美国海军武官正忙着在罗马设立武官处,结果1898年4月被命令迁往柏林,很快他就专门被任命为驻德国海军武官。在整个19世纪90年代,从该武官处发出的报告几乎全都是技术性的,只是稍稍提到了1896年德国的第一个大海军法案。② 1898

---

① Arthur J. Marder, *The Anatomy of British Sea Power* (New York 1940), pp. 298f.
② 美国海军武官弗里兰(Vreeland)上尉1896年4月13日致信海军部:"相信驱逐舰的建造都会获得批准,因为'殖民主义者'支持这一想法,但战列舰就不一定了。" *National Archives*.

年战争前,两国关系非常融洽,即便在战争爆发时,美国武官在介绍首位德国驻华盛顿海军武官(是德国在派往伦敦、巴黎、圣彼得堡、罗马和斯堪的纳维亚之后的第六位海军武官)时也非常热情友好,请求海军部"视情给予各种方便,以便其仔细查看和观察他可能感兴趣的东西。我提出此要求,是基于我本人作为驻德海军武官在此受到的礼遇。我深深地感到,对于德国在战争中对我们的政治态度大可放心,他们在过去的所作所为值得海军部给予其照顾"。①

1898年夏,在马尼拉湾发生了冯·迪德里希斯(von Diederichs)海军上将和杜威(Dewey)海军上将之间的冲突(杜威一直想要一个比西班牙"更厉害的对手",他更想与法国或者最好是德国为敌)。② 随后,美德海军之间的敌意进一步加深,于是在柏林和华盛顿分别派驻了海军武官,而两国陆军却分别于1898年和1900年撤销了驻对方的武官。作为今后一段时间里驻华盛顿的最后一名德国军官,德国海军武官告诉美国驻柏林海军武官(后者也将接管陆军事务),"总参谋部认为,他们在美国没什么要学的东西"。③

---

① 美国海军武官尼布拉克(Niblack)上尉1898年4月25日致信海军部。尼布拉克于4月26日被召回国,接替他的是弗朗西斯·H. 巴伯(Francis H. Barber)海军中校。*National Archives*.

② Vagts, *Deutschland und die Vereinigten Staaten*, pp. 1353, 1385.

③ 巴伯1898年11月3日致海军部助理部长的信。*National Archives*.

德国驻华盛顿海军武官仔细研究了德国海军(the Reichsmarine)计划中可能的登陆海滩,而美国海军(现已成立了海军情报局,负责指导和协调海军武官及其工作①)也在严密关注着德国海军的一举一动。这在1902—1903年英、德、意三国联手准备对委内瑞拉采取行动时达到了高潮。在向美国国务院和总统解释时,这一行动被说成是为了保护三国财政利益而采取的措施。然而,美国海军却将之视为德国帝国主义计划公开化的举动,反对任何一国进入门罗主义所规定的范围。作为反制措施(从这次德国人有限的企图来看,几乎是多此一举),美国海军集结舰队在加勒比海进行冬季演习。西奥多·罗斯福本人,不管他听到的这个临时联盟针对委内瑞拉的意图如何,"对这次成功的集结兵力很感兴趣,并将指挥权交给了海军上将杜威"。海军部部长感到,"这次调动是对我们应对战争能力的一次检验,他将批准筹备此次重要行动……而涉及的所有合理费用"。②

1902年初,海军情报局恳请延长驻柏林海军武官比勒(Beehler)中校的任期,因为"他已获得相当出色的影响力"。"该职位对美国政府来说具有特殊价值。在我局看来,现在是一个关键时期,德国的政策显然是要通过快速建造战舰,取得对我国的领先地

---

① 首席情报官西格斯比(Sigsbee)海军上校1902年3月7日在给航运局局长的备忘录中提到,"海军部之所以建立该局以及海军武官制度,是为了避免由不同部门独立向海外派遣海军特工所导致的尴尬情况……" *National Archives.*
② 海军部部长1902年7月24日备忘录。*National Archives.*

位……在委内瑞拉即将发生的麻烦也可能让熟悉德国事务的他在近期对国务院大有用处。"①新任命的驻加拉加斯海军武官(他在那儿的任职时间仅仅是从 1903 年 1 月到 8 月)从海军情报局处得到了"为委内瑞拉准备的一整套作战计划",计划没有提及谁是假想敌,却有地形和经济数据,②这是刚刚从驻委内瑞拉领事的报告中得到的。1902 年 2 月,海军部向国务院索要了这些材料。③

也许,武官转变为政客的人数太少了,没有必要对其进行广泛的社会学意义上的或其他意义上的概括归纳。但显然,当他们作出这种转变时,他们接受训练并接受了 19 世纪和 20 世纪初的文官政治规则:跟大多数军人一样,他们将武力和暴力视为政治中的首要手段(prima ratio)而非最后手段(ultima ratio),更倾向于使用战争而非和平手段。因此,他们往往对国际法嗤之以鼻,将其视为在和平和战争时期束缚手脚的东西。1914—1915 年,德国驻华盛顿的武官们毫不犹豫地使用犯罪手段,来对付在他们眼中已经通过向德国的敌人提供武器而违反了中立原则的美国。卡纳里斯海军上将在马德里任海军武官时,也利用西班牙的中立煽动北非部落反对其法国主人。同样,协约国的武官们也并未对国际法或者小国主权表现出更多的尊重。1915 年秋,当塞尔维亚的失败和从达达尼尔海峡(the Dardanelles)的撤退迫使协约国不得不在近东

---

① 西格斯比 1902 年 1 月 7 日给航运局局长的备忘录。*National Archives*.
② 西格斯比 1903 年 1 月 22 日给航运局局长的备忘录。*National Archives*.
③ Vagts, *Deutschland und die Vereinigten Staaten*, p. 1555.

地区寻找新的基地时,俄国驻雅典陆军武官提议,"合理的解决方法只有一个,那就是抛开所有法律条文"占领萨洛尼卡(Salonika,希腊城市,塞萨洛尼基的旧称——译注),"攻占新希腊防御的核心本身就像一只紧握的铁拳,其威慑力量将抵消所有令人不快的后果"。①

在政治活动中随时准备使用暴力这一点让政客武官成为法西斯主义的先驱,因为法西斯主义从巴尔干地区连续不断的政治暗杀中学到了很多。这在巴尔干地区已经成为一种传统,军官们不断地卷入通过暗杀或军事政变来缓和专制主义的活动中,黑山(1860)、塞尔维亚、保加利亚和土耳其就是其中的例子。1893年4月的塞尔维亚政变中,17岁的亚历山大国王在军官支持下宣布掌权,将摄政王逮捕入狱并解散了国民议会,此时发挥决定性作用的是贝尔格莱德司令。他曾任驻维也纳陆军武官,那儿的人们对他仍有愉快的回忆,因此他们希望塞尔维亚能继续依附于奥地利而不是俄国。②

俄国武官的政治自主在各国首都都十分明显,包括柏林,那儿的海军武官在1900年左右被认为是一个危险的"外交游击队员"。③ 1913年底,一名驻黑山的俄国外交官对一名奥地利同行

---

① 俄国陆军武官古金 1915 年 10 月 9 日的报告(古金同时卷入了一桩关于密码电报失窃的丑闻中)。*Die internationalen Beziehungen im Zeitalter des Imperialismus* (USSR), II. Reihe, VIII, 783, 797f.

② *Documents diplomatiques français*, 1ˢᵗ ser., X, 295f.

③ *Crosse Politik*, XVIII, 5402ff.; XIX, 5921.

说,俄国驻该国的陆军武官应该被召回("因为各处的陆军武官都在从事政治活动"),换为从事纯粹专业活动的军事教官,"不受任何政治的影响"。① 俄国武官确实在巴尔干国家中从事政治活动最多,这个传统可以追溯到考尔巴斯(Kaulbars)上将。1886 年,沙皇亚历山大派他去索菲亚,任巴滕贝格亲王·亚历山大(Prince Alexander of Battenberg,现代保加利亚的第一位统治者)的监护人。考尔巴斯曾任驻维也纳陆军武官,但这一经历并没有教会他政治。仅仅几个月人们就看出他过于笨拙野蛮,根本不具备领导政府的能力。②

俄国驻贝尔格莱德陆军武官阿尔塔莫诺夫上校被卷入了萨拉热窝谋杀案。同盟国的其他武官们称他为"那个充当俄国大臣冯·哈特维希(von Hartwig)先生代言人的狂野战士"。1913 年初,哈特维希预计在数周内欧洲会爆发战争,考虑到当时奥地利糟糕的备战状况,他认为这是实现泛斯拉夫主义的良机。③ 阿尔塔莫诺夫与主要策划者,"黑手会"(Black Hand)首领德拉古廷·迪米特里耶维奇(Dragutin Dimitrigevic)上校(人称"阿皮斯"[Apis])关系密切,后者正策划谋杀斐迪南大公的行动。不清楚他是否问过阿尔塔莫诺夫,在这之后如果奥地利进攻塞尔维亚,俄国政府会采取怎样的行动。无论如何,"阿皮斯"的行动未被阻止,而且谋

---

① *Oesterreich-Ungarns Aussenpolitik*, VII, 8952.

② Hugh Seton-Watson, *The Decline of Imperial Russia* (New York 1961), p. 174.

③ *Crosse Politik*, XXXIV, 12806.

杀发生后俄国还向"英勇"的"黑手会"策划者致敬。①

土耳其同样有着将政治和军队服务合为一体的传统。19世纪末20世纪初时的土耳其公债公司(Dette Publique)的法国主席、司令官贝尔热(Berger),是原法国驻君士坦丁堡陆军武官。他在当时以及后来被德国大使、巴格达铁路公司(Bagdad Railway)的赞助人称为"一个令人捉摸不透的绅士"、铁路的坚决反对者、对苏丹(the Sultan)拥有巨大影响力的人。让德国人高兴的是,他"为法国陆军以及法国军工企业抢夺德国现有地位"的努力没有成功。②

恩维尔·贝(Enver Bey)上尉曾积极参与1908年的青年土耳其党革命(the Young Turk Revolution)并随胜利队伍进入君士坦丁堡,作为奖赏他被任命为驻柏林(土耳其军官传统上接受高等教育的地方)陆军武官。1909年4月,他中断任期,协助镇压一场拥护旧专制政体的反革命行动,再次攻占首都并罢免了苏丹阿卜杜勒·哈米德(Abdul Hamid)。1911年,他赴的黎波里组织塞努西(Senussi)和其他部落反对意大利,煽动起了一场接近"圣战"的泛

---

① 从他的文章 *Auswärtige Politik*, X (July 1948), and *Historische Zeitschrift*, CLXIX (1961), 296 和他的著作 *Oesterreich zwischen Russland und Serbien* (Cologne-Graz 1958)来看,汉斯·于贝斯博格(Hans Uebersberger)被迫让阿尔塔莫诺夫不要多插手接下来关于此问题的处理。关于对阿尔塔莫诺夫插手的质疑见 *American Historical Review*, LXVII (1962), 693f。国防部关于阿尔塔莫诺夫活动的评价见 *The Trial of the Major War Criminals*, XII, 296。

② 马沙尔(Marschall)1898年8月6日致德国外交部的信。*Grosse Politik*, XII, 3341; see also *ibid.*, XIV, 3961.

伊斯兰反抗运动。① 他在柏林外交界和军界非常著名,"一个优雅的军官,外表安静,举止内敛,言谈令人愉悦"。同事们则认为他是"一个精力充沛的人,同时也是一个急性子(狂热分子),将把他的国家置于绝顶危险之中"。即便在柏林工作期间,他与德国军官们的关系也谈不上融洽。在一个"崇尚纪律至上"的国家,人们很难接受他在革命期间对阿卜杜勒·哈米德的做法,② 以及他用左轮手枪枪杀陆军大臣尼亚奇姆(Niazim)"帕夏"(Pasha,伊斯兰教国家高级官吏的称谓——译注)并取而代之的举动。威廉二世就曾在旁注中写过,恩维尔"应该马上被吊死",③ 但德国外交官和军官还是与他达成了妥协,不管他的一些改革措施是多么疯狂,也不管他在一战期间提出任土耳其总司令的战略思想是多么荒诞不经。④ 甚至在战争爆发前,他就已确信"三国同盟在军事上比协约国强,如果发生世界大战将必胜"。⑤ 恩维尔的密友,统一派军官中影响力排名第二的领导人是泽基·贝(Zekki Bey)中校,曾任驻雅典陆军武官。⑥ 另一位土耳其总司令,穆斯塔法·凯末尔(Mustafa Kemal)"帕夏",接手并解救了恩维尔留下的一部分烂摊子。

---

① *Grosse Politik*, XXX, 11014, 11058.
② Beyens, I, 97, 109, 153.
③ *Grosse Politik*, XXXVIII, 15439.
④ 更多内容见 Gen. Friedrich von Rabenau, ed., Hans von Seeckt, *Aus meinem Leben, 1886 - 1917* (Leipzig 1938)。
⑤ July 23, 1914. *Grosse Politik*, XXXVI, 14648.
⑥ *Grosse Politik*, XXXIV, 12670.

凯末尔曾任驻索菲亚陆军武官(1913—1914),这一经历为他后来的军事政治生涯奠定了基础。①

1918年以后

战后一些前武官投身政治,他们中不仅有人们预料中的防御性的右派人物,也有暂时极富进攻性的极左分子。其中最激进的当属雅克·萨杜尔(Jacques Sadoul),1917年俄国发生革命时,他在贝尔格莱德担任武官兼法国军事使团成员,与法国工人领袖阿尔伯特·托马斯(Albert Thomas)和布尔什维克分子的关系都很密切。② 萨杜尔后来成为一名共产主义者,投身于法国政党斗争。

在英国政界,效忠的转变不那么极端,最多只会成为陛下忠诚的反对党。至少两名前陆军武官(他们都是专业人士中的精英,因此几乎天生立场保守),亚瑟·庞森比(Arthur Ponsonby)和C. B. 汤普森(C. B. Thompson,后来的卡丁顿男爵汤普森[Lord Thompson of Cardington]),最后当上了工党领导人。庞森比在19世纪末20世纪初任驻君士坦丁堡陆军武官,与德国人摩根一起。1918年

---

① 将富于政治企图的军官派往国外任职,有可能是因为军官本人希望获得一个众人渴求的职位,也可能是因为他的上级急于想以一种体面的方式把他弄到国外去。1956年5月,阿兰布鲁(Aramburu)将军(后庇隆时代阿根廷临时总统)将一些他的竞争者派往国外任武官或大使;他们中并非所有人都想去。《纽约时报》,1956年5月20日。

② David Shub, *Lenin. A Biography* (New York 1948), p.213.

以后,两人关系再次变得密切起来,那时他们在与宣传谎言以及文职和谈人员单独加在德国头上的战争罪作斗争。庞森比是民主控制联盟(该组织的宗旨是控制秘密外交,而武官正是其中的重要部分)的联合创始人之一,在第一届麦克唐纳政府内任外交事务次官。但当"甜味支持者"(索雷尔[Sorel])的和平主义竟然包括了出于信仰而拒服兵役者的主张时,英国的现实政治思想使他中断了政治生涯。

汤普森给一个缺乏军事专家的政党带来了他在卓越的军事生涯中积累的经历。"这个英国公共学校和伍尔维奇(商店)的产物",曾在巴尔干战争时期在当地任陆军武官,他是这个职位上为数不多的工程兵军官之一(一般来说,武官通常是骑兵或者步兵军官)。他在政治上是个激进派,劳合·乔治的热心追随者,而且他的志向在于政治而非军事。他向当时一名战争记者透露自己有一个财政支持者,十分愿意赞助其参加议会选举的费用,但是一战爆发使他的计划搁浅。战后,他成为拉姆齐·麦克唐纳(Ramsay Macdonald)的朋友,最后成为工党航空大臣。他在执行公务时不幸殉职,葬身于一次飞艇事故的废墟中。①

---

① Valentine Williams, *World of Action* (Boston 1938), pp. 22ff.; Princess Marthe Bibesco, *Lord Thompson of Cardington. A Memoir and Some Letters* (London 1932). 汤普森试图为工党招募另一名武官 A. C. 坦玻利,并承诺给他一个议员的位子。尽管坦玻利"在很大程度上倾向于工党",他却没法接受该党影响深远的国家化主张。Major Arthur Cecil Temperley, *The Whispering Gallery of Europe*(London 1938),p.11.

斯特来斯曼党（一个具有温和民族主义和修正主义色彩的德国人民党）党员中有两名前武官。一个是退役护卫舰舰长、维尔纳男爵冯·莱茵巴本（Werner Freiherr von Rheinbaben），曾任驻罗马海军武官，1923年在斯特来斯曼（Stressmann，德国政治家，曾任总理和外交部部长——译注）执政时担任总理国务秘书，也是国会议员。另一个是退役中校、秘密推翻委员会委员（Geheimer Oberregierungsrat）阿诺尔德·卡勒（Arnold Kalle），在斯特来斯曼执政时期任首席新闻官，曾当过骑兵并在一战期间任驻马德里陆军武官。另一位与这两人关系不错的是冯·穆勒（von Müller），1914年前在伦敦当过海军武官，他在一家大的新闻机构电报联合会任职。①

1918—1923年莱茵兰地区的美国占领军司令、亨利·T. 艾伦（Henry T. Allen）上将（1859—1930），在美西战争前夕曾任驻德陆军武官，与大使安德鲁·D. 怀特（Andrew D. White）的关系相当不错。他是美国军管政府首脑和莱茵兰委员会（the Rhineland Commission）委员，根据他对这个委员会职能的理解，其"创立的主要目的在于约束莱茵兰地区军事长官们的行为"。他坚决反对法国的绥靖主张及其战后对莱茵河沿岸的占领，他的这种态度清楚地表现在他写给华盛顿的报告中，也表现为他马上主办了一份《莱茵兰报》（the Rhineland Journal，1923），以及稍后担任一家为德国儿童提供食物的美国委员会的主席。他在拜访一名德国驻美使馆人员

---

① Paul Fechter, *An der Wende der Zeit* (Gütersloh 1949), pp. 108f.

时不幸去世。①

以上提到的这些人都不会勉强自己接受巴黎和会的结果,每个人都希望 1918 年后那些之前的参战者可以达成新的谅解。当所谓的战争罪问题影响到战后关系时,庞森比和另一名前武官(甚至表现得更加激烈)马克斯·蒙特格拉斯(Max Montgelas)上将,终其一生都在致力于清除这一影响。②

当庞森比和蒙特格拉斯已经对刀剑在政治中的作用产生怀疑时,一些前任或现任武官(他们成为法西斯运动的领导人)却毫不怀疑暴力和武力的有效性。曾任驻伦敦陆军武官的韦尔特·冯·吕特维茨(Walter von Lüttwitz)上将成为 1920 年普茨政变(the Kapp putsch,第一次公开反对魏玛共和国的反革命行动)的军事领导人,失败后他为逃避审判而流亡国外。相比之下,弗朗茨·冯·巴本更加沉得住气。他一直等到 1932 年,才使用武力反对合法的普鲁士政府,后来当他作为总理处理棘手的赔偿和德国重整军备

---

① 见 *Europäische Gespräche*, VIII (1930), 572ff. 的讣告。另见他在圣彼得堡时的同事沃特斯的评价,Walters, *Secret and Confidential*, p. 240.
② 1900—1904 年,蒙特格拉斯在远东工作,先是在德国远征军中任职,后来任驻北京陆军武官。1904 年 3 月他返回柏林时,荷尔斯泰因问他对日俄战争结局的看法。蒙特格拉斯认为,从俄国前期犯下的错误看,他们不太可能最终获胜。他赞同荷尔斯坦因的意见,即德国外交最好不要赌俄国赢,尽管俄军中的德国观察员倾向于支持俄国。*Berliner Monatshefte*, X (1932), 345ff.

问题时,他将此吹嘘为"极端手段"。①

年青一代的武官中也有法西斯政客。维德昆·吉斯林少校(Vidkun Quisling,生于1887年),1911年加入挪威军队,先后担任过驻列宁格勒(1918—1919)和赫尔辛基(1919—1921)陆军武官以及挪威陆军大臣(1931—1933)。1933年5月,即希特勒上台四个月后,他创立挪威纳粹党。吉斯林与一些军官保持着密切的来往,并把与他们鲁莽的信件内容作为挪威政治已经"无可救药"而且军方同情"民族起义"的证据在柏林展示。吉斯林加强了与纳粹组织的来往,其中有些关系是通过德国驻奥斯陆海军武官建立的,而且承诺与德国合作入侵自己的祖国。他也因此成为法西斯叛国者的典型代表。②

1918—1945年间,波罗的海与黑海之间的国家中出现了很多军人政客。约瑟夫·贝克(Josef Beck)上校,像在毕苏茨基统治时期以及后来的大多数上校一样,是一名半法西斯主义者,他在担任武官时就已首次展露其政治手腕。1938年,时任拉脱维亚驻莫斯科公使是一名前陆军武官。③ 1934年底,匈牙利驻柏林陆军武官

---

① Karl Heinrich Bracher, *Die Auflösung der Weimarer Republik* (Stuggart and Düsseldorf 1955), pp. 555f.

② 有关细节见 *Trial of the Major War Criminals*, XXXIV, 273ff.; *Documents on German Foreign Policy*, Ser. D, VIII, 546f。

③ *Documents on British Foreign Policy, 1919-1939*, IIIrd ser., I, 161.

斯托亚(Stoja)成为驻柏林公使,①当时希特勒对正规渠道的不屑让军人外交官们更加受宠。小国立陶宛曾在20世纪20年代为建立反对波兰的共同阵线而向柏林派驻陆军武官,②又在1939年初派斯杰帕(Skirpa,之前曾在柏林担任这一职务,后来任驻华沙公使)回到柏林,以使向德国割让梅默尔(Memel Territory)的过程不那么痛苦。③ 安东内斯库上将(Antonescu,1937年起担任罗马尼亚陆军大臣)也是罗马尼亚参加对苏战争期间实际上的独裁者,曾任驻伦敦陆军武官多年。1938年初,德国驻布加勒斯特公使评价他是一个"视野宽广、意志坚定的人,视提升罗马尼亚军队的攻击能力为己任"。他当时尚无"与德国的联系渠道",于是德国公使一再建议单独任命一名驻布加勒斯特陆军武官,而不是像之前那样同时兼驻布拉格。④ 这一想法最终得以实现,尽管公使和武官之间时有争吵,但安东内斯库却深深地、不可挽回地与轴心国阵营捆在一起,让希特勒大为赞赏。

战后的柏林超越罗马成为法西斯主义的发源地。二战爆发前夕,庇隆(Peron)担任阿根廷驻罗马陆军武官,在那里他学到的很

---

① Friedrich Hossbach, *Zwischen Wehrmacht und Hitler*, *1934 – 1938* (Wofenbüttel 1949), pp. 40f.
② *Documents on German Foreign Policy*, Ser. C, II, 219.
③ *Documents on German Foreign Policy*, Ser. D, V, 485.
④ *Documents on German Foreign Policy*, Ser. D, V, 236.

武 官

多东西,以后成为他极权政治的独特名片。① 但有几个外国武官在柏林工作期间深受影响。东条英机(下令袭击珍珠港的日本首相)在一战后曾短暂担任驻柏林陆军武官,他似乎并不关心一次巨大的军事失败对德国的影响,却对军方通过密谋迅速重夺权力大感兴趣。相信日本在一战中站错了队的他,成为最早提出加入轴心国集团的人。1940 年,当日本与德意结盟时,他"心中充满庄重而兴奋的感觉",相信日本现在将"以新的力量朝着日本在世界事务中的不变目标"前进。② 贝格韦德尔(Beigbeder)上校,担任西班牙驻柏林陆军武官多年,扮演了佛朗哥与魏玛共和国以及第三帝国支持佛朗哥上台的其他机构之间的中间人角色。前英国驻柏林和华盛顿陆军武官 M. L. 克里斯蒂(M. L. Christie)上校,在"绥靖主义"时期成为英国"纳粹思想的热心倡导者",并促成了苏台德地区德国人的领袖亨莱因(Henlein)于 1938 年 5 月访问伦敦。③ 对与德国合并持欢迎态度且积极为之准备的奥地利人中最著名的要数洛塔尔·伦德里奇(Lothar Rendulic),他因在奥地利驻巴黎陆军武官任上从事支持纳粹的活动而被开除军籍。希特勒很好地奖赏了他,最后晋升他为上将,这是奥地利籍魏玛共和国领导人中的

---

① 详细分析见《纽约时报》,1951 年 3 月 22 日;匈牙利驻罗马陆军武官有获准见到墨索里尼的机会。*Documents on German Foreign Policy*, Ser. D, IV, 156.

② 《纽约时报》,1944 年 7 月 20 日。

③ 《纽约时报》,1938 年 5 月 14 日;*Documents on German Foreign Policy*, Ser. D, II, 404.

最高军衔。①

在玻利维亚实行过短期独裁统治(1939年4—8月)的赫尔曼·布施(German Busch)中校或许是从武官之外的渠道学习法西斯思想的。但1941年7月发生的青年军官政变,部分是通过长距离电报,部分是通过德国驻拉巴斯(La Paz)公使馆,由玻利维亚驻柏林陆军武官埃利亚斯·贝尔蒙特·帕冯(Elias Belmonte Pabon)少校策划的。据说,他与希姆莱的情报机构合作。此次政变被联邦调查局和英国秘密情报局的特工挫败,但同年后来发生的另一次政变,由于得到了阿根廷将军政客们的支持,取得了成功。②

武官工作成为不少拉美国家军人政客成长过程中的一段经历,特别是在阿根廷。(1936年以前的)陆军部部长 M. A. 罗德里格斯(M. A. Rodriguez)上将曾在德国陆军服役(1907—1909),20年代担任过驻柏林陆军武官。其继任者巴西利奥·佩尔蒂内(Basilio Pertine),一战前几年一直驻在柏林,而且他跟许多拉美观察者一样,相信德国将赢得战争。阿根廷陆军学院(1932)的创立人亚伯拉罕·施魏策尔(Abraham Schweitzer)上校,同样曾在德国陆军服役(1914),并担任过驻柏林陆军武官(1928)。出于1919

---

① Görlitz, p. 628. 舒施尼格(Schuschnigg)试图让奥地利陆军武官念诵希特勒在1938年2月贝希特斯加登会见中对意大利发表的轻蔑性言论,以便让墨索里尼继续恪守他原来的反对德国吞并奥地利的立场,但这一努力最终失败。有关情况见 Elizabeth Wiskemann, *The Rome-Berlin Axis* (New York 1949), pp. 97f.

② 美联社1941年7月20日拉巴斯报道;*The Memoirs of Cordell Hull* (New York 1948), pp. 1388ff.;关于帕冯的拒绝,见《纽约时报》,1941年7月20日。

年后对德国军事效率的信任,阿根廷安排接纳了另一个德国军事使团,这自1899—1900年以来已屡见不鲜。当这个使团的合约期满,其中两名成员分别成为德国驻里约热内卢(巴西和阿根廷)和驻智利圣地亚哥的陆军武官。由于这两人知晓太多阿根廷军事方面的内幕情报,以至于在其两个潜在敌国首都的工作中无法做到公正。①

胡安·庇隆在至少两任陆军武官岗位上锻炼了本领,在罗马(1939—1941年)和圣地亚哥。② 因为担心他对智利国防情况的间谍活动被曝光,20世纪30年代末他匆忙离开了。庇隆在1943年以后的竞争对手和敌人中有几个前武官,如对庇隆的半法西斯主义统治不满的退役将领巴蒂斯塔·莫利纳(Batista Molina)。莫利纳进而开始组织类似纳粹的组织,包括阿根廷民族主义青年联盟(模仿希特勒的青年团)和阿根廷民族主义最高委员会(被庇隆政府认为过于军事化而违反阿根廷宪法,在1944年8月被解散)。莫利纳在柏林任陆军武官的两年间,以及后来担任军事采购委员会(1939年前阿根廷多数陆军武器装备均是由该委员会从德国购买)负责人时,就曾接触过法西斯主义的手法。③

反对庇隆的前武官,如达尔米罗·费利克斯·魏地拉(Dalmi-

---

① Fritz T. Epstein, "Argentinien und das deutsche Heer", *Festschrift für Otto Becker* (Wiesbaden 1954), pp. 286ff.
② 有关细节见《费加罗报》,1952年10月4日和5日。
③ 《纽约时报》,1944年8月3日。

ro Felix Videla)和爱德华多·洛纳尔迪(Eduardo Lonardi)将军,参与领导了 1955 年 9 月那次成功的起义。二人均曾在拉美国家任职,后者在 1947 年还曾在华盛顿工作,担任泛美防务委员会(the Inter-American Defense Board)阿根廷代表。他对庇隆的仇恨据说源自 1938 年,当时庇隆交给洛纳尔迪一件尚未完成的谍报工作,但没有告诉他即将被智利发觉。洛纳尔迪大为尴尬,从圣地亚哥被解职。①

是什么与法西斯主义的培育关系更大——是武官的工作和训练,还是他所在的驻在国? 这个问题往往难以说清。在诸如 20 世纪 30 年代初捷克斯洛伐克驻南斯拉夫陆军武官哈耶克(Hajek)上校身上,这种关联似乎并不确定。后来,哈耶克与一个捷克半法西斯主义组织——施特里布尼联盟(the Stribny League)颇有关联,因此在 1937 年被开除出布拉格总参谋部。② 对叙利亚上校默罕默

---

① 《纽约时报》,1955 年 9 月 17 日和 19 日;《时代周刊》,1955 年 10 月 3 日。最近拉美政坛的武官有古巴驻华盛顿陆军武官拉蒙·洛佩兹(Ramon Burquin Lopez)上校,1956 年 4 月以阴谋反对巴蒂斯塔政府而被捕(《纽约时报》,1956 年 4 月 15 日),和拉腊萨瓦尔(Larrazabal)海军上将,委内瑞拉独裁者佩雷斯·希门尼斯(Perez Jimenez)倒台后任过渡政府首脑。拉腊萨瓦尔在华盛顿当过三年的海军武官(《纽约时报》,1958 年 1 月 24 日)。其他人还有洛特(Lott)上将,1954 年巴尔加斯(Vargas)总统被军方推翻后的巴西强人,阿兰布鲁上将,庇隆下台后的阿根廷临时政府首脑(《纽约时报》,1954 年 11 月 12 日和 1955 年 11 月 14 日)。另一个由前武官转为军事领导人并领导政变的例子,见《纽约时报》,1961 年 11 月 8 日。

② *Documents on German Foreign Policy*, Ser. D, III, 1049.

德·萨法（Mohammed Safa）来说，内部因素诸如政府（基本上是军人执政）不稳定，足以煽起他的政治野心。① 他从驻华盛顿陆军武官任上被以施舍克里（Shishkely）将军为首的政府召回，但很快就逃到伊拉克，在那儿他以"叙利亚自由政府"的名义密谋反对施舍克里，并筹划于1933年9月发动一场反政府政变。1955年5月，他被军事法庭判处入狱六年。②

东方军人政客中一个较成功的例子是约旦的阿里·阿布·努瓦尔（Ali Abu Nuwar）中校，他于1956年驱逐了英国赞助的阿拉伯军团的英国指挥官格拉布（Glubb）。努瓦尔是一个野心勃勃的人，深受年轻国王的赏识，被任命为驻巴黎陆军武官（不稳固政权对军人政客的一种典型安排）。在国王的坚持和格拉布的反对下，他回到国内，自任"自由军官"组织（一个野心勃勃的民族主义团体）领导人。在将格拉布和其他英国军官突然驱逐之后，他最终赢得了对"新军"的指挥权。③

---

① 关于中东地区的军官政客问题，见 Majid Khadduri in Sydney Middleton Fisher, ed., *Social Forces in the Middle East* (New York 1955)。
② 美联社1955年5月18日大马士革报道。
③ 更多细节，见《时代周刊》，1956年6月4日；J. D. L., "The Jordan Coup d'état", *History Today*, January 1957。

相比之下,反对法西斯的武官要少得多。① 例如,在日本有一个名叫安藤(Ando)的陆军武官,20世纪30年代末当上了内务大臣。海军大将野村吉三郎(Nomura Kichisaburo)也算一个。② 1940年11月,他被任命为驻美国大使,那时人们回想起,他25年前就曾在华盛顿担任过海军武官,而且"相当受欢迎"。③ 至于他手下的使馆人员,他们向美国陆军参谋部保证,使馆人员,包括海军武官,都一心"希望发展美日关系"。陆军武官矶田三郎(Saburo Isoda)感到,日本"加入轴心国集团是犯了个大错",陆军常常"脱离文官政府的控制",应该受到天皇的制约。④ 然而,对美国人来说,矶田将军显然"并没有代表日本陆军说话的底气"。塞尔维亚的米哈伊诺维奇(Mikhailovitch)将军对法西斯主义和布尔什维克主义都持反对态度,并利用手中掌握的所有武器与它们斗争,只是最后臣服于共产主义和西方民主的一个临时联盟。米哈伊诺维奇是历史悠久的塞族传统下的一个老牌军人政客,曾先后在索菲亚和布拉格担任陆军武官,在布拉格时他被发现与反纳粹力量走得很

---

① 萨拉萨尔(Salazar,1932—1968年任葡萄牙总理)的少数几个公开反对者中包括民用航空局局长温贝托·德尔加多(Humberto Delgado),他曾任驻华盛顿陆军武官和葡萄牙驻北约代表。1958年的所谓总统选举中,他公开反对独裁者萨拉萨尔。《明镜周刊》,1958年5月21日。
② Geyr, *Erinnerungen*, p.18.
③《纽约时报》,1940年11月26日。
④ Memorandum of Gen. Sherman Miles, September 2, 1941. *Pearl Harbor Hearings*, Exh. 33.

近,于是被迫将其召回。①

　　武官职位能为在职者赢得某种信誉,这可能在他卸任或退役后成为一种政治资本,②但他也可能将任职期间形成的观点带到退役后的生活中。在1914年前的欧洲,一些当过武官的人喜欢危言耸听,他们学到的不是谨慎而是恐慌。阿瑟·李(Arthur Lee)上校(后来成为子爵和负责管理文职人员和后勤事务的海军副大臣[Civil Lord of Admiralty])曾在美西战争期间任英国驻华盛顿陆军武官,并结识了西奥多·罗斯福(后者钦佩地称呼他"王牌")。③1905年7月,当时罗斯福已贵为总统,李"以无比确定的口气"告诉他,"德国正策划一场针对英国的袭击"。④ 而不久以前,李刚刚出现了一次最严重的失言。在1905年2月的一次演讲中,他在谈到英国军队近期在北海的集结行动时,称英国"如今不得不带着更多的焦虑(虽然还谈不上恐惧)盯着那片海"。"如果不幸开战,英国海军将先发制人,在对方从报纸上得知战争已经开始之前。"⑤

---

① 《纽约时报》,1942年9月27日。
② 罗伯特·路易斯·科菲(Robert Louis Coffey)曾当过矿工,二战期间是战斗机飞行员。为进入政坛,他1948年从美国驻圣地亚哥空军武官处辞职,并被选为宾夕法尼亚州议员,但第二年死于空难。《时代周刊》,1949年5月2日。
③ Stephen Gwynn, ed., *The Letters and Friendships of Sir Cecil Spring Rice*, 2 vols. (Boston and New York 1929), I, 294.
④ *Grosse Politik*, XIX, 6287.
⑤ About this controversial statement see the conclusive article by A. Mendelssohn Bartholdy in *Europäche*, X (1932), 185ff.

这个在不引人注目的场合的表态并未得到内阁授权,后来他本人和外交部都予以否认。当李及其手下在当年晚些时候离职时,他成为英国反德人士中最喜欢危言耸听者之一,就像那些小报和《国家评论》(*National Review*)杂志的利奥·马克西一样(Leo Maxse)。① 然而,战后回到海军部时,他显然已到了谨慎的年纪,才会以外交的方式暗示英国愿意承认美国的海军平等权。"婚姻和友谊的纽带,在西半球的旅行和多年的公务经历,这些对于这个英美联盟倡导者的责任来说格外合适",②最终才有了1921年的华盛顿会议。

对于自1914年起任《泰晤士报》军事记者的查尔斯·考特·雷平顿上校来说,他的军事知识和敏捷的文笔是在他任英国驻布鲁塞尔陆军武官(1900—1902),以及与亨利·威尔逊一起担任英国情报部法国处处长时学到的。退役后,他依然可以从约翰·费舍尔(John Fisher)爵士、格里尔森将军以及其他高级官员那儿得到机密情报。1905年12月5日,他发表了一篇关于德国险恶用心的文章,但没有任何德国近期动向可以证明这一点。为此,法国陆军武官胡格特少校亲自登门拜访了他,最终导致了1906年及以后英法间的军事"对话"。③ 对于像爱德华·格雷(Edward Grey)这

---

① Robert W. Seton-Watson, *Britain in Europe, 1789 - 1914* (Cambridge 1937), p. 618.
② George T. Davis, *A Navy Second to None* (New York 1940), pp. 274ff.
③ Lieut. Col. Charles À Court Repington, *The First World War, 1914 - 1918* (Boston and New York 1920), cha. I; for the whole situation see Fay, I, 202ff.

样对军事问题一窍不通的人来说,雷平顿的名望实在太高,以至于他的恐慌能直接涌入外交部的密室,并引发一场让格雷在以后几年中都后悔不已的恐慌。① 雷平顿后来成为全国兵役联盟(the National Service League,该组织要求以"德国威胁"的名义将征兵制引入英国)的领导人之一,但他从来没有停止攻击德国。② 其实,他最初是个亲德派,就像19世纪90年代的多数英国陆军军官一样,但后来他对德国陆军的看法越来越差。在发表于《泰晤士报》上的无数文章中,他称德国陆军仅仅是个游行机器,根本扛不住一场超过六个月的战役,他对法国陆军的看法却相应地提高了,这与格里尔森和约翰·弗伦奇爵士的观点不谋而合。③ 据另一位与雷平顿和格里尔森关系不睦的英国前武官的说法,雷平顿的文章对那些喜欢从报纸以及军事记者那里获取情报的英国政治家"颇有影响",于是让他们有了美好的希望,一场与德国的战争(如果真的开战的话)将不会持续太长时间。④ 对德国大使梅特涅(Metternich)伯爵(他比当时任何其他人都更努力地维护和平)而言,当雷平顿在海军部军官的鼓动下在《泰晤士报》上发表文章,披露威廉二世曾于1908年2月6日写了一封愚蠢的信给特威德

---

① Viscount Grey of Fallodon, *Twenty-five Years*, *1892-1916* (New York 1925).

② *Grosse Politik*, XXVIII, 10233; XXXI, 11314, 11567.

③ 在罗伯茨呼吁英国陆军加强实力,防备1907—1908年德国的登陆企图时,他"主要得到了雷平顿的协助"。Gwynn, *Spring Rice*, II, 113.

④ Waters, *"Secret and Confidential"*, pp. 61f., 300, 310f.; Widenmann, pp. 106, 204.

穆斯(Tweedmouth)男爵(英国海军部的第一位男爵),为德国的海军军备活动辩护时,他就已成为"对德国来说最危险和最高明的投饵者之一"。① 一战期间,雷平顿赢得了"英国陆军领导人特殊的信任,被他们选为杰出代表以及对抗爱插手的政客的新闻界发言人"。正如劳合·乔治所说,"每当出现批评的声音,而总参谋部的人希望这些批评是针对战时内阁及其政策的时候",雷平顿就成为"总参谋部宠爱的心腹"。他和他的通风报信者在推翻一个他们不喜欢的内阁时(因为它擅自"教士兵们如何以及在何处开战"),或者在公布联盟计划以便使它们无法被执行时,态度坚决,从不退缩。②

《凡尔赛和约》签订后,雷平顿仍得到很多政治家(只不过多为外国政治家)以及更多军界人物的信任。早在1921年,英法两国的将军们就赞同他"德国人正在策划一次复仇战争,如果我们处在他们的位置也会这么做"的观点,与此同时,英法陆军武官也向他提供情报以供其写作日记和在《每日电讯报》(*the Daily Telegraph*)上发表文章。③

---

① *Grosse Politik*, XXIV, 8181, 8186, 8190; *Documents diplomatiques français*, IInd ser., XI, 521ff.

② *War Memoirs of David Lloyd George*, 6 vols. (London 1933–1936), V, 267, 289, 293ff.; Lord Beaverbrook, *Men and Power 1917–1918* (London 1956), pp. 192f., 256, 376f.

③ Lieut. Col. Charles À Court Repington, *After the War, A Diary* (Boston and New York 1922), pp. 852, 31, 364 and passim.

武 官

同大多数军官一样,武官通常认为战争不可避免,而且他们往往忍不住推波助澜。他们中极少人有机会为开创新的和平作贡献。在旧制度时期的条约中,那些曾上过战场的军人们为所有参战者制定了不念旧恶的条款,这是一个人性化和有风度的做法,当然也符合统治者的利益。文官们在取得媾和的权力之后,又冒出战争罪的念头。这项加在战败者(同时也被宣布是侵略者)头上的罪名,旨在证明胜利者作战、征服以及索赔的正当性。当《凡尔赛和约》制定关于战犯(全都来自战败一方)的条款时,事实上战胜方的军官无一人反对。一个旧的国际秩序结束了。当冯·温特费尔特将军(出身于一个普鲁士古老家族,战前任驻巴黎陆军武官,现任德国停战委员会委员)请福煦将莱茵河东部地区从布尔什维克主义和社会主义手中挽救出来时,福煦盯着地图上莱茵河的那条白线,精神恍惚。几乎同样遭到漠视的,还有后来马克斯·霍夫曼(Max Hoffman)少将关于西方国家联合起来,一致对抗布尔什维克主义的呼吁,沃特斯将军恳请对保守主义进行再认识的回忆录,①或者伊恩·汉密尔顿(Ian Hamilton)将军关于"体面的军人和平"的提议,就像前威尔逊时期的条约所提出的一样。它们是由军人们提出来的,而这些军人"在战场上发泄了仇恨和痛苦,一腔热血已归于平静,变成芸芸众生中的一员。当最后一颗子弹射出

---

① See bibliography.

的那一刻,他们为了同胞已做到了全部"。①

由汉密尔顿、勒龙(Le Rond)上将②等人提出的军人和解方案,后来又被更狡猾阴险的人物如弗朗茨·冯·巴本所提起。那些更人性化的方案提出得太晚了,没法为和平提供一个更好的基础。在英法德老兵会议安排就绪以前,纳粹就已经上台,③他们通过展现前对手之间的谅解,掩护德国重整军备、准备战争的行动。

苏联人在1945年后表现得比西方国家,特别是法国,更加灵活,更加没有成见。他们不仅在战争期间利用德国战俘(从保卢斯[Paulus]元帅以下)进行反希特勒宣传,这是"政治战"的西方创造者们没能做到的事情,而且他们基本上不去理会那些在新形势下有用的军官的过去。西蒙·德拉加奇(Simon Dragac)上将曾任捷克驻巴黎陆军武官(1929—1931)和布拉格总参谋部处长,1939年德国占领捷克后,他在一个德国支持的半法西斯主义组织内担任

---

① Sir Ian Hamilton, *The Friends of England*. Lectures to Members of the British Legion (London 1923), pp. 111f. 有关汉密尔顿为英德达成谅解所作的努力,见 Geyr, *The Critical Years*, pp. 12, 99, etc。

② 有关勒龙1938年6月在贝希特斯加登会见希特勒的情况,见 *Documents on German Foreign Policy*, Ser. D, II, 484f. 德国外交官中知道他在1914年前任过驻东京陆军武官并在1918年后当过法国在上西里西亚地区(Upper Silesia)部队指挥官的人,都不认为他是担任和平使者的合适人选。

③ 弗雷德里克·莫里斯(Frederick Maurice)爵士提议,在将捷克领土割让给德国前,作为疏散和占领中间的过渡措施,由英国军团派10万人先行占领并负责治安,见 *Documents on German Foreign Policy*, Ser. D, II, p. 957。

要职。但所有这些在他1945年加入共产党后都被宽恕了,他成为陆军学院院长,并在1948年共产党起义后任总参谋长(直至1950年)。据说,苏联人之所以支持他是因为他在1937年担任陆军情报局局长时,通过贝奈斯(Beneš)政府,向莫斯科交付了盖世太保的文件,内容涉及图哈切夫斯基(Tukhashevski)以及其他元帅和将军。①

武官从政的记录(不管是在服役期间还是退役以后)是个正负两面兼有的混合体,其中负面的记录更多一些。从负面的来说,他们总是(违反命令)没有避开政治判断和政治活动,大多是针对文官当局的,包括首相和大使。他们所展现出的对于政治的同情和厌恶,影响和误导了其作出专业的军事判断,最明显的是在对待法西斯主义和共产主义的态度上。总的说来,他们倾向于在政治纷争中使用武力,持这种观点的不仅包括极右派别(其前人会使用军人政客),也包括极左阵营。

从正面的来说,我们可以看到,有少数武官为了在前敌人之间或者在他们各自国内的阶级和团体之间实现谅解而努力工作。②但这远不能抵消巴本、庇隆或吉斯林他们的不光彩记录。

---

① Ithiel de Sola Pool, *Satellite Generals* (Stanford, California 1955), pp. 43f.
② 前任法国驻维也纳陆军武官德拉·图尔·杜宾少校在19世纪70年代末成为工人俱乐部的创始人之一。这是由一群天主教军官建立的组织,他们"深受中世纪关于基督教和社团的被理想化了的记忆的影响,梦想在贵族和人民之间建立一种新的联盟",从而支持第三共和国的世俗化政策。他们组建了一个圈子,从中产生了利奥泰(Lyautey)等法国军官的社会思想。Raoul Girardet, *La société militaire dans la France contemporaine* (Paris 1953), pp. 282f.

第 9 章　从武官到大使

武官对其国家外交的作用总体而言是临时性和偶然性的,最后折算下来他们表现的得分将是负值而非正值。他们往往是在碰到一个强大的个人或机构,普通外交官员无法接近或无法应付时,才被外交领导人启用。让英国人失望的是,他们在旧的英日联盟结束后就碰上了这种情形。为了安抚日本军队中的仇恨情绪,英国人派皮戈特(Piggott)少将(当时英国最出色的日本文化专家之子)分别于 1920 年和 1936 年担任驻东京陆军武官。他们希望修补两国关系之中的"断线"(在美国压力之下中断),但事实证明于事无补。①

这种偶然的使用,或者对满脑子政治的军官真正的或想象的才华的普遍忽视,在不止一位的武官心中燃起了自己想要当大使的野心。这种野心不仅来源于他相信可以和自己的临时上司同样

---

① Maj. Gen. F. S. Piggott, *Broken Thread* (London 1960) and commentary by J. F. C. Fuller in *Ninteenty Century*, 148 (1950), 52ff.

地胜任这一职位,而且还来源于这样一种理论,即在军备竞赛成为列强外交的特征的时代,这一职务应该由军人担任。理所当然,文官们并不鼓励这种野心。他们尽量避免让这种武官(不管他们的军衔高低)在大使和公使不在时担任代办。事实上,当19世纪80年代俾斯麦让驻维也纳陆军武官冯·韦德尔伯爵(被俾斯麦称作"当大使的好材料")在大使不在期间担任代办时,这被看作十分不同寻常。① 已知的其他几个临时代理的例子似乎令人遗憾,而且这从未成为惯例。②

这种野心滋生的最适宜土壤莫过于德意志第二帝国时期,当时军队处于优势地位,足以让一名军官胜任任何心仪的文官职位,从邮政局局长到皇家剧院的院长。外交上的文官主导权并不稳固,特别是在威廉二世时期。大约在1893年,驻罗马陆军武官冯·恩格尔布雷希特想要当大使,他的机会看上去非常之大,以至于首相卡普里维一度犹豫,要不要替换那个不受皇帝青睐的大使,以免他被恩格尔布雷希特替换。首相做好了准备,如果威廉试图这么做,他就提交一份最后通牒。这名老将军宁愿辞职也

---

① Wedel, p.11.
② 在奥塞关系中的其中一次"政治猪瘟"(奥地利禁止进口塞尔维亚猪肉)期间,奥地利驻贝尔格莱德陆军武官提出了一项近乎最后通牒的要求,将商业合约同塞尔维亚订购奥地利枪炮和其他产品联系起来。他使用了极具侮辱性的言语以至于接到威胁的塞尔维亚公使几乎要将其赶出门外。*British Documents on the Origin of the War*, V, 151.

不愿看到恩格尔布雷希特当大使,以及建立无法接受的军人领导地位。①

在两任威廉皇帝统治时期,一些陆军武官和全权军事代表被调往外交部门,但必须承认,他们都或多或少地相信外交中文官主导体制的必要性。冯·施魏尼茨,曾任驻维也纳(1871—1876)和圣彼得堡(1876—1893)大使,对这一点非常看重,以至于他经常与他的陆军武官们发生冲突,并导致双方断绝往来,特别是当他们向柏林发回带有好战色彩的报告并想以此吸引年轻的皇帝时。②

德皇威廉想让和平时期的皇家司令部司令卡尔·冯·韦德尔(Carl von Wedel)伯爵(1890年被派往维也纳,解释将俾斯麦解职的原因)离开柏林,因为随着时间推移,他似乎成为俾斯麦时代一个令人感到压抑的残留,代表了真正的"良心"。去使馆或公使馆似乎是让其离开的最"体面的方式",韦德尔满腹疑虑地接受了这一安排。他在德国外交部学习了一年,然后先后担任了驻瑞典公使(1892—1897)、驻罗马大使(1900—1902)和驻维也纳大使(1902—1907)。在维也纳的五年中,他作为三国联盟中最强国家的代表发号施令。最后,他的存在让埃伦塔尔(1906—1912年任奥匈帝国外交大臣——译注)倍感压力。他反对实行冒险政策,该政策在1908年的波斯尼亚危机以及1914年给塞尔维亚的最后通

---

① Wedel, p. 191.
② Wedel, p. 171; Rich and Fisher, III, 473, 599; IV, 44.

武 官

牒中达到高潮。①

诸如施魏尼茨、韦尔德和韦德尔这样的大使,在某种程度上是一些负有特殊使命的军人,受命去圣彼得堡、维也纳和柏林宫廷培育军国主义思想。然而,1903—1908年"在西奥多·罗斯福宫廷中"的施佩克·冯·施特恩贝格被派往骑兵部队,用他更文职化、更民主化但依然充满活力的军国主义思想,为在美国遭到误解的德国政策广交朋友。施特恩贝格曾任驻华盛顿陆军武官(1885—1890)和一等秘书,与一些冉冉升起的年轻的共和党政客有交情。罗斯福当选总统后毫不犹豫地告诉柏林,他认为施特恩贝格十分胜任华盛顿的职位。事实上,后者的晋升更多得益于这一友好的支持,而不是他在柏林赢得的好评。②

在德国海军中,由武官转变为外交官的主要是保罗·冯·欣策(1908年才获得贵族爵位),他曾任海军武官,后来历任驻圣彼得堡全权军事代表(1908—1911)、驻墨西哥公使(1911—1915)、驻北京公使(1915—1917)以及驻克里斯蒂安尼亚(Christiania,挪

---

① 以上内容,见 Wedel, pp. 174ff., 有关他在维也纳的职位,见 M. Martchenko, *La catastrophe austro-hongroise* (Paris 1920), pp. 59f。韦德尔1914—1915年间再次回到维也纳,此行的任务是劝说奥皇弗兰西斯·约瑟夫通过割让奥地利领土方式使意大利保持中立,但奥皇没有接受。Corti-Sokol, *Der alte Kaiser* (Graz 1955), p. 457.

② Nelson Manfred Blake, "Ambassadors at the Court of Theodore Roosevelt", *Mississippi Valley Historical Review* (Autumn 1955); Vagts, *Deutschland und die Vereinigten Staaten*, p. 1928 and passim.

威奥斯陆的旧称——译注)公使(1917—1918)。提尔皮茨集团曾想让他在战争期间担任外交部部长,期望他在"胜利的和平"条约上盖上自己的印章,但当他在1918年令人沮丧的几个月中成为德意志第二帝国倒数第二任外长时,他并未受到德国外交部内文职外交官们的欢迎。他们再次意识到武官在外交政策中所扮演的灾难性作用,于是他们更加小心,在接下来的大约15年里,德国再没出现武官背景的人担任大使。①

在某种程度上,希特勒改变了这一做法。他同意在他上台之前任命的武官们继续留任,尽管后来他对这些武官的评价不高。他们的报告里有太多反对德国开战的警告,只有驻华盛顿陆军武官冯·伯蒂歇尔将军是例外,因为他早已不再就美国的战争潜力和备战发出警告(关于这一点,他的海军同事一直在撰写忧心忡忡的报告)。希特勒认定,冯·伯蒂歇尔"没有被美国人的虚张声势唬住",因此未来堪当大任。②

希特勒使用了一些对普通外交官毫无用处也毫无好感的武官。同时,国防军最高统帅部也让他们代替大使,与诸如匈牙利、罗马尼亚和斯洛文尼亚等卫星国保持联系。在芬兰,德国陆军武

---

① 已知的欣策最后一项工作是1922年5月去俄国。他和鲍尔上校(战时任野战军总参谋部某部部长,卡普政变的参与者)分别去考察红军海军舰队和陆军情况。Castellan, p. 178.

② *Hitler's Secret Conversations*, *1941 - 1944* (New York 1953), pp. 396f.; May 18, 1942.

武 官

官曾经安排了曼纳林(Mannerheim,芬兰军事领袖,保守派政治家,1944—1946年任总统——译注)的特使对元首总部的第一次访问,旨在商议芬兰参加对苏作战问题。通过这样的秘密渠道,而不是通过柏林外交部,这些军事盟友们得知了(大约在1941年6月15日)进攻苏联的具体日期。还有墨索里尼,早在1942年,他就让德国陆军武官警告希特勒,非洲已经丢了,最好与斯大林讲和,而不是向提出无条件投降的西方盟国低头。①

当时,某些前武官再次被任命为大使,这引起了德国外交部的强烈反对,即便是在国务大臣魏茨泽克(Weizsäcker)领导外交部的时候(从1938年开始)。维茨泽克自己就是一名前海军武官。他的第一个任期是在海牙。1919年夏,他的上司在欢迎他时说:"我还希望不再给我派一个海军武官了呢。"②第三帝国第一位担任公使的武官是弗朗茨·冯·巴本,他以在美国的活动和丢失文件的习惯而闻名。希特勒派他去维也纳准备德奥合并(Anschluss)事宜,"不必正式隶属于外交部",实际上,就从巴本与奥地利达成的书面协议来说,根本就没有这方面的专家。③ 当与奥地利的合并工作完成后(1934—1938),巴本又受命负责与土耳其的

---

① Ernst Heinrich, Freiherr von Weizsäcker, *Memoir*, transl. John Andrews (London 1951), pp. 255, 272.

② Ernst Heinrich, Freiherr von Weizsäcker, *Memoir*, transl. John Andrews (London 1951), p. 46.

③ Ernst Heinrich, Freiherr von Weizsäcker, *Memoir*, transl. John Andrews (London 1951), pp. 108ff.

合并工作,1938年4月他作为大使抵达安卡拉(Ankara),但他的努力没有成功。①

从历史的角度来说,日本加入轴心国集团是基于军队中存在的一种广泛共识(陆军比海军更加坚信这一点),即日本在1914年加入了错误的一方,这种错误不能重演。1919年1月,前任日本驻伦敦海军武官加藤(Kato)海军大将来到柏林。他走访了1914年前曾在伦敦工作的德国同行,当时他与这些人有着良好的关系且曾相互交换情报。加藤此行有两个目的:一是研究德国的替代产业,这对资源贫乏的日本来说在战时或许需要;二是根据日本政府的命令,看望提尔皮茨——"俾斯麦之后德国唯一的政治家",商议与日本的军事结盟问题。提尔皮茨只能指出一个显而易见的事实,即就目前而言,在缺乏实力的情况下,德国不是一个准备充分的盟友。②

到20世纪30年代中期,德国再次获得了那种实力,日本军方(深陷于在中国的冒险之中)再次渴望得到德国的援助。通过日本军方派驻欧洲的武官以及德国驻东京武官,他们寻求建立一个更稳固的德波反苏战线,并使德国人停止对蒋介石的援助。后者较为成功。日本海军提出,归还德国人以前在南海的殖民地(现在是抗击美国的基地),然后再马上将其买回。希特勒和新任外交部

---

① 有关巴本,请参见他的回忆录(*Memoirs*),里面有他对自己1914—1915年在华盛顿活动的辩解。

② Widenmann, pp.44.

部长里宾特洛甫对驻东京陆军武官奥特表现出来的外交才能印象颇佳,他们甚至无视其过去的反纳粹立场而让他出任大使。"现在我们从武官中任命大使也许符合时代精神",国务秘书、曾任海军武官的魏茨泽克不太高兴地在给驻华大使的信中写道,后者不得不把突然停止全部德国援助的决定告知蒋介石,这是纳粹为了发展与日本军方的关系而不得不付出的一部分代价。①

日本在柏林的代言人是大岛浩将军,长期以来他与柏林政府部门和官员关系密切,包括阿勃韦尔领导人卡纳里斯。1921—1923年他就担任过驻柏林陆军副武官,1934年3月被任命为陆军武官,1938年10月升任大使。是他,而不是日本驻柏林的文职外交官,推动了1936年11月的《反共产国际协定》(the Anti-Comintern Pact)的签署,②从而延续了与德国关系紧密的家族传统。他的父亲,时任日本陆军大臣,曾是19世纪德国驻东京首席军事教官梅歇尔(Meckel)上将的学生。大岛浩在1945年后的一个国际军事法庭上表示,武官并不向大使负责,而是直接向东京总部报告,而且如果出现文职和军方外交当局意见一致的情况,那纯属巧合。在纳粹政权成立后的最初数周里,双方的意见还算一致。在日内瓦讨论有关军方挑起的满洲事变(即九一八事变——译注)

---

① *Documents on German Foreign Policy*, Ser. D, I, 750f. , 811, 818, 823, 851, 864.
② Joseph C. Grew, *Turbulent Era. A Diplomatic Record of Forty Years*, 1904–1945 (Boston 1952), p.1034; William L. Langer and S. Everett Gleason, *The Challenge to Isolation 1937–1940* (New York 1952), pp.63ff. , 102f.

的李顿报告期间,陆军武官坂西(Banzai)中佐对德国外交部的一位官员说,他和代办认为德国最好在反对日本的投票中弃权。陆军正在为与德国合作扫清道路,作为回报德国将获得日本的支持,特别是在反对《凡尔赛和约》方面。① 但后来,由于外务省、陆军和海军方面的意见分歧,日本外交政策上的分歧愈演愈烈。②

大岛浩甚至在被任命为大使之前就已经与里宾特洛甫进行了多次谈判,大使任命只是正式确立了他的职位。里宾特洛甫更愿意与他而不是前任大使打交道,因为后者不愿在被征服后的中国给予德国特殊地位,而大岛浩承诺将"联系参谋本部",从而为德国争取在文官那儿得不到的东西。③ 实际上,他成了士兵们的大使。对他的任命(里宾特洛甫曾经极力促成)是应陆军参谋总长和陆军大臣的要求,而且很可能是在海军的反对下作出的。在得到军队上级的同意后,他代表日本进行了加入轴心国集团的谈判,然后他要求东京内阁要么批准,要么就让位给新的、更顺从的内阁。④

日本军方外交官也请求与意大利结成钢铁同盟,这种同盟的用处更多体现在意大利的隐喻中而不是它的战争经济学中。墨索

---

① *Documents on German Foreign Policy*, Ser. C, I, 60f.

② 更多细节,见 Ernst L. Presseisen, *German and Japan. A Study in Totalitarian Diplomacy, 1933–1941* (The Hague 1958)。

③ *Documents on German Foreign Policy*, Ser. C, I, 887.

④ Herbert Feis, *The Road to Pearl Harbor* (Princeton 1950), pp. 27f.

武 官

里尼和齐亚诺都喜欢利用武官处理涉外事务,特别是那些"继承国"(奥地利和匈牙利)的武官。① 1937年时的两名日本驻罗马陆军武官,正如齐亚诺高兴地提到,"都是优秀的法西斯主义者,狂热的亲意大利人士"。他们赞成两国缔结军事条约,满怀希望地谈论着"与英国的战争",而且当齐亚诺当着墨索里尼的面告诉他们,日本应该拿下那支瞄准自己的"手枪"——符拉迪沃斯托克(Vladivostok)时,他们非常兴奋。大大小小的恩惠有助于建立亲密的关系:意大利向中国运送武器(签订了合同,也支付了费用)被阻挠;意大利已经获取的关于日本拟攻占新加坡的计划,也被交给日本陆军武官,为的是打动东京参谋本部并从他们那儿获得"一份能够决定英国问题的军事协定"。1938年10月,日本陆、海军武官给齐亚诺带来"一份《三国同盟条约》(the Pact of Triple Alliance)",与9月在慕尼黑时里宾特洛甫给他的那份相同。为了胁迫英国,这份条约被冷藏了一段时间,甚至在大岛浩亲自(在里宾特洛甫的强烈建议下)从柏林赶来,力促将《反共产国际协定》变为《三国同盟条约》之后,且大岛浩给齐亚诺留下了深刻的印象。

同古老的日本绘画和瓷器上的武士一模一样,身材矮小粗壮,举止极其倨傲,长着一张硬朗有趣的脸庞。当他说话时,我明白了为何里宾特洛甫这么喜欢他。他们都是同一类

---

① Conte Galeazzo Ciano, *Hidden Diary*, *1937 – 1938*, transl. Andreas Mayor (New York 1953), pp. 85, 176f., 196.

人:性情狂热,看事情简单,心里充满了痴心妄想。他抨击苏联,称日本想要把它肢解成很多个小国,让它所有复仇的想法变成天方夜谭。他还说,日本要把英国的利益从中国和整个太平洋地区驱逐出去。①

1939年8月的《希特勒—斯大林条约》(the Hitler-Stalin Pact)给了大岛浩和他的上司一个沉重的、猝不及防的打击。他们恳请里宾特洛甫在他第二次访问莫斯科时,在波兰人(如果可能的话还有苏联人)失败之后,至少应该作出"支持日本的适当的姿态",从而使未来签署《苏日条约》容易一些。但里宾特洛甫不予理睬,而且在《苏德条约》中丢的面子对大岛浩和他参谋本部的上司来说太大了。他在1939年底前被召回,由(退役)海军大将来栖三郎(Kurusu Oshima)接替。但大岛浩于1941年2月重返柏林,在此之前军方已经在东京重新占了上风,而且与德国人一起拼命坚持到底。②

希特勒对大岛浩代表军国主义外交所做的工作十分欣赏:他把这个日本人视为1942年柏林最能干的两名外国外交官之一,而且他还是对其职位最有把握的一个,"因为他在日本军队服役,背

---

① Conte Galeazzo Ciano, *Hidden Diary, 1937-1938*, transl. Andreas Mayor (New York 1953), pp. 29, 39, 59, 123, 185, 205.

② *Documents on German Foreign Policy*, Ser. D, VIII, 146, 524f.; Langer and Gleason, *Challenge to Isolation*, pp. 193f.; Weizsäcker, *Memoirs*, p. 201.

后有日本军队这个有知识、有实力,为了实现国家利益最大化而控制政治形势的集团撑腰"。① 战败后,大岛浩被判处死刑,尽管罪行可能并不准确。事实上,他的罪行在于反对政府包括外交部门中的文官主导体制,这一体制是日本老一辈的政治家,如西园寺公望(Saionji Kimmochi),曾经努力想要维护的,但最终只是徒劳。②

给武官安排的工作领域包括很多方面,足以让大多数武官分身乏术。但有些(事实上数量相当多)武官并不满足。他们被其他的兴趣(特别是对"高级"政治,对外交事务及其执行的热忱)引入歧途,背离了自己的本职工作,从而让他们的文职同事和上司不胜其烦,有时甚至惹得他们的军队上级也心生不满。有些武官涉足"低等的"国内政治中,包括阴谋和反叛。就武官这一群体的总数来说,这样具有政治野心的武官的比例不低,高于在其他特殊群体军官中的比例。

---

① *Hitler's Secret Conversations*, p. 443.
② Langer and Gleason, *Challenge to Isolation*, p. 292.

第二部分
武官工作领域

第 10 章　作为观察员的武官

>……合法的间谍……
>
>——莎士比亚《哈姆雷特》

>关于敌人的情报是战争中一切想法和行动的基础。
>
>——克劳塞维茨《战争论》

所有现代军队都想知晓"关于外国军队的一切",但考虑到可行性和相关性,过于宏大的愿望将不可避免地受到限制。因此,必须"小心谨慎",而这肯定会对"渗透"的愿望形成约束,这二者对所有外交来说都必不可少。[①] 提供的军事情报可能

[①] According to Henry James. Leon Edel, *Henry James*, vol. III, *The Middle Years* (Philadelphia 1962), p. 29.

太多①或太少。只有将精力集中在最重要的东西上面,情报机构才能掌握滚滚而来的"情况"洪流。有时,失误的发生可能是因为缺乏明确的指示。②

大多数武官在观察外国军队时,倾向于使用乍看起来似乎直接的方式获取情报,通过抵近和公开的观察,或者,当这种方式无法满足要求时,利用秘密观察人员和间谍进行观察。但是,1933年以前,大量关于外国陆海空军和战争潜力的情报都能轻易地从军种手册、议会报告和其他文件中得到。"我们在英国的绝大多数目标(并不等同于情报)都是从完全合法的渠道(英国议会两院)获得",一名1939年前的德国陆军武官写道,"议会里的发言在此公开出售,你只需多去几次议会就能知晓每位议员的详细情况,他们的政治背景、思想和立场。另外,通过对他们讨论发言的片段进行整理,你就能清楚地了解很多情况。公开和自由的讨论体现了民主制度的优越性。在外交使团中,我是去下议院次数

---

① 1870年2月,当瓦德西伯爵(Denkwürdigkeiten, I, 50)被任命为驻巴黎陆军武官时,一位普鲁士陆军部高级官员恳求他不要过于正面地报告法国后膛来复枪的情况。"在接到这样的报告后,国王就会找我们的麻烦,但我们什么也改变不了,因为没钱引进新型来复枪。"
② 关于情报机构给手下间谍下达指示的范例,比如给瑞典驻俄国武官文斯特伦(Wennerström)上校的,可见 The Wennerström Spy Case. How It Touched the U. S. and NATO, U. S. Congress, Senate Committee on the Judiciary, 80th Congress, 2nd session (Washington 1964)。

第10章 作为观察员的武官

最多的人"。①

除了武官一直是本国军队中在国外最高级、最公开和最固定的观察员以外,每一名赴外国游历的军官也是(至少可能成为)该国军队的观察员。例如,1913年和1917年的《美国陆军条例》规定:"访问外国的陆军军官,不管是执勤还是休假人员,应利用一切适当机会获取军事情报,特别是有关其军种的情况。他应在归队时,或者可能的话在更早的时候,将其观察的结果报告军务部部长。"②尽管这些临时的军人旅行者的观察往往浮于表面或者支离破碎,③但却或许有助于总参谋部评估部门构建或证实情况拼图。

有了这样的长期命令,即便在1914年前国际交流最自由的时期,赴各国游历的外国军官的行动也受到严格限制。在沙皇俄国,外国军官与其他外国旅行者一样需要办理通行证,在有些地区,只有在取得特别通行证后方可进入。有时,当地人急于将友好国家的来访者阻挡在局势紧张的地区之外,如高加索边境地区,部分是

---

① Geyr, *Erinnerungen*, p. 13.

② *Regulations for the Army of the United States*, 1913, corrected to April 15, 1917. War Department, Document no. 454, 21 (Washington 1917).

③ 1907年夏,在英国休假三个月后,一名德国总参谋部上尉写了一篇关于英国战争意图的预警性报告(相比陆军,德国海军更将英国视为敌人)。外交官们似乎都同意这篇以及其他类似报告的观点,这让海军的要求变得更加迫切。然而,驻伦敦大使和陆军武官却一致认为,"这名军官的推断没有价值,特别是这位先生错把对战争的恐惧当成了对战争的渴望。耸人听闻的叙述中,除了一点点真相,混杂了太多的虚假内容"。*Grosse Politik*, XXVIII, 282.

为了防止那些不太友好的人闯入。1900年,奥地利陆军武官想去某地,受到当地人的抗议。"我当然立场坚定地捍卫自己行动不受限制的权利",他如此写道,然后在没有取得官方许可的情况下就动身了。①

由于19世纪80年代法德之间的紧张关系,德国境内的法国军官的行动受到严格限制,特别是在两国边境的阿尔萨斯—洛林地区(Alsace-Lorraine)。同样地,访问法国的德国军官也受到警方的监视,尽管根据双方具有和平倾向的外交官的说法,这些措施"不应在向往和平共处的两国长期存在下去"。德国大使明斯特尔伯爵屡次要求取消这些措施,因为法国军官从事间谍活动的危险似乎可以忽略不计,但德国其他机构在法国军官没有拿到通行证之前都不愿给予其旅行自由的权利。此前与他们(作为间谍和煽动者)打交道的经验,似乎使得有必要保留这一禁令。另外,这条禁令也是一种报复性措施,由于法国的反间谍法,德国军官几乎无法在法国待下去,即使他们去那儿的目的只是为了学习语言。②不可否认的是,1870—1871年之前,以及普法战争之后的一些时间,伪装潜入德国领土几乎成为法国将军们的一项专长,但他们往往都免不了被察觉。大约在1880年,德·米里贝尔(de Miribel)上将(后来成为总参谋长)在沿莱茵河侦察德国防线时被发现。这对法德关

---

① Giesl, p. 121.

② *Grosse Politik*, XIII, 3468, 3556, 3559, 5562; *Documents diplomatiques français*, 1st ser., VII, 253f., 260f.

系的损害不难想象,因为不久之后米里贝尔就被任命为驻南希(Nancy)的第六军军长,这个军被视为是法国复仇之师中最精锐的部队,而且他在赴任时还公开表达了收复失地的愿望。①

军事情报部门有时会派军官赴其"感兴趣的"地区执行"间谍任务",以掌握该地区的全部或最新情况。此类侦察旅行选择的时间往往是在国际局势紧张之时。1894年,时任英国情报局特工,后来的爱德华·格莱亨男爵、少将,对法属北非海岸线的勘察就是这种情况。② 幸运的是,他的行动未被发现。

实际上,驻在国警方对游历的外国军官和武官的办公室、住所、行动和人际交往的监视远比任何记录中所显示的要频繁得多。③ 邮政部门对这些军官的通信也会给予特别的关注,特别是法国,通过其"小黑屋"(拦截和破译机构)以及战时审查机构进行通信检查。④ 自然,所有的监视在国际危机发生和战争临近时(也是武官最想从事观察之时)会变得更加严格。1914年7月31日当天和前后,法国驻柏林陆军武官意识到,他必须绝对地小心谨

---

① *Documents diplomatiques français*, 1st ser., VII, 273ff.

② Gleichen, ch. XII, "On the Spy".

③ 有关法国安全总局(Sûreté Générale)在20世纪初对驻巴黎外国武官的监控措施,见 Mott, pp. 86f.;有关对外国人(包括1945年后对驻莫斯科武官)的跟踪,见 Hilton, pp. 14ff. and passim。

④ 有关法国邮政机关的活动及其在德雷福斯事件期间对外国武官密码电报的监控情况,见 Fletcher Pratt, *The Story of the Codes and Cyphers* (New York 1939), pp. 195ff。

慎:"我不能再在军事部门和码头附近走来走去了,我的一举一动无法逃脱警方的监视。"① 随着俄国、希特勒德国等国家监控体系的发展,对所有使馆人员的监视和对他们行动的事实上的限制变得司空见惯。到 1941 年之前,美国陆军作战计划局关于"派遣观察军官赴潜在战场"的建议,② 即使可行的话,也几乎不可能在没有这些监控措施的情况下付诸实施。事实上,行动和旅行的自由在第一次世界大战后从未完全恢复。列宁和斯大林时期的苏联比沙俄时期更加严格,而昔日的德国南海岛屿在受限制地区中显得尤为突出。根据托管制度它们曾被交给日本,后者加强了防御,对所有游览者都不开放。

常驻武官(任期通常不少于三年)的报告,显然比临时游历军官的报告要更完整、更连贯,也更易于验证。自从 19 世纪 70 年代以来,多数国家总参谋部的外军部门所需要的情报大多是由武官提供的。1877 年,一名美国军官在游历柏林时被告知,"多数情报是由武官们从外国宫廷内获得的"。③

根据美国对武官职责的一份接近官方的定义,武官"专门负责搜集有关他们被派驻国家军事形势的情报"。④ 国际法方面的专

---

① *Documents diplomatiques français*, IIIrd ser., XI, 244.
② Watson, p. 358.
③ Emory Upton, Brevet-Major General, U. S. Army, *The Armies of Asia and Europe* (New York 1878), p. 220.
④ Major H. W. T. Eglin, in *Congressional Digest*, January 1924.

家,在界定武官时,通常坚持认为,这些军官的任务是"在不打探秘密的前提下,通过个人观察和对军政形势的判断研究外国的军事制度"。① 需要指出的是,德国有关武官职责的(非正式)定义,通过允许(实际上是命令)武官将其报告范围扩大到军事政治和政策领域,远远地超出了美国那份(差不多官方)的定义。从历史记录上看,这是否意味着让武官避免作出政治判断仍有疑问。但我们从这种将政治和政策相提并论的做法可以看出一个十分常见的问题,即武官在给出结论时可能会离自己的研究领域有多么远,特别是离自己所观察的军队发生的突然变化有多么远,这个任务是多么应该由国内部门来完成,以及武官对于政治判断的偏好是多么应该受到其国内外上司的限制。

所有这些问题,在必须查明一个国家是否意图发动或者准备发动一场战争时,变得更加突出。此时,无论是重要情报还是错误情报武官都不可能再有机会上报。例如,1870年7月9日,普鲁士驻巴黎陆军武官瓦德西伯爵发电报说:"在陆军部和海军部内,发动一场大规模战争的准备工作正在进行。预备队尚未被征召,但看起来军队明天就可能出动。铁路已经收到了警报。似乎拟使用非机动部队发动进攻。"瓦德西对电文中的每个字都仔细斟酌。"不可发出不必要的警报,这一点十分重要,但最重要的是,对于这些情况也不可过于掉以轻心。"他仔细地审核了情况及其来源。

---

① Brockhaus, *Konversations-Lexikon*, ed. 1902, art. Militärattaché. 最新版本删去了限制性条款。有关更多国际法专家的定义,见 Beauvais, pp. 65f。

"最重要的是看何时动员,以及了解法国人是否想在近期发动进攻。"14日下午3点,法国开始动员,普鲁士武官在三小时后得到消息,并且可以通过比利时报告柏林,因为此时直接的消息渠道已经中断。这份至关重要的情报一旦发出,除了保证宣战后普鲁士情报机构在法国正常工作,就再也做不了什么了。这是瓦德西在两国关系中断之前最后的活动。① 在很大程度上,他后来的辉煌事业都得益于这一幸运的发现。

武官工作一方面类似于工商业者的经纪人,另一方面则像是在为一本永远不会完成、但内容总在更新的历史书从事研究(但不是综合)工作。与前者类似的活动,包括可以接触到某些现成情报,如印在手册、军事文献、军种条令②上面的,以及对行业秘密的严格隐瞒。友好国家作为非竞争者,③自然比敌对国家更愿意开放军事情报的来源(通常是基于互惠和互换的基础上),但即便是

---

① Waldersee, *Denkwürdigkeiten*, I, 76f., 82.
② 1914年前法国海军武官申请某些奥地利条例(只有通过维也纳总参谋部或陆军部)的要求被拒,理由是这些条例已经售罄而新的版本尚未完成。Faramond, p. 27.
③ 1899年6月17日,美国驻罗马海军武官萨金特(Sargent)上尉私下对约翰·G.沃克(John G. Walker)海军准将说:"当我在这里和维也纳刚开始工作时,我跟对方海军部门交谈时非常坦率。当然,他们对美国不像对他们的欧洲陆上邻国那样充满戒心。我向他们保证,他们无须犹豫要不要给我情报,因为这对我国政府和我本人来说无比神圣。我无意与其他国家武官交换情报,甚至都不会让他们知道。"这种关于中立的保证很快让这名上尉从意大利军需部长那儿拿到了一些关于大炮总数的情报。*National Archives*.

第 10 章 作为观察员的武官

在和平时期早已相互敌对的军队,根据同盟条约,也会继续交换某些情况,直至最后一刻。1907 年,英国陆军新的《野战条例》(Field Service Regulations)和《训练手册》(Training Manuals)编制完成,其中包括尚处于试验之中的机枪射击战术。德国总参谋部非常急切地想要获知最新的情报,"以至于英国方面在这些条例尚未定稿时就告知了德国驻伦敦陆军武官,以换取其他情报"。①

为了能提供深入细致的情报,观察的范围不能规定得过大和过多。另外,为了节约起见,而且由于某些国家似乎重要性略低,差不多所有大国都常常(尽管在 1945 年之后有所减少)将其部分武官派驻到一个以上的国家。20 世纪 20 年代中期,美国陆军部在海外有 22 名陆军武官和 9 名陆军副武官,但他们"加起来一共覆盖了 47 个国家"。② 这样的安排存在明显的弊端,使观察活动时断时续,无法做到经常化,而且使武官与外国当局之间的关系跟旅行推销员和顾客之间的交往差不多。在非竞争性状态中以及在与非直接对手国家的关系中,这种权宜的巡回武官(itinerant attaché)制度似乎还可以接受。直至 19 世纪末,英国还认为,只需两名海军武官"派驻欧洲",他们只需要定期走访一下各国海军的办公大楼和院子就足够了;另外,各有一名海军武官被分别派往华盛顿和东京。这分明是英国海军霸权地位的体现,因为当时有相当数量

---

① Lieut. Col. G. S. Hutchinson, *Machine Guns* (London 1938), p. 97.
② Tracy Hollingsworth Lay, *The Foreign Service of the United States* (New York 1925), p. 154.

229

的外国海军武官驻在伦敦,包括1886年之后的一名德国海军武官。另一方面,新兴海军强国觉得它们有必要在每个大国的首都派遣常驻武官。对美国来说,这种需求早已出现(美国驻同盟国首都的海军武官也这样认为),因为在美西战争期间及战后,美国已经完全卷入海军竞赛中。

英国是唯一拥有巡回海军武官的欧洲国家,但他们的军衔都是上校,因为英国想让他们受到重视,事实上也的确如此。然而,英国海军军官却十分看不起其他国家的海军(有朝一日他们将为此而后悔)。在检阅舰船时,这些海军上校趾高气昂地走过,对细节视而不见(巴伯在柏林期间,新任命的英国海军武官曾向他打听其前任漏掉的情报)。我提及这些是因为我觉得我们太容易效仿英国海军了,特别是在那些关于盎格鲁—撒克逊联盟的"蠢话"甚嚣尘上的日子里。有朝一日,当我们要求英国交出百慕大作为两国关系的证明时,我们就能看清这种新建立的关系的真面目了。

我们在世界政坛上地位的变化,使得我们更有必要向仅有的一个强国派遣海军武官……我说我们地位变化的意思,是指我们不再是之前那个位于大西洋彼岸的、与世无争的商业国家了,而是已经成为欧洲各国政府眼中一个名副其实的危险国家。当加图(Cato)想要鼓动罗马在迦太基(Carthage)强盛之前将其消灭时,元老院议员们坚持认为迦太基太远了,在海的另一边,不会对罗马构成任何威胁。加图(可以说他有锦囊妙计)从他袍子里拿出了一篮子新鲜的无花果,这是40小时之前从迦太基城墙下刚刚采摘下来,然后由一艘罗马政府派出的战舰运来的。看!他说,它们真的那么遥远吗?!

欧洲尚未达到加图演讲鼓动下的罗马元老院的程度,但是它们的想法是一样的,而且我怀疑,美国海军武官能否像迄今为止一样被允许自由出入欧洲所有的海军大院。另外,结盟的可能已让我们的武官失去了他们曾经拥有的独立性,使他们像其他国家的武官们一样成为被怀疑从事间谍活动的对象。我确信在欧洲国家看来,身边有这么一个人,今天去意大利海军部,明天去德国或其他国家的海军部,而且还可能与其他海军武官交换看法,这根本行不通。在德国时,我觉得从不与我的同行有任何瓜葛(除了在正式场合以及相互拜访之外)是明智的。我刚到任时,法国武官不知为何试图接近我。一天,在一个招待会上他告诉我"他有一些我感兴趣的东西",但我从未主动提出这样的要求。我可不愿做德雷福斯(Dreyfus)、艾什泰哈齐(Esterhazy)、帕尼扎尔迪(Pannizardi)那样的间谍勾当……

德国正迅速成为一个海军强国,作为一个海军武官,得时刻关注它的一举一动。在权威专家看来,德国的造船者们将在船只(不管大船还是小船)的速度上领先世界。此外,相比其他国家德国与我们发生海上冲突的可能性更大,因为根据现在的政策,德国决心要在亚洲、西印度和南美地区拥有殖民地,而显然我们的任务是阻止它实现这一目标……

武 官

> 我感觉日本海军武官的数量比其他任何国家都多,我们也应该这么做。我们的朋友并不比日本的多。①

对等(Reciprocity)是自由与平等外交往来的首要条件,②但是在与潜在敌国(如果不是与所有外国观察者)的关系中,这一点总是容易被忽视。所以,当法国在 1890 年采用无烟火药时,陆军部曾考虑不允许所有外国武官参观当年的演习,因为这种火药将在演习中首次接受野外试验。多年来一直担任德国驻巴黎大使的明斯特尔伯爵非常注意维护良好的法德外交关系,他向法国驻柏林大使埃贝尔(Herbette)指出此举很可能引起德皇的报复。后者可能将所有法国军官都排除在德国演习之外(此前这些演习一直都是向外国人开放的),这将令两国关系更加紧张。法国陆军部部长一时之间举棋不定,担心如果外国人观看此新式秘密武器的新闻曝光后会引起公愤。手下的外交官不得不提醒他,即将举行的演习规模太大,要想避开所有外国人的观察是不可能的。他们只需使用非官方观察人员即可。于是,经过深思熟虑之后,允许武官参观演习似乎是最可行的解决方法。③

---

① Cmdre. Barber to Navy Department, Rome, January 23, 1899. *National Archives*.
② 提尔皮茨手下的一位驻伦敦武官曾这样描述对等:"当我接到海军部通知,英国武官对德国造船厂进行了怎样的考察之后,我就会向英国海军部提出申请,要求参观同等数量和同等重要的英国船厂。"Widenmann, pp. 73ff.
③ *Documents diplomatiques français*, 1ˢᵗ ser., VIII, no. 78.

第10章 作为观察员的武官

让他们了解一些我们的情况（他们总会知道）以便我们也能了解更多他们的情况，这是军事情报交换背后的想法。根据安排，法国总参谋长布瓦代弗尔（Boisdeffe）上将访问圣彼得堡，表面上是为了观摩俄军1892年的夏季演习，实际上他此访的真正目的是缔结军事协定，以落实两国之前签订的政治协议，因此不宜将这次访问搞成一次排他性的法俄聚餐会。一两名德国军官也被邀请观摩，"以便下次可以派一些负有研究职责的军官去德国观摩演习"。法国大使向他在巴黎的上司保证，"这些德国人的存在，不会对我们上将经过周密准备的行动带来不便"。①

负有研究外军职责的武官们观察和研究的内容包括哪些？这些观察和研究是通过什么渠道以及采用什么方法取得的？一般说来，武官的观察和研究范围须包括以下方面的内容，从而得出一份有关观察对象国"物质和道德资源的清单"：②

陆军、海军、空军、国防部、司令部及其人员的基本编制。各军兵种的编制、部队数量、驻防和行动、新部队的构成、原有部队的变化。士兵的招募、士官和军官、军校和从事军事教育的民间机构。干部的培训、预备役人员的训练、预备役部队的构成。训练设施，如兵营、步枪和其他武器的射击场、测试场。

---

① *Documents diplomatiques français*, 1st ser., IX, nos. 318, 333.
② Lieut. Col. Rollin, *Le service des renseignements en temps de paix et en temps de guerre* (Paris 1908), pp. 16f., brought up to date.

派往外国的军事使团。作战装备,包括枪械和随身武器、舰船、坦克及其他车辆、摩托化装备、化学战装备,军工业。部队驻地,包括营房、医院、伙食、服装、内部管理。年度及特殊防务预算。部队士气,军官和参谋的能力。军队和工业动员能力(准备、动员所需的时间),运输能力,包括兵力和装备的装卸、坡道和港口、最初的集结。国防设施、要塞、码头、兵工厂、跑道、防空设施。具有军事价值和意义的发现和发明。驻在国军事地理,包括地图的采购。军事文献。[①] 准军事组织,包括民防设施。一国在某一特定时刻参战的意愿。[②]

武官的研究和报告首先要对本国的国防具有价值和相关性,这决定了它们的价值和被接受的程度。很多军事上的进步都是通过这样的报告从一个国家传到另一个国家的,这些建议也许被国内部门接受,也可能不被后者接受。尽管一些明显先进的做法,如柏林的总参谋部制度,最终被大多数其他国家所采纳(英国是在1906年陆军大臣霍尔丹[Haldane]现场研究了其组织机构之后才开始实行这一制度的),但对于效仿德国其他方面的制度仍然存在

---

① 在武官报回的军事著作中,值得一提的有诸如马汉关于海权的书(它们被带回柏林后很快就被翻译出来),以及伯恩哈迪的《德国与下一场战争》。后者见 Col. Samuel G. Shartle, *Spa*, *Versailles*, *Munich* (Philadelphia 1941), p. 123。

② 1887年,德国陆军武官得到了法军兵团司令官们关于法国参战时机是否已来临的报告文本。*Berliner Monatshefte*, XV (1937), 965.

第 10 章 作为观察员的武官

质疑的声音。西奥多·罗斯福执政期间的美国驻柏林海军武官,坦普林·M.波茨(Templin M. Potts)海军上校,对德国海军建立的"海军参谋部"(事实上它在第一次世界大战中的表现并不算成功)印象深刻,因此主张要将其引入到美国海军中来。这意味着,在宪法上的美国军事力量总指挥——总统和作战指挥官之间将取消所有中间机构,如海军部部长。因此,威尔逊执政时期的海军部部长约瑟夫斯·丹尼尔斯(Josephus Daniels),强烈反对引入德国式"直接"职位的所有计划。海军上将菲斯克(Fiske)在波茨的怂恿下提出了这一计划,但在波茨被调走后,菲斯克一下子失去了支持者,这一计划也就不了了之了。①

获取国防各领域情报的难易程度不一,其中密级最高的当属作战动员和最初集结方案、新研发和新列装的武器以及防御工事的情况。很多情报可以从军事和地理文献②以及从每日新闻中获

---

① Jonathan Daniels, *The End of Innocence* (Philadelphia and New York 1954), pp. 95f.
② 这里有两个帝国主义国家海军对同一目标感兴趣并开展情报搜集的一个例子。1898 年 8 月 31 日,美国海军部发电报给驻柏林武官,命其整理一份关于菲律宾的参考资料,以弥补其对这一群岛的忽视。在柏林皇家图书馆查询资料时,这名武官发现关于这个群岛的一些文献和地图早已被德国海军部借走了。这个例子似乎说明了现代帝国主义的本质,就像马克思、列宁、斯大林的巨著一样:帝国主义的冲动,无论对象,是在其欲望的对象是谁以及它的价值——如果有的话——甚至没有清楚之前,就已活跃起来了。巴伯给海军部的电报,1898 年 9 月 3 日。National Archives.

得,后者往往不像军事当局所期望的那样谨慎,无论是在战时还是平时。总体而言,反对派报纸可以比官方媒体提供更多有用情报。法国和其他国家的武官从德国共产党的报纸中搜集了很多关于德国在1919—1933年间重整军备的详情,尽管没有获得有关德国防卫军与苏联红军关系的情报,1933年之后,审查制度和反间谍法的施行几乎使所有上述情报来源被切断。① 研究公开发表的政府和议会文件,包括武器预算,可以获得更多的情报。另外还有议会和其他场合的发言,外国武官们就是从社会民主党的国会发言中首次获得了有关德军与红军关系的详情。

许多情报来源在极权主义政府的限制之下已经枯竭,其中有些,如冷战期间的苏联,甚至采取了禁止(至少是暂时)报纸出口的措施。但参观部队或者军事设施,如海军造船厂、国营或私营军工厂,能够为武官提供新的观察机会。在武器实行"自由贸易"的时期,克虏伯(Krupp)常常邀请数百名外国政府代表,其中包括外国武官,到其公司位于梅彭(Meppen)附近的试验场参观新式大炮的试射。在这种场合下,客人们会受到盛情款待,享受豪宅、美食和美酒,于是他们就会,像1878年那样,为了"由几乎所有欧洲陆军军官(在格尔别墅[the Villa Hügel],克虏伯在埃森[Essen]的住所)所代表的文明"而干杯。只有法国不参加此类活动,1871年以后它只从国内采购大炮。②

---

① Castellan, pp. 295, 299, etc.
② Bernhardt Menne, *Krupp. Deutschlands Kanonenkönige* (Zurich 1937), pp. 139f.

第 10 章 作为观察员的武官

鉴于成立专门的情报交换机构并不容易,各国陆军部和总参谋部会基于严格的对等原则,在外国武官提出要求时向其提供某些情报。英国驻德国武官格莱亨伯爵(1903—1906),在其赴柏林之前,收到了德国驻伦敦武官的如下忠告:"不管你想要什么军事情报,尽管向总参谋部提出。如果能够提供,他们一定会给你;如果不能提供,他们也会如实相告。但如果是后一种情况,你千万不要使用间谍、贿赂或者其他非法方式,因为总参谋部一定会知晓,而且即使他们不要求将你召回,也一定会让你再也得不到任何其他情报。"① 在各国首都,外国武官与军方部门的关系也受到越来越多的限制,有的部门只在规定的时间接见外国武官。在1914年前的柏林,武官约见总参谋部人员的行为"往往被劝阻,如果他坚持要见,必须通过写信的方式预约,而且即便如此,结果也往往并不令人满意"。② 提尔皮茨严令禁止德国海军军官与外国海军武官直接来往,"只有那些不必担心其行事鲁莽的高级军官们才可以接见外国军官,并与其同桌共餐"。在这种场合里,外国军官们自然会碰到其他德国海军军官,但想必都是一些精心挑选出来的举止稳妥、言语谨慎的人。③

在外国境内的旅行(特别是其行动没有像20世纪四五十年代在共产党执政国家的外交官那样受到约束时)为机警的观察人员

---

① Gleichen, pp. 252f.

② Gleichen, p. 260.

③ Faramond, pp. 13f.

提供了机会,即使因为安全原因他们被禁止进入那些"有意思的"要塞和边境地区。在俄国驻君士坦丁堡陆军武官的描述下,他在1914年5—6月的旅行,或许可以被看作是一个典型,无论是从目标还是从结果来说。他乘船经过爱琴海(Aegean)岛屿,通过观察确认了他之前的看法,即这些岛屿,特别是那些靠近达达尼尔海峡的岛屿,一定是留给土耳其的,也就是为土耳其的"最终继承人"俄罗斯准备的。因此,必须确保不让它们落入希腊人手中,后者当时正向土耳其发出战争威胁。"英国十分清楚,无论谁拥有了利姆诺斯岛(Lemnos),谁就控制了达达尼尔海峡……这些岛屿落入希腊之手不符合我们的利益,除非我们放弃在达达尼尔海峡附近获得落脚点的目标。"他扮作一个对以弗所(Ephesus)古迹感兴趣的旅客,参观了士麦那(Smyrna)周围具有军事价值的海岸地区,并在斯卡拉诺瓦(Scalanova)北面一处可能在将来被希腊用作登陆战场的地点上岸。在罗多斯托(Rodosto),他向俄国副领事(一名希腊人)传授了搜集军事情报的方法。① 显然,这位武官认为他在此次旅行中很好地遵守了职业道德,无论如何,他利用度假为借口搜集情报的行动没有被驻在国当局发觉。然而,其他武官就没有那么幸运了。1947年7月,当冷战已经开始时,苏联驻斯德哥尔摩陆军副武官被发现与另一个红军军官一起,在托恩河(the Torne River)沿岸的芬兰—瑞典边境地区进行绘图、制图和拍照,该地区作为瑞

---

① *Die internationalen Beziehungen im Zeitalter des Imperialismus* (USSR), 1st ser., III, 184f.

典抵御来自东方(实际上是指"更远的东方",因为芬兰并非其假想敌)的进攻的防区不对外国人开放。这两名苏联人骑自行车出行,自称正在度假。①

以对过去的战争进行历史和地志研究为掩护,对未来可能的战场进行侦察,在很长时间里都是武官及其国内上级十分关注的一项工作内容。② 尽管人类在地理学和制图学领域进步很大,在很多国家由总参谋部制图部门绘制的军用地图越来越容易拿到,但对有可能发生战斗、登陆以及其他军事行动的地点亲自进行实地勘察仍十分重要。19 世纪末 20 世纪初,德国海军部曾讨论过"一旦与美国发生战争,美国的大西洋和墨西哥湾海岸哪些地方可以作为最佳支点"的问题,于是其驻华盛顿海军武官利用 1900 年和 1901 年的休假时间亲自侦察了新英格兰海岸地区。最后他发现科德角(Cape Cod)是最佳选择。③

武官并非各国在境外唯一搜集军事情报的人员,另外还有一些其他官方人员(如外交和领事官员,或者因临时任务被派往国外

---

① 《纽约时报》,1947 年 7 月 27 日。

② 1890 年 12 月,法国驻罗马使馆报告巴黎,罗马军团参谋长(其体貌特征已上报)刚被秘密派往突尼斯,报告比赛大港(法国正在将其变为一个战争港口)的防御情况。*Documents diplomatiques français*, IInd ser., VIII, no. 22.

③ *Political Science Quarterly*, LV (1940), 58.

的军官),①以及非官方人员。对政府机构不熟悉的人可能会将他们全部看作是一国情报机构的成员,受国内当局的集中领导。这在珍珠港事件听证会的一段对话中体现得很明显:

> 墨菲:我还注意到,将军,在整个记录中,你首次提到,领事官员,情报部门,他们直接向你负责。那就意味着我们驻东京的陆军武官,他也直接向你负责,是吗?
>
> 米尔斯将军:从军队指挥层级上来说,的确如此。当然,他也是大使的下属。②

比这位提问者(他也许并未从得到的回答中学到很多)更了解该体系的人可能会问,对军方或外交部门来说,武官是不是最好的情报搜集者? 或许,非官方的间谍活动是更好的渠道。至少,俾斯麦在一次大发雷霆的时候曾经这么说过。1879 年,当驻圣彼得堡大使冯·施魏尼茨拜访他时,他对客人说,强国之间的外交"就像与陌生人在树林中散步,只要其中一人把手插入口袋,我就会立

---

① 1893 年,英国和俄国关系出现危机时,英国陆军部派出一些军官到俄国境内几处地方去查看对方是否实施了动员。驻圣彼得堡大使事前对此一无所知,也不知道这些军官给英国驻俄国各城市的领事们所下达的命令。1899 年,同样的方法被再次使用,当时英国与布尔人的战争似乎已不可避免。但还没到怀特岛,身着便装的英国军官就在驶往南非的邮轮上被认了出来。Walters, *Secret and Confidential*, p. 83, p. 169.

② *Pearl Harbor Hearings*, p. 907.

即掏出左轮手枪。如果我听到一声枪响,我会毫不犹豫地开火"。接着,他说自己完全掌握边境上俄军的位置。大使说,他的陆军武官早就已经报告这些情况了。"啊呸,武官,我们早就通过犹太人了解得清清楚楚了。"①

俾斯麦也从不过分依赖武官报告,尽管其他国内部门或许有这个问题。就外交部而言,武官报告需要不断地与外交报告以及总参谋部情报机构获取的其他有关情报进行验证,而后者很可能要胜过武官报告。1912年秋,在讨论巴尔干问题这个欧洲政治的风暴中心时,德国驻巴黎陆军武官根据自己的观察认为,法国对于可能到来的战争已经有所准备。在对通过其他渠道所获取的大量情报逐一仔细研究后,德国总参谋部得出结论,"可以肯定地说,法国没有进行真正的战争准备。总体而言,目前尚无任何迹象表明法国有战争意图。出现警报消息是由于政治局势所引发的不安……相反地,(法国)很多声音使人相信,人们更加担心德国的入侵,因而要求加强边境防御力量"。② 1913年,法国总理巴尔都(Barthou)提出恢复三年兵役制,但他拒绝承认这一警觉状态是导致扩充军队的内部原因。他把推出这一政策的原因归于外部因

---

① Schweinitz, II, 80. 俾斯麦向法国驻柏林大使解释他1879年与俄国结盟的主要或者直接原因是,俄国在西部集结兵力具有的威胁性,并声称尽管俄国试图隐藏自己军队的行动,柏林却知道得一清二楚。"如果波兰的犹太人不当间谍,如果俄国官员们不向自己的邻国出卖情报,那么上帝把他们创造出来又有何用?" Documents diplomatiques français, 1st ser., II, 585.

② 毛奇1912年11月26日致威廉二世的信。Grosse Politik, XXXIII, 12446.

武 官

素,"在读了大使和武官的报告之后,他觉得责无旁贷"。①

对很多武官来说,仅凭关于潜在敌国的陆海空军实力、装备、国防预算和军舰动向等的公开出版物不足以判定该国的意图。他们认为应该深入到可能(有时甚至是不可能)成为敌对国家的内部打探秘密。因此,如果需要或者有机会,武官必须从事间谍活动或者招募间谍。但问题是,这个秘密是否有价值呢?它之所以有价值,是否仅仅是因为它作为国防措施被保密的缘故呢?为得到它而付出的人力财力,包括一旦被发现而带来的两国关系恶化,是否真的与这些知识的实际价值相匹配呢?关于间谍活动的大量文献资料极少提出或者回答这些问题?间谍常常向其雇主出售一些毫无价值的东西,它们的质量根本经不起市场的检验。很多东西之所以被求购仅仅是因为它们是秘密,而买家"脑子里充斥着这样的想法,即被保密的东西一定对其所属的国家来说非常重要"。那些狡猾的间谍,在琢磨买家的心理之后,常常会捏造出一些买家想要的东西并卖给后者,如有可能他们还会装得神神秘秘以自抬身价。在这个鲜为人知的领域里,最令人匪夷所思的是被称为"复仇者"的故事。此人眼蒙着纱布,扮作一个要向轻侮自己的上级复仇的德国军官,把一条关于德军穿越比利时行军的公开信息以六万法郎的价格卖给了法国人。②

这种常见的对于间谍活动的深信不疑基于这样一种信念,即

---

① J. Montheilet, *Les Institutions militaires de France* (Paris 1926), p. 294.

② Maurice Paléologue, in *Revue des deux mondes*, October 1, 1932.

第10章 作为观察员的武官

一国军队的很多有价值情报能够通过间谍活动搜集到,而且这已经被过去的经验所证实。然而,这种信念与某些尽管极少却是真正从武官处和情报机构工作经历中得出的判断并不一致。英国的沃尔特斯(Walters)准将从他长期在上述两个岗位工作的经历中得出结论,"而且他的经历很好地证明了这一点,即秘密工作的成果往往可以忽略不计。总的说来,通过此种方式获取的情报可能会像回旋镖那样伤及接收者,使后者丧失判断能力,或者发出错误的消息"。曾任法国驻柏林陆军武官的雅南(Janin)上将同意这一看法,他在1916年告诉沃尔特斯,回想起来"在德国,根本得不到任何真正有价值的非法军事情报,他们的管理实在太高效了"。①

武官提供的情报在等级、作用和可靠性方面能够达到其该有的水平吗?历史学家很难对此作出评价,就算只是提出质疑,武官们也会在其书信和回忆录中极力反驳。一些知晓情况的军人已经对武官提供的情报(无论是在质还是量方面)提出了疑问。根据20世纪40年代一位美国专家的研究,和平时期美国海军的情报中仅有4%来自武官,而从公开渠道和秘密特工报告中所获得的情

---

① Walters, *Secret and Confidential*, p. 36. 美国驻柏林海军武官,在其1898年6月16日给海军部的电报中,申请华盛顿拨款1,500马克"以获取德国在苏禄群岛的意图的情报",得到了海军部的批准(*National Achives*)。遗憾的是,在档案中并未找到关于这一任务的结果。既然这些钱是用于搜集一个政策问题而不是技术问题,人们不禁怀疑,他们该如何打探关于德国意图的秘密,因为意图往往是模糊且不断变化的。

报分别是95%和不超过1%。① 但这样的结论只是后知后觉,无法杜绝武官偶尔或经常出现的失职行为。这也改变不了一种广为流传的观点,即武官是间谍,从政府处领薪水并接受指导,受外交豁免的保护,在头号间谍大使的领导下,从事陆军、海军和空军以及(最近也扩展到)经济和技术领域的情报工作。②

在很多国家的司令部,对武官工作的不信任都相当一致,极少出现例外的情况。维德曼海军上校,1914年前任德国驻伦敦海军武官(这自然是个最重要的驻外职位),一战期间转为海军情报部门效力。二战初期的美国驻伦敦陆军武官雷蒙德·E.李(Raymond E. Lee)准将,在美国参战后成为陆军情报局局长,为此动用了很多他早年在英国建立的关系。③ 美国海军上校埃利斯·M.扎卡赖亚斯(Ellis M. Zacharias)的工作更加出色。20世纪20年代在东京的两个海军武官任期结束后,他两次担任位于圣地亚哥的海军情报局远东处处长(1928—1931,1934—1936)。期间,他提出

---

① Capt. Ellis M. Zacharias, USN, *Secret Missions, The Story of an Intelligence Officer* (New York 1946), pp. 117f.

② 一名曾在君士坦丁堡任职15年的武官称:"不懂内情的民众都认为,武官肯定是从事间谍活动的。这种行为(如果是出于理想的动机而做,不计酬劳,不顾危险)不会影响个人的声誉,但其实武官这个职业与间谍没什么关系。武官极少使用掩护、虚假护照等手段搜集涉密情报。我个人从未被要求这么做过。如果有外国人员向我主动提出此类要求(的确有过这种事情),我要么让他们去维也纳找适当的地方,要么我仅仅为他们充当中间人。"见 Giesl, p.20。

③ *The Memoirs of General Lord Ismay* (New York 1960), p. 213; Watson, p. 371.

日本可能对珍珠港或加利福尼亚发动攻击。1942—1943年,在结束海上工作后,他回到海军情报局任副局长,随后又被调到战时新闻处,负责劝说日本人(他再熟悉不过)无条件投降的工作。艾伦·G.柯克海军上将,1939—1941年任美国驻伦敦海军武官,后来曾短暂担任海军情报局局长(1941年3—10月)。他从珍珠港事件后的追责中得以脱身,是因为他在伦敦时的上级约瑟夫·肯尼迪(Joseph P. Kennedy)大使在一份证词中说,柯克很早就曾呼吁美国一定要注意来自海上的攻击。在战时司令部的工作结束后(包括其间与英国方面在欧洲海上的紧密合作),柯克转向外交领域,担任驻比利时和驻苏联大使。①

---

① 《纽约时报》,1963年10月15日讣告。

第 11 章　刺探情报的武官与外交

> *在每一个国家和每一种语言里,武官都是间谍的同义词。*
> ——莫纳《间谍在美国》

19 世纪和 20 世纪的外交官们在涉及本国武官的间谍活动曝光后总是感到无比惊愕,而事实往往是,这些本应"通过亲自观察而不是探寻秘密的方式调查外国军事制度"①的军官,不仅早已将这一告诫抛之脑后,也忘记了很多大使的严厉劝诫——"永远不要沉溺于那种既不审慎也不道德的好奇心,不论在什么时候,或多或少,它都是令武官悔恨不已的过失"。② 这些秘密或大或小,或许是关于外军的技术装备、战争动员的准备和执行情况,又或者是堪

---

① Brockhaus, *Konversatioins-Lexikon*, ed. 1902, art. Militärattaché.
② Ambassador Marquis de Noailles to Delcassé, St. Petersburg, March 1901. *Documents diplomatiques français*, IInd ser., 147.

称核心机密的作战计划。① 一旦间谍行为曝光,一定且很快会导致两国关系的恶化,但即使会出现如此后果,很多武官依然我行我素。1915 年,冯·巴本被美国政府宣布为"不受欢迎的人"而离境,但他对自己的所作所为感到问心无愧。难道他不是竭尽全力服务国家的吗(他从来没有想过自己的能力可能微不足道)?如果事情出现偏差,他说,"我是一名军人,不是外交官,因此我毫不关心我的行为可能会对我个人带来什么后果"。② 巴本相信,对一名军人来说,没有什么错误是不能通过作战弥补的。

另一产生矛盾的原因(源自武官们对于外交的轻视),是经常发生在武官和他临时文职上级之间的冲突。尽管士兵会对随着年龄增长而升高的军衔表示尊敬,但这对于军队之外的人来说就没那么容易做到了。然而近来,随着担任武官的军官军衔的提高和年龄的增长,这一冲突似乎有所减少。到 1939 年,很多法国武官,即便是驻布加勒斯特武官,都是将军,他们与大使在年龄上的差距已显著缩小。

此外还有一个产生分歧的原因,即武官本人和文职外交官对于武官搜集的技术情报的价值看法不一。德意志帝国第三任首相

---

① 德雷福斯事件(不仅对法国内政造成广泛影响,还使法德关系急剧下滑)令人们激动的原因,主要不是对秘密内容的好奇,而是关心泄密的事实本身。威廉二世相信,或者想让其他人相信,被泄露的是法国参谋部关于与德国发生战争时穿越比利时进军的计划,"所以法国人才会如此痛恨叛徒"。*Europäische Gespräche*, X (1932), 80.

② Papen, p. 52.

武　官

霍恩洛厄亲王,在任驻巴黎大使期间(1874—1885)有过与武官共事的经历,十年之后他在一次与法国大使推心置腹的谈话中说出了文官和军方的根本分歧:"我从来不是武官制度的支持者,武官难以掌控,因为他们掌握情报,而且经常会有人主动向他们提供情况。在巴黎时,我只有12,000法郎的秘密资金,我随时都会收到一些东西,有的荒唐可笑,有的却相当诱人。"老霍恩洛厄暗示自己当时拒绝了,法国大使立即表示他也会这么做,他在柏林也碰到过此类情况。① 文职外交官或许会嘲笑武官这种搜集情报的方式,并对此类情报的重要性不以为然,但后者坚持认为它们甚至有外交上的价值。当德国驻伦敦海军武官维德曼,用他的话说,"收到"一艘日本驱逐舰(该舰1911年正由维克斯公司建造)失窃的图纸时,他将其交给了日本武官,表明德日之间不需要间谍活动。这一高尚的举动,维德曼认为,为后来的德日亲密关系奠定了初步基础。② 确实,在士兵和水兵的世界里,此类帮助可能意味着很多或者太多东西。

老毛奇的继承者瓦德西伯爵,曾向驻圣彼得堡陆军武官约克·冯·瓦滕堡伯爵(此人后来也卷入了一桩间谍案)这样定义外交事务:"根据我本人的经验,外交官的主要任务是发现别人不

---

① *Documens diplomatiques français*, 1ˢᵗ ser., XI, 165, report of January 13, 1895.
② Widenmann, pp. 43ff.

想让我们发现的东西。"①从军事角度很多外交官也许认同这一定义,尽管它并不完整,但仍会出现不同声音,这样的行动应该走多远,应该采用什么方式,避免什么方式?为了国家利益(也许这太容易被拿来当作借口了)可以不择手段吗?外交官的职业道德(那些显然是从封建时代遗留下来的习惯)可以限制敌国军队中腐败分子的行为吗?或者,彼此关系是你死我活的国家之间的竞争是否可以不设任何限制?有没有一个关于不公平竞争的公认的外交规范,以便让武官在刚刚加入外交使团、开始其任期时就应该遵守?社会中有没有一些低劣手段是武官应该避免使用的,即使是为了国防和安全?②

武官中那些荣誉感较强的人(他们恰好也是思想更为封建的古老家族成员)有时会竭力避免同他们所痛恨的间谍打交道,因此他们会面临自己和上级的荣誉感与国家利益之间的冲突。当然,这种情况随着军备竞赛的加剧似乎已变得十分罕见了,但历史上仍不乏这样的例子。冯·勒上将(一个普鲁士人,天主教贵族和骑兵)在其职业生涯的很长时间里是一名宫廷将军,他的亲戚朋友中

---

① Adolf Hasenclever,"Militärattaché und Auswärtiges Amt um die Wende vom alten zum neuen Kurs", *Vergangenheit und Gegenwart*, XXII (1932) 589f.

② 20世纪20年代时的英国驻海牙陆军武官称,"到他办公室的访客络绎不绝,他们完全可以成为一部'恐怖片'的完美背景。访客的背景形形色色——国际犯罪集团内的失意者、间谍(多数人没有工作)、疯疯傻傻的发明家(两三个人婉转地提出可以从事暗杀行动)以及德国军火公司的代理人"。Arthur Cecil Temperley, *The Whispering Gallery of Europe* (London 1938) pp. 16f.

有些属于普法战争时期的法国贵族阶层。在给军需部部长瓦德西的信中,冯·勒指出了这一问题以及他的解决之道:

> 在我任(驻巴黎)陆军武官的四年中,我始终宣称并坚持一个原则,即普鲁士军官必须忠于职守,即使是在国际交往中也要如此。这就意味着,在他完成任务的过程中不能使用任何与他作为一名军官的品格不相符的手段。在我看来,这些不允许的手段应包括通过贿赂获取国家机密。无论贿赂的是法国人还是德国人都无关紧要,都是不体面的行为,任何军官都不值得这样做……保持一名普鲁士人的纯洁声誉(无论是在国外还是国内)比起发现一些所谓的秘密更为重要。①

为了不损害他和同僚们高贵的,尽管可能是不合时宜的荣誉感,冯·勒向国内提出,政府如果需要特工去做那些不光彩的事情,应该"把它们交给秘密警察特工,穿军服的人是不适合搞这些营生的"。冯·勒并非唯一持这种观点的人,德国驻维也纳陆军武官(1885—1893)冯·戴尼斯早先就曾拒绝就任驻巴黎武官,因为这一职位与间谍打交道的机会更多,名声不好。②

在武官问题上,俾斯麦最关心的是在所有政治问题上建立并维持德国外交部和使团团长对武官的控制。这些军官被再三警告

---

① April 3, 1887. Waldersee, *Briefwechsel*, I, 70.
② Witzleben, p. 162.

要小心谨慎，避免任何有可能让自己陷入危险的联系。在实践中，有些武官对此置之不理。如果他们违反禁令，柏林外交部可能对此完全不负责任。但是，如果一切顺利，德国外交部也不会干涉，就像1888年2月驻圣彼得堡陆军武官约克伯爵所报告的那样：一天，"一名俄国军官来问我是否需要俄国陆军的情报。我自然说需要，于是他给了我附件中的东西，我付给了他20卢布，尽管这份情报本身没有特别的价值，只是为了开始与他的合作。他问我还要不要其他的情报。我给了他一些提示，他记了下来，承诺一定会带来重要的东西（关于堡垒要塞的）。我也表示，果真如此的话会给他更多的钱"。后来他确实再次回来交易，提供了关于俄国战时堡垒要塞的资料，为此约克给了他500卢布，而不是他提出的1,000卢布。①

另一件发生于俾斯麦执政晚期的间谍案，让他的继任者冯·卡普里维严令武官不许从事此类活动，并按照他自己的原则行事。德国驻热那亚总领事从一名领事馆低级雇员手里，得到了一份意大利利古里亚海海岸堡垒的设计图纸。这名雇员是一名绘图师，在为一名意大利工程兵军官工作期间制作了一套图纸副本，并主动将其交给了总领事。当此事报至柏林，德国外交部命令总领事支付这名雇员1,000马克并立即将其送至瑞士。这是卡普里维上任时的事态。卡普里维的诚实，至少在此案中，十分符合德国真正的军事利益（毕竟，这样的计划对德国用处不大）。他马上决定，

---

① Hasenclever, *op. cit.*, p. 593.

将此计划交还给德国的盟友——意大利。然而,对于这一善意的举动,意大利政府似乎并未表现出特别的感动。很多卡普里维的下属以及记录此事的德国编年史作家也不以为然,后者将卡普里维的这一举动称为"对诚实的狂热"。事实上,首相信奉老派军官(如勒和戴尼斯等人)的信条。这一事件帮助德国外交部在争夺对武官的控制权上扭转了局面。首相起草并签署了一份信函,对武官的行为特别是间谍行为制定了规范。

> 在帝国驻外使团服役的陆、海军武官已接到下列基本指示,即他们须向使团团长报告其从军方收到的所有命令,而且在执行上述命令过程中须注意避免可能危及其职位的行为……对这些规定的漠视不仅会危及我们境外服役军官的个人职位,而且会使他们所在的使团陷入困境,甚至会影响我们与该国的政治关系。如果只能通过背信弃义和应予惩罚的措施才能获得想要的情报,这些后果将十分明显。
>
> 因此,有必要让那些进入我们使团从事政治和外交工作的军官们记住,他们最重要的责任,是要避免以一种不受欢迎的方式危及其职位以及本国与驻在国之间的关系。想要向国内当局报告尽可能多的有关驻在国陆、海军的情报,这一愿望本身无可厚非,但它容易使武官忘记前面所说的禁令及其所要求的小心谨慎。

这是为德意志帝国所有武官制定的基本指示,而那些驻维也纳和罗马的武官也要时刻牢记,他们是在友好的盟国工作。①

1890年12月11日,卡普里维发布了一条针对间谍活动的更为严格的指示:"陆、海军武官不得通过不高尚的渠道获取有关外国军队的情报,即便有人主动提供也不得接受。在后一种情况下,如果提供的情报看上去确有价值,他们须报告国内相关陆军或海军部门。"②这条指令让有些武官觉得太过严厉。约克就认为,这一命令"不近人情,武官除了立即切断所有联系,根本什么也做不了"。在某种程度上,它导致了19世纪90年代德国外交部门内部关于外交考量是否应该优先于军事考量的争论。几位武官,在总参谋长瓦德西的唆使下,拒绝执行此禁令,认为这与他们所认为的武官最重要的活动相悖,不顾他们曾发誓服从大使,也不顾曾经流行的(至少在勒和戴尼斯时期)荣誉感。

间谍活动与法德关系

1891—1897年驻巴黎的陆军武官冯·施瓦茨科彭(von Schwartzkoppen)中校,在德雷福斯事件(the Dreyfus affair)的开始

---

① June 23, 1890. Meisner, *Militärattachés*, pp. 55ff.; Hasenclever, *op. cit.*, pp. 608f.

② Meisner, *Militärattachés*, pp. 73ff. 在1891年12月11日的进一步指示中,武官们被要求"他们履行职责的热情不要被误导,从而采取任何一旦被人知晓会危及德国军官名誉的行动"。*Berliner Monatshefte*, XV (1937), 963.

武 官

阶段违反了这些明确的指示。"他总是向我保证不会沉溺于间谍活动",明斯特尔大使(威廉一世在晚年称他是一位比俾斯麦更出色的绅士①)在给卡普里维的继任者霍恩洛厄亲王的信中写道,"整个外交部门被邪恶的武官制度严重伤害,但要让皇帝陛下认识到这一点太难了,这让施瓦茨科彭有恃无恐。我一直警告他不要从事间谍活动,我对此绝不容忍"。② 然而,这名武官发现,相比违背其军队长官的命令,违背这位临时文职长官的命令要容易得多。1893 年,他开始与沃尔辛—艾什泰哈齐(德雷福斯事件中真正的罪人之一)交往。施瓦茨科彭先是警告这名叛徒放弃犯罪企图,随后将其提供的情况上报给柏林情报部门,后者命令他将其买下(这名叛徒曾威胁,如果德国不买的话,他就将他所知道的情况卖给俄国或意大利,因为他需要钱)。施瓦茨科彭从未将他的行动告诉大使。多年来,他利用现金换取秘密情报,有些无足轻重,有些则十分重要(其中包括法国炮兵的最新动员计划)。

当德国使馆人员开始被怀疑时,明斯特尔要求每个人"严肃地凭良心发誓",是否曾与德雷福斯有过交往。这一点施瓦茨科彭倒是可以一口否认,但他却只字不提自己与艾什泰哈齐的关系。德雷福斯被指控犯下叛国罪后,施瓦茨科彭根据柏林指示,宣称自己

---

① *Documents diplomatiques français*, 1st ser., VIII, no. 12.

② April 5 and 13, 1898. *Denkwürdigkeiten des Fürsten Chlodwig zu Hohenlohe-Schillingsfürst*, Vol. III, *Denkwürdigkeiten der Reichskanzlerzeit*, Karl Alexander von Müller, ed. (Stuggart 1931), 439f.

第 11 章 刺探情报的武官与外交

从未与他有过任何关系,也不认识他。此外,他还被禁止出庭作证。不管无辜者受了多少罪,决不能出卖叛徒。① 比洛命令,与艾什泰哈齐的关系决不能被曝光,"因为这样一来,将难以再从特工那儿得到情报"。1897 年,施瓦茨科彭被召回,担任某近卫团团长。事后,他向明斯特尔坦白了自己与艾什泰哈齐的交往,并因此受到后者对于他有意撒谎、行为不端的斥责。明斯特尔利用施瓦茨科彭的报告,尽力帮助德雷福斯和其他此事件中的受害者,但这一事件已作为光荣的武官制度最大的污点被写入历史。②

19 世纪 80 年代的大多数时间里,欧洲都面临经济衰退和萧条的局面。随经济恐慌而来的是战争恐慌,列强间的军备竞赛也陡然升级。③ 人们的神经饱受摧残,不仅普通民众是这样,就连那些身居高位的人们,包括政治人物("我们也躁动不安",俾斯麦在 1889 年的萨摩亚危机中写道)④和神经坚强的军人,也是如此。他

---

① "所有武官(他们有着最好的了解情况的手段)都认为德雷福斯是无辜的。" Blanche E. C. Dugdale, *Arthur James Balfour*, 2 vols. (New York 1937), I, 201.

② The above is based on Bernhard Shwertfeger, *Militärattaché von Schwartzkoppen*: *Die Wahrheit über Dreyfus* (Berlin 1930); Friedrich Thimme, "Botschafter und Militärattaché", *Europäische Gespräche*, VIII (1930), 147ff.; *Grosse Politik*, XIII, 3586ff.

③ 德国驻巴黎陆军武官(1886 年 4 月 29 日)报告,即使在法国陆军圈子之外,也有一种期望与德国早日开战的想法。因为只有通过这样一场战争,他们才能"有望改善工商业环境,摆脱社会主义的骚乱以及长期的政治不稳定状态"。*Grosse Politik*, VI, 1224.

④ Vagts, *Deutschland und die Vereinigten Staaten*, p. 655.

们都觉得,"黑暗力量"正蠢蠢欲动,间谍活动在孚日山脉两侧都显著增加,有些间谍案被发现,而被怀疑的案件数量更多。法国社会和政治的紧张形势使布朗热上将入职陆军部,如果他除了军人勇气之外还有一些"文官勇气"的话,可能还会更进一步,但相比战争,政治权力更加令他唯恐避之不及。1886年4月,他强行让议会通过了一部更为严厉的反间谍法,这引发了德国人的报复行动,特别是针对赴阿尔萨斯—洛林的法国人。① 这一举动以及其他一些措施,使得中下层军官,包括德国驻巴黎的武官们,认为法国将试图刺激德国率先发动进攻,从而让战争早日到来。② 除了各种实实在在的军事措施,复仇的口号也再次出现在平民和军人演说家的口中。他们号召法国人民"浇灌不应得的屈辱",保持"复仇的愤怒",等待时机(似乎正在到来)。

最初,柏林总参谋部对此不大相信,因为法国从物质上来说并未真正做好战争的准备,俾斯麦也同意这一看法。但他当时也屈从于主流的加强战备的心理,哪怕只是让一项庞大的军队开支计划在德国上议院和国民议会更容易获得通过。然而,他依然可以作出相对客观的判断——布朗热是"引发爆炸的那个'引信',也许并非有意为之,但他的确起到了这种作用"。③ 更

---

① *Documents diplomatiques français*, 1st ser., VIII, nos. 9, 12.
② *Grosse Politik*, VI, 1223, 1228, 1232.
③ *Grosse Politik*, VI, 1223, 1234, 1237.

多这样的"引信"准备妥当,除了在德国法庭正在等待判决或者刚刚判决的至少四桩间谍案,另外两桩案子也已经传出了风声。1887年4月初,法国陆军部的一名雇员被捕,被控(也许并非捕风捉影)向德国武官冯·霍伊宁根—许纳(von Hoiningen-Huene)男爵出卖秘密。支持布朗热的媒体(外长申辩称,因为法国法律保护新闻自由,他无法对其进行约束)恶意攻击这名武官,直至后者警告克列孟梭(左派领导人,当时尚未与布朗热决裂),持续的媒体攻击将可能导致战争。克列孟梭自己的报纸反过来警告布朗热(克列孟梭最先"栽培"了这名将军,并一直给予他支持),不要继续这样攻击德国武官,布朗热在盛怒之下向内阁会议提议取消武官。①

当此事刚刚尘埃落定,另一桩间谍案——施纳贝尔事件(the Schnaebele affair),更是差一点导致战争。一家德国法庭查实,施纳贝尔生于阿尔萨斯,1871年法国割让阿尔萨斯—洛林后,他坚定支持祖国并成为一名边境警察局局长。他组织了一个间谍组织,主要在边境地区活动。调查还发现,这名法国人喜欢利用边境组织和地位低下的特工,如德国使馆内工作的女佣,替自己干"脏

---

① Walter Frank, *Nationalismus und DEmokratie im Frankreich der dritten Republik* (1871 *bis* 1918) (Hamburg 1933), pp. 170f.

活",绝不使武官冒险卷入其中。① 德国人无法抓捕施纳贝尔,因为他并未犯下应该引渡的罪行,但最终一些低级别的德国官员自发采取行动,设法引诱其进入德国境内。他被捕入狱后,法国人义愤填膺。在4月23日的内阁会议上,布朗热提出向德国政府发出最后通牒,并向边境方向调动军队。然而,他的意见被内阁多数成员否决。4月29日,俾斯麦下令释放施纳贝尔,缓解了局势。布朗热后来承认,法国离战争从未如此之近。

攻击和支持布朗热的行动仍在持续,包括一场旷日持久的内阁危机。期间,俾斯麦(至少是暂时地)搁置了一份反对间谍活动的法案。这件事的起因在于,布朗热自己早先制定的法律将成为对其实施打击的一件必不可少的武器。但为了不在旷日持久的内阁危机中刺激法国(当时对这样一份法案进行讨论可能会令法国十分不快),俾斯麦选择将其搁置。② 最后,布朗热没能继续待在多米尼克街,也没能进入鲁维耶(Rouvier)领导的新内阁。

巴黎继续成为军事秘密的交易市场,直到德雷福斯事件发生,

---

① 在与法国大使埃贝尔的一次关于施纳贝尔事件的谈话中,俾斯麦说,"一名法国政府官员竟然组织间谍活动",真是太糟糕了。埃贝尔坚持说他的政府并未卷入此类活动,俾斯麦问他难道真的相信施纳贝尔从事如此花费巨大的间谍活动只是自己兴趣使然,并提醒他1886年12月陆军部的一份新闻公报已经公开宣称,早已获得了德国陆军武官一份报告的草稿,足以证实法国政府机构在公开支持间谍活动。*Grosse Politik*, VI, 1262.

② *Grosse Politik*, VI, 1266, 1268.

才令其在很长时间内一蹶不振。德国(其武官卷入其中①)和意大利是法国秘密的最热心买家。俄国(其"军事特工"曾收买了拿破仑三世的一名军需官)却不再涉入,因为它已经成为法国的军事盟友。从法绍达事件到英法结成协约国集团以前,英国武官也曾间或被发现从事购买失窃秘密的勾当。1902年,英国海军武官收到一名准尉军官的来信,信中提供了关于当时正在接受测试的一种远距离通信方法的确切情报,这些情报是从海军部一名秘密特工那儿得来的。为了不危及两国之间脆弱的协约关系,法国政府没有要求英国召回该武官,而这是此类事件被发现后的常见处理方法。②

一个在巴黎的美国人

1892年夏,一个新的买家出现在巴黎的"小偷市场"。当时,德国陆军武官拒绝了法国海军部一名雇员出售情报的要求,后来这名雇员将他掌握的秘密卖给了美国陆军武官博勒普(Borup)上尉。这名叛国者在博勒普住所门口被捕,从他身上搜出了土伦(Toulon)的防御计划。已经尝到甜头的博勒普还想继续情报交易,甚至不惜自掏腰包,因为他是个富翁。美国公使杰斐逊·库里奇(Jefferson Coolidge)向他问起这一交易时,博勒普毫不犹豫地、

---

① 见前面德国驻巴黎陆军武官冯·施瓦茨科彭的例子。
② Beauvais, pp. 103f.

甚至略带自豪地承认了,"好像这些计划会对美国陆军部十分有用似的"。公使理智地指出,"对我们来说,拥有法国沿海要塞的防御计划毫无用处,因为即使发生战争,我们也没有一支可以横渡3,000英里海洋进攻法国城市的舰队"。包括外长在内的法国官员和法国媒体也持相同观点,他们认为美国武官购买这份计划的目的,一定是想要交给或者卖给与他关系不错的德国武官或意大利武官。博勒普和库里奇对此坚决否认(事实也的确如此,因为博勒普获得的部分情报已经送到了华盛顿),但媒体抓住机会大做文章,正如明斯特尔在外交部抱怨的那样,怀着最大的仇恨攻击所有外国武官,特别是理应受到法国政府保护的德国武官们。

收到召回博勒普的命令后,库里奇立即安排他离开法国,以免他出现意外以及他与法国军官之间可能发生的决斗。法国政府,甚至库里奇公使,预计博勒普会因为肆意违反国际惯例而受到惩罚,但这并未发生。事实上,据我们所知,仅有一名武官因为从事间谍活动受到上级的责罚,而且还是因为他行动不慎导致自己暴露。① 华盛顿告知法国方面,如果想让博勒普公开受审,他们必须拿出证据,但法国方面对此毫无准备,尽管他们已经向媒体施压了一段时间。库里奇,一个"名副其实的波士顿人",在给国务卿福斯特(Foster)的私人信件中写道,"把年轻狂热的,但同时又没法不通过非法方式获取自己想要的东西"的武官送到国外是错误的。其实,福斯特对武官职位的人选毫无发言权,我们只能推测他将这

---

① 1951—1953 年的格罗案,见第 6 章。

封信转交给了陆军部。从之后的美国武官历史来看,陆军部在很长一段时间内对武官从事间谍活动的热情进行了控制。陆军部没有理由抹杀博勒普的努力。第二年,可能是因为他的语言能力,他被派往一个负责接待参加芝加哥博览会(the Chicago Fair)的外国贵宾的委员会任职,这在巴黎再次引起一场轩然大波。出于对间谍案的憎恶,法国政府不同意将巴黎作为国际双金属会议(the Bimetallic Conference)——一个被称为美国人控制下的"宠物计划"——的举办地。法国媒体称,这一任命是又一次羞辱,毫无疑问是德国和英国使馆在玩弄手段。法国政府威胁,如果不将博勒普解职就退出展览。为了不影响这次世界博览会的举办,美国只好照办。①

支持与反对俄国

就武官而言,第一次世界大战以前的结盟使间谍活动有所收敛。对盟国采取此类行动不仅毫无益处,还可能危及同盟关系。尽管有少数绅士间谍(休假中的年轻军官)在取得或者未取得上级许可的情况下,在未来敌国的领土从事侦察活动时,②因为对防

---

① T. Jefferson Coolidge, *An Autobiography* (Boston 1923); Beckles Willson, *America's Ambassadors to France*, 1777-1927 (New York 1928), pp. 350-352; Münster to Auswärtiges Amt, July 3, 1892; Ketteler, chargé at Washington, to same, June 30, 1892. Archives of Auswärtiges Amt.

② 此类例子见 *Grosse Politik*, VII, 1605ff.; IX, 2351; XXVIII, 10454。

御要塞拍照和绘图被捕并被判处短期监禁,大多数强国的武官都不再从事秘密情报活动。1893年,法国驻哥本哈根陆军武官利用瓦尔德马(Waldemar)公主(玛丽·多莱昂[Marie d'Orleans])获取关于英俄关系的秘密情报时,法国政府将这名狂热的武官以及公使馆的差不多所有人员召回。①

只有俄国武官还在继续直接从事军事情报交易。从被发现并曝光的数据来看,在第一次世界大战前夕俄国武官称得上是最肆无忌惮的情报购买者。德国武官听从了卡普里维不得从事间谍活动的指示,显然这更加诚实,也更加务实。直到1914年,这些禁令仍然有效而且仍被遵守。最后一名因间谍活动被召回的德国武官应该是1893年的驻圣彼得堡海军武官。1914年,驻圣彼得堡陆军武官手里"没有所谓的非法情报来源","相反,在我就任前,陆军参谋长就告诫我不得使用此种方式。另外,我手里也没有可用于此类活动的资金"。②

19世纪90年代初以来,在奥地利与俄国外交关系史上,仅发生过一次奥地利武官因为与1902年犯叛国罪的军官有联系而被召回的事件,而同一时期发生了好几起俄国驻维也纳武官因为类

---

① Wladimir D'Ormesson, *Enfances diplomatiques* (Paris 1932), p. 29.
② Liuet. Col. von Eggeling, *Die russische Mobilmachung und der Kriegsausbruch* (Oldenburg and Berlin 1919), p. 8. 德国驻伦敦陆军武官在大约1905年被命令不得从事间谍活动;他甚至将一名想卖情报给他的英国人交给陆军部,后来这名卖秘者被起诉。Gleichen, p. 253.

似原因被召回的事件。豁免权以及即使被发现也不影响晋升的现实,似乎是俄国武官从事此类活动的原因,外交因素从来不在其考虑范围之内。1892 年,当时的俄国驻维也纳陆军武官佐耶夫(Zouiev)上校被他的法国同行称为狂热的泛斯拉夫主义者,而且与其说他的武官处是"俄国陆军驻奥地利的代表处,不如说是一所情报机构"。佐耶夫对此直言不讳,甚至对奥地利人也毫不隐瞒。他告诉奥地利人,自己能得到任何想知道的东西,包括他们的总参谋长贝克上将办公室内的秘密。将军对他的高谈阔论十分宽容,使他在不动声色之中获得了越来越多的材料。与此同时,贝克本人也在领导一个很大的间谍网,并在俄占波兰境内策划叛乱。①

1896 年,尼古拉二世首次访问维也纳(奥地利人认为这是一件了不起的国家大事)后不久,奥地利警方发现俄国陆军武官沃罗宁(Voronin)卷入了一桩间谍案。戈武霍夫斯基(Goluchowski)想要公之于众,但贝克(他认为奥俄两国应暂时停止军备竞赛)反对这么做,刚刚结束访问的沙皇对贝克的谨慎决定表示感谢。②

1914 年,发生了臭名昭著的雷德林(Redl)上校案件。此人是布拉格军团参谋长,在很长一段时间里都是级别最高的叛徒。俄国武官从他手里购买了最高机密,包括奥地利在俄国境内情报特工的名单。③ 1910 年,还发生了马琴科(Martchenko)上校案。此人

---

① *Documents diplomatiques français*, 1ˢᵗ ser., X, 71ff.

② Von Glaise Horstenau, p. 383.

③ Conrad, III, 329f., 340, 345, 368; *Grosse Politik*, XXXV, 13370.

武　官

是俄国陆军武官,收买了维也纳军火库的一名军士为其效力。这名军士全部交代了他的所作所为,但面对证据,俄国人在此后数月内迟迟不愿召回这名上校。作为报复,他们捏造了一桩所谓的间谍案,一名俄国记者被指控曾向奥地利驻圣彼得堡陆军武官提供秘密情报(这些情报之所以被称为秘密,是因为俄国人习惯上把很多在其他国家公开的东西都称为秘密)。但俄国人坚称此案与马琴科上校案类似,要求奥地利必须同时召回其武官。① 当俄国大使为马琴科辩护时,埃伦塔尔(Aehrenthal)揭露了他的罪行并指出,"如果俄国武官与大约十年前我们(奥地利)的武官一样接受过同样的指示该有多好,这些指示禁止武官从事任何间谍活动,也禁止与间谍联系"。乌鲁索夫(Urusov)亲王,作为一名老派的外交官,似乎同意这一观点并将其上报圣彼得堡,②但俄国军界不愿承认有任何过错。

当这两名武官被召回,维也纳开始讨论继任者问题,在相当长时间内埃伦塔尔和奥皇对总参谋长康拉德(Conrad)这个候选人并不认可,尽管他似乎足以胜任这一职位。少有顾及的俄国人,在没有征得奥方同意的情况下,派一名中校任新武官,而奥地利人知道这名中校不仅身负搜集情报的任务,而且还受命撰写一本关于奥地利陆军的手册。为了不让自己显得过于顽固,奥地利人在俄国

---

① *Grosse Politik*, XXVII, 9941f.
② *Oesterreich-Ungarns Aussenpolitik*, II, 2186. 奥地利武官并非总是遵守这一指示。1909年夏,塞尔维亚法院指控一名奥地利旅行商人为奥驻贝尔格莱德武官效力,后者因此被判入狱长达16年。*Oesterreich-Ungarns Aussenpolitik*, II, 1769.

新武官抵达维也纳之后(而非在此之前)才同意这一任命。①

自然而然地,在经历了这些风波之后,奥方在与俄国武官打交道时极其谨慎,所有俄国人对此都不感到奇怪,只有陆军大臣祖霍姆利莫夫(Suchomlimov)例外。他告诉奥地利驻圣彼得堡武官,自己新任命的武官"在维也纳并未受到他所期望的欢迎,他在那儿几乎一无所获";如果奥地利愿意的话,俄国愿意将其替换。康拉德感谢祖霍姆利莫夫的坦率。他说,俄国新武官无可指责,但在两名前武官任内发生了令人遗憾的事件以后,人们在与他交往时有所保留,这毫不奇怪。在向德国武官讲述他的故事时,康拉德最后感慨道:"我担心我们要面临一段困难的时期。"②不久之后,俄国大使舍别科(Shebeko)来到巴尔普拉茨广场(the Ballplatz,维也纳市内位于奥地利政府大楼前的广场,此处指奥外交部——译注),保证新任武官已被严令不得重蹈马琴科的覆辙,而且他本人秉持一个原则,即他领导下的所有使馆决不涉足间谍活动,而且他也将继续坚持这一原则。他甚至愿意承认奥地利遭受了亵渎,但希望两国摈弃前嫌,开启一个武官交流的新时代。

1914年前的俄国谍报系统(与其他强国相比更加处于武官的领导之下)格外迫切地想要打探其周边弱小邻国的秘密。例如,罗马尼亚和瑞典可能在战时加入同盟国集团。罗马尼亚人(他们实际上正与同盟国渐行渐远)相信,或者他们至少是这样

---

① Conrad, II, 52f.

② *Grosse Politik*, XXXIX, 15853 (March 17, 1914).

向奥地利人保证的,即在巴尔干战争爆发前夕"整个俄国针对罗马尼亚的间谍机构",多年来一直在俄国驻索菲亚陆军武官罗曼诺夫斯基(Romanovsky)上校的掌控下,为掩护自己的间谍活动,他甚至不惜指控其罗马尼亚同伙。奥地利人知道罗曼诺夫斯基是一个"非常能干,受过良好教育的军官",一直密切监视他在组建巴尔干战争同盟中的活动,在这方面他比俄国驻索菲亚公使更为活跃。

1914年以前,俄国军队普遍相信,一旦与同盟国开战,瑞典将加入同盟国集团(1910年8月圣彼得堡军团的演习正是基于"德国和瑞典与俄国作战"的设想①),因此瑞典当然成为驻斯德哥尔摩的两名俄国武官特别关注的对象。由于瑞典只是一个小国,它比奥地利更难以计俄国召回这两名武官,尽管从1912年起它就一再以各种理由为此而努力。1913年11月,在桑格布鲁克(Saengerbrücke),俄国终于同意召回至少一名武官,这名武官被调离,但是外交紧张关系并未因为俄国的这一屈尊附就之举而立即得到缓解。1914年7月,法国总理普安卡雷(Poincaré)途经斯德哥尔摩访问圣彼得堡时,这一问题似乎到了需要他立即着手解决的程度。② 根据沙俄驻瑞典

---

① *Grosse Politik*, XXVII, 9950.

② *Die internationalen Beziehungen im Zeitalter des Imperialismus* (USSR), 1ˢᵗ ser., IV, 278; *Documents diplomatiques français*, IIIrd ser., XI, 194. 1950年7月,瑞典警方巡逻队命令苏联驻斯德哥尔摩海军武官将其摩托艇驶离海岸防御设施附近,后者当时正在此处游弋。《纽约时报》,1950年8月2日。

最后一名公使的说法,"俄国在斯德哥尔摩的外交从未经历如此痛苦的时刻"。①

战前由武官间谍活动引发的最后一桩丑闻,也是能看到的外交档案中的最后一桩此类案件,是俄国驻柏林陆军武官巴萨洛夫(Basarov)上校卷入珀勒(Pohl)叛国团伙案。珀勒是德国总参谋部的一名军需士官,他将德国东线防御计划卖给了俄国人,并因此被判15年强制劳役的最高惩罚。又一次,俄国外交部门没有马上承认己方武官有罪。当萨松诺夫(Sasonov)和驻柏林大使从急于避免丑闻的柏林当局处秘密得知这一消息时,他们都不认为应召回武官。考虑到当时德俄关系糟糕的现状,而且两年前才刚刚召回一名武官,他们担心采取召回措施将产生危险的后果,除非德国政府能出具关于此武官涉罪的无可置疑的证据。事实上,公使和大使都迫切需要这方面的证据,以便给自己手下的军人们一个交代,因此他们不愿听从德国悄悄召回巴萨洛夫(以休假的理由离开,不再返回)的建议。但当萨松诺夫坚持质问俄国陆军部巴萨洛夫是否有罪时,得到的回答是他"确实行为不检,因此不适合继续留在德国"。出于这一考虑,他接到了立即回国休假的命令。(他离开柏林后不久就提出返回。这一要求在向来谦让的俄国使馆看来也不免过分,于是拒绝了他。)

---

① Anatolii V. Nekludoff, *Diplomatic Reminiscences before and during the World War*, 1911-1917 (New York 1920), pp. 265, 275f., 293.

外交部门希望此事不要声张,但新闻媒体对间谍案的巨大兴趣让这一想法落空。7月10日,《柏林日报》(*the Berliner Tageblatt*)披露了关于珀勒案以及巴萨洛夫涉案的详细情况,抗议像武官这种受国际法保护的官方人员滥用外交特权。这引发了一战前德俄之间的一场媒体战。有当地媒体称,珀勒案充分说明德国的道德水平已经堕落到了何种地步,甚至军人都不惜出卖自己的祖国,随后《十字架报》(*the Kreuzzeitung*)的希曼(Schiemann)又用几桩俄国叛国案件进行反击。① 对俄国人来说,此时召回武官有一个特别的不利之处,使馆中没有人能够对德国1914年7月的军事措施给出专业的报告。奥地利大使(其国内当局也没少受俄国间谍案之苦)在德国外交部被告知,俄国正在德国境内大肆从事间谍活动,其范围之广、手法之无耻简直令人难以置信。毫不夸张地说,德国境内被发现的俄国间谍案达到了平均每天一起。②

1914年8月以前,欧洲和亚洲的每个陆军和海军强国都在通过间谍活动监视别国,同时自己也处于间谍活动的监视之下,即使它们大多已不再使用武官从事此类活动。英国一直在监视德国海军建造船只和防御工事的情况,③同时它也被德国所监视(在协约国集团形成以前,它那些后来的盟国也不例外)。一套关于多佛港

---

① *Die internationalen Beziehungen*, 1st ser., Ⅳ, 31, 85f., 95, 115, 122, 181f.
② *Oesterreich-Ungarns Aussenpolitik*, Ⅷ, 10278.
③ *Grosse Politik*, ⅩⅩⅧ, 10454, for such a case.

和英吉利海峡的防御工事图从坎贝尔—班纳曼(Campbell-Bannerman)的办公桌上被盗,当时他在格拉德斯通(Gladstone)最后一届内阁中任陆军国务大臣,这些图最终落入法国人手中。同样,记录显示,19世纪末俄国驻伦敦陆军武官也从事情报买卖,于是有人"把一些精心编造的有关大炮和其他军事事务的假消息"栽赃到他的头上。① 据当时英国陆军部情报机构一名工作人员所说,"这类事情不太像我们的所作所为,如此费心劳神并不值得。最好的做法是,假定我们的潜在敌人已经掌握了最新情况,并采取了针对性措施。但外国人常常相信,一些秘密情报一定对他们的国家具有重大价值。事实上,我一直以来的观点是,而且经验也早已证实,秘密情报工作的成果通常可以忽略不计"。② 然而,情报部门内多数军官不大可能认同这一观点。

极权主义时代的间谍活动

间谍活动以及对间谍活动的担忧,一直存在于欧洲乃至后来整个西半球的政治意识和潜意识里。③ 各国对间谍活动都小心翼

---

① Waters, *Secret and Confidential*, pp. 35f., 248.
② Waters, *Secret and Confidential*, p. 36.
③ 1936年8月,在对法恩斯沃思海军(Farnsworth)少校的审判中,两名受外交特权保护的日本驻华盛顿海军副武官被认为是其同伙。法恩斯沃思向两人出售了秘密海军文件。《纽约时报》,1936年8月12日及以后报道。

翼地加以防范。当怀疑外部敌人与国内叛徒（或者，更糟糕的是，与有组织的大量叛徒）联手时，这种担忧必然会达到顶点。1938年，一桩德国间谍案在美国被披露了出来。当时，美国国内的反德情绪正高涨，但美国对纳粹德国的指控并没有完全落实，因为没有证据表明此案与德裔美国人团体有关，尽管人们相信这些所谓的特务组织听从柏林的指示。这一案件成为外交官们讨论的话题，德国人抱怨美国人已经将"德国高级情报官员和空军军官的名字加入了此案当中"，如德国阿勃韦尔领导人卡纳里斯。这在反谍行动中并不常见，因为"一个所谓的友好国家政府官员的名字不应被另一国家的反间谍机构提及"。①

在此之前，情报来源和渠道都已被整合进德国最高统帅部下属的外事、情报和安全部门，该组织的机密均由卡纳里斯一手掌控。其核心部门阿勃韦尔掌管秘密情报、蓄意破坏和特别任务、安全、反间谍和反破坏事务。外事部门负责接收和处理武官报告，并负责最高统帅部与外交部以及最高统帅部与武官，包括身处境外的德国军官（他们通过"定期情报摘要"了解国内情况）和驻柏林的外国武官之间的联络。②

1933年，德国人重新开始任命驻外武官时，应外交部的要求，

---

① 美联社1938年6月25日华盛顿报道。
② Paul Leverkühn, *German Intelligence Service* (New York 1954), pp. 28, 63, etc.

第 11 章 刺探情报的武官与外交

德国国防部部长兼总参谋长明令禁止武官从事任何"非法行为",这令卡纳里斯十分不满,并引用希特勒的命令进行反驳。驻伦敦陆军武官盖尔·冯·施韦彭博格上校强烈反对。对战后第一批武官来说,没有比在英国秘密情报局的严密监视之下从事间谍活动更愚蠢的了。"我要以一名绅士的身份去伦敦,否则干脆不去;如果我在此事上的观点不被认可,我请求总参谋长将我派往别的岗位。"这一高尚的立场最终被认可,也使盖尔与英国军方建立了良好的关系,后者答应让他观看他们认为安全的东西。① 然而,在 1937 年盖尔离开伦敦后,无法确定英国军方是否保留了这一谨慎态度,当时纳粹主义已经渗透进德国所有部门,包括驻外岗位。② 当纳粹在美国抱怨国际惯例正在衰亡的同时(这种抱怨或许有些道理,尽管并未被正式提出过),他们向德国驻外使团发布命令,"鉴于近期形势的发展",今后帝国领事馆,无论在战时还是和平时期,应当被视为军事情报搜集系统的一部分。他们应该与武官

---

① Geyr, *Erinnerungen*, pp. 9ff. 尽管英国人大方地允许外国观察员观摩他们的一般性陆上演习(盖尔称之为"只是表面文章"),他们对一些特别的内容,如登陆演习,却严格对外国人保密。据悉,英国陆军一所很有影响的学校对于未来战争中的此类行动非常重视,因此,德国陆军武官建议国内在演习中研究应对英国的大型登陆行动。然而,该建议并没有得到重视。*Ibid.*, p. 64.

② 关于纳粹空军总参谋部情报局 1938 年 8 月向驻布拉格空军武官下达的亲自侦察捷克可能的登陆战场的命令,见 *Trial of the Major War Criminals*, III, 45。

武官

配合,后者"在军事需求的判断上拥有决定权"。然而,因为"外交部不允许武官直接与领事馆接触并向其下达指令",领事直接向武官报告显得不妥,于是安排了间接的联系渠道。①

二战爆发后,对武官的约束就更少了。1940年2月,德国驻奥斯陆公使与其海军武官看法一致,认为"老的情报方法已不再适用",他们接到来自柏林的命令和资金后,资助吉斯林党,在挪威海岸沿线以及挪威轮船上组织了一个情报网,由吉斯林本人领导,成员由其追随者组成。吉斯林将报告交给德国公使馆,该馆海军武官"从这些报告中获益多多。在挪威,我们有机会通过政治运动开展活动,那些追随者都是凭信念参加",因此,他们比过去那些拿报酬的特工更可靠也更廉价。② 纳粹并未发觉,其实早在他们之前,

---

① Circular dispatch of June 28, 1938. Top secret. *Documents on German Foreign Policy*, Ser. D, II, 444ff. 有关1939年起外国驻华盛顿武官的活动,见 *Trial of the Major War Criminals*, XXXIV, 115f. 使用领事馆从事情报活动并非一种新的国际惯例,纳粹只是将其组织化了。1898年夏,当美德关系紧张时,美国海军部定期从基尔和威廉港收到关于德国海军船只动向的剪报。它批评驻柏林武官,未能报告德国"达姆施塔特"号(Darmstadt)运输舰5月4日离开前往马尼拉的消息。后者对这一失误解释称,他3日才刚刚到任,"几乎没有时间'搞清状况'。但是,美国驻新加坡('达姆施塔特'号经过此地)领事理应报告这一情况"。巴伯中校给海军部的报告,1898年8月9日。*National Archives*.

② *Documents on German Foreign Policy*, Ser. D, VIII, 797f. 有关吉斯林党人提供的情报的真正价值,见 T Kingston Derry, *The Campaign in Norway* (London 1952), pp. 17f。

共产党人就已经在使用受政治或宗教信仰支配的特工从事间谍活动了,①苏联武官并不参与此类活动,至少表面上是这样。②

稍后,西方强国也开始效仿极权主义者,尽管它们对与德国抵抗运动(与极权主义者位于敌后的组织相对应)的交往以及对后者的利用并不热心,而且直到最后也是如此。这种交往很可能比纳粹预计的要少。从一开始纳粹德国就认为,在柏林的"外国武官们每天都会收到大量(关于德国重整军备的)秘密情报"。③ 直到1940—1941年,美国陆军参谋长马歇尔上将才下令"启动关于增强美国谍报和反谍工作的立法程序"。④ 美国驻维希使馆,在一名海军上将领导下,成为美国在欧洲的情报中心,特工以海军武官或其他武官身份为掩护在那儿从事间谍活动。大使兼海军上将莱希(Leahy)称,"我们的武官拥有极好的交际圈,能让我掌握他们的一举一动。大使或许会选择'忘记'他被告知的一些东西。情报并非是一个在任何时候都能自由讨论的话题。在我与总统讨论维

---

① 有关这种"现代、清教徒般、完全出于理想主义和奉献精神的间谍",见 Arthur Koestler, *The Invisible Writing* (Boston 1955), pp. 301ff。
② 伏罗希洛夫向德国大使保证,尽管德苏关系在希特勒上台后有所下降,"他已命令手下陆军武官不得从事任何形式的间谍活动,否则严惩不贷"。*Documents on German Foreign Policy*, Ser. C, I, 422.
③ *Documents on German Foreign Policy*, Ser. C, II, 72
④ Watson, p. 54.

希政府的人事任命时,对这一重要活动缄口不提"。①

在反对轴心国集团的战争期间,所谓的民主国家提出的"停止阶级斗争"的口号并不十分真诚。除了在民众层面,所有复杂的外交考虑和程序都被简化为一部可以说是"出使莫斯科"(Mission to Moscow)的电影。在这种心理面前,对一个联盟伙伴开展间谍活动确实显得不合时宜。直到战争结束,这种心态仍有不少市场,直到1946年2月15日加拿大政府公开宣称,苏联驻渥太华使馆人员在首席武官尼古拉·扎博京(Nicolai Zabotin)上校的领导下,并且在一些加拿大人和英国人的协助下,从事针对加拿大和美国的间谍活动,而这些活动至少从1945年3月就已经开始了。他们试图获取各种情报,包括有关原子弹的数据。在得知这一情况后(在该使馆工作的一名苏联人提供了帮助),加拿大官员十分震惊,甚至在还没有向苏联方面正式抗议以前就公布了这一消息。苏联抱怨,根据通常的外交惯例,这不过是一个常见事件,而且该声明在发表以前没有"事先要求苏联政府作出解释,而这是保持正常关系的国家之间的惯例"。这名武官因为其"不可接受的行为"被苏联政府立即召回,同时苏方称,"苏联驻加拿大大使及使馆其他人员与此事毫无关系"。另外,苏联方面强调"情况无关紧要",因为他们已经从加拿大叛国者手中得到了情报,且并未许以报酬(这是间谍活动中一个令人不安的创新)。然而,从任何大众心理学的角度来说,"无关紧要"

---

① William D. Leahy, *I Was There* (New York 1950), pp. 22, 57, 69ff.

第11章 刺探情报的武官与外交

在此显然不是一个恰当的字眼。①

相互派遣间谍往往是国家间敌对关系的表现,而不是国防部门热心的结果,更不是出于武官的一腔热血。从事间谍活动的动机是基于一种假设,即两国之间存在发生战争的可能,这是秘密外交的附属物。尽管外交官可能不知情,但他们比民众更清楚界限在哪儿。当一件间谍案被"侦破",民众往往认为,如果需要间谍活动的话,这两个国家的关系一定很糟。当得知自己的同胞或邻居被怀疑或被证明向潜在敌人提供帮助时,他们又将感到震惊。正因如此,加拿大间谍案以及1946—1952年间的科普朗(Coplon)案、希斯(Hiss)案和罗森博格(Rosenberg)案曝光才会引起巨大的震动。

另一桩间谍案受到的关注相对少得多。1946年,美国驻布宜诺斯艾利斯陆军武官从阿根廷陆军部一名秘书手中购买军事情报,被发现后这名武官被召回,而这名秘书则被判入狱服刑。庇隆政府与美国的外交关系显然不好,但真的有必要购买只有在发生

---

① 《纽约时报》,1946年2月16日、21日和22日,3月5日报道。作为一名积极维护苏联利益的外交官,前大使约瑟夫·戴维斯公开宣称,"苏联为了自卫目的有权通过军事谍报手段获取原子弹的秘密,如果此类情报被它原先的盟友据为己有的话"。这一表态,考虑到苏联人自己关于"被排除在外"的说法,显然不应出自一名外交专家之口,尤其是从一名经验丰富、自己的委托人已经上庭了的律师口中说出。有关1944—1945年苏联在美国境内针对原子研究的情报活动(苏联外交部门从未向美国国务院提起这一问题),见 Edward R. Settinius, *Roosevelt and the Russians* (New York 1949), p. 34。

武　官

战争时才有用的情报吗？或者，这份情报可以证明庇隆拥有对一个或多个南美国家动武的意图？或者，这又是一桩博勒普案？

　　武官或者使馆、公使馆、贸易委员会的其他成员不从事间谍活动的说法（这曾存在于某些时期，如 1914 年以前），不过是外交史上一个虚构的传说。最终，这一传说在苏联卫星国政府对间谍的审判面前被击得粉碎，多数案件都试图证明外国武官牵涉其中。例如，布达佩斯政府就利用福格勒案件（the Vogeler Case）的证词，提出将被宣布为"不受欢迎的人"的两名英国武官和三名美国武官召回。遵照外交惯例，英美两国政府同意了这一要求，但同时表示，"完全不接受"匈牙利政府宣布的召回原因，包括削减"人员过多"的美国公使馆（包括 7 名军官和不少于 103 名匈牙利雇员）。①美国在波兰受到的待遇也差不多，②这是冷战的特征之一。实际上，在苏联控制下的国家中，所有外国武官都被认为是最不可信的人，是"间谍中的间谍"。一位负责与外国武官联络的苏联将领曾对其中一名武官说过："每一名外国武官，不管他在莫斯科的表现

---

① 《纽约时报》，1950 年 2 月 19 日，3 月 11 日和 12 日报道。
② 有关波兰人对于美国、加拿大和英国武官自 1947 年在他们国家境内所从事的间谍活动的"生动的"看法，见《纽约时报》，1950 年 12 月 12 日报道。相反地，铁托在 1951 年初（战后首次）邀请美国、英国、法国和意大利陆军武官观摩南斯拉夫演习，这些演习基于"在不得不从平原地区撤退之后实施的游击战"，也就是说，是与苏联及其卫星国的一场可能的战争的第二阶段。*Frankfurter Allgemeine Zeitung*, January 17, 1951.

如何，都会被苏联当局视为间谍。"①

对手阵营，以及中立国家，也有大体相同的感受。位于苏联侧翼突出位置的瑞典，尽管一再表明自己的中立立场，也成为苏联间谍活动的目标。1948—1952 年，瑞典以从事间谍活动为由，要求九名苏联使馆人员离开斯德哥尔摩，他们的间谍活动得到了诸如波兰②或捷克斯洛伐克等卫星国武官的协助。1838 年 7 月，一名英国工程师被判处 14 年刑期，原因是他向捷克陆军武官"出卖对国家安全非常重要的机密"，从而危及"成千上万公民的生命"。在此案提交法院以前，这名捷克武官就已离开了伦敦。③ 事实上，苏联卫星国在间谍活动方面既是帮手也是护卫。1956 年匈牙利事件以后，匈牙利先后驱逐了一名英国陆军武官和一名美国陆军武官，指控他们积极参与了叛乱。④ 北约成员国，如丹麦、比利时和法国，也同样吸引了苏联的注意力，不得不要求苏联和捷克武官离境。出于报复，捷克斯洛伐克要求召回比利时和法国陆军武官以及其他武官。⑤ 在武官（或者他们的副手，后者有时更容易成为

---

① Hilton, p. 8.
② 《纽约时报》，1952 年 7 月 17 日和 18 日报道。
③ 《纽约时报》，1958 年 7 月 19 日。
④ 《纽约时报》，1957 年 1 月 19 日，4 月 14 日，5 月 3 日报道。
⑤ 《纽约时报》，1952 年 2 月 2 日，1953 年 1 月 24 日，1957 年 1 月 29 日，2 月 28 日和 10 月 14 日报道。

牺牲品①)全部遭驱逐之后,商务或其他参赞也以从事间谍活动的理由被驱逐。至少有一次,美国采取了报复行动。② 当然,双方均未采取不当措施。日内瓦会议结束以后,冷战局势缓解,对武官的限制也逐渐放松。1955年12月,在未要求采取对等措施的情况下,美国陆军将苏联和四个卫星国的武官(与30个其他国家的武官一起)带至路易斯安那州,让他们观摩了战后美国最大规模军事演习的前半段。③

每当冷战加剧,通常都是以发现间谍案和要求召回外交官(不一定是武官④)为标志。他们往往被指控对国防设施进行侦察或者收买军队小人物(有时也有高官)。有人调侃,"谍报是一个如此肮脏的职业,只有绅士才能做这行"。作为绅士间谍,武官在充满间谍与反间谍活动的腐败环境中经受住了考验,从历史记录来看,至少在冷战以前还从没有武官卖身投敌。后来,1962—1963年披露了两个案件,分属两个阵营的两名前武官相互叛变投敌。奥列格·P.佩尼科夫斯基(Oleg P. Penkovsky)是负责科研协调事务的苏联国家委员会外交部副部长,1962年秋因替英美效力从事间谍活动被捕,并于1963年5月被一家军事法庭判处死刑。佩尼

---

① 有关破获意大利境内一个苏联间谍网(由苏联使馆武官秘书领导)的情况,见《纽约时报》,1958年4月24日和5月20日报道。
② 《纽约时报》,1958年4月19日及以后报道。
③ 《纽约时报》,1955年12月12日。
④ 苏联驻渥太华陆军武官在把钱交给一名向其出售秘密的加拿大公民时被抓获,见《纽约时报》,1961年12月12日。

科夫斯基曾在1956年任驻土耳其陆军武官。他承认向一名英国特工(同样被捕判刑)和英国驻莫斯科的使馆人员(被要求离境并不准返回)提供技术机密。在其尸骨未寒之际,瑞典当局又破获了西·文纳斯特伦(Sig Wennerström)案。文纳斯特伦是一名退役上校、前空军武官,20世纪40年代在莫斯科工作期间,成为德国间谍。返回斯德哥尔摩后,他以5,000克朗的价码开始为苏联人工作,1948之后,他在第二次赴莫斯科工作期间继续为苏联效力,甚至在1952—1957年驻华盛顿期间亦是如此。在美国时他已是首席武官,接受过美国人的奖章,美国人想当然地以为,他作为中立国家的外交官会为他们所用。文纳斯特伦一度感觉自己是"一个双面间谍",而"实际上他一直在把关于美国国防的'大量情报'卖给苏联"。很多情报都是从美国人处得来,后者中的很多人在朝鲜战争结束后,急于想通过这位采购委员会的友好代表把空军武器卖给瑞典。

1961年以后,瑞典任命文纳斯特伦为外交部裁军专家,后者因此成为苏联的情报来源。瑞典官员们渐渐地、很不情愿地掌握了他的叛国行为,最终文纳斯特伦被以"严重间谍罪"起诉,即在15年间向苏联出卖瑞典及其友好国家的秘密。起诉书特别强调,文纳斯特伦的行为是出于"金钱因素"而非意识形态动机,好像后者不够卑下似的。这名上校对其行为供认不讳,甚至可能还不乏渲染。他自称是一个试图"维护世界和平和力量平衡"的理想主义者,受到美国的霸主地位以及"咄咄逼人"的美国情报工作的威胁。跟格罗将军一样,他记载着苏联境内目标的笔记本受到苏联人的严厉谴责。文纳斯特伦认为,苏联人的所作所为"纯粹是防御性的",克拉斯·富克斯(Klaus Fuchs)以及另一个为苏联服务的西方间谍也持这一观点。文纳斯特伦得到的回报包括苏联情报部门的少将军衔以及几枚从来不能展示的勋章。

这一自武官制度创立以来从未有过的丑闻极大地震动了瑞典社会民主党政府,后者被指控忽视了对文纳斯特伦的监管。此案对瑞典国防系统造成的伤害(对其的整顿耗费巨大)令军方大为震惊。经审判(主要通过秘密方式),文纳斯特伦被判处终生劳役,瑞典的人道主义制度让其在十年后即可获得假释。据说,他在服刑期间曾要求阅读间谍小说。

通过公开发表的瑞典对文纳斯特伦的调查报告(尽管并非他所有的言论都被其美国同伙所认同),我们对此人的动机和心理已经有了足够的了解。他是一个不算优秀的飞行员,因此未获晋升。在这种情况下,正如他自己所说,"深切地感到自己被忽视"。因此,他对上司和祖国充满仇恨,而这一点被苏联人所利用。他们除了向他提供物质回报,还向其提供了能够满足其虚荣心的一些荣誉,例如"雄鹰"的代号,据说是由担任其"训导员"(handler)的军情总局一名将军给他起的。这名"训导员"(赛狗比赛中的一个术语,被用于神秘的"情报工作"中)十分清楚如何控制文纳斯特伦,他可以用一种"近乎催眠的方法"给这名叛徒心中注入某种热情,并催生出"一种对他本人以及苏联情报系统的忠诚"。文纳斯特伦工作非常卖力,(他在审讯中坦白)有时候他"提供的情报甚至都让接受方应接不暇",于是他常常有"一种强烈的成就感,感到自己获得了很高的地位"。

这名间谍之所以能够效力这么长时间,很大程度上是因为他的职位和他作为军人子弟的"内部"关系,也是因为他的举止毫无瑕疵,而且艺术家的身份也为他在很多情况下提供了很好的掩护。另外,他在本国军队和外国军队内的人缘都不错,这让他赢得了很多人的信任,他的同事们(除了他的瑞典女佣)都对他毫不怀疑。①

---

① 《纽约时报》,1963 年 6 月 26 日及以后报道;1963 年 7 月 29 日;1964 年 5 月 27 日和 30 日;《时代周刊》,1964 年 5 月 8 日和 6 月 13 日;88th Congress, 2d. Sess., Senate Committee on the Judiciary, *The Wennerström Spy Case. How it Touched the U. S. and NATO*. Washington, December 1964。第一部关于文纳斯特伦案件的"历史著作"是 H. K. Rosenbloem, *W. Spionen*, Stockholm 1965。第一部英文历史著作是 Thomas Whiteside, *An Agent in Place*: *The Wennerström Affair*, New York 1966。

第 12 章 武官与战争经济

战争是一种力量,充当了资本主义生产助产士的角色(资本主义是战争的结果,而不是战争的起因),①在某种程度上,现在依然如此。然而,过去 150 年中的战争发起者,包括他们最高级的特工——武官,往往对一个国家的经济在战争中的作用或潜力认识不足。往往当战争已经开始,或者,已经结束,在写战争史总结经验教训时,他们才意识到这一点。② 战争经济,即经济被战争专家视为战争准备的一部分,是在 1914 年后才出现的一个新概念(如果不将其视为诸如重商主义这样的老概念的翻新的话)。

本来,外交部门应该能够对一个国家在战争中的经济潜力作

---

① 有关这一问题,见 Werner Sombart, *Krieg und Kapitalismus* (Leipzig and Munich 1913)。
② 有关柏林为第一次世界大战在经济方面的准备,见 Reichsarchiv, *Der Weltkrieg 1914-1918. Kriegsrüstung und Kriegswirtschaft*, 2 vols. (Berlin 1930)。一名德国银行家对"战争的财政准备"有过评论,并对这一问题被忽视大惑不解,见 Max Warburg, *Aus meinem Aufzeichnungen* (n. p. 1952), p. 23。

出判断。然而，令人惊奇的是，19世纪的外交官对构成一国战争潜力的各种要素的关注，或者说，对资本从一国到另一国的流动以及这种流动对有关国家战争能力影响的关注，甚至还比不上文艺复兴时期的威尼斯人。事实上，在19世纪的外交部门看来，这种跨国的流动是一种有助于维持和平的极好润滑剂。例如，只要德国和俄国和平相处，包括两国军队保持相对亲密的关系，德国政府就不必担心俄国再贷款6,000万马克，这促成了1884年三皇同盟（the Three Emperors' Alliance）的续约。

俄德关系的疏远始于军人（最初是俄国军人）而非外交官，但这种关系的疏远从未体现在两国银行家之间。1882年以后，德国武官和总参谋部开始怀疑德国是否应该继续对俄国输出资本，因为俄国即便还不是德国的敌人，也已为时不远。跟德国外交部及其驻外代表不同，军人们，特别是驻圣彼得堡陆军武官，指出了继续对俄输出资本所隐藏的军事危险。最终19世纪80年代末，德国调整了政策以减少资本流向俄国，尽管俾斯麦在1889年还认为"帮助俄国提高战争能力远远比不上社会民主党更危险"（这个共同敌人最终导致与俄国的和解）。① 反倒是军国主义在柏林和圣

---

① *Historische Vierteljahrsschrift*, XXXI (1936-1937), 760f. 偶尔，武官会提及社会主义和"阶级战争"，通常这被认为容易削弱一个国家的潜力，或者可能让它通过战争方式解决国内矛盾。1913—1914年的察贝恩事件（the Zabern affair）以后，法国驻柏林海军武官写道，"这一下子让我们认识到，在资产阶级和军事泛德意志主义之间存在着一种秘而不宣的协议。被社会主义的发展吓坏了的有产阶级与军队之间的关系更近了"。Faramond, p. 132. 在当时的社会主义出版物中可以看到这种观点。

武 官

彼得堡得势,并导致俾斯麦被解职,这在文官与军方关于德国资本流向俄国发生冲突时就已露出端倪。年轻的德皇在读了武官关于这种资本流动将危及德国军事安全的报告后,就再也不想听取俾斯麦的解释了。①

德国对俄国的投资从未完全停止,但大部分必要的外国资本,特别是政府贷款,从此都改由巴黎市场提供。相比德国,其受到的政府监管更加严格。法国资金为法俄联盟开辟了道路,在很大程度上,是军人而不是外交官,安排了这些资金的使用渠道——建造从俄国内地连接同盟国的战略(尽管很不经济)铁路,以及利用法国工厂生产数百万支俄国步枪。此项订购由俄国陆军武官和法国陆军部策划,属于两国军人合作的一部分,并开启了两国外交官的交流。正是这些军人,包括副参谋长布瓦代弗尔上将以及他在任驻圣彼得堡陆军武官时结交的关系,赢得了沙皇的支持和签字。②

---

① Waldersee, *Denkwürdigkeiten*, I, 223; II, 54ff. and passim; George Johannes Friedrich von Eppstein, *Fürst Bismarcks Entlassung* (Berlin 1920), pp. 31, 100ff.
② *Documents diplomatiques français*, 1st ser., VIII, 226, 439ff. and passim. 有关俄国战略铁路修建的情况,见 Wilhelm Treue, "Die russische Verschuldung an Frankreich zum Zwecke des strategischen Eisenbahnbaus", *Preussische Jahrbücher* (May 1935);有关法国贷款在签署军事协议中的作用,见 William L. Langer, *The Franco-Russian Alliance*, 1890-1894 (Cambridge 1929), pp. 34f., 40f., 121, 210f., 221f., 238, 397, 404。

令德国总参谋部十分满意的是(尽管不大可能是由其指使),19世纪初德国部分资本开始流入意大利,以支持三国同盟内这个第三伙伴国摇摇欲坠的经济。① 然而,法国驻柏林大使在1891年就指出这不可能持久,他坚信意大利在1897年前将会破产并退出同盟,从而"使同盟土崩瓦解"。② 1914年以前,随着同盟体系的建立,对资本外流开始进行控制,只有那些友好国家和盟国(当前的和潜在的)才可以成为接受方。这种由政府控制的资本流动是对盟国进行金融支持的一部分,最终,它对有些国家经济(特别是法国经济)的威胁,甚至超过了因为军事目的而直接征税。

尽管老一代政治家,以及少数像卡约(Caillaux)这样的年轻政治家,可能认为资本输出有维持和平的作用,20世纪的民族主义和军国主义却不会允许隐藏在资本主义某些部门中的任何此类趋势发挥作用。③ 1910年,法国金融集团有意向奥匈帝国发放一笔贷款,用于该国的海军建设,整个同盟国集团也将因此而受益,但驻同盟国首都的法国海军武官却坚决反对:"将我们的钱用于发展

---

① Waldersee, *Denkwürdigkeiten*, II, 125, 315.

② *Documents diplomatiques français*, 1st ser., VIII, 475.

③ 1863年,一名奥地利外交官写道:"我清楚地记得(19世纪30年代)当人们说不会再发生战争时,罗斯柴尔德(Rothschild)绝不同意。而罗斯柴尔德只是代表着资本的最初预感,后来它成为一股巨大的力量,如今它仍然只需要一个普鲁士县长(俾斯麦)来推翻它的否决。"Alexander von Villers, *Briefe eines Unbekannten*, 2nd ed. (Vienna 1917), X, 27.

奥匈帝国海军是一种愚蠢的慷慨行为。"最终,贷款未获批准。①

通常,资本输出会伴随着贷方向借方出售军火的买卖。19世纪的贵族外交官往往对这种不光彩的生意不屑一顾,但有时也会收到国内的强制性命令,要求积极参与军火买卖这种国际产业。②通常,这意味着外交官不得不支持武官,因为后者扮演着前方推销员的角色,为炸药、战舰、大炮或步枪的生产商们积极推销。尽管有人斥之为"死亡商人",但外交官们很清楚,来自国外的军火订单将有助于提高本国的战争潜力。此外,军火出口还可以保持本国军工产业的水平,而且这种军火生意有时是由国际资本出资,因为外国买家是通过贷款方式支付订单的。

随着1914年临近,军火贸易领域的竞争加剧。既然这是国家经济中军官们特别是武官最熟悉的领域,这种激烈的竞争只会证实军方关于英雄和小贩(*Händler und Helden*)的旧观点。有些军官尚未觉察到他们在激烈的国际竞争中的作用。他们宣称,是追逐利益的商人"挑起了"战争,而士兵们不得不为此卖命。1909—1912年的法国驻柏林陆军武官佩莱上校(后来成为参谋长和大使),是法国军界最有头脑的人之一。他根据对德国工业结构的观

---

① Faramond, p. 30.

② 1886年,一名法国大使从柏林报告,克虏伯公司(the Krupp Works)在此被视为"一个为国家利益服务的大型企业"。因此,德国政府千方百计在世界各地为其谋求订单,特别是在当前出现了生产过剩和冶金业世界性危机的时刻。*Documents diplomatiques français*, 1st ser., VI, 282.

察得出结论,由于海外市场逐渐向其关闭,"德国工业需要向外扩张,再加上对本国军队优于别国的信心,这二者将导致德国在不远的将来走向战争"。① 在差不多同一时间,列宁也得出了几乎相同的结论。

国内当局,甚至是那些傲慢的政党,②对武官军火推销员作用的理解也许比外交官要更加深刻。他们中的有些人是被迫从事这一行业,有些则是因为不符合国内军火商的利益而被调离工作岗位。③ 但事实证明,他们中的大多数都能很快适应这一工作。1914 年以前,外交部门、军队、军工企业和银行家之间的配合以及

---

① *Documents diplomatiques français*, IInd ser., XIII, 328, 387.
② 1914 年 2 月,德国海军部向国会中的天主教中心党承诺,给驻守黑尔戈兰岛(Helgoland)的海军人员建造一座天主教堂,该党投桃报李地提议向布宜诺斯艾利斯派遣一名海军武官。当时,《柏林日报》的一名海军记者写道:"他们被告知这一职位对于我们的工业利益来说是必要的,特别是鱼雷艇造船厂,因为阿根廷一直是从希肖(Schichau)和日耳曼船厂(the Germania Shipyards)采购船只。也就是说,它其实在这名海军武官上任以前就从德国采购船只。为公平起见,这两个船厂是不是应该自掏腰包,为设立这一武官职位支付额外的费用呢? 因为对克虏伯来说,支付获利的 14%,即 15,000 马克,根本算不上什么。"Capt. Lothar Persius, *Menschen und Schiffe in der kaiserlichen Flotte* (Berlin 1925), p. 99.
③ 19 世纪 90 年代,因为对德国军火生产和销售商利益的支持不够,德国驻北京公使申克·楚·施魏斯贝格(Schenck zu Schweinsberg)被一名更积极的人替换,见 George W. F. Hallgarten, *Imperialismus vor* 1914, 2 vols., 1st and 2nd eds. (Munich 1951 and 1963), I, 352f.

国际竞争的压力已经广为人知。① 这里仅举几个例子就足以说明问题。

当贫穷的巴尔干国家谋求贷款时,通常那些资本输出国的政府和银行都认为投资军火(只要把钱花在他们本国)"有利可图",因此都愿意批准和给予便利。在此类生意中,往往是由武官扮演推销员的角色,此外还有一些其他国内军火企业的非官方代理人。有时,他们甚至向国内银行施压,后者往往在贷款条款上争执不休。正是出于这一目的,1904 年 10 月,保加利亚的费迪南德亲王告诉法国驻索菲亚陆军武官,他希望"与法国的大炮交易能尽快完成"。费迪南德急于向其受过良好训练的炮兵部队提供新型装备,而且"不愿屈服于替克房伯公司游说的压力,当他想到该公司将失去保加利亚市场时,就已经将其抛在脑后了。他还对德国公司的态度和过分的贪婪十分不满(这与法国军工企业形成了鲜明对比),而且时间上也耽误了不少。亲王知道,德尔卡塞(Delcassé)和鲁维耶正积极地介入,希望巴黎荷兰银行给予优惠条件。对此他表示十分感谢,但他的耐心已即将耗尽"。②

在敌对阵营内,此类事情同样发生。德国驻土耳其陆军武官和大使在安排利曼·冯·桑德斯军事使团对土耳其陆军进行重组的同时,他们也支持土耳其陆军选用克房伯公司的新型野战炮,并用德意志银行贷款支付。他们遭到了由法国大使、武官

---

① 对此研究最深入的当属 Hallgarten's *Imperialismus vor* 1914。
② *Documents diplomatiques français*, IInd ser., V, 446.

和银行家所组成的团队的迎头阻击。德国武官一时兴起,宣称"如果不把法国排除在交易之外,德国(利曼·冯·桑德斯)使团将奉陪到底"。①

在很大程度上,军火公司之间的竞争反映了1914年前的同盟关系——德国造船厂对英国造船厂,克虏伯公司对施耐德—克勒索公司(Schneider-Creusot)或维克斯—阿姆斯特朗公司(Vickers-Armstrong)。但有些尴尬的是,同盟国集团内部出现了克虏伯与奥地利斯柯达公司(the Skoda Works)的竞争,偶尔还会出现克虏伯、斯柯达和施耐德三家争雄的局面(就像1906年发生的那样)或者出现在诸如塞尔维亚、保加利亚或土耳其的毛瑟公司(Mauser)和曼里夏公司(Mannlicher)之间的竞争。1905年,在威廉二世亲自向其内兄希腊王储推荐毛瑟公司的产品后,该奥地利步枪生产商胜出。1902年,为了更好地向买家宣传本国产品,时任奥地利驻巴尔干国家武官的吉斯尔(Giersl)男爵利用休假之机考察了斯柯达公司。后来,他还考察了克虏伯公司。这让他在攻击克虏伯公司的产品时底气更足。②

不过,1914年以前,对战争潜力(包括本国的、敌国的和中立国的)以及战争经济的关注依然是断断续续的,并不系统。如果这一点被忽视,武官不应该承担太多责任,尽管偶尔也会有像基奇纳

---

① *Grosse Politik*, XXXVIII, 231.

② Giesl, pp. 21, 75, 170; Constantine Dumba, *Dreibund- und Entent-Politik in der alten und neuen Welt* (Zurich-Vienna-Leipzig 1931), pp. 218f.

这样的上司将责任归咎于武官,并在战后想要对其进行改革。①武官并没有接到关于对这方面进行观察和报告的命令。"经济间谍"的时代尚未到来,事实上,这一概念是20世纪20年代由布尔什维克主义者最先提出来的。

1918年以后,国际资本的流动以另一种方式服务于输出国的国防利益,即通过加强盟国或友好国家军队的实力和战争潜力的方式。在经历了与沙俄灾难般的同盟关系之后,法国私人投资者不可能再支持这样的结盟。当法国银行家向波兰和捷克军工业大量投资时②(他们在慕尼黑会议后将手中的斯柯达股份全部售出),其他资本(旨在帮助盟国实现军工自主)不得不采用政府对政府的"贷款"方式。例如,法国在20世纪30年代提出,只要比利时在马奇诺防线左翼建造一条防御体系,它愿意向其提供贷款。③这种援助类似于旧时的补贴制度。这基本等同于美国在冷战期间对友好国家的做法,或许并非有意为之。传统的资本主义理论已经无法解释军火的生产和采购,因为"战争将在工厂内决定"。这在人类战争史上是从未有过的。

在两次世界大战之间,与1914年前一样,那些军事强国(资本主义以及资本主义观念和实践在这些国家得到了最好的发展)依靠军火出口维持其国内军工业的发展。对于战争准备来说,这似

---

① Knox, p. 364; see above, pp. 42f.
② 有关这方面的数据,见 *Neues Tagebuch*, October 8, 1938。
③ Maurice Gustave Gamelin, *Servir*, 3 vols. (Paris 1946-1947), II, 69.

乎最为经济有效。正如一个由柯立芝（Coolidge）总统任命、以摩根公司的德怀特·莫罗（Dwight Morrow）为首的航空委员会在1925年12月2日发布的一份报告中所说，"本委员会鼓励发展民用航空器以及向外国出售飞机，以减少政府为保证航空业发展而必须订购的飞机数量"。① 1934年，瑞典总参谋长对曾长期被克虏伯控制的博福斯公司（the Bofors Works）再次变成瑞典国有感到十分高兴，这"对瑞典来说是件幸事，因为我们无须再承受庞大的库存压力"。② 对于那些谴责军火商为"死亡商人"的人来说，这种"国家利益"的现代观念正是他们所忽视的，他们没有看到这一事实，即在和平时期使本国军工业处于待命状态是武官和派往不发达国家的陆、海军使团的任务之一。他们充当了国际军工企业推销员的角色。

然而，1914年以前的传统资本主义因素，在1919年以后的一些国家从未自由地或者充分地发挥作用。其中有些需要进口武器的国家太穷，无力购买现代战争所需的造价高昂的武器，贫穷和工业上的落后加剧了它们对某些强国的依赖，例如法国，它是协约国国家在外交和资本方面的赞助者。一战以后的两个主要"穷国"——苏联和德国，通过易货贸易方式重整了军备，由德国提供工业技术，苏联提供场地进行武器的生产和测试（这在德国被禁止）。后来，苏联也负责提供原材料。

---

① Emile Gavreau and Lester Cohen, *Billy Mitchell* (New York 1942), p. 166.
② Castellan, p. 283.

两国在社会经济制度上的差异,并未阻碍德国国防军与苏联红军之间的合作,而且在德国军官眼中,苏联内部的反资本主义思想反而有着独特的优势。正如两国军事合作的奠基者泽克特在1933年初(当时有人担心纳粹可能带来情况的变化)所说,上世纪末的危险已经不复存在,当时"法国成功地将俄国拉入其阵营",从而使德国面临两线作战的局面。①

德苏关系(军事和工业关系)成为各战胜国军事情报部门眼中最大的谜团。实践证明,揭开德国魏玛共和国时期重整军备的秘密相对容易一些,拼图的数量更多而且更有特点。另外,很多自愿和非自愿的帮手,包括议员、和平主义者、共产主义者和反对国防军的左翼人士,也为完成这一拼图游戏提供了帮助,直到1933年出台的反间谍法切断了这些情报源。这些人为驻柏林的武官们提供的情报,加上法国情报局获得的其他情报,让后者能够相对完整和准确地掌握德国重整军备的情况。直到1935年的四年计划出台之前——当时德国的军工潜力(据法国估计已经超过了1929年的水平)已处于全速启动的状态,②德国的重整军备工作,包括总动员计划,都尚未真正开始。德国武官(不管是否这么称呼)负责处理在国外进行武器生产所带来的麻烦问题,此类问题在冯·

---

① *Deutschland zwischen West und Ost* (Berlin 1933) 。
② 有关法国武官报告的很多详细情况,以及法国总参谋部的总体结论,见 Castellan, passim。

泽克特将军在位期间更是多如牛毛。①

当德国的重整军备真正大规模地开始时,又出现了新的问题,如为购买必需的外国原材料提供资金,这些原材料往往位于穷国境内,而它们自己就是武器买家。纳粹德国与苏联和中国这样的非工业国家进行复杂的易货贸易,至少部分地用德国制造的武器换取两国的原材料。后来,从1938年开始,也用于换取捷克的原材料。类似的易货贸易还扩展到巴尔干国家,纳粹德国取代法国成为这些国家的武器和资本的提供者。下面的例子不仅体现了武官在这种交易中的作用,也表明了外交官与军人之间的冲突。1939年2月,与法国关系不睦的南斯拉夫,通过其摄政王兼总参谋长,向德国驻贝尔格莱德空军武官表达了希望购买大量武器的想法,包括300架飞机及地面装备,计划使用由德国担保的信用贷款方式支付。在没有通知外交部的情况下,德国空军和戈林本人就立即表示将予以考虑。然而,外交部最终还是得知了这一交易,于是抱怨空军秘而不宣的目的,是不想让外交部染指"这场军火交易所带来的政治收益"。里宾特洛甫抓住此事大做文章,"卷入到一

---

① 详见 Gustav Hilger and Alfred G. Meyer, *The Incompatible Allies: German-Soviet Relations*, 1918-1941 (New York 1953); George W. F. Hallgarten, "Seeckt and Russia, 1920-1922", *Journal of Modern History*, XXI (1949), 28ff.; Edward Hallett Carr, *German-Soviet Relations between the Two World Wars*, 1919-1939 (Baltimore 1951); Helm Speidel, "Reichswehr und Rote Armee", *Vierteljahrshefte für Zeitgeschichte*, I (1953), 9ff。

场与所有方面的、超过其权限的斗争",并且想要借此机会建立"一种严格的、统一的外交政策管理方法",但结果并不理想。戈林和德国空军还在努力拉拢南斯拉夫加入轴心国,这似乎很有可能,因为南斯拉夫空军"彻底倒向了德国",但其陆军却尚未完全摆脱亲法传统。① 类似的动机、步骤和内部矛盾,也同样发生于德国对罗马尼亚及其油田和军队的控制过程中。②

不管大国还是小国,都在尽力建立自己的军工业,但几乎没有哪个国家可以做到自给自足,尤其是较长一段时期内。各国不得不从国际市场订购战备物资和原材料,这方面的竞争常常十分激烈。在这种市场形势下,很多武官都化身为本军种的采购代理人,③这一角色并不稳定,而且常常需要做些有损道德的事。对于那些参观工厂、试验场和审查产品的人,那些大军火公司常常会慷慨解囊,让其满载而归。④

---

① *Documents on German Foreign Policy*, Ser. D, V, 396ff., 400ff., 409f.

② *Documents on German Foreign Policy*, Ser. D, VIII, 602.

③ 美国海军武官"也作为海军部的代表,负责从国外采购作战物资并对其进行必要的检查。在某些国家这些工作十分繁重,甚至需要另外派军官担任海军副武官"。Cmdr. W. W. Galbraith in *Congressional Digest*, January 1924.

④ 见 George W. F. Hallgarten, *Vorkriegsimperialismus*(Paris 1935), II, 273 and passim。最新的此类丑闻是关于瑞士驻华盛顿陆军武官汉斯·里泽(Hans Rieser)上校。他得知瑞士计划采购 100 辆维克斯—阿姆斯特朗坦克后,告诉了他的兄弟。后者立即成为瑞士负责采购该型坦克的代理人,从中获得了 10 万美元的佣金,其中 1.25 万给了这名武官。整件事情曝光后,里泽被撤职,但并未对他提起刑事指控。《明镜周刊》1957 年 1 月 27 日;《纽约时报》,1957 年 6 月 18 日。

在查看外国武器装备以后,武官须就它们对本国军队的价值,或者是否需要制造一种与之性能相似、甚至更好的武器给出自己的意见。某国陆军或海军使用的某种武器或者其中的某项特征是否值得模仿、改进,或者(如可供销售)直接从外国制造商处采购?还是应该弃之不用?

军火购买方的情况往往秘而不宣。美西战争期间,由于当时美国在鱼雷生产和使用方面都相对落后,美国驻柏林海军武官关于与德国鱼雷生产商施瓦茨科普夫公司(Schwarzkopf)进行贸易的报告理应被重视。1898年5月,该公司提出,由美国政府订购200枚鱼雷,每枚单价500英镑,2—4年内交付,或者由美国自行生产,该公司负责免费提供计划、经验和信息,每枚鱼雷收取50英镑专利费。公司经理称,"董事们几乎都是银行家,倾向于让美国支付大笔补偿款的方式,因为美国不缺钱"。美国海军武官回应称,"一个人越富有,就越会在小事上斤斤计较"。同时,他向华盛顿提出了以下建议:

> 宜采取订购鱼雷(如150枚)而非现金支付的方式,因为未来我们将需要大量鱼雷,但考虑到德国方面可能出现的麻烦,我将让他们加快生产进度,并将专利费降至30英镑。我还想将专利使用时间从不足10年延长至15年,这种延长对我们来说很有意义,在专利费未交清之前我们可以免费到德国参观,可以说,这给了我们一个不间断地观察德国鱼雷系统的良机。那名经理说,他们不会与美国任何私人企业合作,因

武 官

为这样必定会制造一个未来的竞争对手。我从国务院的来信中推测,我们的意图是建立一家政府工厂。我也希望如此,因为更划算。①

无论在战争期间还是在和平时期,武官只是临时担任军火买家的角色。例如,1938 年慕尼黑危机前夕,捷克驻罗马空军武官问意大利航空部,意政府是否同意出口大约 150 架飞机。这一要求遭到拒绝。尽管失掉生意有些遗憾,意大利却立即将此事通知了德国,并期望因此得到后者的赞扬。② 通常,武官在联系好军火企业后,应由国内派出的采购委员会接手,但武官可以决定如何利用他了解到的情况。他可以与其他国家的武官交换情报,从而让后者更准确地判断军火出口国的战备情况和战争潜力。1932 年,日本和西班牙陆军武官在他们本国与德国签订军火订单后,都向他们的法国同行透露了德国工业的实力和准备情况。③

无论从事武器的出口还是进口,或者仅仅充当武器、弹药和原材料的经纪人和代理人,都让武官在德国军事经济中发挥了新的、重要的作用。那是德国人在 1939 年前建立的,部分是基于军事研

---

① Cmdr. Barber to Navy Department, May 14, 1898. *National Archives*.
② *Documents on German Foreign Policy*, Ser. D, I, 1171.
③ 详见 Castellan, pp. 77f。

究之上,①或者说,是基于对资本主义或共产主义经济体中军事部门的研究之上。除了语言等方面以外,他们对经济有没有研究,是否做好了从事这方面工作的准备?这似乎确有必要,因为他们所说的"经济"可能变成仅仅是军国主义或帝国主义的东西,既过时又具有破坏性。②

现代战争给武官带来了两项经济方面的任务(这两项任务明显过于繁重,仅凭武官和武官处难以完成):一是从国外进口武器和战争物资,二是从敌国或中立国家(它们都是破坏、轰炸和导弹袭击的目标)发现并且说明这些武器的来源。自从普法战争以来,甚至更早的、当俾斯麦想从美国购买战舰时,美国就一直被欧洲国家和日本视为战争物资的来源地。随着一战的临近,冯·巴本在柏林警告,美国不仅是一个潜在的武器提供者,其工业能力也可以让"美国陆军在很短的时间内几乎毫无限制地扩张"。③ 1914 年的马恩河战役(该战役表明战争将不可能在短期内结束)之后,交战各国都从美国进口武器。德国从一开始就被日益收紧的封锁所困,于是倾向于采取抢购(巴本曾赤裸裸地称之为"垄断军需市场")、破坏和煽动罢工等措施。冯·巴本和海军武官所从事的此

---

① 有关情况,见 *Schriften zur kriegswirtschaftlichen Forschung und Schulung*, Maj. Dr. Kurt Hesse, ed. (Hamburg 1935ff.)。

② 日本驻巴黎陆军武官解释说,日本陆军 1932 年在中国东北的行动是出于"经济上的必需"。Camelin, *Servir*, II, 84f.

③《巴本回忆录》,第 19 页。

类活动大多手法拙劣,引起了协约国方面的注意,包括英国驻华盛顿海军武官,他曾在奥地利官员中安插了一名捷克特工。最后,甚至连"白痴美国佬"(巴本在一封被截获的私人信件中曾如此称呼美国当局)也知道了他们的活动。虽然没有巴本及其海军同事博伊—埃德从事不端行为的证据,美国政府还是在1916年底,以"从事不恰当的陆军和海军活动"为由,宣布他们为不受欢迎的人,成功地使两人被召回。①

其他充当战争物资提供者的中立国均处于交战国严格的监视之下,武官即是最重要的监视者之一。最典型的例子当属英国驻斯德哥尔摩海军武官康赛特(Consett)上校,他始终认为瑞典的中立有利于德国,而英国对瑞典的封锁措施太过于宽容。他的上司——公使埃斯米·霍华德(Esme Howard)爵士,倾向于采用较为柔和的方式,以免刺激德国,后者在这个北欧国家民众中拥有很强的影响力,他们甚至拥护瑞典加入同盟国一方参战。②

1939年,二战爆发之初,最重要的经济战目标,要数瑞典的铁矿石、罗马尼亚和苏联的油田,以及德国(也是上述矿产资源的主要受益者)的交通线。盟军计划控制这些矿产资源或者开辟交通

---

① 《巴本回忆录》,第二章和第三章。
② 详见 Montagu W. W. P. Consett, *The Triumph of the Unarmed Forces* (1914-1918). An Account of the Transactions by which Germany during the Great War was Able to Obtain Supplies Prior to Her Collapse under the Pressure of Economic Forces (London 1923).

线,这些计划都十分大胆,甚至过于冒险:为援助芬兰,必须拿下格雷瓦尔(Gelleväre)铁矿,出动驻扎在近东基地的飞机轰炸高加索山脉附近的苏联油田,以及破坏罗马尼亚的石油生产。法国最高司令部提议,"赋予我们驻布加勒斯特的陆军武官一项任务,为(最终)摧毁罗马尼亚油田进行必要的组织工作",在1916年指导过油田破坏行动的工程师的领导下,在德国控制这些油田以前,通过大规模的破坏活动使其完全瘫痪。① 由于纳粹德国在1940年的胜利,上述经济战计划不得不中止,德国立即加强了对罗马尼亚石油生产的控制,令盟军和苏联的企图落空。

对轴心国境内轰炸目标的选择,靠的是一些工程师和参与策划经济战的经济学家,而不是靠那些曾在轴心国首都任职的武官所提供的数据。至少,这是一名华盛顿经济战委员会(the Washington Board of Economic Warfare)成员的印象。二战中的经验,给为应对另一场战争而进行的侦察行动和目标选择带来了巨大压力,而武官似乎在试图弥补自身的不足。1951年被截获的美国驻莫斯科陆军武官日记中,记载着大量莫斯科和其他地区的"绝佳目标",如铁路、桥梁、防空阵地、工厂等。② 后来,尽管有U—2飞机对苏联领土的航空侦察和其他侦察手段,五角大楼也不得不公开

---

① *Les documents secrets de l'État-Major Général Français* (Berlin 1941), p. 35. 这是一份由德国外交部发布的白皮书,里面有缴获的载有这些计划的法国军事文件。

② Richard Squires, *Auf dem Kriegspfad. Aufzeichnungen eines englischen Offiziers* (East Berlin 1951), pp. 214ff.

承认,对苏联导弹基地(这是使用远程核武轰炸机和导弹进行报复性打击的最佳目标)的掌握不足。苏联人对这些基地的保密工作相当成功。①

---

① 《纽约时报》,1960 年 12 月 1 日。

第13章 战场观察员

报告（通常还加以评论）军事事务越来越成为军人专属的任务，不管他们是报告和平时期的技术进步，还是描绘战争的最新形态。19世纪的军事观察员，要么是驻交战国首都的武官，要么是由中立国陆军部和总参谋部派出的特别观察人员，都竭力想在最近的距离（在战线前沿，在补给线上，有时甚至是在内战的街垒中）研究最新的战争。①

1864年，普鲁士命令其武官随法国军队出征墨西哥。同年，法国派遣驻柏林武官克莱蒙特—托内尔约伯爵随普鲁士和奥地利

---

① 俄国驻柏林全权军事代表康斯坦丁·贝根道夫伯爵关于三月革命期间街头战斗的报告，见 Veit Valentin, *Die deutsche Revolution von 1848-1849*（Berlin 1930），I，431。

军队进军荷兰。① 美国内战期间,欧洲多数军事强国都向南北双方分别派出了军事观察员,而一开始,这被认为对于欧洲军队或战争研究来说毫无意义和价值。作为一个对殖民地战争感兴趣的国家,法国在1868年阿比西尼亚战役期间向罗伯特·纳皮耶(Robert Napier)爵士的参谋部派出了两名观察员。普法战争中,德国总司令部内有十几名来自中立国家的观察员,法国方面则少得多,似乎胜利者更值得学习。列强中只有奥地利没有派出观察员,因为无论是普鲁士还是奥地利自己,都对其中立地位表示怀疑。

对于那些中立国来说,由于本国缺少直接参加战争(特别是最新的战争)的经历,这样的观察是学习最新作战方法和武器知识的最直接的途径,而且多数交战国不仅自己愿意学习,也允许其他国家从它们的经历中学习。后来,这些观察员通过各种方式成为他们本国军队的教官。在这方面最典型的例子要属德拉戈米洛夫(Dragomirov)上将(1830—1905),他是末代沙皇手下最杰出的战术家,也是俄国军事史上苏沃洛夫(Suvorov)和红军之间承上启下的人物。无论是在军校课堂上,还是在著书立说中(他后来成为尼古拉军官学校的战术教员和主任),他有关战术的教学,无一不是基于他1859年战争期间在意大利总司令部内任观察员以及1866

---

① 普鲁士军队进攻杜普尔(Düppel)防线时,有人如此评论那些战场观察员:"看到我们的客人,加布伦茨(Gablenz,奥地利人)、冯·德尔·坦恩(von der Tann,巴伐利亚人)以及法国陆军武官克莱蒙特—托内尔约,实在非常有趣。后者被我们年轻的士兵孩子般的服从和英勇的表现感动得流泪不止。"Schweinitz, I, 167.

第 13 章 战场观察员

年随普鲁士第二军团征战波西米亚的经历。

在 19 世纪,出于礼貌和互惠原则,各国通常都会同意接受军事观察员并允许其随军行动,但也有例外,如没有人可以接近驻塞瓦斯托波尔(Sevastopol)的俄军。另外,有时这些观察员不仅得不到交战国当局的帮助,还会遭到后者的阻挠。1866 年的战争中(第二次奥意战争——译注),意大利人决定让在己方军中的观察员自行转移,并自己解决交通、食物和住宿,似乎想通过这种方式让他们远离不光彩的库斯托扎战役。在战败当天夜里,由于预计获胜的奥地利人会积极追击,作为观察员的外国武官们从睡梦中被叫醒并匆忙行军至后方的克雷莫纳(Cremona)。维克多·伊曼纽尔国王的一名副官告诉他们:"我在今早 3 点见过国王,他十分沮丧,我们更是如此,因为我们担心他会被迫退位。"[①]对于外国武官们来说,这一情报的价值远比不上关于这场军事失败的目击报告。

一般说来,这些军事观察员都会与交战国参谋军官一样,经受物资匮乏和行军打仗之苦。格兰特将军警告想要到他司令部来的法国人,"这场战役是在最顾不上个人舒适的情况下进行的"。[②]的确,有些交战国发现,给那些外国观察员规定的限制越多越好。1859 年,英国驻巴黎陆军武官赶往意大利的法国军营进行观察,

---

[①] Germain Bapst, *Le Maréchal Canrobert: Souvenir d'un siècle*, 6 vols. (Paris 1898-1919), IV, 40f.

[②] Beauvais, p. 28.

但他在热那亚(Genoa)等了八天才被允许进入司令部。在这之前,在最初的混乱无序过后,一切问题都已很好地解决,可以坦然地向外国人展示。弗勒里伯爵(军中的一名宫廷将军)对英国人的评价是,"这真是一项奇怪可笑的任务,一国政府竟然向交战双方都派出了观察员,而且这位观察员似乎对自己的任务感到有点恼火。为了不激怒他,同时也是为了向英国方面施加积极影响,我会尽力与其周旋"(弗勒里本人也是个亲英分子,对法国驻伦敦使馆的期望很高)。①

有时,与交战国将士同甘共苦甚至还会让中立国的观察员(尽管只是暂时地)遭受囚禁之苦。② 按照惯例,他们会被立即释放,但通常扣押者不希望他们返回敌军营中继续执行观察任务。有一个例外。1899—1900 年,古尔科(Gurko)将军(1877—1879 年享有盛名的那个古尔科之子)在布尔人军营中担任观察员时被英国人

---

① *Souvenirs du Général Comte Fleury*, 2 vols. (Paris 1897-1898), II, 20f. 1859 年,俄国在拿破仑三世军营中的观察员保罗·舒瓦洛夫(Paul Shuvalov)伯爵,后来成为驻柏林大使(1885—1894),受到了法国方面非常周到的招待,以至于他从此成为一个坚定的拿破仑主义者和第三共和国的仇视者。*Documents diplomatiques français*, 1ˢᵗ ser., IX, 152.

② 1904 年,两名德国武官和一名法国武官自愿留在亚瑟港(即旅顺港——译注),旨在观察了解新的围城攻城战术。在攻击初期,日本人给他们提供了出城通道,威廉二世也命令两名德国武官离开。其中一人安全跨过了战线,但另一名德国武官和他的法国同行乘坐一艘中国船离开时失踪,估计遭船员杀害。Maurice Bompard, *Ma mission en Russie* (Paris 1937), pp. 57f.

第 13 章 战场观察员

俘获,罗伯茨爵士取道中立的洛伦索马贵斯(Lorenco Marguse,莫桑比克城市——译注)将其送回了布尔人手中。①

出于礼节,这些观察员从不更换阵营,因此也就避免了将一方情报带入对立一方的可能。普鲁士观察员冯·维立森(von Willisen)将军在随意大利军队参加 1849 年战役后,又出现在拉德茨基的司令部,这让皮德蒙特人(the Piedmontese,意大利土人——译注)非常恼火。这种违背军事礼节的行为,直到 1859 年奥地利人和皮德蒙特人两军对垒(还是在普鲁士人的观察下)时,仍会引发不快。② 然而,两名美国观察员——伯恩赛德(Burnside)将军和福布斯(Forbes)上校,却毫不顾忌这种偏见。1870 年 10 月初,在德国司令部待了一段时间后,他们又出现在巴黎防线的前沿,请求准许他们作为美国政府和公使沃什伯恩(Washburne)的信使进入这座被包围的城市。许多法国人,包括甘必大(Gambetta),认为美国外交官对法国的防务怀有敌意,但巴黎法军司令特罗许(Trochu)等人还是让美国人进入城内。二人告诉特罗许,俾斯麦对煽动叛乱寄予很大期望,但特罗许向二人保证,并通过他们向德国人保证,要让法国人投降还需要很多其他条件,如饥荒。朱尔·法夫雷尔(Jules Favre)本想通过美国人(在他们回到德方后)与俾斯麦建

---

① Knox, pp. 400f. 关于从国家法角度讨论监禁中立国武官的行为,见 Beauvais, pp. 166ff。

② *Die auswärtige Politik Preussens*, I, 250.

立一条新的谈判渠道,但毫无结果。①

从1815年到1914年,几乎在欧洲乃至海外发生的每一场战争中都有这种中立观察员的存在。② 1914年前的最后一场大规模战争是日俄战争,当时所有的强国和一些次等强国都向双方派出了观察员。俄国军营中有一个27名军官组成的军事观察团,由一名英国中将担任团长。据负责该观察团与俄军总司令部之间协调联络的俄军参谋说,"这名英国团长在我军中的地位特别微妙,因为英国当时是日本的军事盟友"。法国代表西尔维斯特(Sylvestre)上将非常失望,因为库罗帕特金(Kuropatkin)对他这位来自盟国(在军事学领域自认为相当领先)的代表的建议不感兴趣。德国和奥地利的观察员,包括前任德国驻圣彼得堡陆军武官冯·劳恩施泰因(von Lauenstein)少校,是一个三皇同盟时期的老兵。在俄国联络官看来,"他对我军的了解要胜过其他任何人"。很可能,他是从劳恩施泰因寄出的信中得出这一结论的。真正缺乏策略的是瑞士派出的两名观察员。一天,俄国火车牵引炮亮相并引起了观察团的好奇,其中一名瑞士观察员在俄国联络官在场的情况下镇定地说:"你们何必这么激动?无论如何,俄国人所做的,只

---

① Louis Jules Trochu, *Oeuvres posthumes*, 2 vols. (Tours 1896), I, 308ff.; for the German side Moritz Busch, *Bismarck. Some Secret Pages of his History*, 2 vols. (London 1898), I passim.

② 普鲁士驻巴黎陆军武官观察了法国军队1863年在墨西哥以及1864年在阿尔及利亚的战斗。Gordon A. Craig in *Political Science Quarterly*, LXIV (1949), 68.

是将这些大炮尽快交给日本人罢了。"很快,中立国的高级外交官们就收到了这两名瑞士观察员被召回的消息。①

1904年初秋,其他在俄国军营中的观察员也离开回国,似乎关于这场战争已经没有多少东西值得他们再继续留下来受罪了。这让俄国陆军大臣非常恼怒,因为他觉得这是对俄军作战前景失望的表现。他尤其不满的是,盟友法国的代表也要离开。在完全拥护这场战争的法国驻圣彼得堡陆军武官看来,这名军官是要向国内当局(法国当局,或许还有俄国当局)当面报告一些"有趣的"东西。因为审查制度,他无法以书面方式汇报,包括他认为,如果俄国还想保住具有良好战术素养的陆军和"沙皇的权威",就应该不惜任何代价,立即实现和平。②

这种中立观察的成果体现在军事文献中,③其中有些属于官方文献,如总参谋部下属历史研究部门的作品。其中,最著名的要数普鲁士总参谋部编写的《1859年意大利战役》(*Der italienische Feldzug 1859*)。该书基本上是由毛奇自己根据前方报告口述而成,其中有些报告具有很强的个人色彩,但与现职军官的书面报告

---

① Ignatiev, pp. 171ff.; Waters, *Secret and Confidential*, p. 262, confirms this story.
② *Documents diplomatiques français*, IInd ser., V, 543f.
③ 英国武官有关日俄战争的报告收录于 *The Russo-Japanese War: British Officers' Reports*, War Office, 1908;美国武官的报告收录于 *Reports of Military Observers*, General Staff USA, 1906;英国总参谋部撰写并出版了正式的 *History of the Russo-Japanese War* (London 1906ff.);德国方面的正式记载是 *Russisch-Japanischer Krieg* (Berlin 1907ff.);后者由冯·多纳特(K. von Donat)译为英文。

相比毫不逊色。有时,这种个人文献会引起仇视,特别是当其在对其中一个交战国或交战双方出言不逊时。随俄军征战中国东北的两名奥地利观察员回到维也纳后,其中一个在一家军官俱乐部内向同行作了一场关于其随军经历的公开演讲,严厉批评了俄军及其糟糕的指挥,这更加深了奥匈帝国和俄国军队之间早已存在的敌意。①

有了这样不愉快的经历,交战国从此对观察员在己方战场的行动设置了更多的限制,特别是他们看到对己方不利的情况的机会更少了。参观战场越来越成为一种事先安排好的游览。1911年,在利比亚,意大利(对有可能拆穿其强国面具的军事批评总是异常敏感)决心要让来观摩其进攻土耳其战斗的外国观察员参加一次军事旅游。它拒绝了盟国奥地利提出的让部分军官参战的请求,反而邀请了一些强国武官乘坐意大利军舰来到的黎波里。这些人被关在屋内,只是偶尔才能在这场不光彩的战争中,看到一点对意大利来说无害的情况。奥地利总参谋长康拉德认为,用这种方式不让中立国观察员看到实际情况就是一个笑话,自己决不上当。他命令驻意大利陆军武官去的黎波里待上几天,然后找个合适的理由返回罗马,在那儿反而能得到更多关于这场战争的消息。②

---

① Glaise-Horstenau, p. 387.
② Conrad, II, 176ff.

第 13 章 战场观察员

在巴尔干战争中(武官们对这场战争事先未能准确预判①),那些中立国的观察员、武官和其他军官以及新闻记者们的行动也受到了限制。从 1912 年底到 1913 年初,有关哈德良堡(Adrianople,土耳其古城埃迪尔内的旧称——译注)被围的确切消息都难以获得,"因为至今武官和记者们尚未获准观摩作战行动,而保加利亚总参谋部当然只会发布那些对己方有利的消息"。② 土耳其人遭遇了可耻的失败,因此他们不愿让观察员到前线。1912 年 11—12 月,希腊人在马其顿战役中给了观察员更多自由,当然只是暂时的,而且是在确保安全的情况下。他们将所有的外国驻希腊陆军武官都带往前线,包括一名德国观察员,因为德国并未在希腊派驻武官。其中两人是从土耳其军营转过来的,因为他们在那边没法去战场观察。那个德国观察员写道,"我们这些人的关系很好,尽管我们都清楚三国同盟和三国协约的利益不同。我们之间相处总是十分融洽,而且奇怪的是,我们中也形成了一些小圈子,虽然与国家间的结盟并不一致"。然而,他们很快就与一名希腊指挥官发生了不愉快。这名指挥官是一名狂热的韦尼泽洛斯主义者(Venizelist),怀疑这些武官拥护希腊王室或者土耳其人,于是审查并销毁了这些武官的信件。他其实更愿意与新闻记者打交道,因为后者可以为他做宣传。数周后,大多数武官离开前线返回雅典,

---

① *Osterreich-Ungarns Aussenpolitik*, IV, 4064.
② 德国驻索菲亚公使的报告,1913 年 2 月 4 日。*Grosse Politik*, XXXIV, 12795.

在那儿他们获得了更多的关于伊庇鲁斯(Epirus)的情况。①

交战国(公开或暗中)对强国代表的到来很不高兴,因为它们认为这些国家并非真的中立。1878年,英国驻圣彼得堡陆军武官F. A. 威尔斯利(F. A. Wellesley)上校在俄军中时,因为英国政府和媒体的亲土耳其立场吃了不少苦头,一些俄国人对他恶语相向,为此俄国外交部和沙皇本人不得不向他表示歉意。后来,一名英国内阁大臣的不慎举动更使局面雪上加霜。在与法国驻英国大使的谈话中,这位大臣提到了威尔斯利有关俄国动员方面存在许多不足的报告,法国大使将这一情况报回国内。得知这一情况后,俄国人更加气愤。然而,这些不愉快得到了很好的处理。威尔斯利后来被沙皇派往伦敦,询问迪斯累利政府是否愿意根据俄国提出的条件进行调解。但当威尔斯利返回伦敦期间,俄国人遭遇挫折,其军队在普莱夫纳(Plevna)受阻达数月之久,因而迪斯累利不愿在这种情况(实际上,此时情况比签订《圣斯特凡诺和约》时要好得多)下进行调停。② 俄国人当时生气,一部分是因为在高加索前线土耳其军营中的英国陆军武官阿诺德·肯博尔(Arnold Kemball)将军的活动。据当时报纸报道,他向土耳其军队指挥官穆赫塔尔(Moukhtar)提出了很多很好的建议,可惜土耳其人毫不理会。

---

① Maj. Gen. Gerold von Gleich, *Vom Balkan nach Bagdad* (Berlin 1921), pp. 27ff., 51, 54, 56 and passim.

② Col. F. A. Wellesley, *With the Russians in Peace and War* (London 1905), chs. XVIIff.

在谈及这个违反中立法则的例子时,19世纪末20世纪初俄国最著名的国际法专家F.德马腾斯(F. de Martens)评论道:"如果在高加索地区的俄军总司令掌握了阿诺德爵士参与土军行动的确凿证据,那么后者一旦被俘,将被视为土方战俘,而不是英国将军或英国政府陆军武官。阿诺德·肯博尔爵士自己似乎也明白这一点,因为在土军失败全军撤退时,他尽量不在后卫部队中。"①

日俄战争期间,美国特别是美国媒体对日本人的友好态度让俄国人十分不满。他们告诉美国陆军武官T.本特利·莫特(T. Bentley Mott),这是对"老朋友"的忘恩负义。② 与此相反,善意中立者在这场战争中获得了很好的回报,英国海军观察员享受到独一无二的待遇,他被允许登上日本战舰,甚至还与日本人一起参加了战斗。为了在第一次世界大战开始阶段获得或者保持与美国的友谊,基奇纳主动下令,除了美国驻伦敦陆军武官斯奎尔斯(Squiers)上校,其他武官从一开始就不得进入英国远征军的战区。

---

① F. de Martens, *La paix et la guerre* (Paris 1901), pp. 505f.;有关英法武官在土耳其军营中的情况,见 Valentine Baker Pasha, *War in Bulgaria* (London 1879), I, 7 and passim。

② Mott, p. 125. 根据 Theodore Roosevelt, *The Letters of Theodore Roosevelt*, selected and edited by Elting E. Morison, 8 vols. (Cambridge, Mass. 1951-1954), IV, 1086f.;1115,在日本军营中的外国军人"逐渐变得不喜欢日本人,尽管尊敬他们是优秀的军人"。美国驻俄国武官们认为,俄国人"撒谎和骗人的本事很大,但打起仗来比不上日本人"。

基奇纳希望以此赢得美国的善意中立,甚至更多。① 同时,同盟国认为美国的中立不够真诚,因此不大欢迎美国观察员来己方前线观战。1915 年,当美国产的炸弹第一次落到麦肯森(Mackensen)驻扎在波兰的军队头上时,他将位于罗兹(Lodz)的司令部邀请客人名单上划去了五名美国观察员的名字(他们是来观摩阵地战的)。相比在柏林的美国大使,这些军官似乎更能理解麦肯森的反应。

1914 年以前,对盟国或友好中立国家的武官给予优待早已成为欧洲联盟体系中很重要的一部分。19 世纪90 年代,当时英国只是三国联盟的一个非签字成员国,有关俄国这个共同潜在敌人的很多军事情报,都是通过英国驻柏林陆军武官格里尔森上校进行交换。尽管法军的最高机密可能从来没有向俄国盟友透露过,俄国武官却受到了数不清的特殊照顾,俄国人也投桃报李,比如特许法方参观自己举行的一些特别演习。在筹备列强选边站队的阿尔赫西拉斯会议(the Algeciras Conference)时,法国和德国外交部门都想赢得美国的支持。法国决定,美国陆军军官,包括当时正在欧洲游历的参谋长查飞(Chaffee)将军,是外国军官中唯一获准"观摩演习开始阶段的骑兵作战部分的,也是外国军官中唯一获准参加每天演习结束后的讲评会的"。②

这种中立观察成为培养未来战士的学校,几乎就是 18 世纪的

---

① Callwell, I, 195f.

② William Harding Carter, *The Life of General Chaffee* (Chicago 1917), p. 272.

第13章 战场观察员

军界大人物利涅亲王(the Prince de Ligne)梦寐以求的国际战争学院。① 在1904—1905年的日俄战争中,这些观察员中最聪明的那些人都在日本人一方。其中有几个成为第一次世界大战中的著名人物:如达达尼尔远征军的倒霉指挥官伊恩·汉密尔顿爵士,一战时的美国征兵主任伊诺克·克劳德(Enoch Crowder)上校,后来成为参谋长的佩顿·马奇上尉,还有潘兴上尉,二人都当过美国驻东京陆军武官(1904—1905年和1905—1906年),后来当上了意大利陆军部部长的卡维利亚(Caviglia)少校,以及后来成为德国东线司令部参谋长的马克斯·霍夫曼。他们都被派到前线学习战争的最新形态,其规模之大为近30年之最。在中国东北的亲身经历让他们获益良多,相比之下,他们的政府却未必接受他们关于战争已发生了根本性变化(如机枪、野战工事、延长战线、"隐身"军服等的出现)的结论。②

由于年龄和其他条件,这些观察员注定要在一战中成为指挥官,除非像霍夫曼那样被前辈压制。他们大多不是以武官的身份被国内当局派出的(潘兴和马奇任武官只是形式上的,而且时间也不长)。研究一下这些人以及很多武官的职业经历会发现,比起当

---

① Max Jähns, *Geschichte der Kriegswissenschaften vornehmlich in Deutschland*, 3 vols. (Munich and Leipzig 1889-1891), p. 2094.

② 有关汉密尔顿在远东的经历,见他的著作 *A Staff Officer's Scrap Book*, 2 vols. (London 1906-1907);霍夫曼关于中国东北的笔记可参阅他的 *Aufzeichnungen*, Nowak, ed. (Berlin 1929)。

武官,当观察员的经历更有助于提高他们的军事指挥水平。一战德国和法国的陆军指挥官中无一人担任过武官。由于需长时间从事参谋业务,武官经历似乎对一名军官的指挥能力有害无益。①

首先,武官在国外生活的时间比较长。有些军种试图将武官的任期减至三年甚至两年,但许多武官都想方设法地延长任期。结果是,他们学到了,或者自认为学到了,关于驻在国军队的很多东西,甚至他们对外国军队的了解超过了对本国军队的了解,而这对一名指挥官来说是不可接受的。其次,武官除了作为具有语言知识、良好的举止和搜集情报本领的技术人员以外,往往都十分关注政治,特别是外国政治。虽然具有一定的政治才能对于陆军部部长和总参谋长这样的高级军官来说很有帮助,特别是在与文官政客打交道时,但却无助于提高指挥水平(也许只有在联盟战争期

---

① "我的个人观点是,参谋工作对于培养一名指挥官肯定没有好处。这倒不是说指挥官不能从低级参谋做起,这方面的一些训练还是需要的,但一名几乎将全部时间都花在参谋岗位上的军官肯定不会成为一名出色的指挥官。当参谋的经历让他看到了、也解决了太多的困难,而指挥官的职责要求他决不能被这些困难干扰。对于一名将大部分生命都花在这些问题上的参谋军官来说,这当然十分困难。"Sir Giffard Martel, *The Problem of Security* (London 1945), p. 82. 作者是一名工程兵和坦克专家。参谋工作的另一个可能后果是,前武官可能不太愿意循规蹈矩。俄国驻柏林全权军事代表多尔戈鲁基亲王在这方面就做得不好。他一心想赶在其他部队到达前拿下一个土库曼阵地,因此比总攻时间提前一个小时出击,结果导致他的部队被击败,几乎全军覆没。Rich and Fisher, II, 91f.

第 13 章 战场观察员

间,政治和外交才能才有用武之地)。①

在后来当上参谋长的武官中,以下名字值得一提。阿尔弗雷德·瓦德西伯爵,普法战争以前任驻法国陆军武官、毛奇的军需总监(1882—1888)和继任者(1888—1891)以及镇压义和团运动的八国联军统帅(1900—1901)。布瓦代弗尔上将,1882 年任驻圣彼得堡陆军武官,后来成为总参谋长,与弗雷西内(Freycinet)一起重组了法国陆军并参与了法俄之间的军事谈判。佩莱上将,1915 年 4 月起任霞飞的参谋长,曾任驻柏林陆军武官并颇得法国外交部的欢心,一战后担任法国驻土耳其大使。据一位仰慕者称,佩莱是"参谋军官的典范,智力超群,学识过人,谈吐举止也十分优雅。他拥有异乎寻常的理解能力,对组织、军事或外交外事问题都能应付自如",但尽管如此,也不免成为"政治仇恨的牺牲品"。② 1914 年 7 月突然去世的意大利总参谋长波利奥(Pollio)上将曾任驻奥地利陆军武官多年,在那儿他娶了一位叫戈尔马斯·阿里亚斯·戈尔德曼(Gormadz alias Goldman)的女士。人们称他"无比忠诚",

---

① 海军部部长约瑟夫斯·丹尼尔斯与西姆斯(Sims)海军上将发生矛盾的部分原因在于,西姆斯喜欢"把岸上服役置于(一战期间)在危险地区的海上服役"之上,可能与他本人当过海军武官的经历有关。在其长达 25 年的海军生涯中,在海上服役的时间仅为 9 年。Jonathan Daniels, *The End of Innocence* (Philadelphia 1954), pp. 303f.

② Lieut. Col. Jean Fabry, *Joffre et son destin* (Paris 1931), pp. 78f.

因为他认为意大利的军事义务来源于三国同盟,甚至连大使蒙茨爵士这样多疑的人都毫不怀疑他的忠诚。① 马克斯韦尔·D. 泰勒(Maxwell D. Taylor)上将曾在北平短期担任驻华陆军副武官(1939),在此之前他从1935年起一直在学习日语,想必也包括日本陆军的情况。二战期间,他负责指挥一个空降师,后来还担任过许多不同的职位,说明上级对他十分信任。再后来,他历任美国陆军学院院长、陆军副参谋长和参谋长(直至1959年辞职)。他辞职的目的,是公开表达他在《迟疑的号角》(*The Uncertain Trumpet*, 1960)一书中所提到的对于美国国防种种不足的关切。与他同时代且职务对等的空军参谋长托马斯·德莱塞·怀特(Thomas Dresser White)上将,早年曾先后担任过驻中国、苏联、意大利、希腊和巴西武官。② 总而言之,从记录来看,武官训练似乎不能帮助一名军人当上将军,最多不过是有助于情报、教学③和参谋工作,以及,从另一方面说,有助于其从政。在其他军人眼里,结束任期回国的武官都是一些迷失了方向、被宠坏了的家伙,已经无法再胜

---

① Monts, p. 253.
② *Forbes' Magazine*, June 1, 1960.
③ 约瑟夫·E. 库恩(Joseph E. Kuhn)准将,1916年起担任美国战争学院和陆军参谋学院院长,在美国参战前,他就作为陆军武官和观察员有了一些战争经历,不仅目睹了日俄战争,还在世界大战的前两年在柏林及其附近进行了观察。Frederick Palmer, *Newton D. Baker: America at War*, 2 vols. (New York 1931), I, 38f., 82.

任指挥岗位。①

　　与之前的战争相比,两次世界大战在环境和理念方面发生了巨大的变化,因此将给那些来自盟国、友好国家或中立国的观察员们提供更多可以学习的东西。但一战中的各交战国大幅削减了中立国观察员(或者他们中大部分人)的机会,而到二战时,各交战国甚至对来自盟国和友好国家的观察员也严格限制其观战的机会。它们担心战争中那些丑陋的部分被揭露出来,或者害怕一不小心情报被泄露给敌方。一战期间来自盟国的观察员可以待在交战国司令部,而那些来自中立国的观察员(他们在巴黎时被安排在陆军部的监护之下)则极少有机会前往司令部,而且,他们只有在战局相对平稳或战事已经结束时,才会被安排去前线视察。1914年,马恩河战役结束后,驻巴黎的中立国武官被带往战场,现场听法国总参谋部人员介绍了战局变化的具体情况。② 这样做的结果不是为了写好军史,而是为了更好地进行宣传,这已经成为交战国为中立国观察员安排视察前线的主要目的。③ 在沿着从伊松佐河至瑞士边境的意军前线进行视察时,来自瑞士的观察员详细记下了看到的情况。这份报告本来是仅给瑞士军官看的,后来却落入

---

① Lothar Persius, *Menschen und Schiffe in der Kaiserlichen Flotte* (Berlin 1925), pp. 101, 152,里面给出了一些前任德国海军武官"不适应自己的职业"的例子。

② Beauvais, pp. 161f.

③ Max Schwarte, ed., *Der grosse Krieg* 1914-1918 (Berlin 1921), VIII, 503.

了驻伯尔尼的奥地利和德国武官手中,他们从中获得了不少有价值的资料。①

在两次世界大战之间的间隙期,发生在埃塞俄比亚②和西班牙的小规模战争或许更容易成为观察的对象。在前一场战争中,据说美国、奥地利、匈牙利、日本和阿尔巴尼亚陆军武官都曾对某些前线阵地和马萨瓦(Massaoua)的登陆港口设施进行过视察。在西班牙,英国向共和国政府派出的陆军武官1936年11月在阿兰胡埃斯(Aranjues)附近观察作战时被佛朗哥军俘获。后者允许他经布尔戈斯(Burgos)和法国返回马德里,但由于英国当时未向佛朗哥军派驻陆军武官,他无法与人交流情况。③ 二战前夕,最后一批担任观察员的中立国武官是英国和意大利陆军武官,他们随德国人攻破了捷克的"马奇诺防线"(它比任何人预想的都要坚固得多)。法国武官没有一起前往,是为了照顾捷克这个前盟友的感受。另外,法国政府理应对这条防线非常了解,因为它正是在法国人的鼓励下修建的。④

---

① Beauvais, pp. 85f. 该书作者在第159页(不无道理地)指出,1914—1918年间关于中立国观察员的文字记载非常少。相比同一时期关于日俄战争的军事文献,这尤其让人不解。
② Beauvais, p. 162.
③ Beauvais, pp. 180ff.
④ John W. Wheeler-Bennett, *Munich: Prologue to Tragedy* (New York 1948), p. 333.

原本,中立国武官出现在交战国军营中是为了服务于和平事业,至少在初期是为了结束对立,达成停战。事实上,战争和外交的历史上都鲜有这方面的成功范例。① 在下一章,我们将讨论其中的一些例子。

---

① *Documents diplomatiques français*, 1st ser. , VI, 151ff.

第 14 章　武官与军备限制

在武官从事的各种工作中,他们最讨厌的可能要数与国际军备限制相关的事务了。尽管参与此事的外交官通常都不看好此类提议的结果,但那些典型的陆军和海军军官(空军还尚未落入这一窘境之中)往往会对这些努力进行消极抵抗或者有意破坏,除非暂时停止或减缓军备竞赛对其中某个国家有利。毕竟,什么样的职业军人会希望自己的职业或国家自取灭亡呢?

显然,出于技术上的原因,出席国际裁军会议的各国代表团成员中往往包括大量现任或前任武官,他们都是一些拥有国际视野和语言能力的军官。这些代表团经常是由一名大使(武官的永久上级)担任团长。1868 年,在圣彼得堡举行的一次有关炸裂子弹(explosive bullets)使用的技术会议上,法国和普鲁士驻圣彼得堡陆军武官分别担任两国代表团团长的军事代表。这不仅是最早的军备限制会议之一,也是最早让此领域专家参会的会议之一。未来,他们将扮演日益重要(同时也令事情变得日益复杂)的角色。

在接下来的关于战争法律和惯例以及限制军备的会议上,对

第14章 武官与军备限制

首席代表提供技术协助的情况也差不多。有时,一个代表团的核心成员就是大使和武官,他们曾经在举行会议的城市或者其他某个首都一起工作过且合作愉快。参加第一次海牙会议的英国代表团中,驻海牙公使担任副代表,驻海牙和布鲁塞尔陆军武官雷平顿中校(后来成为《泰晤士报》军事记者)担任军事代表,另一名军事成员是陆军情报局局长。① 德国使团团长是驻法国大使明斯特尔伯爵,他的两名军事技术助理分别是海军武官西格尔上校和前陆军武官格罗斯·冯·施瓦茨霍夫(Gross von Schwarzhoff)上校。所有军官都是精心挑选的,正如奥皇弗兰西斯·约瑟夫所说,"这些人都是能够解答技术问题的人"。事实上,他们的职位给了他们更多的独立性。参加第一次海牙会议的人员中有六名武官,参加第二次海牙会议的有十名武官,而1907年的伦敦海军会议有四名武官参加。总的说来,他们利用自己的国际知识致力于达成一项反对裁军的国际非正式协议。1899年的海牙会议上,德国军事代表将自己的才能用在了另一个方向。与其他军事代表的沉默不语相反,他利用自己娴熟的法语(大会的工作语言),在一个全部由军人组成、原本要讨论军备限制的委员会第一次会议上,大谈裁军的弊端(海军上将约翰·费舍尔爵士在与德国人谈话时称之为"胡言乱语",但他请求他们不要向自己使团的文职首席代表提及这一

---

① 雷平顿关于军备限制讨论结果的报告,见 *British Documents on the Origin of the War*, I, no. 82。

评语)。① 德国外交部希望,至少不要给人留下德国反对裁军提议的印象,由于裁军在当时和后来都大得人心,民众对于反对裁军者的愤怒可能会转化为对德国的不满。当损害已经造成,德国军事代表辩称,他们被迫在陆军和海军委员会中发挥主导作用,但这并非他们的本意。他们最初想把这一角色留给其他人,"但一方面是因为英国人和美国人不懂法语,另一方面也因为其他人都保持沉默,我们不得不在讨论中牵头"。② 于是,军人常见的沉默寡言成了外交和政治上的优势,而一反常态的口若悬河则成了麻烦。另外,还有几次利用武官为军备控制事业服务的尝试。例如,1911年英国提议,由英国驻德国海军武官以及德国驻英国海军武官定期相互参观对方的政府和私人造船厂,观察船只建造的进展,以便消除一些对对方的猜疑。③ 后来证明,这一提议跟海牙会议上限制军备的提议一样不受欢迎。

相比之下,武官为实现和平所做的其他工作更加成功一些。有一次,中立国武官扮演了和平调停者的角色,至少是达成了第一步——停战,即1885年12月塞尔维亚和保加利亚的停战。该提议先是由列强提出。奥地利外长卡尔诺基(Kalnoky)伯爵认为,"如果交战一方想要实现和平,就不可能再让双方争论停战的条件

---

① *Grosse Politik*, XV, 4274.
② *Grosse Politik*, XV, 4256, 4259, 4351. 关于武官在国际会议上作用的更多情况,见 Beauvais, pp. 63f.
③ *Grosse Politik*, XXVII, 10429 and passim.

了"。于是,他和意大利一起向列强提议,由各国驻维也纳的武官组成一个委员会,赋予其解决军事问题、达成停战以及划分界线等使命。塞尔维亚和保加利亚要事先承诺,两国将接受该国际军事委员会作出的决定。列强同意了这一提议,尽管都对这一新鲜事物表示怀疑,但它却取得了相当大的成功。委员会开始工作仅一周就促成了双方停战,并就撤退方法达成了一致——塞尔维亚作为战败一方先行撤出,而且两国都同意立即任命参加谈判的人选。①

武官小组(虽然不在使馆内办公,却仍属使馆领导)在和平问题的解决上也曾发挥过作用,如以中立者身份参与和平协议所规定的新国界线的划分等。根据1897年12月4日希腊和土耳其达成的和平协议,中立列强的武官们确立了两国的新国界线,然后不顾因战胜而变得桀骜不驯的土耳其的反对,逼其接受了这一方案。② 1913—1914年,为了划分新的阿尔巴尼亚公国的国界线成立了形形色色的委员会,其中大部分成员都是大国的武官。从1903年开始,列强驻土耳其的武官就接到了国内指示,授权他们组织并监督马其顿境内的国际警察部队。英国外交部门希望,这

---

① *Grosse Politik*, XVIII, 5524ff., 5579. 另一个由武官提出的(或许有些可疑)的声明,见 Papen, *Memoirs*, p. 18。1913—1914年,他任德国驻华盛顿和墨西哥城陆军武官。韦拉克鲁斯事件发生时他恰好在墨西哥城,支持"各国外交代表要求韦尔塔辞职的行动,以此防止与美国的冲突扩散"。

② *Documents diplomatiques français*, 1st ser., VI, 151ff.

武 官

支国际警察部队能够结束这个动乱地区持续不断的流血。① 在这些以及其他类似场合,这种武官小组成为列强之间暂时"联手合作"的机构,但是它们并未给人留下特别美好的记忆。巴黎和会(一个真诚地致力于削减军备的国际机构,至少是单方面的)对于武官在裁军或划界方面的作用并不重视,也并未给武官提供效力的机会,监督战败国解除武装的工作被交给了盟国特别军控代表团。② 在某些时候(至少是在真正的或明显的文官领导的时候)外交官们似乎接受了和平主义者的观点,即把裁军工作交给军人,就如同让鞋匠"琢磨如何才能让人不再穿鞋"。③

就像1914年前的海牙,那些偶尔与军备限制有关的问题(例如战争规则的编纂)会受到更多的重视,特别是当它们涉及未来战

---

① *Grosse Politik*, XII, 3240.

② Francis Leveson Bertie, 1st viscount, *The Diary of Lord Bertie of Thame*, 1914-1918, 2 vols. (New York 1924), II, 320. 1919年10月,德国人向和会提出,国联负责军控任务的军官在德国工作时应着便装,"这是军官在外国执行任务时的惯例,就像武官一样"。这对他们来说似乎是避免事故的最佳方法。和会(或者不如说是后来的会议)拒绝了这一明智的提议,皮雄(Pichon)认为,"军控委员会成员的职位与武官毫无可比性。另外,武官在执行任务时也是穿制服的"(更准确的说法应该是:在执行某些任务时)。克劳也持同样观点,德国人只是想借此降低国联军官的威望,除去他们在德国境内着军装时的尊严。*Documents on British Foreign Policy*, 1st ser., I, 964, 968.

③ 贝尔塔·冯·苏特纳(Bertha von Suttner)在施瓦茨霍夫(Schwarzhoff)被提名担任第一次海牙会议军事委员会主席后的评论。Merz Tate, *The Disarmament Illusion* (New York 1942), p. 283.

争中的一个超国家问题时,如战俘(包括军官)处理问题。其他问题,如果在军人参加的国际会议上被提出来,则往往被忽略。在第二次海牙会议上,奥地利军事代表吉斯尔男爵(他是一名陆军武官)提议,大会应讨论军事指挥官在中立国国土上的权利和责任这一棘手问题,但德国和法国代表都没有支持他。他们脑子里考虑的是中立国比利时,可能还有瑞士。"这很容易理解,德国并不想任何人看穿它的底牌",当吉斯尔问法国代表,"在未来战争中,法国是否定会放弃一切超出边境、并有可能穿越中立国领土的进攻行动"?① 后者沉默不语。这个问题,不仅涉及一个相当公开的秘密,而且出自一个武官之口,一定让吉斯尔的同行觉得太有失外交官的风度,听起来更像是一个坏孩子的口吻。

1919—1939 年间,文官们在有关裁军提案的讨论和谈判中表现得更为坚决,特别是在有"专家"在其身边的华盛顿会议(1921—1922)和日内瓦会议上。那些现任或前任武官,尽管在很多方面都符合要求,却被千方百计地排除在裁军会议之外,好像这样有助于维持一种常见的、对于此类讨论的虚伪乐观主义。在参加日内瓦会议的专家中,只是偶尔能见到一个退役武官,如 A. C. 坦珀利少将,"很可能我之前(1920—1925 年在荷兰)担任武官的经历使我有了这样的资格"。坦珀利曾做过几任英国外交秘书的军事顾问,并当过英国总参谋部裁军问题观察员以及常驻日内瓦顾问委员会委员。这个委员会是在法国的压力下成立的,其作

---

① Giesl, p. 181.

用相当于一支从未成立的国际部队的国际总参谋部,法国政府竭力想要在国际联盟内部成立这样一支国际部队,其目的在于讨好那些理想主义者。他们相信,即使不能铸剑为犁,至少可以将利剑置于国际共管之下,从而结束军备竞赛。①

---

① 详见 Arthur Cecil Temperley, *The Whispering Gallery of Europe* (London 1938), passim。

第 15 章 为专制统治服务的武官

陆军和部分国家海军的威权主义结构,导致军官群体具有强烈的支持专制主义的倾向,即使在现代也是如此。正如一句德国政治短歌中所唱的:"让国王拥有绝对权力,只要他听从我们的吩咐。"在担任总司令或最高军事指挥官时,那些并非只是名义上的君主就拥有了很大的权力。甚至英国内阁大臣都会让维多利亚保留一点专制主义的残余,特别是在她与英国陆军(包括陆军武官)的关系中。[①]

随着武官数量和影响力的增长,他们有时会取代真正的外交官成为与专制君主接洽的人,或者成为后者的中间人。[②] 与文职

[①] 根据普鲁士全权军事代表从圣彼得堡发回的报告,维多利亚曾发电报明白无误地给"她"在这儿的陆军武官说,普莱夫纳的陷落"给英国造成了非常痛苦和沮丧的影响"。*Berliner Monatshefte* (September 1939), p. 767.

[②] 关于民主制度下的法国统治者如何利用立宪君主的专制倾向,以及后者如何竭力想通过武官摆脱手下大臣的控制,如与阿方索十三世(Alfonso XIII)之间的交往,见 *Documents diplomatiques français*, 2nd ser., XII, nos. 205, 315; XIII, nos. 159, 321。

武官

外交官相比,这些专制君主往往更愿意相信武官,①从而加强后者的专制主义倾向。1887年2月(当时法德关系处在一个十分危险的时刻),法国陆军部部长布朗热上将想通过驻圣彼得堡陆军武官给沙皇送交一封警告信,这一举动让他的部门同僚们大惊失色。②有时,甚至民主国家的领导人也可以接受这种接触方式,包括美国总统。1906年,在与德意志第二帝国当局发生争执之后,格莱亨伯爵被任命为驻华盛顿武官。罗斯福的朋友斯普林·赖斯(Spring Rice)认为,他(而非大使)是"与总统联系的最佳人选……武官正是那个可以接近他的人"。赖斯随后又略显不自然地说:"因为格莱亨的腹部和颈部有枪伤,他肯定会受到热情的接待……肯定会与人相处融洽,尽管他容易被一些突发的事情激怒。"③尽管有这样的优势,格莱亨与美国政府或者与西奥多·罗斯福本人的关系似乎并不是特别融洽。

尽管传统上海军更加开明自由,但海军武官同样表现出为现代专制主义服务的意愿。根据一份有关1905年俄国革命的宫廷历史记载,德国驻圣彼得堡海军武官欣策深得尼古拉二世的欢心,

---

① 当年10月,俄国沙皇和皇后(他们都对1905年缔结的《朴茨茅斯和约》不满)对英国陆军武官吐露心声,称俄国其实是在被诱骗的情况下接受了这个糟糕的和约。Thomas W. L. Newton, 2nd Baron, *Lord Lansdowne*, *A Biography* (New York 1929), p. 326.

② Adrien Dansette, *Le Boulangisme*, 1886-1890 (Paris 1938), pp. 63ff.

③ Stephen Gwynn, ed., *The Letters and Friendships of Sir Cecil Spring Rice* (Boston and New York 1929), I, 23ff.

他不仅命令德国鱼雷艇驶往喀琅施塔得,以供沙皇在不得不离境时使用,还劝说这位独裁君主不要再向"街头运动"让步,而是使用武力镇压。后来证明,无论是对沙皇制度还是对欣策本人来说,这一建议都是成功的,尽管他因此而树敌无数,这些敌人不仅包括德国使馆内部对他心怀妒忌的同事,也包括那些具有沙文主义思想、对于在一场勇气比拼中输给一个外国人而耿耿于怀的俄国人。①

普鲁士和俄国的全权军事代表

1815年之后的60年间,尽管"地缘政治"环境风云变幻,普鲁士和俄国这两个欧洲国家的军队却对竞争和敌对不大在乎。尽管它们引进或者交流的军事制度,与其说是真正军事进步的成果,不如说是专制制度的装饰品(普鲁士吸收了"熄灯号"和军乐方面其他一些惯例,俄国人则引入了普鲁士式的尖头盔,这种头盔一直沿用到亚历山大三世统治时期),但两国军官一直都保持着交流。1815年前的差不多十年时间里,两国君主之间的关系虽不能说是真诚,却十分亲密,而且两国军队之间也相互怀有同样的战友之情。有时,力量更强的俄国还表现出一种屈尊附就的姿态,一种

---

① Johannes Fischart, *Das alte und das neue System* (Berlin 1919), pp. 324ff. 其中一段关于欣策的描述中记载了这一事件。

"普鲁士成为欧洲强国全是拜俄国所赐"的态度。①

为了保持和发展这种关系,两国君主从1819年开始,并且从1834年或1838年起更加频繁地,在对方身边派驻了所谓的全权军事代表。通常,这些军官是从近卫军团中选出,一般都有贵族身份且军衔较高,大多是曾担任过各自君主副官的将军。他们是宫廷将军而不是前线指挥官,而且副官的职位让他们每个人都拥有"直谏"的特权,即可以随时直接给君主写信。这些普鲁士军官们的头衔是"德国皇帝陛下派至俄国皇帝处执行私人使命的副官或副官长"。② 在19世纪的大部分时间里,这些人都是外交界最不受控制和缺乏责任心的人员,只服务于专制制度③的利益。

这些全权军事代表在履行职责时并不依靠本国使馆,而是使用他们自己的一套密码,直接将他们的报告寄给本国君主。外交大臣和陆军大臣可能会在晚些时候看到这些报告(俾斯麦觉得,有时太晚了,已经失去了效用),也可能自始至终都看不到。当普鲁士驻俄国公使休假时,担任代办的通常是全权军事代表,而非公使馆的一等秘书。很多时候,他们带着两国君主之间最重要的信息

---

① Otto Hoetzsch, *Peter von Meyendorff* (Berlin and Leipzig 1923), I, 286.
② 有关这一制度的基本情况见 Meisner, *Militärattachés*, pp. 67ff。
③ 1880年,沙皇对普鲁士全权军事代表说,他的舅舅威廉一世给他来了一封信,信中对于听说沙皇想要批准拟制宪法表示关切,威廉介绍了自己施行宪政制度的经验,并说考虑到俄国人民的落后状态,建议他不要引入这一制度。沙皇对这个友好的充满长辈慈爱的建议表示非常感谢,并向这位普鲁士将军保证,他无意施行宪政制度。Schweinitz, II, 8.

和最私密的交流内容(驻德国的那个更加听命于公使)。这种君主间的沟通或者(按照其中一名全权军事代表的说法)"副官外交"的成功,完全靠的是君主之间的相互信任,以及君主对这些全权军事代表的信任,他们"没有任何权力,也没有任何上级,只是听命于两个君主"。1865—1869年间担任此职务的冯·施魏尼茨是一个坚定的保守主义者,他说:"除了国王,我不向任何人报告,也不必听命于陆军部或外交部。在我看来,它们与我的特殊职位所赋予我的想法并不一致"。①

作为君主军事随从中的高级成员,这些全权军事代表经常能见到早期的沙皇们,无论是在宫廷和军事活动上,还是在皇后的茶桌边。"那个普鲁士侍从武官(当时在宫廷都这么称呼他)几乎每天都与沙皇见面,无论如何都比戈特察克夫面见沙皇的机会多。②沙皇不仅仅与他谈论军事话题,在通过他转达对我们陛下的问候时,内容也不局限于家庭事务"(俾斯麦)。每当普鲁士丧失颜面时,这些全权军事代表也可以利用自己的地位,在尼古拉一世(反革命者的保护人)面前为普鲁士的政策辩护。尼古拉对其中一名

---

① Schweinitz, I, 181.
② 戈特察克夫非常担心沙皇与全权军事代表的交往。正如他对俾斯麦所说(后者当时是普鲁士驻圣彼得堡公使,戈特察克夫感谢其在俄国首都没有使用旁门左道,虽然他完全可以这么做),明斯特尔在尼古拉一世面前,拥有"一个外国人(尽管他属于一个有关系的宫廷)的特殊地位,这对每一个俄国人来说都是不可接受的"。Maximilian Harden, *von Versailles nach Versailles* (Dresden 1927), p. 488.

全权军事代表明斯特尔伯爵(1850—1856)说,"只要'1848年革命'的宪章派一天不清除,柏林的掌权者就无时无刻不生活在痛苦之中"(1852)。他认为,自己的内兄腓特烈·威廉四世(Frederick William IV)太过软弱,令人大失颜面。于是,这位全权代表在柏林建议,威廉四世此时应避免给沙皇写信。"相信我,他们之间最好不要通信。"尽管这一建议在威廉二世统治时期被公开,但威廉二世应该不会明白其中的含义。普鲁士人不得不为本国的政策进行辩解和解释。例如,1850年12月发生了阿尔姆茨(Olmütz)危机,并导致《阿尔姆茨和约》的签订,在沙皇看来该和约不仅难以忍受,而且违背神圣同盟的精神和利益。后来,普鲁士在克里米亚战争中的立场再次使它"与沙皇的关系陷入困境",当时沙皇已病入膏肓,以至于"人们在他身上常会看到保罗爸爸的影子",也就是早期沙皇疯狂的影子。

这位全权军事代表常被称作"普鲁士陆军驻俄国陆军的代表",有时他对俄国陆军的信赖超过了对沙皇的信赖。这是因为,俄国陆军已经把奥地利视为敌人,很大程度上是因为其1849年在匈牙利的经历,当时镇压革命的联盟战争的战况让各国军队离心离德,也让俄国将领对于奥地利人的勇敢精神评价极低。奥地利在克里米亚战争中不友好的、"忘恩负义"的态度不仅加深了这种敌意,也让俄军对于表现更佳且立场更为中立的普鲁士更有好感。甚至在阿尔姆茨危机期间,当沙皇已经表示支持奥地利且已下达了针对普鲁士的动员令时,这位全权军事代表依然认为,"俄军中理智的人都不会反对我们而支持奥地利,因为他们普遍仇视奥地利而对普鲁士军队怀有好感。沙皇对此心知肚明，所以不得不考虑到这一点"。① 即使对专制制度怀有最崇高敬意的明斯特尔也不会看不到，俄国军队依旧是足以推举或者推翻沙皇的力量，对此他的继任者们看得更清楚。

曾任普鲁士驻俄国公使的俾斯麦，对于这个非外交系统的工作渠道实在太清楚不过，它既有优势也有不便。在从涅瓦河畔写信给柏林外交部内那个即将被他接替的人时，俾斯麦指出，"两个相互独立的政治代表在同一宫廷活动无疑对帝国不利，特别是如果其中一人不知道另一人使用何种口径与人交谈的话"。② 尽管在圣彼得堡存在两个代表所带来的风险，但俾斯麦依然大胆地使用这一制度，因为他心里清楚，与那些"略显无助的"普鲁士驻俄国公使们相比，这些全权军事代表在过去谈判中所发挥的作用要重要得多。③ 有几次，当他想直接向沙皇问些情况或提出要求时（要么是因为时间紧迫，要么就是想要绕开戈特察克夫），俾斯麦就会让全权军事代表出马，而且发现所有的俄国专制君主对此都没有异议。一次，沙皇当着德国首相的面对俾斯麦说，"每当军人与军人谈判，一切都会顺利，但只要外交官一掺和，必定把事情搞砸"。

---

① 以上内容来自于"Politische Briefe des Grafen Hugo zu Münster an Edwin von Manteuffel", *Deutsche Revue* (January-June 1913)。

② *Bismarck's Breifwechsel mit Schleinitz* (Stuggart 1905), p. 164.

③ Ott, Fürst von Bismarck, *Gedanken und Erinnerungen*, 3 vols. (Stuggart and Berlin 1919-1922), II, 253.

当1866年战争临近,沙皇对普鲁士的政策要么一无所知,要么就是消息不准确。普鲁士公使几乎从未见过亚历山大二世,而且他本人也是俾斯麦政策的反对者,于是沙皇只能从居心不良的戈特察克夫那儿得到一些消息。全权军事代表施魏尼茨自告奋勇,肩负起向亚历山大解释普鲁士政策的"有力动机"的任务。"作为一个军官和正人君子",他对于俾斯麦一开始的很多做法并不认同,但他认为,两国君主间的军事联络人仍然"担负着代表永世不变的行为准则和近乎神圣的友谊的任务,即使在国家政策与之相悖时"。

"我的保守主义立场和憎恨革命的观点早已被沙皇亚历山大所知,因此即便我向他指出德国的某些愿望是正当合理的,他也肯定早已心中有数。"沙皇将这场只会伤害皇室利益的战争称为"一场大灾难"。"革命,这个所有人和所有国家的政府都应该联合起来对抗的敌人,将会是唯一的赢家……我的任务仅限于劝说沙皇。我们代表着真正的、事实上可以实现的保守利益,并凭此向民族党作些妥协。"施魏尼茨向沙皇指出了革命的危险,这危险在于它将威胁一切现有秩序,不要忘记普鲁士和俄国的共同敌人——波兰,并最终让他明白,"普鲁士军队是唯一真正坚强有力的,可以恢复秩序的力量"。在此过程中,施魏尼茨十分清楚"自己肩负的责任,尽管这种责任并非来自法律、民意或部门机构,因为对它们来说我并不存在。严格来说,我只与两位君主有关"。[①]

---

① Schweinitz, I, 193f., 200f., 220f.

第 15 章 为专制统治服务的武官

俾斯麦对于施魏尼茨的积极主动和外交才能印象深刻,1866年战争结束后任命他为驻奥地利大使,尽管他知道维也纳贵族社会肯定会觉得受到了轻侮,因为施魏尼茨只是一个出身于低等贵族阶层的上校,①而且他还娶了一位美国牧师的女儿为妻。接替他在涅瓦河地区担任驻俄全权军事代表且后来升任大使的是冯·韦尔德将军(1869—1886),他和施魏尼茨都来自第一近卫军团。本来,国王是想派冯·劳赫(von Rauch)上校(其父曾任全权军事代表和公使)担任这一职务的,②因为两国宫廷和军队关系的传统已经成为确定人选时的一个重要因素。

在俄国有关全权军事代表制度的记录中,普鲁士总是被描述成一个为了获得大国地位而有求于沙皇的形象,乞求俄国同意并支持其发动战争。1870—1871年的普法战争刚开始时,威廉一世就派俄国全权军事代表给沙皇捎去一封密信,信中回顾了两国源远流长的友谊,表示如果奥地利支持法国并参战,希望沙皇进行干预。③ 在收到这封信之前,亚历山大就通过韦尔德告知他的舅舅(即威廉一世——译注),他将在奥地利边境驻扎30万军队,一旦奥地利放弃中立,他甚至可能会占领加利西亚(Galicia)。战争初

---

① Emile Ollivier, *L'Empire libéral*, 18 vols. (Paris 1895-1918), XII, 299f.
② 韦尔德给威廉一世的报告节选,以"近几十年来的德俄友谊"为题,刊登在 *Berliner Monatshefte* (September 1939)上,不久之前纳粹德国与苏联刚刚缔结了《互不侵犯条约》。
③ Ollivier, XV, 419f.

期,俄国人在感情上大体倾向于普鲁士。韦尔德在报告中称,"多数人希望陛下取胜。民众想当然地认为,俄国将不会允许奥地利参战"。在位于色当(Sedan)的普军总司令部,面对拿破仑三世的失败,俄国全权军事代表库图佐夫(Kutusov)亲王流下了高兴的泪水。然而,这种感觉在战争后期发生了变化,因为法国的宣传在俄国人心中引起了一种担心,即如今这个已经强大起来的邻国有朝一日可能会夺取俄国的波罗的海地区。

俄国人对于普鲁士在克里米亚战争中采取友好中立的事实视而不见,反而把普鲁士在1878—1879年俄土战争中的态度看作是忘恩负义。战争前夕,俾斯麦竭力回避沙皇1876年10月1日提出的问题,即,如果俄国与奥地利开战德国是否将保持中立?沟通的渠道是全权军事代表冯·韦尔德。他与戈特察克夫一起随沙皇来到他位于克里米亚的度假地,平静地听取了这个可怕的提问并报告了柏林。俾斯麦被激怒了:

> 为了从我们这儿得到一个不合时宜的回答,冯·韦尔德甘心让自己成为俄国人的工具,没有什么比这更糟糕的了……向我们抛出一个关于奥地利的阴险问题,让我们回答是或者不是,这是戈特察克夫的一个圈套。如果我们回答"不是",他就会在沙皇面前诋毁我们;如果我们回答"是",他就会利用这个在维也纳大做文章。韦尔德是否在有意无意地帮助他设置这个圈套?我们必须禁止他在柏林问出这些问题。如果俄国方面问我们是否会承诺在一场与奥地利的战争中保

持中立，我们无论如何都会避而不谈。我们自己在 1866 年或 1870 年从来没有问过这样的问题，也从来没有得到过任何保证。①

在俾斯麦看来，韦尔德之所以在里瓦几亚（Livadia）行宫，"不妨说是戈特察克夫一手促成的，后者通过韦尔德，在一副敦厚面具的掩护下，向我们提出了过分的要求，而这些要求根本就不适合通过正式外交途径提出……韦尔德在感动之余传回来的信息不仅不负责任，而且含糊其辞，过后完全可以以这只是沙皇与其'副官'之间的一次机密谈话为由矢口否认"。尽管俾斯麦不会将韦尔德从里瓦几亚召回，但他还是命令韦尔德别再插手任何政治事务（他对政治事务的了解似乎并未达到其职位所要求的标准），并提醒俄方人员一定要使用正常的外交渠道。

因为如果事情这样继续下去，我们要么采取后果无比严重的让步，要么就会陷入与沙皇亚历山大关系不和的境地，而这正是戈特察克夫所期望的。但我们通过正常渠道，完全可以避免出现这一局面。一名驻圣彼得堡且了解亚历山大的全权政治军事代表可以成为两国外交关系的有益补充，但是，如果一名完全不懂政治、了解俄国更甚于了解本国的军官成为德国对俄政策的唯一代表，而且面对的又是戈特察克夫这样

---

① *Grosse Politik*, II, 240.

武 官

一个无比精明、但对我们而言又十分靠不住的外交官,那将成为外交上的灾难。这样的话,反倒不如没有代表更好。①

俾斯麦下令,今后所有通过韦尔德报回的俄国质询、主张和要求,外交部可视为是非官方的,一律交由国王军事内阁或陆军部处理。韦尔德自己以后也要避免再传达这样极具政治色彩的信息,要专注于自己在其他方面的任务。德国驻圣彼得堡大使冯·施魏尼茨结束休假返回岗位,负责回答或者回避俄方提出的各种棘手问题。俾斯麦相信,至少戈特察克夫不会再打着"亲切友好、不拘礼节的幌子"、通过不太负责任的使节提出这种问题了。② 1880年,韦尔德向施魏尼茨提出想要调离涅瓦河畔,俾斯麦认为这是好事。韦尔德"行事就像一个俄国将领,但实际上他是一个外交部的官员"。施魏尼茨很清楚,这两句评语并不准确,"但既然亲王(指俾斯麦——译注)已经给出了这样激动的评价,并作出了这样明确的表示,我无法让他改弦更张"。③ 韦尔德不可饶恕地违反了俾斯麦外交思想中的一条准则:"不要向柏林报回外国政府提出的棘手要求。应该让外国政府通过其驻柏林的代表提出,如果拒绝的话,这样更容易一些。"④

---

① *Grosse Politik*, II, 242.
② *Grosse Politik*, II, 239-251.
③ Schweinitz, II, 136.
④ Bülow, IV, 289.

渐渐地,施魏尼茨和韦尔德都意识到了来自陆军方面的、对沙皇权力越来越多的限制。表面上,这是为了抵消力量更强且动员速度更快的德国陆军,俄国陆军不断地将更多的部队部署到西部地区。普鲁士提出,为了两国的友好,应削减兵力,但沙皇无法让陆军同意。1880年初,韦尔德相信,尽管沙皇内心深处希望和平,但这种妥协在当下"既不切实际,又十分危险,因为好战派(成员主要是总参谋部的军官)会立即抓住机会大做文章。这将会让沙皇的威望尽失。虽然他目前仍受人尊敬,但其威望已经因为政府彻底破产而大受影响,特别是在军队内部。来自一个外国的、特别是像德国这样一个素来友好的国家的要求,可能会伤害爱国之情(从边境地区撤出军队就属于此类),可能会引发一场战争或者让沙皇的统治难以为继"。①

俄国陆军的隐形独裁在斯科别列夫(Skobelev)叛乱期间变得更加公开化,后者让韦尔德感觉属于护民官或军事独裁者之类的人物,"一个他极为适合的角色"。斯科别列夫竟然大胆地向俄国民众宣告,"沙皇的唯一出路,就是担任他的(泛斯拉夫主义)党领袖",但在长时间的犹豫之后,亚历山大二世终于决定斥责斯科别列夫,并命令他不准再作演讲。19世纪80年代初,在俄国社会许多阶层中,德国已经成为一个"潜在的敌人"。但当韦尔德问起究竟是谁想要一场战争时,他被告知:"只有那些一无所有或者毫无

---

① Immediate reports to William I of March 26, 1880, February 10 and March 9, 1882, November 23, 1883. *Berliner Monatsheft* (September 1939), pp. 69ff.

武 官

风险的人,以及部分心怀野心而又深藏不露的总参谋部军官们。"
除了这些恐德主义者,韦尔德认为还有泛斯拉夫主义党。他们梦
想着建立一个大斯拉夫帝国,并在未来发挥举足轻重的作用。①

一度,柏林还想保留互派全权军事代表的制度并让其继续发
挥作用,但这一制度已经江河日下。特别是在亚历山大二世死后
(1881),已经有人在讨论是否应彻底将其终结了。德国王储(他
早就觉得这一完全不负责任的职位与其自由主义和宪政主义的观
点不合拍)告诉施魏尼茨,他在登基后就要将其废除。这位大使本
人到1883年时也认为,这一制度已成为明日黄花。② 威廉一世的
死(1888)成为最后的致命一击,但其实自亚历山大死后它已是名
存实亡。③

1880年,这一制度先是遭受了被降级的命运,两名全权军事
代表冯·韦尔德将军(按照传统的职衔地位高于大使冯·施魏尼
茨)和多尔戈鲁基将军、亲王,同时被作为各自君主副官的两名上
校接替——冯·维勒米(von Villeaume)上校(此前是驻巴黎陆军
武官)和戈列尼谢夫·库图佐夫(Golenitschev Kutusov)上校。后
者在柏林尤其受欢迎,因为他的父亲也曾出任这一职务,而且是在
威廉一世在场时因中风去世,这件事也成为人们在谈论他的任职

---

① *Berliner Monatsheft* (September 1939), pp. 77f.
② Schweinitz, II, 250.
③ Schweinitz, II, 265; III, 431. 俾斯麦在1887年承认,这一职务已不复往日辉煌,
见 Lucius von Ballhausen, *Bismarck-Erinnerungen* (Stuggart 1920), p. 382.

资格时经常提起的话题。法国外交界明智地预见到,由于这些人的军衔太低,这一职务的威望将会下降。① 令法国人高兴的是,1892年亚历山大三世将俄国全权军事代表召回且未任命接替者,逼得德国人也不得不这么做,从而结束了这一延续长达75年的制度。对于盼着与俄国结盟的法国人来说,"这并不是沙皇亚历山大独立精神的一种表达,也并不意味着他对于可能拉近两国王室关系的所有东西都缺乏兴趣"。② 为了掩饰法俄谈判所导致的德俄关系的貌合神离,沙皇执意要求韦尔德再次回到圣彼得堡任职,这次是以大使的身份。他向威廉二世保证,他对韦尔德有着"绝对和无限的信任"。在听取了他的朋友奥伊伦堡所提出的、至少应维持两国宫廷表面友好的建议后,威廉二世欣然同意。③

几乎所有全权军事代表都一直秉承柏林和圣彼得堡之间传统的非竞争关系,特别是在两军关系方面。事实上,两国军队都极不赞成搞竞争,因为那往往会带来革命。关于在这一关系中俄国人态度的记录很少,但1879—1884年任驻柏林全权军事代表的尼古拉·多尔戈鲁基亲王(据说,比起外交大臣吉尔斯,亚历山大二世更愿意跟他推心置腹)肯定是这种保守观点的代表。为此,他不惜

---

① *Documents diplomatiques français*, 1st ser., VI, 344, 350f.
② *Documents diplomatiques français*, 1st ser., IX, no. 281 and X, no. 18; Toutain, p. 147.
③ *Grosse Politik*, VII, 1639-1641; Haller, p. 85; *Documents diplomatiques français*, 1st ser., X, no. 57.

为了捍卫和发展三皇同盟而奔忙,在军队内外充当泛斯拉夫主义者替罪羊的角色。吉尔斯向俾斯麦保证,泛斯拉夫主义者"既是您的敌人,也是我们的敌人……但是,我们要联合起来共同对付革命,因此要依靠世界上最强大的君主国——德国。我们只能依靠君主制国家,如果指望格雷维(Grévy)、克列孟梭和弗洛凯(Floquet)之类的流氓,对我们而言无异于自杀"。当时,大多数俄国军官在政治上都赞成与德国结成尽可能紧密的同盟,但只是德俄两国,不包括斯拉夫人的压迫者奥地利。① 但俾斯麦及其继任者拒绝了这一提议,理由(包括军事方面的)十分充分。于是,一些军官很快开始秘密策划成立法俄同盟,试图打破全权军事代表所支持的旧式政治结构。

俄国总参谋部的军官们对这一制度的消失尤其感到高兴。正如他们对新朋友法国人所说,他们早就痛恨在所有俄国阅兵、检阅和演习中都看到普鲁士全权军事代表的身影,在这些活动中扮演"鲁莽、麻烦和危险的监督者的角色"。法国外交部门也非常高兴,尽管他们也曾考虑过建立类似的制度。俄国驻柏林大使这下放心了,自己头上不会再有一个像多尔戈鲁基这样的全权军事代表。② 后者曾想自己当大使,在德国帮助下完成拯救俄国的伟大目标。他对德国外交官说过,德国"拥有维系俄国王朝的力量,可

---

① *Grosse Politik*, III, 617; V, 1118.
② Toutain, pp. 147, 276f. 多尔戈鲁基后来竭力想以大使身份重返柏林,但却被派往罗马(1909)。*Grosse Politik*, XXVII, 406.

以让俄国免遭被泛斯拉夫或虚无主义革命颠覆的命运"。要做到这一点,可以提出改变巴尔干地区现状,这将使俄国政府的政策更有声望,并"能在未来相当长一段时间内挫败所有推翻政权的企图"。①

威廉二世(他从未忘记并一直梦想着恢复古老的普俄亲密关系)的伪专制主义在1904年和1905年表现得最为活跃,这期间发生了日俄战争、俄国革命以及德俄签署《比约克条约》等事件。被恢复的制度,包括德俄两国的"反革命"警察系统(其实从未完全废止),②以及全权军事代表制度。③ 1894年以后,"威利"(Willy,即德皇威廉二世——译注)数次向"尼基"(Nicky,即俄国沙皇尼古拉二世——译注)提议,再次互派副官担任军事随员以加强双方的交流,但沙皇对此要么置之不理,要么就回应说"这将引发各种流言蜚语"。④ 德皇企图"通过对沙皇施加个人影响,使后者和他本人以及德国的联系更加紧密。但沙皇不为所动……他非常清楚威廉二世的优越感,愤愤不平之余,他尽量避免与之见面"(兰布斯多夫)。1904年发生的灾难,让他勉强同意了德皇的要求。当

---

① Rich and Fisher, II, 15, 92, 96.

② 见 Kurt Eisner, *Der Geheimbund des Zaren* (Berlin 1904)。

③ 有关全权军事代表制度后来的历史,见 Gustav Graf zu Lambsdorff, *Die Bevollmächtigten Kaiser Wilhems II. Am Zarenhofe*, 1904-1914 (Berlin 1937)。

④ *Denkwürdigkeiten des Fürsten Chlodwig zu Hohenlohe-Schillingsfürst*, Vol. III, *Denkwürdigkeiten der Reichskanzlerzeit*, Karl Alexander von Müller, ed. (Stuggart 1931), p. 9.

武 官

年10月,德皇任命一名心腹副官古斯塔夫·冯·兰布斯多夫(Gustav von Lambsdorff)伯爵为全权军事代表。他在致沙皇的信中写道,这是为了恢复祖先时候的古老制度。另外,这名军人将是"我们两人之间的直接纽带",只负责向德皇报告,与其他国内任何人(包括总参谋部、陆军部、外交部或首相)都没有公务上的联系。① 沙皇表示同意,并照此办理。

起初,这项起死回生的制度似乎还算成功,至少是对于那些认为"全权代表——将军副官将是比大使更重要人物"的协约国外交官们来说,就像之前常见的那样。看起来,"德皇在此拥有一个沙皇的耳目,后者的副官时时给他通风报信并出谋划策"。对此十分敏感的斯普林·赖斯,在从英国驻圣彼得堡使馆给他的朋友罗斯福的信中写道:"德皇在这里的影响力很大,通过俄国武官和德国武官可以直接与沙皇的耳目(他对其进行利用)取得联系……他们都在说,'柏林快变成俄国的首都了'。当然,德皇威廉的政策现在已成了公开的秘密,那就是取得西欧霸权,将东欧留给俄国。在国内,他将在俄国的同情与支持下镇压社会主义者和自由主义者,同时帮助俄国镇压其国内反对派。"在罗斯福看来,他的英国朋友描绘了一个反自由世界领地的威胁,该领地由德俄独裁君

---

① Walter Goetz, ed., *Briefe Wilhelms II. An den Zaren* 1894-1914 (Berlin 1920), p. 129; *Grosse Politik*, XIX, 6035; *Documents diplomatiques français*, IInd ser., V, 470ff.

主建立,由两国军事代表具体负责谋划合作。① 在其他人眼中,这些代理人的权势同样很大。1912 年和 1913 年,德尔卡塞两次建议,法国和俄国也应该仿效德俄,由两国元首分别向对方派出军事助手。但更为明智的意见占了上风:帕莱奥洛格指出,法国公众对此不会同意,而且还会批评普安卡雷的专制独裁倾向增长。②

然而,事实很快证明,恢复全权军事代表制度的做法不合时宜。德国首任代表兰布斯多夫伯爵被选中,部分是因为他的家族与俄国外交大臣兰布斯多夫伯爵有亲戚关系。这一任命非但没有恢复古老的跨国容克贵族联系,反而激起了现代民族主义者的怀疑,他们强迫俄国兰布斯多夫切断与德国兰布斯多夫的联系,不再与其见面。很快,这一制度就显露颓势,使得法国不再有仿效的冲动,就像卢贝(Loubet)等人一直想要的那样。③

除了多革滩事件(the Dogger Bank incident,发生于 1904 年 10 月 21 日的一起俄国舰队误击英国渔船,造成多人死伤的事件,导致英俄一系列外交纠纷。——译注),沙皇从未像威廉二世所期望的那样,秘密地使用过全权军事代表制度,几任德国全权军事代表多次向威廉二世报告,这只不过是他的一厢情愿而已。另外,沙皇

---

① Gwynn, *Spring Rice*, I, 436, 439; II, 22, 156.

② Georges Maurice Paléologue, *Au Quai d'Orsay, à la veille de la tourmente*: journal de 1913-1914 (Paris 1947), pp. 120f.

③ Goetz, *Briefe*, pp. 220, 386ff.; Russia, Foreign Office, *Un livre noir, diplomatie d'avant-guerre d'après les documents des archives russes, novembre* 1910-juillet 1914, 5 vols. (Paris 1922-1934), I, 36; *Grosse Politik*, XIX, 528.

的深居简出也让他们几乎找不到直接与其接触的机会。相比之下,俄国全权军事代表因经常与其军事随从一起相伴德皇左右,因此有很多机会目睹德皇本人的许多暴烈草率之举。① 后来,由于俄国驻柏林军事代表舍别科上校被发现从间谍活动,这一制度再次受到重创。1904年,舍别科上校先是担任驻柏林陆军武官,后被任命到德皇身边做全权军事代表。此时,有了这一更尊贵的职位庇护,他开始重操旧业。1905年11月,应德国的要求,俄国被迫将其召回国内。然而,合适的继任者无法马上找到,因为俄国陆军部坚持,候选人必须拥有"从事参谋工作的全部条件"。"是为了更好地从事间谍活动吗?"大失所望的德皇在报告的空白处写道。

那种全权军事代表可以在俄德(特别是两国军队)关系中发挥调和剂作用的局面再也没能恢复。虽然有些不情愿(至少对于略显保守的德国来说),双方被卷入了持续的军备竞赛之中。1908年初,尚未从中国东北的失败中恢复过来的俄国,"十分担心"土耳其针对波斯的备战行动,而冯·德·戈尔茨(von der Goltz)对君士坦丁堡的访问似乎证实了这一点。陆军大臣勒蒂格(Roediger)

---

① *Grosse Politik*, XXV, 8808. 威廉二世只是偶尔才意识到,交换全权军事代表的做法差不多只对俄国人有利。后来他越来越生气,因为塔蒂切夫(Tatitchev)利用他的职位之便,到处对人讲自己行为草率,尽管他也期望(但却极少)从他在沙皇身边的全权军事代表那儿收到同样的报告。Robert, Graf von Zedlitz-Trützschler, *Twelve Years at the Imperial German Court* (London 1924), p. 243.

上将是一位泛斯拉夫主义者,他对全权军事代表制度恢复以后的第二位代表冯·雅各比(von Jacobi)少将说,如果以一名军人的坦率说的话,土耳其咄咄逼人的态度只有一种解释,那就是它有德国撑腰。雅各比回答,"作为一名军人,他和大使保证,关于德国正在怂恿土耳其开战的说法是一种荒诞不经、充满偏见的侮辱"。① 曾经友好的两国军队,如今却已经到了相互敌对的地步,甚至俄国人在反对其巴尔干政策的任何举动后面都看到了德国的影子。实际上,土耳其、奥地利或保加利亚只是在自发地竭力表现,以取悦柏林。德国陆军在各处都被怀疑,它有着极强的帝国主义野心。

1908 年,冯·雅各比将军发现,尽管德国曾在 1904—1905 年帮助沙俄政府镇压革命,但现在整个俄国却联合起来反对德国,以尼古拉·尼古拉耶维奇(Nikolai Nikolaievitch)为首的俄国贵族、保守党人、自由泛斯拉夫主义者、法庭、社会和军队都立场一致。"当然,他们中仍有持亲德立场的人。以前,他们总是面带笑容、镇定自若地出现在各种场合,抓住每一次机会向我表达他们的想法,大谈传统友谊和战友之情,是的,甚至会谈起再次并肩作战的可能性。但现在,他们几乎是在躲着我,至少是在他们认为受到监视时,说话总是字斟句酌,最多会说与德国开战是愚蠢的或者不可能的事。"②对于一个见证了德俄同气连枝状态的军人来说,这种两国关系的疏远让他始料不及,而这种疏远最终只会导致互相残杀。

---

① *Grosse Politik*, XXV, 8597, 8723, 8732, 8826, 8850.

② *Grosse Politik*, XXV, 8740.

这样的一个人，无法长期待在这样一个定位模糊的职位上。才不到一年，雅各比将军就被德皇随从中的一名海军军官冯·欣策上校(1908—1911)所取代，后者曾在马尼拉担任过狄特立克斯(Diederichs,德国海军将领——译注)的副官,杜威(Dewey,美国海军上将——译注)的谈判对手,并在后来(1918)短暂担任外交秘书一职。欣策意识到,自己作为沙皇的随从无所事事,同时又不能染指正常的陆、海军武官的工作,于是他开始撰写长篇报告,但发现很难避开所谓的外交问题。其实,他的活动也或多或少地融入了一般的德国外交工作:他使用使馆密码发送自己撰写的电报,而这些电报通过德国外交部传递;他还允许大使阅读他的报告(至少是其中的一部分),而且,后者有时还向这位全权军事代表转达外交部认为必要的指示。① 每当德国外交部需要一个"熟知沙皇独特个性"的人的时候,就会想起他并且(在必要的时候)提醒他,尼古拉的独裁专制已经削弱到了如此程度,即他"只是他顾问们手中一个优柔寡断的傀儡,而他作为皇帝本人所得到的同情,对于我们与俄国的关系来说没有一点影响"。②

两国陆军之间关系的疏远(派了一名海军军官去修补),在1910年夏的俄国演习中达到了顶点。当时的德国,已经被视为"自亚历山大三世以来所有陆、海军演习的假想敌",公开地(在印发的命令中)被称为敌人。这是一个由尼古拉大公或他的手下想

---

① *Grosse Politik*, XXVI, 9573.
② *Grosse Politik*, XXVI, 786, 866.

出来的"非同寻常的说法",目的在于让这些演习"更加生动、也更容易被军官和士兵们所理解"。① 在那些多愁善感的人们看来,这标志着一个传统的结束,这传统始于 1805 年 11 月 3 日亚历山大一世和腓特烈·威廉三世在腓特烈大帝(Frederick the Great)坟前所立下的永久友好的誓言;同时,这也标志着国际礼节的退化,而这种国际礼节直到两次世界大战之后才得以恢复。②

慢慢地,欣策发现,虽然德俄两国没有真正的利益冲突(当时德国与西方列强,以及俄国与奥地利之间都存在真正的利益冲突),圣彼得堡和柏林之间"古老的传统友好关系",却被俄国人"在德国怀疑或恼怒时,有意识地用来麻痹对方"。甚至在老一辈人心中,这种友好关系的记忆也在消退,他们被年轻一代称为"早该入土的老朽",忍受了因为德国和意大利统一而导致的俄国利益受损。③ 沙皇虽然不情愿,但也无能为力。波斯尼亚危机过后,德皇和首相贝特曼·霍尔维格(Bethmann Hollweg)一致认为,虽然德皇试图(亲自或者通过全权军事代表)努力对沙皇施加影响,但就俄国的对德政策而言,并未取得明显的效果。④

---

① Report of German military attaché, August 12, 1910. *Grosse Politik*, XXVII, 9950ff.
② 1929 年后的第一位德国陆军武官惊奇地发现,在比利时 1938 年的演习中,比军的假想敌正是他自己刚刚服役过的两个师。"这并非偶然。在第三帝国疆域之外,有些人有时还是对我们不放心。"Geyr, *Erinnerungen*, p. 134. 另外,根据该书第 160 页的记载,有一次荷兰演习是设想日本入侵东印度。
③ *Grosse Politik*, XXVI, 864.
④ *Grosse Politik*, XXVI, 9571.

在德俄关系上,欣策被德国外交部和德皇心腹视为极端悲观主义者。沙皇和德国使馆也已厌倦了他,于是1911年初他被召回。在离开圣彼得堡时,他认为在完全不同的环境下重新恢复的全权军事代表制度,早已失去了效用。① 对于这位对其维护和平努力持怀疑态度的人,德国使馆很乐于看到他的离开。驻俄女大使普塔莱斯(Pourtalès)伯爵宽慰地说道:"我们终于摆脱了欣策。"②

最后的两名全权军事代表,冯·凯里乌斯(von Chelius)中将(1911—1914)和塔蒂切夫(Taticher)少将(1905—1914),都是这一古老过时传统的忠实信徒。后者被法国人说成是"一个习惯了圣彼得堡奢华生活的联络官",③而后来比利时驻柏林公使也把他描述为:"一个宫廷和沙龙军人,与威廉二世的贴身随从过从甚密,受到德皇太多的关注,在德国宣传的影响下变得十分亲德,支持俄国与其强大的邻国继续保持联盟关系。他就像一面镜子,反映了沙皇随从和圣彼得堡上流社会(相比实行共和制的法国,实行君主制的德国及其专制君主对其更具吸引力)大多人内心深处的想法。"④

然而,这种反对共和制的倾向并不足以使普俄恢复谅解。两

---

① *Grosse Politik*, XXVII, 9956f.
② Lambsdorf, *op. cit.*, pp. 190f.
③ *Documents diplomatiques français*, IInd ser., VIII, no. 271.
④ Beyens, II, 55.

国军队对此早已没有了兴趣,并向塔蒂切夫这样的人表达了此意。① 1914 年 7 月危机期间,他恰好在圣彼得堡休假,于是他负责传递了沙皇和德皇在最后时刻的和平信息,不管是否真诚。这一信息是在沙皇已经下达了针对奥地利的动员令后才发出的,也是在德皇认为他继续充当调停者的行为"太幼稚"之后。② 但不知什么原因,塔蒂切夫在从圣彼得堡火车站离开时被萨松诺夫拦下。7 月 30 日,两人一起见证了沙皇在经历了一番痛苦的挣扎之后,终于作出了参战的决定,并下达了全体俄军的紧急动员令。③

1914 年 7 月,在传统最后闪现的余晖中,人们得以仔细地审视这两名全权代表(当时他们已没什么权力了)。他们采取了一些维持和平的措施,这意味着(就像他们以及某些"柔弱的"臣子所做的那样)至少保留两国的君主,以及他们的制度和生活方式。7 月 26 日,沙皇身边的军官们(真正的保皇党人)向凯里乌斯建议,让他敦促德皇给沙皇发电报,"这是大国之间维持和平的最佳方式……唤起沙皇对君主制的感情,说明萨拉热窝刺杀事件给君主制带来的严重冲击,以及一旦欧洲发生战争君主制将面临的危险"。凯里乌斯在向柏林发出这一呼吁后,发现圣彼得堡"在当时

---

① *Grosse Politik*, XXXIV, 12605-12606, 12609; Osterreich-Ungarns Aussenpolitik, V, 5150, 5168.

② Auswärtiges Amt, *Die deutsche Dokumente zum Kriegsausbruch... 1914*, Max Montgelas and Walter Schücking, eds., 4 vols. (Berlin 1919), nos. 390, 399.

③ Fay, II, 301, 472.

武 官

全国劳工大众反抗风起云涌的情况下,十分担忧被拖入战争",这种担忧"在很多人心中,超过了对在塞尔维亚利益的关注";在"司令部内的老绅士们"中间,依旧很少有人喜欢协约国法国,"更倾向于与德国建立君主制同盟"。① 7 月 30 日,凯里乌斯以历史学家的冷静发现,"出于对未来的担心,这里的人们已经动员起来,虽然没有进攻的想法,但现在他们对自己所造成的局面担心不已"。② 但在此之前,更加激进的力量已经掌权,那些主张德俄开战不合传统的军人们已经遭到冷落。③

威廉二世与外国武官:不负责任的言行

> 他跟那些外国武官似乎格外志趣相投,在他们面前感到无拘无束。
>
> ——埃里希·艾克《威廉二世的私人军团》

1914 年以前的欧洲很多宫廷里,仅就能否接触君主而言,武官的地位要高于大多数外交官。两位"老皇帝",威廉一世和弗兰

---

① *Deutsche Dokumente*, nos. 229, 291.
② *Deutsche Dokumente*, no. 445.
③ 塔蒂切夫当时正与沙皇一家在叶卡捷琳堡(Ekaterinberg),在他们被杀数日后,他也遭枪杀。Post Wheeler and Hallie Erminie Rives, *Dome of Many-Coloured Glass* (Garden City 1955), pp. 566f.

西斯·约瑟夫,喜欢让这些武官离自己远远的。后者只让他们在一些公共活动场合,如阅兵和检阅时向他欢呼致敬,①而威廉一世更是将这种接触降到了最低。在1875年的"战争在望"事件期间,他对法国武官波利尼亚克公爵说,"他们(不管指的是谁)想让我们陷入困境,这是由于报纸上的胡言乱语。但现在一切都结束了,彻底结束了"。② 年轻的君主们却更愿意与武官接近。

俄国沙皇(直至略显羞怯的末代沙皇)与武官的关系几乎都比与大使的关系更加亲密。有时,尼古拉二世更愿意与武官(而不是大使)商量重大的外交冲突和解决方法。1898年,俄国占领旅顺港并加强防御工事,导致与英国的矛盾激化,战争一触即发,沙皇召见了他十分熟悉的英国陆军武官。这位武官后来写道:"外交官作为一个群体在伟大的军人宫廷(圣彼得堡或者柏林)并不受人欢迎,相反,武官倒是可以频繁地见到两位君主,并能讨论他们感兴趣的任何话题。"③

甚至在1905年后,当沙皇已经成为傀儡,他还是可以保持与外国武官的某种"直接的"联系。20世纪初,当格特弗里德·霍恩洛厄(Gottfried Hohenlohe)亲王在担任驻俄国宫廷的陆军武官时,尼古拉频繁地表示出"志同道合的样子"。于是,1913年初,当奥俄两国就巴尔干问题爆发危机时,奥地利政府(名义上是弗兰西

---

① *Grosse Politik*, VI, 1226.

② Erich Eyck, *Bismarck*, 3 vols. (Erlenbach-Zurich 1941-1944), III, 162.

③ Waters, *Secret and Confidential*, pp. 238f.

斯·约瑟夫本人)再次派他到圣彼得堡任职。当时,两国都已经采取了战备措施,霍恩洛厄(后来成为驻柏林大使,1914—1921)想要解释奥地利的想法(这在圣彼得堡和其他地方被严重误解了)并试图让双方解除动员。在他的居中协调之下,通过了一份两位君主的协议,两国实现和平,并约定在奥俄边境解除动员。①

末代德皇几乎把外国武官变成了他军事随从团(他称之为总司令部,即使在和平时期也是如此)的一部分。他们中的大多数人,将接受德皇的军营礼仪(或者无礼)视为自己的职责,并拿出了他们的最佳外交风度。通过瓦德西和施利芬,德国陆军向威廉二世明白无误地表示,他无法像腓特烈大帝那样在战时领导德国军队。但外交官们无法阻止德皇插手外交事务,尽管他们有理由为他的擅权(这在1908—1909年的《每日电讯报》事件中达到了顶峰)感到遗憾。虽然对此感到不快,他们却不得不同意威廉与驻柏林的外国武官们保持某种"直接的"关系。甚至在他继位之前,威廉二世就有英俄开战的想法,这样德国就有机会扮演仲裁者和英国拯救者的角色。1885年,英俄两国因为赫拉特(Herat,阿富汗一省——译注)剑拔弩张,威廉二世找到俄国全权军事代表多尔戈鲁基亲王,表示现在正是俄国与英国算账的大好时机。沙皇得知这一消息后,看出德国试图凭借战争从中渔利,于是采取了妥协

---

① *Oesterreich-Ungarns Aussenpolitik*, V, 5584, 5599, 5675ff., 5751.

态度。①

就这样,这位霍亨索伦家族的传人很早就开始利用东西方的紧张关系并从中渔利,双方都在密切地注视着他。英国驻柏林陆军武官斯温(Swaine)上校(任期分别是1882—1889年和1891—1896年),试图维持两国陆军以及王室之间的良好关系。他向女王报告了她的外孙(即德皇威廉二世——译注)的成长情况,他的心胸狭窄,他接受的反英教育,他对军队十分有限的兴趣,以及他的勤奋刻苦。总的来说,斯温觉得他"是一个很好的年轻人,前程远大……需要认真地加以引导"(1885)。据他报告,王储否认了关于他仇英的说法:威廉说他被自己的英国亲戚误解了,自己既不反英也不亲俄。他始终牢记,德国和英国"应该在所有政治问题上携手合作,我们两个强国应该共同维护欧洲的和平。凭借英国强大的舰队和德国强大的陆军,我们完全可以做到,如果我的英国亲戚给我机会,我将亲口告诉他们这一点"(1889)。②

在其统治前期,威廉(不无得意地)规定,各国在向柏林派出武官(或者至少在召回武官)以前,必须首先征得他的同意,而以前这只是在三个君主制国家之间所采用的做法。甚至连实行民主

---

① 根据俾斯麦在其1890年危机期间向卡尔·冯·韦德尔伯爵的讲述内容。Wedel, p. 42.

② Arthur Ponsonby, *Henry Ponsonby. Queen Victoria's Private Secretary* (New York 1943), pp. 290f., 360f.

武官

制的强国也对德皇的奇思异想趋之若鹜。一次,威廉"带着强烈的情绪"向一直奉承他的美国大使沙勒迈恩·托尔(Charlemagne Tower,1902—1906年在任)表达了"他个人对于突然召回一名美国海军武官的不满"。他揞醒托尔,"使馆中陆军武官和海军武官的地位并非一个普通秘书可比,他们作为美国陆军和海军军官,在这里被视为德皇的私人客人。'我认为,在任何情况下,我都有权知道一国政府撤换其驻德武官的想法,就像我觉得,在任命任何一名军官到此任职以前都应该征求我的意见一样'"。在最近这次突然撤换美国海军武官的问题上,"他觉得自己受到了不礼貌的对待"。美国大使向他保证,美国政府绝无此意,这一撤换是出于工作考虑。美国国务院也向德国外交部给出了类似的解释,德国外交部收到此情报的人评论道,"这是皇帝陛下的一个明显特点,他不喜欢自己身边的人有任何变动"。①

偶尔,法国政府也会像美国政府一样迎合德皇的奇思异想。1897年初,法国驻柏林海军武官,一个名叫布哈德(Buchard)的海军上尉,为了回国参加一场与另一名军官的广被谈论的决斗,在未获批准的情况下擅自离开岗位。法国总统特地在公使们不知道的

---

① Tower to Hay, confidential, June 21, 1904; Hay to Tower, July 21, 1904; chargé Dodge to Hay, August 10, 1904. *Archives of Department of State.* 有关威廉二世与法国大使埃尔贝特的冲突(因为后者导致法国陆军武官被召回,而这是威廉二世所不愿看到的),见 *Grosse Politik*, XI, 349; also *Documents diplomatiques français*, IInd ser., VIII, 24。

情况下打听,这名武官是否仍被德皇视为"受欢迎的人",是否还可以继续回去任职。"欢迎他回来",威廉二世回答道,他将把布哈德看作是一名军官和战友。根据德国陆军的规矩,一个损害战友荣誉的军官,与一个不懂得捍卫自己荣誉的人一样,会被人瞧不起。布哈德作为一名决斗者和法德协议的支持者,受到了加倍的欢迎。他告诉德皇,与顽固不化的陆军不同,法国海军对这一协议持欢迎态度。①

当德尔卡塞从外交部一被(柏林和他自己的内阁同僚)赶走,德皇(再次得意扬扬地追逐欧陆联盟的梦想)向法国驻柏林海军武官和陆军武官表示,德尔卡塞与英国过分亲密的政策是在将法国引向灾难。面对德皇电闪雷鸣般的谴责,法国陆军武官只得表示,自己并不了解政治,这是一个对他来说过于高深的领域。德皇居高临下地告诉他:"是的,但我知道,而且我告诉你,你们正在陷入最糟糕的冒险之中。"②

在与法国海军武官交谈时,或者说是在冲着后者滔滔不绝地独白时,威廉提议,建立一个针对议员、和平主义者以及英国人的联合阵线,要求议员同意给海军拨款。"他们将会给我,因为他们害怕;如果他们不给,我就将他们送回老家。"他重拾建立大陆海军

---

① *Grosse Politik*, XIII, 3453-3455, 3552, 3576.

② *Documents diplomatiques français*, IInd ser., II, 52, 56f., 66.

武 官

同盟、对抗英国海上霸权的陈腐想法,①甚至在 1904 年英法结成协约,使得这一想法彻底无望之后依然如此。在一种法国外交官所称的"讲话的冲动,一种体质上的放纵",以及一种想要对法国的新朋友英国人发泄不满的欲望驱使下,德皇跟法国武官们进行了一番谈话,后者礼貌地倾听并如实地上报。他的倾诉带着军人的理性、体面和荣耀,指出法国政府犯了一系列错误——不重视海军、未与俄国并肩作战从而保护在印度支那的领地不受"黄祸"之害。他向他们保证,英国不会插手,因为英国人尚未从南非战争中恢复过来,也因为他们首先都是商人(让人想起拿破仑的话)。②

1914 年以前,威廉喜欢让外国陆军武官加入他军事随从的行列,在演习、游行和出场活动中骑马跟随在他的身后,③或者,就像海军武官那样,在一年一度的基尔帆船周(the Kiel Yachting Week)

---

① 1897 年 5 月,在一次宴请外国武官们的午餐上,德皇把法国陆军武官拉到一旁对他说:"你们法国人可千万不能放松了对英国人的警惕。或许你们的报纸是这样的,但我一定不会。我现在有俄国的支持,可以这么做了。"大使在其报告中将这次碰面称为"一个心理学的问题"。*Documents diplomatiques français*, 1st ser., XIII, 399.

② *Documents diplomatiques français*, IInd ser., V, 192f., 398f., 201f., 401f.

③ 布朗热也喜欢这样的表演,阅兵时让外国武官们骑马跟在他身后,使自己显得更加受人欢迎。Walter Frank, *Nationalismus und Demokratie im Frankreich der dritten Republik* (1871 *bis* 1918) (Hamburg 1933), pp. 154f.

第 15 章　为专制统治服务的武官

的各种场合里与他见面。① 他们都是战友，是一个国际团体的成员，他们中的很多人在闲谈和寒暄中表达了对于世界的相同看法，但他们关于国际交流的观点只能骗得了浪漫主义者。一次，威廉二世问美国海军武官比勒中校："那个施莱（Schley）和桑普森（Sampson）纷争（美国海军在圣地亚哥海战中获得对西班牙海军的决定性胜利后，美国北大西洋分舰队司令威廉·托马斯·桑普森上将和他的下级温菲尔德·斯科特·施莱上将之间发生的有关谁才是此次海战的战场指挥官的争议。——译注），到底是怎么回事？"美国人回答，这是"一种我们令人遗憾的让家丑外扬的方式"。德皇说："我不会这么做。你们的军官都做得很好，我无法理解为何会出现这个纠纷。"②

由于在柏林及其附近举行的大量军事活动（尤其在夏季），武官拥有"比大使多得多的与皇帝面谈的机会"。③ 在训练场、兵营、

---

① 美国海军武官比勒（1900 年 6 月 16 日给海军部的报告，National Archives）发现："他们希望海军武官参加这个帆船周活动……德皇将会参加且将海军武官们视为自己的随从人员。他对这个活动以及海军有着强烈兴趣，对我来说（他们也这样告诉我）参加此活动很重要，尽管我说不出能做些什么。法国、俄国、日本和土耳其海军武官都在场履行职责……德皇想与海军武官们谈论海军事务，美国海军武官最好也要在场，于是我必须在那个星期出现在基尔。"根据他 6 月 29 日的报告，比勒"有机会与德国海军军官结识和发展友谊，并受到了最热情的款待，……被德皇接见了三次，后者热切地邀请美国帆船运动员访问基尔并参赛"。Ibid.
② 比勒 1901 年 11 月 19 日给海军部的报告。National Archives.
③ Stürgkh, p. 180.

武 官

军官晚会上的见面中(没有外交官在场),人们有很多机会见到皇帝的言行失检和武官们小心谨慎的回答。事实上,他们在这个岗位上的特别任务,是将这些情况记录并传递给他们在外交和军事部门的上级,以此作为一种额外的外交渠道。有时,德皇显然是被训练场上的个人成功冲昏了头脑,这让武官和其他外国参观者意识到,他的"活力和军事判断"并非货真价实。正是在这种成功的影响下,他竟然向法国陆军武官打听起关于该国海军装甲巡洋舰上一种新油漆的情报。① 他频繁地与法国武官交往,试图在不牺牲法国人一直坚持索要的阿尔萨斯—洛林的前提下实现法德和解。② 德皇告诉这些法国军官:"我们是世界上仅有的两个军事民族。我们如果携起手来,可以为所欲为。"③

德皇有一种奇怪的想法,即对于军人的这种信任也许可以缓解法国的复仇心理,而这种心理在这些军官心中最为强烈。他认为这些军官应该明白,德国既无理由、也无意愿与法国开战(除非法国的结盟行动使之成为必要),而且他本人也想与法国和平相处。也许,可以通过一场大陆国家联合起来反对英国的战争实现这一目标,④同时,这种和平相处的局面不应受到间谍事件的干

---

① *Documents diplomatiques français*, 1st ser., IX, no. 348.

② *Documents diplomatiques français*, 1st ser, X, no. 40.

③ *Documents diplomatiques français*, IIIrd ser., II, 453. 对佩莱上校(后为霞飞的参谋长)的谈话。

④ *Documents diplomatiques français*, 1st ser., XIII, 399.

扰。1908年,一个法国间谍网在德国被披露出来后,他对法国陆军武官说,法国总参谋部应停止此类活动,"很不幸,这类事件发生在德法应该相互释放善意,并在东方相互给予支持的时刻,因为它难免会刺激德国民众的情绪"。这位上校称,法国总参谋部与此事确实毫无关系。这一回答甚至比很多所谓的外交辞令更难让人相信。①

不顾与德国外交部的政策相悖,威廉试图让法国人明白,对他而言摩洛哥根本不值得一战,而比洛和荷尔斯泰因的摩洛哥政策并没有消除发生战争的可能。第一次摩洛哥危机期间,他对一名法国陆军武官说,无政府主义和社会主义(当时在俄国刚刚萌芽)的危险使法德两国更应该中止这场危机。从丹吉尔(在那儿,比洛和荷尔斯泰因不顾德皇的反对,将他推上了世界舞台)返回后,他向法国陆军武官吐露了心声,"我丝毫没有因为摩洛哥与法国开战的意图",而与德皇关系紧张的比洛此时正试图威吓法国。这名武官(一位"具有绅士的所有本能的"伯爵)立即意识到德皇这句话的重要性,追问他是否可以对别人讲起,还是应该秘不外传。德皇毫不犹豫地回答,你尽可以跟其他人去说。② 于是,这个法国人向其巴黎的上级强调,尽管看上去不像,但他认为威廉内心确实希望和平。③ 可以肯定,法国在阿尔赫西拉斯会议上决不妥协的态度

---

① *Documents diplomatiques français*, IInd ser., XI, 851.

② Zedlitz-Trützschler, *Twelve Years at the Imperial German Court*, pp. 200f.

③ *Documents diplomatiques français*, IInd ser., VIII, 145ff., 371ff., 397f.

应该就是源于这一推断,而德皇更公开、更好战的言论,总是被法国拿来作为加强军备的理由,或者被用来请求英国给予外交上的支持。

这位"现代史上的中心人物"(威廉二世的一位同时代人如此称呼他)的此类言论,被及时地传递给大使和国内部门。毫无疑问,有些人对德皇追求克制和体面的想法感到非常惊讶。1892年,俾斯麦因为他长子的婚礼准备去维也纳。奥地利政府通过外交部询问德方,如果这位前首相提出面见奥皇弗兰西斯·约瑟夫(正如他后来所做的那样),他们应该怎么办。德国政府最初的答复是,他们对此毫无兴趣。"令奥地利陆军武官施泰尼格尔(Steiniger)大吃一惊的是,一天后在波茨坦举行的一次骑兵演习上,威廉二世将他拉到一边说,如果他的盟友接纳一个斯潘道(Spandau,柏林的一个区——译注)监狱随时准备关押的叛徒,这对他来说将是一件无法理解的事。"为了让他高贵的军事盟友高兴,弗兰西斯·约瑟夫在俾斯麦父子到达维也纳时不得不有意回避,踏上了一次计划之外的旅行。①

19世纪八九十年代,英国驻柏林陆军武官在外交系统内算得上是非常重要的人物。除了维持两国宫廷之间的良好关系,他们在两国军官之间开展的交往,包括不间断地交换有关潜在的共同

---

① Glaise-Horstenau, p. 346.

敌人——俄国的情报,①与其说是外交官们的保证,不如说是英国一心想在发生战争时加入三国同盟。② 首相卡普里维(英国人对他相当看重)以及柏林的其他人都是这样认为的,但德皇却无法做到适可而止。

威廉二世喜欢通过陆军武官给英国提出奇怪的建议,这或许是出于一番好意,但确实是考虑不周。1892年埃及总督死后,苏丹国王(名义上仍是埃及的宗主)犹豫要不要按照英国的愿望,颁布一项确立新统治者的诏书。威廉二世通过英国武官斯温上校向索尔兹伯里提议,英国战舰应该趁夜间穿过达达尼尔海峡,停在苏丹国王的王宫下面,将大炮对准王宫的窗户。这一威胁,再加上英国即将吞并埃及的局面,一定会迫使他在诏书上签字。如果俄国抗议这一违反条约的行为,以及这一虽简单粗糙、但却可行的东方问题解决方法,他将担保德国和法国都不会开战。"对英国来说,这是一个不容错过的、在君士坦丁堡立威的机会。"然而,索尔兹伯里对这一提议不屑一顾。他向正在德国的女王建议,应劝告她的外孙"在其政策和演讲中保持镇定"。这一动用外祖母权威,向一个禁卫军式的"世界政策"说不的行为,似乎被报告给了德皇本

---

① 例如,德国驻伦敦陆军武官得到了一份1885年如与俄国开战时英国陆军司令部的行动计划。*Grosse Politik*, IV, 778.

② 参见斯温1892年11月9日给女王私人秘书的信:"德国深受两个盟友之害,除非我们的舰队把意大利人解救出来。我相信,如果三国同盟和俄法之间爆发战争,后者将是获胜者,然后欧洲的其他国家就只能听从上帝的安排了。"Ponsonby, *Henry Ponsonby*, p. 362.

人,并导致后者对索尔兹伯里态度发生了彻底改变。从几乎是孩子气的、热切的信心转为充满了敌意,就像他在 1895 年索尔兹伯里再次上台后所表现出来的那样。①

当时,德皇依旧认为,自己是英国仅有的真正朋友,因此感到有义务告诉英国大臣们,英国必须与三国同盟更加密切地配合,必须停止"侮辱和愚弄"德国和三国同盟,就像女王在即位七年以来所做的那样。否则,他将被迫与法国和俄国携手合作,两国各在德国边境陈兵百万,虎视眈眈,而英国对他甚至都谈不上友好。英国必须放弃其自私和霸权政策,必须站在三国同盟一边,签约修好,否则就采取与之公开对抗的政策。

在没有跟首相霍恩洛厄和外交部商议的情况下,德皇就迫不及待地将自己的这些谴责的话告诉了经验丰富的英国陆军武官斯温上校。据德皇自己所说,这位上校在他严厉目光的注视下,"就像他们在英国小说中所表现的那样'退缩了'",并在他们的交谈结束时,"被深深地震撼和打动了"。同样感到"震撼"的还有德国外交部的官员们,他们不得不为皇帝陛下的大发雷霆进行辩解。据索尔兹伯里内阁一位成员给斯温的信中所说,这是"你从柏林发给我们的最重要的文件",尽管另一位内阁大臣认为,武官肯定不

---

① Lady Gwendolen Cecil, *Life of Robert, Marquis of Salisbury*, 4 vols. (London 1921-1932), IV, 370ff.

是讨论诸如海峡问题的解决这类问题的恰当人选。① 然而,斯温一直是女王的宠儿(在她更加热衷于霸权的时刻),另外,因为女王宠爱她的外孙,后者通过斯温,设法从她手中弄到了一个英国陆军荣誉上校的身份。②

三个月后,不受外交部约束的威廉再次指责英国的政策摇摆不定,还是通过斯温这一渠道,而德国外交官们也不得不再次出面息事宁人。权势很大的荷尔斯坦因提出,皇帝的这种直接干预,是否"将一种若非帝国遇到最严重的危险,否则无法继续的局面公开化了",而首相必须向他指出这一问题。对于后者来说,这一《每日电讯报》事件的序曲"似乎不至于让他与皇帝发生争执"。③ 他和他的手下更愿意看到皇帝与英国之间发生分歧(克鲁格[Krüger]的电报,日期仅在威廉与斯温上校的最后谈话三周之后),而不是他们自己与皇帝起争执。

德国外交部的文官们没有勇气禁止或者建议德皇,减少与武官和其他授权较低者的谈话。这样的谈话一直未中断,直到威廉二世在其统治后期外交才华衰减。斯温的继任者格里尔森上校也成了他谈心的对象,彷佛德英两国如果要达成一份更稳固的协议

---

① *Grosse Politik*, XI, 2579 with notes; Alfred George Gardiner, *The Life of Sir William Harcourt* (London 1923), II, 324.

② G. E. Buckle, ed., *The Letters of Queen Victoria*, 2nd series, 3 vols. (New York 1926-1928), II, 345ff., 395.

③ *Grosse Politik*, X, 2572ff.; Haller, pp. 182ff.; Hohenlohe, *Denkwürdigkeiten*, III, 146.

的话,只有军人才是最佳的领会者和执行者。他对于克鲁格电报的无礼有些后悔,并想再次看到英国拉近与三国同盟的关系。它们将联合起来对抗俄国,俄国是英国最大的敌人,如今与法国结成了紧密的同盟,后者"已经投入了俄国的怀抱"。这两个伟大的新教—日耳曼强国必须团结一致,共同抵抗在法国人帮助下的斯拉夫人对欧洲的威胁。威廉使新来的格里尔森相信,"不管表面如何,他与大英帝国的友谊以及他与英国结盟的愿望从未动摇,他现在很希望将一切重新恢复到以前友好的基础上,即在如今令人遗憾的疏远发生之前的那种关系的基础上"。①

这些做法,无论多么不体面,都不是能够让索尔兹伯里放弃孤立政策的策略。它并不担心大陆联盟的威胁,因为法国绝不会加入。当德皇再次通过格里尔森劝说他,再次重复以前(1898年1月15日)对英国的那套无用说辞时,索尔兹伯里丝毫不为所动。八年以来德皇一直想与英国结盟,但后者并不热心。如今,随着大陆联盟即将形成,这种机会不会再有。那么英国的政策又是怎样的呢? 格里尔森认为,应该与两个大陆集团都保持距离,这样才足够安全,因为它们绝不会合二为一。"你错了",德皇回答道,"它们可以联合,而且一定会联合。社会主义和其他原因将迫使欧洲

---

① Duncan S. Macdiarmid, *The Life of Lieutenant-General Sir James Moncrieff Grierson* (London 1923), pp. 117ff. 有关格里尔森的描述,见 Gwynn, *Spring Rice*, I, 207f。

君主们相互协助,来自东方的黄种人是我们最大的危险"。①

在这之前,格里尔森已经认定,德国是英国的敌人,而不是秘密军事盟友。另外,由于英国政府在对德关系上一直"三心二意",而且索尔兹伯里在划分萨摩亚的谈判中使用拖延战术,他也无须在乎德皇的抱怨及其针对索尔兹伯里政府的"频繁而冗长的攻击言论"。② 据他在维也纳的同事道森(Dawson,1890—1895)(道森与格里尔森保持着经常的通信往来,因此对于英国国内不相信的"德国危险"有着同样的认识)所说,在离开柏林之前,格里尔森比任何人都更加不信任德国人,"这一点很重要,因为他对德国陆军和军事政策的了解超过了当时任何英国军官"。道森于1895—1901年担任驻巴黎武官,在法绍达事件期间,他与格里尔森就"他们相信不久之后必将到来的斗争"交流了看法。③

格里尔森的继任者是沃特斯少校。在他与德皇的关系达到了一同进餐的程度时,他开始努力阻止英德关系的下滑。他十分清楚,德皇"喜欢向武官倾诉(如果他对后者足够信任),而这些话如果告诉大使将必然是官方的,有时可能会造成深远的影响"。在听了德皇关于德国和其他大陆列强或将干涉布尔战争的威胁之后,他感到有必要作出回复,"尽管他和他的盟友可能联手对付我们,

---

① Macdiarmid, *Grierson*, pp. 134ff. ; *British Documents on the Origins of the War*, I, no. 62.

② November 5, 1899. *British Documents on the Origins of the War*, I, no. 154.

③ Dawson, pp. 161f. , 219.

武 官

但英国不会坐以待毙,我们将使出全力拖垮德国"。①

有关英德友好关系破裂的历史研究,并未考虑两国陆军之间的关系。两国陆军的关系曾一度十分紧密,因此威廉二世才一直呼吁武官应成为有用的、能够领会意图的外交代理人。② 总参谋长施利芬绝不是培育或破坏这种紧密关系的那个人,他不相信德国陆军可以凭借外交手段实现其战争目的,因此英德关系的破裂对于19世纪90年代末的军方影响并不大。冯·吕特维茨上尉(25年后,晋升为将军的他成为卡普政变的领导人)撰文,呼吁建立一支强大的德国海军(当时陆军军官中几乎没有人会这么想),因为这是获取殖民地和应对英国威胁所必需的。1897年,这篇文章(就其观点和论据而言,根本无足轻重)的译文被刊发在一份英国军方刊物上,被当成德国对英国有所图谋的"证据"。③ 很快,吕特维茨被任命为驻伦敦陆军武官,这一举动被看作是德皇对英国政策不满的一种"幽默"表达。

当然,对于皇帝陛下与外国武官谈话中的那些不谨慎的言语,德国外交部并不完全掌握,他们往往是通过这些话所引起的反响

---

① Walters, *Secret and Confidential*, pp. 252f., 146; *Grosse Politik*, XVII, 5072.

② 1906年3月,斯温上校作为使者传达了爱德华七世(Edward VII)给其外甥威廉二世的和解性的口信。斯温对荷尔斯坦因说,"因为他觉得,我在这个宫廷里是个受欢迎的人"。*British Documents on the Origins of the War*, III, 380f. 20世纪20年代,沃特斯是多伦(德皇流亡期间的住处)的常客。

③ William L. Langer, *The Diplomacy of Imperialism*, 1890-1902, 2 vols. (New York and London 1935), p. 426.

才听说一点儿。① 如果他们得知德皇在美西战争期间发表的非中立观点(其实对于双方而言,都谈不上中立),不知他们会有何感想。当时,美国海军部问其驻柏林海军武官,能否打听途经佛得角(Cape Verde)的西班牙舰队的去向。后者在电报中答复称,德皇刚刚告诉法国武官没有这支舰队的消息,但根据德国驻马德里陆军武官的报告,西班牙境内没有一家兵工厂做好了开战的准备。他还得到消息(可能出自同一来源),德皇"十分同情西班牙,但他对西班牙的拖延不决政策早已失去了耐心"。② 德皇的这些言论常常被反复提及,从而造成很大的影响。例如,在漫长的的黎波里战役期间,德皇在与法国陆军武官佩莱上校谈话中对意大利(名义上尚是盟友)所流露出的蔑视:"一个人如果做坏事,动作一定要快,而且一定要做成。"③

德皇的这种不负责任和不谨慎或许"对海军有益",但有时即便是对德国海军之父冯·提尔皮茨来说也太过分了。1907年初,英国海军武官杜马(Dumas)上校告诉提尔皮茨,皇帝去年夏天曾直截了当地问他,费舍尔海军上将是否正准备进攻德国?杜马上

---

① 德皇对沃特斯上校说,如果布尔战争再次延长,受此影响,欧洲大陆国家可能不得不进行干预。英国大使在就这一谈话撰写报告以前,询问德国外交部是否知道干预计划的具体内容。在不否认皇帝说法的前提下,比洛特别向这位大使保证,德国绝不会采取这种措施。*Grosse Politik*, XVII, 5072.
② 巴伯给海军部的电报,1898年5月6日。五天以后,巴伯报告佛得角舰队已回到加迪斯。"这是两小时前在德国总参谋部刚刚收到的消息。"*National Archives*.
③ Faramond, p. 80.

校认为自己有必要将德皇的这一问话报告伦敦。提尔皮茨小心翼翼地表示,"我不太确信皇帝陛下对他所提出的问题是否当真",但英国人坚持认为是的。① 尽管在限制德皇与外国武官交谈方面,比洛比霍亨洛厄表现得更坚定,效果也更好,他仍然无法完全阻止这种危险的喋喋不休。② 德皇的这个毛病多次发作。例如,尽管之前与奥地利驻圣彼得堡陆军武官霍亨洛厄(一位坚定的亲俄分子)有过不愉快的经历,德皇还是向这位亲王倾诉心声,并不止一次让他而不是普鲁士全权军事代表带信给沙皇。为此,比洛不得不"记下皇帝陛下政治鲁莽的新证据"。③ 如果比洛知道格里尔森其实并不"特别在乎皇帝陛下的言论"的话,他将略感欣慰。④

这一结论,虽然总体上站得住脚,却没有得到后来的英国驻柏林陆军武官(1903—1906)爱德华·格莱亨伯爵的认同。格莱亨是一位移居英国、并以联姻方式融入英国社会的霍亨洛厄亲王的儿子。在爱德华时代,格莱亨是少数几个身世上有问题的英国人之一,有问题是因为他们是德国移民。这些人觉得,有必要以极端民族主义来弥补他们身世上的污点(艾尔·克罗[Eyre Crowe]、克罗

---

① 提尔皮茨给比洛的信,1907 年 1 月 12 日。*Grosse Politik*, XXIII, 7779.
② 有关他的努力,见 *Documents diplomatiques français*, IInd ser., XI, 145, 242 (1907)。
③ 1906. Bülow, II, 260f.
④ *British Documents on the Origins of the War*, I, 130.

默［Cromer］男爵、艾尔弗雷德·蒙德［Alfred Mond］爵士等）。在相似情况下，上一辈认为发展良好的英德关系是他们的责任。格莱亨既是德国皇后（在比洛看来，她让格莱亨在柏林听了"过多的消息"）的一名直系表亲，也是爱德华七世（他的教父）的宠臣，他向爱德华七世报告了德国对英国的敌对言论，其中有些来自德皇本人。

格莱亨觉得，德皇并不喜欢他，因为曾有两次他们意见不合，一次是关于英国在陆军大臣办公室设置文职人员的惯例，另一次是关于德国中尉写的一本书——杰克林（Jecklin）的《军事译者》（*The Military Interpreter*）。该书作者（后来被调到一个可怜的边境要塞）收录了有关英国人在南非战争期间虐待布尔人及其女人的一个翻译练习；还有一个类似的练习是，"德皇率领胜利之师进入伦敦时的宣言——也是最富有攻击性的"。格莱亨例行公事地将这本书送交国内情报部，从而让格里尔森得到了它。他把此书给陆军大臣阿诺德—福斯特（Arnold-Foster）看，后者非常重视，去找爱德华七世商量。国王在去德国途中一直随身携带此书，并开玩笑地展示给他的外甥看："你们对我们的评价不赖嘛。"德皇因此对格莱亨非常恼火，称其"将这本书拿给国王，是最不友好也是最让人不能容忍的行为"。如果这名武官先找到他，他将查禁这本令人讨厌的书。"而现在，他刚刚与英国成为朋友，就被我（格莱亨）把一切都毁了。"由于德皇不愿听他的解释，这名武官找到首相比洛并向其说明了一切。但德皇坚持认为，格莱亨将书给他的舅舅爱德华看是不怀好意（比洛在他的回忆录中也讲述了此事），于是格莱亨因为他的话在柏林不被人相信而非常难过。

1904年以前,英德两国统治阶级之间的分歧已经很大。比洛认为,"鉴于我们在英国宫廷、社会和媒体有如此多的麻烦,而且还一次次地发生令人不安的事件,(格莱亨)绝对有必要让英国广大民众明白,我们对英国毫无敌对或者侵犯之意"。① 这是一份上层阶级对下层阶级的呼吁。1905年夏天,在与他发生几次冲突之后,德国外交部要求将格莱亨召回,但直到1906年1月,他才被调往华盛顿,其军衔也获得了晋升。在触动了德国联邦宪法的敏感神经后,他的调职已是不可避免。接到伦敦的命令后,在没有事先通知德国政府的情况下(根据格莱亨的说法,这是他自己的主意,而且也得到了大使的同意,后者"认为这是一件好事"),他声称自己是驻德国南部和萨克森宫廷的英国陆军武官。在很长一段时间里,人们没有见过这样的英国官员,因此他在德莱斯顿(Dresden)甚至不被人接纳。格莱亨从未问过"普鲁士当局的意见,因为他觉得他们在此事上没有发言权",他想当然地认为,"撒克逊人和巴伐利亚人都乐于有一个真正的外国武官派驻在他们的王国,因为这凸显了他们在军事上独立于普鲁士(后者当然是他们所憎恨的对象)"。在拜访了两国首都之后,格莱亨计划对德国联邦制度进行第三次探访,但是德国外交部向拉塞尔斯(Lascelles)投诉了这种助长"王国权利"心理的行为,于是访问被叫停。无论是格莱亨还是他的上级,都没有意识到他被允许进入的那块土地的危险性,而

---

① 比洛给威廉二世的信,1904年7月15日。*Grosse Politik*, XIX, 6043.

这一插曲通常被认为只是1914年前德国外交所惯用的伎俩之一。①

格莱亨的继任者A. V. F. V. 罗素(A. V. F. V. Russell)中校从1910年起在柏林任职。他跟威廉二世至少有过"一次相当激烈的争吵","我们都大发脾气,骂对方是骗子"。二人争吵的原因,是因为雷平顿撰写的一篇猛烈批评近期德国军事演习的文章。据罗素称,"或许对德皇来说,最恰当的说法是'朕即国家',因此总是对外国军事代表格外关注。我们受邀参加的阅兵、军事典礼、戏剧晚会等活动比在其他宫廷时更多,而且在几乎所有场合,外国武官……都受到德皇的'过分关心'"。尽管他表现出崇尚武力的样子,但罗素认为德皇其实"是一个反对战争的人"。他甚至听到德国军官无奈地感叹:"我们甭想有一场战争了,我们这位皇帝只知道维护和平,是个不会开战的懦夫!"

在此情况下,一心想要争取军队支持的皇储,开始在普鲁士军官中间挑动战争情绪。他觉得,当自己身着军装支持泛德意志思想时,他在政治上正日趋成熟。1912年皇家演习期间,他从罗素和其他外国武官身边走过,用英语大喊:"你好,罗素,会发生战争

---

① *Grosse Politik*, XIX, 6220; XX, 6866f., 6870; Bülow, II, 253; Gleichen, pp. 262ff. 对自己在德国所受待遇的恼怒并没有影响格莱亨的军事判断。与1907—1908年席卷英国的恐慌情绪相反,他不相信"在我们不知情的情况下,或者在德国政府或德皇不想开战的情况下,或者在其海军尚在建设之中、不足以对我们构成威胁的情况下",会发生德国集结军队进攻英国的事。Gwynn, *Spring Rice*, II, 113. 从巴伐利亚州(联邦)角度记载格莱亨事件的档案资料,见慕尼黑的 *Geheimes Staatsarchiv*, MA 50238。

吗? 我可不想与我亲爱的第 11 轻骑兵团作战,不过我倒是想跟龌龊的法国佬干一场。"幸运的是,罗素称,他的同行们(特别是法国武官)听不懂英语。① 但是,他们通过其他途径也会知道,这个年轻人已经跟他父亲做王储时一样,开始摆出一副尚武好战的样子。

后来的专制统治者和各种各样的极权主义者,尽管他们的军国主义思想被大加吹捧,但武官的中间联络人工作在他们身上几乎毫无用处。作为一个群体来说,武官与独裁领袖的崛起毫无关联,他们并不适合站在后者的随从中间。唯一的例外是南斯拉夫的国王亚历山大(King Alexander),在他统治的最后阶段,挑选了他的军事法官和心腹亚历山大·迪米特里耶(Alexander Dimi-triye)将军,将他从驻巴黎陆军武官的职位上调回,负责处理各种政治和军事事务。② 早在 1923 年,墨索里尼就命令意大利驻柏林海军武官同德国军国主义右翼分子建立联系。起初,斯特来斯曼对他态度冷淡,反倒是德国防卫军将军们对他非常热情,如泽克特。后者敦促德国在阜姆(Fiume)问题上支持意大利的立场,最终令斯特来斯曼考虑德意合作,包括 1923 年 12 月向缺乏武器的德国提供意大利武器。③ 这是墨索里尼后来采取的"修正主义"政

---

① Lieut. Col. Hon. A. V. F. V. Russel, "Reminiscences of the German Court," *The Fighting Forces*, I (1924), 58ff.
② 《纽约时报》,1963 年 9 月 5 日讣告。
③ Alan Cassels, "Mussolini and German Nationalism, 1922-1925", *Journal of Modern History*, XXXV (1963), 141.

策的一部分,包括他同意武官们自由进入诸如匈牙利这样的国家,①或者在1934年纳粹大清洗后,他向德国陆军武官并通过后者向德国防卫军领导人,表达他希望德国陆军在第三帝国保持强硬立场,以及"在重大问题上(无论是在军事还是政治问题上)都对元首发挥决定性影响力"。这名武官"自然鼓励"他采取这一态度,因为这将有助于压制党内"那些不接触政治现实"的理论家。②这属于军队或政党内部一些相对保守主义的观点。③ 与日本武官不同,在导致第二次世界大战爆发的事件中,欧洲极权主义国家的武官在对战争推波助澜方面远比不上文职外交官,后者经常被独裁统治者们用来充当中间人的角色。

---

① Documents on German Foreign Policy, Ser. D, IV, 156.
② Documents on German Foreign Policy, Ser. C, IV, 669ff.
③ 德国武官发出的关于英国人对德国重整军备(尤其是空军)的怀疑可能"威胁德国陆上军备"的警告,见 Documents on German Foreign Policy, Ser. C, III, 174ff., 189ff., etc.。

第16章　使团团长与武官：
文官和军方的领导权之争

武官是一个从属性的职位，需要时刻保持沉默。

——道森《军人外交官》

武官是驻一国首都的外交团成员，①是临时成员，尽管有时任职时间长达20年，但是他们通常不属于各自国家外交部门的正式成员。他们附属于某个使团，起初是作为大使的随从之一，从他们毕生服役的军队被派出工作一段时间。如果没有至少一位武官，所有的使馆和几乎所有的公使馆似乎就不算人员齐全，尽管有时

---

① 有时候，武官或副武官可能会被派驻在首都之外的地方，或者海军武官不在地处内陆的首都使馆内办公。第二次世界大战期间，德国在伊斯坦布尔有一名陆军副武官，专门负责发展与阿拉伯世界新老朋友的关系。Paul Leverkühn, *German Intelligence Service* (New York 1954), pp. 12f.

第 16 章 使团团长与武官:文官和军方的领导权之争

他们的作用似乎令人怀疑。①

人们期望他们以外交方式行事,遵守既有的外交惯例,无论他们被选中主要是因为他们的外交和社交才能,还是因为他们的专业能力。如果是后一种情况,该武官可能会常常感到与外交官们格格不入,在与驻在国国防部门打交道时却显得更加得心应手。②武官通过各种方式,与这些部门保持直接的联系,就像其他担负特别任务的人(比如劳工和商务参赞)所做的那样。③ 为了确保他们能够被接受,有几个国家(包括美国),在获得本国外交部、使团团长和有关外国政府的同意以前,不向国外派出武官。④

根据大多数军事强国的制度,武官是所在大使馆或公使馆馆长的下级。如今,武官通常位列使馆或公使馆一等参赞或一等秘

---

① 根据莫特的研究(Mott, p. 141),美国向部分南美国家首都派驻武官,"主要是出于维护影响力的需要。我们从这些国家没有需要学习的东西,也没有可以让我们担心的东西。但是我们需要对它们的军事资源作出评估,而它们也需要这种不言而喻的认可"。

② 1907 年初,英国海军武官杜马中校拜访提尔皮茨,在传达费舍尔海军上将非常坦率的口信以前,他宣称"自己不是外交官,也从未学过外交辞令,但他恳请对方允许自己用真诚的语言就英德关系发表一点看法"。当提尔皮茨将他们的谈话内容报告首相比洛时,他特地提到杜马在来柏林以前已在海上连续服役了十年。*Grosse Politik*, XXIII, 7799.

③ Potiemkine, III, 802.

④ The Brookings Institution, *The Administration of Foreign Affairs and Overseas Operation*(Washington 1951), p. 252.

书(两个可能担任代办的职位)之后。① 很多国家,诸如法国、英国②、普鲁士—德国(从 1867 年起)、意大利、沙皇俄国(其服从性通常较弱)③和美国,都完整而明确地规定了武官的从属地位。其他一些国家,如旧奥匈帝国、日本④、芬兰、希腊和乌拉圭,只是在个人行为和礼节问题上规定了武官的从属地位,尽管馆长可能会要求武官提供有关陆军和海军问题的建议。⑤ 在第一种制度下,武官须向使团团长报告其活动和意图,并上交其所有情报(书面或口头的)以供审查。使团团长甚至能够否决或压制武官的报告,尽

---

① 关于美国使馆内部礼宾排序的规定,见 *The Army Almanac* (Washington 1951), p. 252。
② 驻外武官与国内海军和陆军部门的联系只能通过外交部,他们不得不遵守后者的指示。*Parliamentary Debates* (Hansard), House of Commons, Official Report, Vol. 102, 844, 988; Vol. 103, 353. Julius Hatschek, *Englisches Staatsrecht* (Tübingen 1905), II, 218.
③ 1914 年,俄国驻巴黎陆军武官使用特别密码与圣彼得堡的陆军大臣直接进行了联系。Gen. Adolphe Messimy, *Mes Souvenirs* (Paris 1937), p. 191.
④ 日本武官的报告"直接交给陆军部和海军部,而不是交给外务省。因此,陆军武官或海军武官给东京的报告可能会与其大使的报告相矛盾。这种武官直接向其上级机关报告,而不向大使和公使报告的做法,已经使国会就外务省和陆、海军部门驻外代表之间的团结问题数次进行质询"。当然,政府首脑们从不会向国会承认各部门之间有矛盾。Tatsuji Takeuchi, *War and Diplomacy in the Japanese Empire* (Chicago 1935), p. 79.
⑤ Beauvais, pp. 118ff.

第16章 使团团长与武官:文官和军方的领导权之争

管这些报告往往是上报给国内总参谋部或陆军部的①(英国武官是报给使馆或公使馆馆长)。然后这些报告通过外交邮袋被送往本国外交部,后者会阅读并可能会留存(原版或复制版)那些看起来完全属于政治性的报告(这是法国的习惯),同时将这些报告转给原接收部门。因此,总参谋部或陆军部是间接地接收武官的报告,但在某些国家是例外,如美国。美国武官的报告在经大使上报以后,国务院将不再插手干涉。

除了在某种程度上可以避免双重效忠之外,武官独立化的好处乏善可陈。这让那些比较年轻的军官(他们往往处于严格的命令约束之下,生活上十分受限)拥有了一种存在着潜在危险和不负责任的独立。这种独立性非常彻底,就像一名奥地利武官在回忆时所说,"它有点不真实……身边没人可以给我下命令。至于我的工作任务和职责,也只有十分笼统的指示。没有上级,没有命令,没有关于工作时间、工作性质和工作方向的明确规定。作为在那个国家的唯一一名武官,我一切只能靠自己"。②

大使不能利用(至少不能命令)独立的武官去调查某个军事

---

① 1870年,瓦德西任驻巴黎陆军武官时,平均每两周撰写一篇报告。"我必须把报告交给大使,大使会给出评语,但不能作任何修改。"Waldersee, *Denkwürdigkeiten*, I, 67.

② Stürgkh, p. 102.

武官

方面的情报,这种情报的价值对于一个外行人来说,可能难以判断。① 而在完全实行等级制的使馆内,这只是例行程序。② 当驻在国采取了某些军事措施,需要有人给出专业的意见时,也会出现同样的问题。③ 武官及其上级不时表露出想要脱离大使控制的强烈愿望,但这只是在俄国和弗兰西斯·约瑟夫时代的奥匈帝国才得以实现④(这是梅特涅曾经竭力避免的、军方取得支配权的标志)。就英国而言,正如一名前陆军武官的回忆,外交部"一直坚决不同意改变我们的计划"。他说:

> 在我看来这没错……另一种制度有重大缺陷,而且没有

---

① 如果碰上一位曾经是军人的大使,就像施魏尼茨在圣彼得堡时那样,那么这位大使和武官的关系肯定不会密切,因为大使往往不相信武官的报告或者更相信自己的判断。Wedel, p. 171. 1909 年年初,同盟国集团驻圣彼得堡的外交官们,在解释英国大使亚瑟·尼克尔森(Arthur Nicolson)爵士为什么最近变得不那么好战时,都注意到他甩开武官,自己对俄国的战备情况进行了一番调查。调查想必得出了消极的结果,这让这位大使怂恿俄国开战的劲头小多了。*Grosse Politik*, XXVI, 9196.

② 有关这一程序,见 *Grosse Politik*, XXXIII, 12519。

③ 1912 年 11 月,当得知俄国采取了一些貌似动员的措施时,德国大使要求在过去六周内休假的陆军武官立即返回,"因为我不是专家,不能像专家一样评估情况的准确性和价值"。*Grosse Politik*, XXXIII, 12411.

④ 伦敦大使会议为巴尔干和平商议有关方案时,总参谋长康拉德(Conrad, II, 413) "私下"对奥地利驻伦敦和圣彼得堡陆军武官说,他"个人的意见是,用军事手段对付塞尔维亚是唯一可行的解决方法"。

第 16 章 使团团长与武官：文官和军方的领导权之争

任何好处。一个国家的外交部,或者陆军部,如果相互向对方隐瞒自己的政策,就会出现问题。奥地利和俄国就是例子。据我所知,当军事代表偶尔直接向国家领导人批评大使的行为时,可能会导致(而且有时确实导致了)相当大的麻烦。双重计划也一定会损害政治军事部门之间的相互合作。①

法国军队中这种想让武官独立于外交部和使团团长权威和控制的倾向,只是在布朗热时期才比较强烈。1887 年 2 月初,这位脾气暴烈的陆军部部长提出与沙皇建立直接联系,并写了一封信,让当时正在巴黎休假的法国驻圣彼得堡陆军武官秘密转交。这名武官指出这种做法不妥但毫无效果,随后他鲁莽地说,也许这样一封信应该配以"一件礼物,比如一把剑或总参谋部的一份出版物"。布朗热立即命人去买礼物。再三考虑之后,这名武官报告了外交部部长弗卢朗(Flourens),后者在内阁会议上讨论了此事,并抱怨此类事情让本应由他本人和外交部负责的外交事务无法进行。布朗热对此拒不承认。② 法国驻柏林大使埃尔贝特(Herbette)(他称布朗热直接写信给沙皇是一个"奇怪的想法")提议,应该采取措施,"以明确作为下级的武官与外交代表首脑之间的关系"。按照当时的规定,武官在布朗热的指使下如此频繁而公开地来巴黎,这在那个关键的时刻似乎并不明智。另外,他们还直接给陆军部长

---

① Walters, *Secret and Confidential*, pp. 46f.

② Adrien Dansette, *Le Boulangisme*, 1886-1890 (Paris 1938), pp. 63f.

发电报,而不是通过大使,后者对电报的内容一无所知。"这种旁门外交(lateral diplomacy)很麻烦",他们之间的通信应该成为使馆档案的一部分,柏林使馆中没有此类档案,这令大使和后来的武官很是难堪。① 虽然法国没有出台新的更严格的文件规定,但作为对"布朗热主义"(Boulangisme)的反应,以及对文官主导体制的再次确认,大使的权威似乎得到了加强。

在担任驻法兰克福和圣彼得堡全权公使期间,俾斯麦就已经注意到,普鲁士全权军事代表和武官的这种独立性不仅令他厌烦,而且肯定会危及普鲁士外交政策的一致性。② 并非所有地方的普鲁士文职公使都有像在巴黎这一重要岗位上的冯·勒那样忠诚的武官。1863—1866 年任武官期间,他曾两次不受公使支配,以武官和副官的身份,直接向陆军大臣和国王报告情况。冯·勒意识到,巴黎公使馆报告的这种双重性(全权公使的报告,武官以及副官的报告),不仅容易导致持续的烦恼和不睦,还会迷惑或误导柏林的业务主管们。于是,他主动将全部的"紧急"报告和其他报告,甚至私人信件,交给与他关系良好的公使冯·德·戈尔茨伯爵。③ 俾斯麦自己的不幸经历使他在 1867 年下达命令,将武官(但并不包括全权军事代表)置于使团团长和德国外交部的管理

---

① *Documents diplomatiques français*, 1st ser., VI, 451.
② Adolf Hasenclever, "Militärattaché und Auswärtiges Amt um die Wende vom alten zum neuen Kurs", *Vergangenheit und Gegenwart*, XXII (1932), 598f.
③ Schlözer, p. 41.

之下。这一命令甚至包括了纪律方面。有一次,俾斯麦觉得,有必要惩戒一下休假逾期的武官冯·戴尼斯少校。①

但是,军官们觉得这种从属地位很不舒服,于是他们竭力想要摆脱文官们的控制(这些文官并非总是些"临时的绅士")。曾被俾斯麦严厉斥责的冯·勒②在晚年也认为,武官如果遭到大使的批评将有损军人的荣誉,即使他的所作所为与其职责不符。这样的斥责,他在给瓦德西的信中说道,应该被称为"绝对的废话"。③ 对军官们来说,军事因素压倒一切的信念无比坚定,即使只是暂时听命于本国外交政策最高代表,也令他们不堪忍受。对冯·勒来说,正如他在1890年4月俾斯麦下台后不久所说,"陆军武官是,而且一直是,驻法国使馆最重要的成员"。④ 当时,驻法国武官恰好是冯·许纳少校,首相卡普里维认为此人"相当危险,因为他野心勃勃,而且是个沙文主义者"。⑤ 在德国军队中,使团团长与武官关系糟糕几乎是不言而喻的。1895年,中日甲午战争爆发后不久,当时德国海军考虑派遣一名驻东京武官,但这件事被推迟了,"因为我们从经验得知,冯·古特施米特(von Gutschmid)男爵(驻东京公使)不懂得如何与海军军官打交道"。尽管威廉二世在一份

---

① Witzleben, p. 182.
② Richer and Fisher, I, 31.
③ Waldersee, *Briefwechsel*, I, 364.
④ Waldersee, *Briefwechsel*, I, 363.
⑤ Wedel, p. 171.

报告上批示,"如果公使不能与海军武官和睦相处,他就得走人",然而他却毫无动作,即使提尔皮茨(当时在东亚海面上)一再地催促他(1896)。直到古特施米特离任很久以后,情况仍然没有任何变化。①

如果让德国军官们知道奥地利武官根本不需要遵守这样的规定或临时权威的话,他们肯定会觉得更不舒服。奥地利武官可以直接与总参谋长通信,②后者会将其中一些报告转给外交部(由他自行决定),"供其详细研究"。1895—1910 年任奥地利驻君士坦丁堡武官的吉斯尔男爵坦承,这是一种非同寻常的姿态,但这"总是一个很麻烦的问题。人们很清楚,几乎所有的报告都是交给皇帝的。从第一天开始,大使就允许我查看政治档案,这让我感觉轻松了一些"。尽管吉斯尔在他的自传中强调,在奥地利使馆绝不像在其他国家使馆(特别是德国使馆)那样有矛盾和嫉妒,但他未提及自己是否也允许大使看他的报告。这似乎不大可能。吉斯尔在君士坦丁堡为自己创造了一个不凡的地位,以至于奥地利大使(他并非吉斯尔的领导)有时会向俄国大使抱怨,吉斯尔"已经完全脱离了他的掌控"。③

---

① Meisner, *Militärattachés*, pp. 23f.
② 康拉德所编的《我的军旅生涯》(*Aus meiner Dienstzeit*)中,特别是该书第二、三卷中,收录了大量奥地利武官的报告。
③ Giesl, pp. 19f., 146 and passim. 正是基于奥地利的经验,一本关于外交的现代手册才提到"使节与武官独立活动所带来的不幸局面"。见 Baron J. de Szilassy, *Traité pratique de diplomatie moderne* (Paris 1828), pp. 201ff。有关吉斯尔的独立外交活动,见 *Grosse Politik*, XXVII, 9780ff。

第 16 章 使团团长与武官：文官和军方的领导权之争

虽然缺乏权威的政府会认为，将文官和军官分开是避免矛盾的最佳方式，也更有效率，但如果一个使馆内不团结的话，最终将会对工作产生不利的影响。由武官处搜集报回的情报经常会有外交价值，有时无法预料，但反过来往往并非如此。可能九成的武官报告都是关于纯粹的技术事务的，但大使可能会在剩下一成的报告中发现感兴趣的内容，或者找到干涉武官活动的理由，又或者，他可能会从更广泛的报告中得出结论。1914 年前的比利时驻柏林公使拜恩斯（Beyens）男爵，以其亲身经历说明了一个外交官可能会有怎样的发现。1913 年 11 月的一天，他在浏览一份即将被放入外交邮袋的报告时，原以为只会看到一堆技术情报的他吃惊地发现，里面有关于他手下的武官和俄国全权军事代表与德国总参谋长毛奇在一场国宴上会面的内容。当时毛奇谈到，他并未感到过度劳累。"让机器不生锈，只须给它上点油就行了。但在阿加迪尔（Agadir）事件后，我们更忙了。我们一直保持着警觉，没人知道巴尔干战争会带来怎样的后果。即便已经准备好，就像我们现在一样，为了以防不测，我们也要未雨绸缪。"这位比利时军官提到，巴尔干局势似乎有所缓和，因此人们可能有望看到一段较长时间的和平，毛奇反驳道："别自欺欺人了，与法国的战争不可避免，而且比你想象的要快得多。我们不希望发生战争，这对我们毫无益处，但我们已经受够了持续不断的警报，它们影响了我们的（陆军的）发展。法国必须停止对我们的刺激和伤害，否则我们必将针锋相对。越早越好……我再说一遍，我们并不想要战争，但为了停止这一切，我们将不惜一战。"(这是否意味着,谋求开战的原因是已经无法再忍受神经战了?毛奇是个有些神经质的人。)比利时公使认为,毛奇的这次发火极其重要,应该立即向他报告。他警告了这名武官,但并未引起后者的重视。后来,他记下了这一警告,也记下了这一事实,即"柏林的武官有时可以获得政治方面的消息,可以让使团团长的调查更加完整"。①

就正式规定来说,有关旧时代武官独立性的内容现在几乎已经荡然无存。1914年以前,大多数派出国政府都明确规定了使团团长和武官的地位。如里宾特洛甫所说,他们想把每一个使馆及其所有成员变成一个"统一的整体"。② 然而,很多矛盾仍然存在,以至于人们已经习以为常,相互理解和关系和睦反倒被视为不正常了。甚至在1914年前的法国外交部门(关于此类矛盾的记录较少),外交官与武官之间的和谐关系也十分罕见。

大多数的麻烦都来源于(可能还会继续来源于)军种当局强加于武官身上的双重效忠的规定。毕竟,军种是武官的归宿,也是他希望其职业生涯继续并最终结束的地方。总体而言,大使不可能造就或者毁掉自己的一个临时下属,特别是如果这位武官的志

---

① Beyens, II, 110ff.
② Geyr, *Erinnerungen*, pp. 120ff.

第 16 章　使团团长与武官:文官和军方的领导权之争

向在于军事,而不是在于政治或外交上面。① 其他的使团内部冲突(例如,1939 年夏天土耳其驻莫斯科使馆内发生的一场大使和陆军武官的斗殴事件②),可能是因为根深蒂固的矛盾,也可能是因为这名武官的政治野心让他的临时文职上司觉得危险或者不妥。③

在最近的大约一百年间,使团团长和武官之间的关系在民主制国家比在君主制或法西斯国家要和睦得多。在民主制国家中,此类矛盾如果发生,那一定是由于个人原因,而不是因为文官和军人之间的根本分歧。无论如何,明智的做法是向前看,并尽力避免这些矛盾。然而,一些具体的事例可能会导致出台专门的指示。美国进入世界政治前夕(这一进程无论如何不能被部门纷争所阻碍),美国国务卿提醒有关文职和军事官员:

---

① 这里有一个武官与大使关系破裂的例子。许尔森—黑泽勒(Hülsen-Haeseler)伯爵,后来执掌大权的军事内阁首领,曾经在奥伊伦贝格(Ph. Eulenberg)大使(1894—1902)手下任驻维也纳陆军武官。奥伊伦贝格认为他和他的夫人不适合该职位,于是在一份机智而不怀好意的报告中阐述了自己的看法。后来,这份报告被搁置在军事内阁人事部门。许尔森—黑泽勒上任后看到了这份报告,他大发雷霆并发誓报复。最终,1907 年奥伊伦贝格因丑闻而下台。Robert, Graf von Zedlitz-Trützschler, *Twelve Years at the Imperial German Court* (London 1924), p. 287.

② *Nazi-Soviet Relations*, p. 43.

③ 关于使团团长对武官的处罚权力,似乎没有明确的规定,但俾斯麦父子(后者曾任外交事务秘书)确实主张并行使过这一权力。

387

武官

被派到大使馆或公使馆的每一位武官,在某种意义上,都是大使或公使的副官。他们要执行大使或公使的命令,除非这些命令明显违背陆军部部长的命令或指示。如果出现这种情况,武官要礼貌地向大使或公使报告不能服从其命令的原因,还要将事件详情立即报告军务部部长。陆军部真诚地希望,武官和他们的外交部门长官之间关系和谐。任何与所在大使馆或公使馆馆长关系不和的武官都要被召回。每一名武官既要尊重自己的岗位,也要尊重他的外交部门长官。①

很快,这一指示的必要性就非常明显了。当美国政客在就帝国主义和西班牙战争(即美西战争——译注)的战利品的分赃争论不休时,驻柏林大使安德鲁·D. 怀特和他的海军武官巴伯少校发现彼此意见相左。对此,巴伯比怀特看得更清楚,于是他冒昧地立即报告海军部,称大使似乎倾向于同意德国"以萨摩亚(Samoa)、加罗林群岛(the Carolines)和菲律宾的海军基地作为善意的回报"的要求。在一份未对怀特公开的电报中(后者已将德国的要求告诉了他),巴伯写道:"我建议,立即通过苏伊士运河增援杜威舰队至两倍的兵力,以此作为非正式的回应,以避免将来出现麻烦。"第二天,美国海军部(总体来说,与其驻柏林的代表一样充满帝国主义思想)明确指示巴伯,他已经"无意中"越过了武官

---

① 国务卿谢尔曼致海约翰大使的信,1897 年 10 月 14 日。John Bassett Moore, *A Digest of International Law* (Washington 1906), IV, 437.

的职权。对此后者回应称:"非常抱歉,当大使正式向我询问时,我认为自己责无旁贷,但我无意越权。这种错误不会再次出现。"然而,事实并非如此。电报发出后几天,巴伯在给海军部的信中为自己辩护道:

> 此事从专业角度来说,是根据我在东方丰富的工作经历(他1894—1895年曾在东方任武官)以及一种深切的信念,即不管我们的外交政策是怎样,只有拥有绝对优势的海军力量以及使用这种力量的明显意愿,才能赢得德国的尊敬,无论我们是否给过它什么。德国海军是一支正在崛起的力量,官兵素质很高,而且由于只有一名军官有过随舰参战的经历,他们渴望战斗,他们才不管敌人是谁。这名军官就是冯·克内尔(von Kenorr)海军上将……德国陆军和海军军官对于这场战争的观点,无论是在私下里还是在媒体上所表达的,都对我们不利。尽管他们承认,我们把西班牙人揍了一顿,我们只是比西班牙人强了一点,仅此而已……这个国家的媒体充斥着各种恶意的夸张说法……大意是哗变、疾病、骚乱等等已经证明,不仅这场战争不得人心,而且美国人既不懂作战方法,也毫无斗志,因此根本无法与德国陆、海军士兵抗衡。后一种观点虽然没有明说,但言下之意非常明显。
>
> 最后,毫无疑问,扩大海军和殖民扩张是德国皇帝的野心和梦想。门罗主义对他而言是个讨厌的东西,因为他对美洲有"想法",因此美德两国在美洲的发展道路将来很可能会碰

撞交织在一起。①

巴伯的经历(他是在退役后,带着强烈的政治观点被召回的)说明了为什么他的继任者,从新成立的海军情报局派出的比勒少校,被他的上级警告一定要处理好与大使的关系,服从大使的命令:"在海军武官任期内,你要把我们驻柏林、罗马的大使以及驻维也纳的公使视为你的长官,在任何时候你都要听从他们给你的指示。"②

在以后的美国外交史上,使团团长与武官的关系似乎总体上还算融洽。赫里克(Herrick)大使和T.本特利·莫特上校在巴黎共事十年,两人关系十分密切,莫特甚至成为赫里克的传记作家。另外一个合作良好的例子是大使约瑟夫·E.戴维斯(Joseph E. Davis)和武官费蒙维尔上校。在他的著作《出使莫斯科》中,戴维斯曾公开称赞费蒙维尔是"一个非常细心和能干的人",在其他场合更是不吝赞美之词。然而,这反而让费蒙维尔感到尴尬,因为他对俄国军事实力发表了过于正面的言论而被召回,但事实证明,他的观点比提交给华盛顿的其他判断更加符合事实。

然而,1945年以后,当军事安全成为美国外交政策的首要关切,武官与使团团长之间的关系是否会发生变化?这种变化是否会促使武官向他们的(并非一定是文职的)长官表现出更强的独

---

① Barber to Navy Department, July 14, 1898. Confidential. *National Archives*. 1870年,克内尔海军上将曾在古巴与法国战舰作战。

② Instruction for Beehler, signed Long, January 27, 1899. *National Archives*.

第 16 章 使团团长与武官：文官和军方的领导权之争

立性？目前已经有了此类趋势的迹象，这表现在，"他们中的很多人在看外交部门和国务院时，总带着一种掩饰不住的鄙视，而且几乎不受大使的支配"。① 在这方面，最真实和最具破坏性的例子是美国驻莫斯科武官格罗少将。苏联人窃取并公开了他的日记，里面记载了他对大使的不满。②

在沙俄类似的冲突中，文职外交部门的领导地位更加难以保证。1914—1915 年，俄国总参谋部对于驻布加勒斯特公使波克列夫斯基(Poklevski)没能将罗马尼亚拉入协约国一方参战非常不满。在英国秘密情报局的怂恿下，俄国人指控波克列夫斯基(他恰好是波兰后裔)"受控于奥地利波兰党，而后者屈从于日耳曼主义的利益"(这是长久以来针对波兰人的泛斯拉夫指控)。指控者中最有名的，要数驻布加勒斯特陆军武官。萨松诺夫领导下的外交部查实波克列夫斯基无罪，那么一定是这位军官撒了谎。但是，尼古拉大公的参谋长告诉驻总参谋部的外交部代表，外交部永远别想把这名武官弄走。这个外交官被震慑住了，"萨松诺夫成功地维护了波克列夫斯基，这实在是令人难以置信。再继续触怒总参谋部将意味着与之公开作对。从全局利益来说这是不可取的，结果对萨松诺夫来说也可能是致命的，毕竟，想让大公俯首称臣可没那么容易"。③

---

① 《纽约时报》，1952 年 4 月 13 日。
② 见第 6 章。
③ Die internationalen Beziehungen im Zeitalter des Imperaialismus（USSR），IInd ser., VII, 292ff.

武 官

纵观外交史,可以说大使或公使与武官之间的争执,除了与较年轻武官之间常见的代际冲突,很多争斗都是源自军人职业性的好勇斗狠,以及他们对于调解和劝说的力量或价值的不信任。与外交官相比,军人往往更倾向于认为战争已迫在眉睫,因此主张应采取措施,做好战争准备或加强防御力量,而这些措施本身可能会让战争更加一触即发。在驻巴黎使馆任职的15年里,明斯特尔伯爵从未像他手下的武官们那样,经常预测德国与法国之间会发生战争。1911年,巴尔干联盟成立时的俄国驻索菲亚陆军武官罗曼诺夫斯基上校,在助长他们的好战性格方面的作用远远大于他的上级——爱好和平的涅克柳多夫(Nekludov)公使。"俄国政策戴着两副面具",奥地利公使在巴尔干战争期间从索菲亚发出的信中写道,罗曼诺夫斯基反对和平和外交,全然不顾无精打采的公使,靠的是他在圣彼得堡的信誉。他代表着索菲亚的军人阵营,而且,在即将离任的土耳其公使看来,正是在他的带领下,保加利亚人才能在1912年动员起来。①

在同一个首都,在差不多同一时间,德国公使和武官的意见却截然不同。后者对于保加利亚人的实力和军事效率充满信心,并将这一看法如实上报,而公使"出于众所周知的对土耳其的狂热偏好",一度认为没有理由支持奥地利在战后建立保—土联盟。② 然

---

① *Krasny Archiv*, VIII (1927), 62ff.; *Oesterreich-Ungarns Aussenpolitik*, III, 3907, 4145.

② *Oesterreich-Ungarns Aussenpolitik*, VII, 8399.

第 16 章　使团团长与武官：文官和军方的领导权之争

而，偶尔也会有爱好和平的武官，如 1911—1912 年的俄国驻土耳其海军武官。他肯定早已发觉，在对于俄国关键利益（包括对海峡的控制）的看法上，自己与外交部门的多数上级存在分歧。他写道："如果，在未来数年内，俄国与中国、土耳其或者德国开战，这并不意味着俄国需要那场战争，而仅仅证明这个政府的无能和愚蠢。这对俄国佬来说既残酷又不公平。"①

在很多事情上，如另一强国军事动作的意义，某个外交对手的军事实力，以及另一强国作为联盟伙伴的价值，外交官和军人的意见经常出现分歧。19 世纪 90 年代，英国驻圣彼得堡陆军武官（他同时负责报告海军事务），坚信俄国在黑海的海军力量不足以对君士坦丁堡发动一场奇袭，而大使尼古拉·奥康纳（Nicholas O'Conor）爵士却一直为这支舰队的实力增长和动作而深感不安。武官准确地预测了这支舰队一次出动（这尤其令这位大使忧虑）的结果，然而，他们的关系非但没有因此而改善，反倒更加恶化了。与其他大使不同，奥康纳从不向他"提及外交事务，尽管把外交事务与军事事务截然分开并不容易，特别是在俄国这样的国家"。于是，不等大使提出，这名武官就自己申请调离并获得了批准。②

1914 年以前，法国使馆和公使馆通常对外表现出团结一致的样子，与很多其他国家的使馆和公使馆相比，它们的内部关系也的确更为和睦。自从与俄国结盟以来，法国外交界、法国军队领导层

---

① *Journal of Modern History*, XII (1950), 71.

② Walters, *Secret and Confidential*, pp. 180f., 237.

武 官

以及法国公众,普遍都已把他们的信任和金钱托付在俄国的武装力量和人力资源上。日俄战争后重组时期的法国驻俄国大使、武官以及各类军事使团都一致认为,俄国已经从那场战争中获得了教训,武器装备正在恢复,军官们正在改变以往懒惰和放荡的旧习,而且俄国士兵无人能及,他们纪律严明,生活节俭,吃苦耐劳。然而,在一片赞许声中,却出现了一个不同的声音——驻圣彼得堡的一名陆军副武官韦尔林(Wehrlin)。这个名字带有阿尔萨斯色彩的工兵上尉(少数工兵出身的武官之一),对于俄国是否能够做到上下一心一直表示怀疑。大使屡屡要求将其召回。① 因此,即便是讲究纪律的法国人,也仍然会出现大使与武官之间的摩擦,以及外交考虑和军事冲动之间的矛盾。一位大使"(给一名新任陆军武官)提出了最严格的建议——永远不要让自己沉溺于鲁莽和好奇心,不论什么时候,或多或少,这都是武官易犯的毛病"。② 尽管这些争斗极少能够达到像威廉二世时期的德国外交部门那样近乎丑闻或者无政府主义的程度,但如果出现一个值得注意的例子的话,也就意味着此类情况一定经常发生。20世纪初,法国驻雅典公使奥梅松(d'Ormesson)与馆内的陆军武官关系友好,彼此非常尊重对方。"这值得大书特书",他的儿子评论道,"因为,总体而言,一名武官与他的大使或公使关系和睦是非常罕见的。由于

---

① Messimy, *Mes Souvenirs*, p. 179.
② Ambassador Marquis de Noailles to Delcassé, March 1, 1901. *Documents diplomatiques français*, IInd ser., I, 147.

太多军人无意中流露出对文职人员的蔑视,于是情况往往就演变为,武官站到使团团长政策的对立面,并对其大加攻击"。①

大使与武官经常争论的话题之一,是驻在国的战争实力和战备状况。1866年的失败之后,奥地利的外交官们、首相博伊斯特(Beust)和驻巴黎大使梅特涅以及陆军司令阿尔布雷希特大公,都急于复仇,也因此都赞成奥法意结盟。他们对法国战备状况的评价远比奥地利驻巴黎陆军武官要高得多,但还比不上驻柏林武官对普鲁士陆军的评价(他之前曾在巴黎任职,因此能够对两支陆军进行比较)。② 这两名武官,于克斯屈尔(Uexküll)伯爵和维尔泽海姆(Welsersheimb)伯爵,均是奥地利上层贵族,也都反对结盟,他们在报告中经常对此直言不讳。1870年7月12日,于克斯屈尔从巴黎报告,数日之内就能判定,法国政府内是否还有一点伟大光辉的影子,"这种所谓的伟大在这里被不厌其烦地提及。我认为在过去的四个月里有义务公开宣布,我对法国政府或者这个国家的状况毫无信心。我可以这样说,每个国家在与法国政府的谈判中都应十分谨慎,只有如此它们才能避免骤然身陷困境"。到13日,他已相当肯定,"靠不住的法国政府"已经决定与普鲁士开战,已经在使用沙文主义思想鼓动民众,而且它已经准备将战争的责任推给民众,而不是皇帝和政府。"这是一个既不道德也很危险的做法",但他们会毫不犹豫地将其用在任何与之突然作对的国家身

---

① Wladimir d'Ormesson, *Enfances diplomatiques* (Paris 1932), p. 140.
② Schlözer, p. 67.

上。或许,当听到于克斯屈尔称赞奥地利政府的不参战决定非常明智时,博伊斯特的眉头会微微皱起。①

如果国内当局在参战问题上举棋不定,大使与武官的意见分歧往往会使混乱的情况变得更加复杂。这种情况确实曾经发生过。据一名俄国总参谋部的军官抱怨,"我们驻日本使馆内大使A. P. 伊斯沃尔斯基(A. P. Isvolsky)和武官的报告出现了令人棘手的不一致",使国内难以判断对日作战的利弊。就此次而言,似乎大使的军事判断更胜一筹。② 1911年,伊斯沃尔斯基就任驻巴黎大使,但他依然对"驻东京陆军武官满不在乎的态度所造成的严重后果记忆犹新",于是他忍不住向萨松诺夫抱怨驻巴黎武官,称"他理解工作的方式令人震惊"。③

外行人或许相信自己国家当局的效率和纪律,以及1914年前

---

① Oncken, *Rheinpolitik*, III, 428, 433.

② Ignatiev, p. 160. 1903年伊斯沃尔斯基离开东京。

③ 伊斯沃尔斯基对这名武官在阿加迪尔危机期间休假不在尤其不满。后者回来后,一直忙着安排一位大公的访问。当时法国对这位大公的来访态度并不积极,但此访是由武官和他的夫人("一个勇敢的美国人")一手安排的。"对我提出的关于法国军备的问题,他称自己一无所知。毫无疑问,当时在圣彼得堡的法国将军们已经给出了所有情报。我想问,我们在此派驻一名武官的理由是什么?……法国陆军部部长让我明白了,对于像诺斯蒂茨(Nostitz)伯爵这样不懂军事的军官的存在他是多么不在乎。这对我们的声誉十分不利"(1911年9月14日的信)。Russia, Foreign Office, *Un livre noir, diplomatie d'avant-guerre d'après les documents des archives russes, novembre* 1910-*juillet* 1914, 5 vols. (Paris 1922-1934), I, 133f.

第 16 章 使团团长与武官:文官和军方的领导权之争

专制帝国内部的服从精神(见马塞尔·松巴[Marcel Sembat]1913年的著作《要么做一个国王,要么创造和平》[*Faites un roi, Sinon faites la paix*],其观点是,战争组织要想取得成功,需要一个君主来做国家元首)。但实际上,这些国家中的不服从、不诚实甚至鲁莽轻浮的现象,比议会制国家军队和外交部门中的还要多。在与大使和外交部门的关系中,武官的独立、不服从甚至不忠诚,在这种被成功隐藏的无政府主义中很是显眼。看起来,这种不服从的程度似乎与专制的程度成正比,因此在俄国最为普遍,尽管多数文献中突出的是威廉二世时期的德意志帝国。

德国外交部门早已十分了解俄国的这种无政府主义,并可能将其视为俄国战争潜力中的一个消极因素,但这却让意识到这一点的法国人感到失望和愤慨。1901 年,法国驻布加勒斯特公使向德尔卡塞生动地描述了驻当地俄国公使馆内部的矛盾,这样的事情发生在一个终究要脱离同盟国的国家尤其令人遗憾。过去十年间,在这个 M. 德丰东(M. de Fonton)领导下的公使馆里,俄国外交的集中统一根本无从谈起。"各种力量的干预,让它得到了补充或者变得复杂。这些力量彼此独立,代表着不同的或者相互矛盾的利益。它们往往选择不同的行动方式,并将大量精力花在相互攻击和为自己开脱责任上面。"俄国公使为人谨慎而热情,希望与被压迫的罗马尼亚人民建立友好关系,但是他不够反德,难以让他的法国同行满意。他慎重地利用东正教(他为其提供资助)和泛斯拉夫主义,但是在离间罗马尼亚和奥地利的关系方面,他做得不太成功。无论如何,这是俄国驻布加勒斯特陆军武官列昂托维奇

(Leontovitch)上校的看法。"他公开批评公使的政策,尽管这不在他的职权范围内。他对待罗马尼亚人极其粗鲁,肆无忌惮,丝毫不掩饰他对塞尔维亚人和保加利亚人充满威胁性和挑衅性的观点。他强调自己在思想上反德,与法国高度一致。他对 M. 德丰东的敌意已经达到了极限,但似乎俄国政府对这位军事代表很有信心,因为他(与比里列夫[Birileff]海军上将一起)刚刚被赋予领导驻贝尔格莱德和索菲亚外交使团的职责,还将保加利亚增列为军事侦察对象国。第三个人(也许比两名俄国官方代表更有影响力)已经在布加勒斯特隐蔽工作几年了,他就是嘉宝(Grabo)上校,其秘密使命是向圣彼得堡报告所有与俄国政策有关的情况,不仅包括罗马尼亚,而且包括整个巴尔干半岛。"作为俄国警方的代表,这位上校手里掌握相当多的资金,而且不会受到束手无策的罗马尼亚政府的干涉。①

德国军国主义和海军至上主义的鼓吹者

威廉二世统治时期,德国使馆里发生了几乎同样激烈但却不那么复杂的意见冲突。驻君士坦丁堡、罗马、巴黎(以及后来的伦敦,在英德海军竞争开始之后)等首都的大使们竭力想让武官遵守俾斯麦时代的职责和外交法规,但一次又一次,他们的努力都因为

---

① *Documents diplomatiques français*, IInd ser., I, no. 347.

第 16 章 使团团长与武官:文官和军方的领导权之争

皇帝和总参谋部偏爱桀骜不驯的或不听号令的武官而失败。① 顺便说一下,这种冲突也是两批人之间的冲突,皇帝与武官一方对卡普里维、霍亨洛厄、明斯特尔、马沙尔和梅特涅一方。另外,这也是礼仪的冲突,是整体利益与部门利益的冲突。

1890 年秋,由于法国政府提供了有关德国武官冯·海宁根—休恩(von Hoiningen-Huene)少校涉及数桩间谍案的材料,大使明斯特尔被迫提出将其召回。这名少校认为,面对这些指控,大使没有很好地保护他和他的荣誉,他发誓进行报复。1891 年春,德皇母亲访问巴黎期间出了差错并因此而归咎于明斯特尔,休恩少校成为大使的主要批评者。当此次争吵发生时,德皇正处于一个内心极为焦虑的时期。明斯特尔大使报告,根据他在巴黎的观察,政治形势显得平静,而且会持续到即将到来的夏天(喀琅施塔得之夏)。德皇宣称,这个报告以及后来休恩继任者的报告,透露出无人可及的"幼稚和天真的信心",这两人必须走人,明斯特尔的职位必须换成一名将军。他发电报给外交部:"为了弄清楚情况,我召见了冯·休恩少校,向他询问了整个的形势。他的回答证明,他还像以前一样了解情况,而且肯定比现在整个使馆加起来了解的都多。他从绝对可靠的巴黎渠道获得了惊人的消息,几乎可以交一份报告给我。他的总体印象是,法国人有可能在今年夏天先发制人,在与俄国的结盟完善以前抢先向德国发动进攻。"为了纠正德皇的想法和挫败休恩,德国外交部不得不使出常用但却十分复

---

① Rich and Fisher, III, 362.

武　官

杂的辟谣机制。他们要求这名前武官将他的观点以及消息来源写在纸上,然后让明斯特尔、新武官以及外交部的一些人找出其中可疑的内容和消息来源。①

这个方法似乎在相当一段时间里产生了效果,当大使和武官再发生争执时,德皇甚至站在了大使一边。在君士坦丁堡,大使冯·马沙尔男爵和驻土耳其的第一名陆军武官(1897)摩根(Morgen)上尉的关系不和,部分是因为摩根(他在德皇1898年的东方之旅中被任命为侍从副官)向国内报告了使馆文职馆员们的活动。② 他代表了一种新的普鲁士军官(非贵族的、"殖民地的"或者"非洲的",由于相对的贫困、充沛的精力以及在国内的不如意等原因,曾赴德国殖民地任职),与莱托—福贝克(Lettow-Vorbeck)、埃普(Epp)等人类似,属于希特勒主义的开路先锋。在驻防军中服役差不多十年后,他作为观察员随土耳其军队参加了希土战争,战后帮助土方在国界划分上赢得了较为有利的结果,随后成为驻君士坦丁堡武官。

从一开始,摩根就把土耳其视为未来战争中德国的一个潜在军事盟友。"陆军武官的基本任务,观察一国陆军的组织架构、武器装备、训练和战备情况,不能满足摩根那颗不安分的心。"他对土

---

① *Documents diplomatiques français*, 1st ser., VIII, no. 356; VII, 1563ff.
② Giesl, p. 63. 摩根报告,土耳其苏丹不再派军官去德国接受军事训练,因为他怕他们因此会受到社会民主主义思想的影响,马沙尔力图证明这一观点根本就是无稽之谈(1898年夏)。*Grosse Politik*, XII, 3341.

军内德国教官的工作十分不满,于是不失时机地向土耳其高层人士指出他们在军事组织方面的失误,特别是他们沿海峡和俄国边境线防御工事中的问题,并迫使他们改进。他还就巴格达铁路后段路线给出了自己的建议,并主张为铁路公司获得在美索不达米亚平原的运输垄断地位。他不仅答应指导土耳其军官(其中就有恩维尔·贝)进行骑兵演习和图上演习,还骑马调查了高加索边境地区,从而引起了俄国人的怀疑。

最初,德皇(他看到的摩根报告,都是被外交部先行截下并加上了警告性评语的)倾向于继续执行类似俄国的不关心、不介入政策。后者"毕竟已经统治了伊斯坦布尔。摩根要保持安静,不要触及这些问题",他下旨说。他赞同外交官们的看法,即"在与俄国的关系上妥协,以军事优势进行平衡"(这种军事优势可以通过一个更强大的土耳其获得),而这在摩根看来完全是幻想。另外,为了一般的政治原因,摩根的"忙碌和热忱"必须被压制。①

这是1898年德皇对东方进行访问以前的情况。访问回来后,德皇改变了态度,更倾向于听取摩根的意见。② 俄国人(总是迫不及待地压制土耳其的改革意图,无论是军事改革还是经济改革)抱怨称,摩根和其他德国军官在埃尔祖鲁姆(Erzerum)检阅土耳其军队并参加了后者的演习,这说明德国在土耳其不仅有商业利益还有军事利益,德皇被激怒了。他想要告诉俄国人,自己没有让德国

---

① *Grosse Politik*, XII, 3341f.
② *Grosse Politik*, XIV, 3976, 3980.

教官部署在埃尔祖鲁姆,因为这可能会引起他们的猜疑,而摩根去那儿的目的,仅仅是为了调查古战场(军事史似乎是那位多才多艺的军官唯一忽略的兴趣)。"把其他动机加到我的副官身上是一种轻率的行为,我决不允许,穆拉维约夫(Muraviev)会被告知这一点……德国人在土耳其毫无所求,而且只要我愿意,我的援助可以到达那里,不管穆拉维约夫对此是否高兴。我从未禁止任何外国人穿越洛林的战场,或者,从更加敏感的梅斯(Metz)城墙下走过。"俄国人的申诉遭到了严词拒绝,尽管不是用德皇的原话,但俄国人不为所动。他们自己的报告显示,摩根正在煽动土耳其人,声称与俄国的战争不可避免,并就如何应对俄国对小亚细亚的进攻提出建议。①

不肯安分的摩根继续外出旅行,这让谨慎的德国外交官几乎跟俄国人一样紧张。他查看了保加利亚和土耳其两国的边境,还和德国海军部调查团一起赴红海地区调查。由于此次旅行,他提议德国要获得法拉山群岛(the Farsan Islands),以便控制红海航道(因为外交原因提尔皮茨不得不放弃这一扩张计划,尽管他早就渴望建更多的基地)。1901年秋,摩根终于因为他的活动被召回,后来他被调至总参谋部外国陆军局巴尔干地区处。回国后,他继续致力于改善土耳其陆军的状况。他行事大胆,毫无顾忌,最后他从

---

① *Grosse Politik*, XIII, 3548; XIV, 4023ff.

第 16 章 使团团长与武官:文官和军方的领导权之争

总参谋部被调至前线任职。① 在那儿,他的军衔升至中将。他在第一次世界大战中因为治军严明,手下官兵对他十分敬畏。

多年来,德国外交部门对武官控制得还算不错,至少在比洛领导下是如此。1887 年俾斯麦严厉申斥戴尼斯的场景一直令他记忆犹新。② 相比德皇或者提尔皮茨,施利芬更加明白限制武官活动的必要性。从某种程度上说,德国陆军已经"十分成熟了",对其动员计划的时间表深信不疑,而年轻的德国海军却不一样。海军需要的是资金以及需要这些资金的理由,因此,海军武官除了搜集技术情报之外,还需要提供这样的理由。这就要从其他国家(英国和美国)海军的活动中去寻找。③ 海军武官在其"美好时代"重复了陆军同行在瓦德西领导下的那些恶习:为了绕过外交部的控制而私下给提尔皮茨写信,藐视文职外交官及其想法,想方设法地讨德皇的欢心等。他们给提尔皮茨写信称,"古老的经验告诉我们,那些舞文弄墨的外交官们想要什么东西时,首先考虑的就是妥协"。施图姆(Stumm),一个急于想与英国维持谅解的外交官,被他们称为"负面意义上的外交官,换言之,这个名字一定是用来指

---

① *Deutsches Biographisches Jahrbuch*, 10 (1928), art. "Kurt von Morgen" (1858-1928). Richer and Fisher, I, 178.
② Bülow, II, 179.
③ 1897 年 10 月,德国驻华盛顿陆军武官收到德国海军司令部(其宣传工作急需新的理由)命令,要求上报美国海军文献。他立即花钱请一家剪报社代为收集。当年底,他报回了马汉(Mahan)的最新著作。Vagts, *Deutschland und die Vereinigten Staaten*, p. 1272.

我们整个外交官群体"。①

德国海军武官们可以依仗的是,提尔皮茨对他们蔑视外交官的默许,以及他对德国外交部门的反对态度。尽管提尔皮茨自己是个公务员的儿子,他却称公务部门尽是些"没落贵族或者无法子承父业的大商人的后代"。② 统治阶级内部的矛盾并不总是会被这么清楚地揭示出来,或者用这样粗俗的、势利的字眼来说明。德国海军军官们感到,他们生逢其时,德国未来的发展(正如提尔皮茨和德皇所宣称的那样)取决于海上。对德皇而言,外交官们只是些"官僚",思想保守落伍,这在他们的报告中体现得尤为明显。第一次世界大战爆发前不久,他曾说:"文官和军人报告中的裂缝是历史性的……每当军人发出危险警告,文官们从来不愿意承认或者了解。每当两个国家的关系到了必须考虑军事手段的程度,军方的意见总是被外交官们低估甚至嘲笑。"③

在这个军人得势的时期,还有一场对外交官的胜利,一名大使因为惹恼了一个或者两个军种的武官而被召回。这是从未有过的事情,但提尔皮茨与驻伦敦海军武官维德曼联手,令自1901年起就驻在圣詹姆斯(St. James)宫廷的德国大使梅特涅伯爵被召回

---

① Alfred von Tirpitz, *Politische Dokumente*, Vol. I, *Der Aufbau der deutschen Weltmacht* (Stuttgart and Berlin 1924), pp. 355f. and passim.

② Freiherr von Freytag-Loringhoven, *Menschen und Dinge wie ich sie in meinem Leben sah* (Berlin 1923), p. 146; Gordon A. Craig in *Political Science Quarterly*, LXIV (1949), 86.

③ Tirpitz, *Aufbau*, p. 367.

第16章 使团团长与武官：文官和军方的领导权之争

国。多年来,梅特涅一直警告称,德国加强海军军备会导致英国对德开战。他清楚地认识到提尔皮茨的敌意,对后者而言,正如梅特涅所说,"我们的造舰计划与我们和英国的关系相互依赖,这样的话不太入耳"。① 提尔皮茨自己也说,工商业竞争是英德关系恶化的原因(对军队而言,把责任归咎于商人非常容易,就像拿破仑时代那样)。然而,威廉二世再也不想听到来自大使的此类警告了。他说:"我不同意大使的判断! 海军武官是对的!"②把历史悠久的、武官不应就政治问题作出判断的规定抛到了九霄云外。事实上,武官与提尔皮茨的观点完全一致,就是为了给皇帝留下更深刻的印象。③

当比洛从外交部退休,不再与提尔皮茨进行部际争斗,德国外交官们对军种利己主义和海军至上主义的抵制越来越弱。他们隐约地意识到了与英国进行海权争霸的后果,但因为屈从于渴望巨舰的皇帝,很快忘记了最高的国家理性规则。梅特涅提醒他们,英国崇尚理性,"海军和陆军被视为最重要的政策因素,是实现目标的手段,但不是决定政策走向的因素"。梅特涅呼吁新首相冯·贝特曼·霍尔维格遵守理性规则,支持他召回维德曼的请求。"后者的邮件宣传行动",只有在他立即返回前线时才能停止。

---

① *Grosse Politik*, XXVIII, 167.
② *Grosse Politik*, XXXI, 11315.
③ *Grosse Politik*, XXXI, 25.

武官

> 海军问题属于军事和政治问题。想要区分二者并不容易,可以说见仁见智。正常情况下,使团团长可以令陆、海军武官在报告问题上听从他的命令。然而,现在这个海军武官仗着有冯·提尔皮茨先生和皇帝陛下的庇护,从未想过改变他的报告方式,将其严格限制在纯技术方面。相反,他公开声称,自己有责任利用余下的任期,在报告中不断发出关于英国威胁的警告。
>
> 对我来说只有一种解决办法,即要求他从其报告中删除带有偏见的内容。因为上面提到的原因,我不会将此事上报。所以我不得不使用我所掌握的其他方法,同时告诉他,我将不会递交这种报告。他会向他的海军司令抱怨,后者又会向陛下抱怨。陛下很可能会索要被压下的报告。尽管这份报告充满政治味道,但也会讨论海军问题,我毫不怀疑陛下会宣布,海军武官是对的,而我是错的。

首相会运用职权支持他与武官作对吗?他会同意调离那名武官吗?[1] 这位懦弱的首相束手无策,根本不可能摆脱那位令人讨厌的武官,而是必须避免与皇帝发生争执。现有的武官规定应该这样执行,即维德曼的所有报告作为特例都不应被压制。相反,为反驳其观点,应单独附信说明,给予报告肯定的、鲜明的以及(可能

---

[1] *Grosse Politik*, XXXI, 11328.

的话)讽刺性的评价。① 不久以后,首相向威廉二世指出,武官的活动(当时正致力于阻止霍尔丹访问柏林,后者或将导致削减德国海军军费)正危及帝国外交政策目标的一致性。首相的目的是获得陛下批准并告知维德曼海军上校,他的行为绝不允许。德皇说:"不!他是一个军官,只有最高军事长官才可以指责他,而不是他的文职上司。"②

德皇的坚决果断与首相的犹豫不决(对于这种违反俾斯麦原则的做法,他既没有选择辞职也没有以此相威胁),标志着外交当局在武官及其后台支持者面前的卑躬屈膝已经到了无以复加的地步。1912年春,梅特涅不出意料地被召回,这是维德曼和提尔皮茨的胜利。"但愿梅特涅离开此地。他对我们来说是国家的不幸。"③维德曼在写给提尔皮茨的信中说。这不仅是对长官的不敬,也是对讲究礼节的官僚阶层的轻蔑,这种礼节看似被当时的人们所推崇,但实际上早已被部门之间的妒忌和自私心理撕得粉碎。俾斯麦称之为"骑兵的爱国主义"。在这种心理驱使下,只要他自己连里的马匹能够吃饱,骑兵三连的长官甚至连二连缺少马料都漠不关心。④ 德国外交官们想让维德曼在大使前面被召回的小小愿望都无法得到满足,维德曼在伦敦一直待到了1912年9月。

---

① *Grosse Politik*, XXXI, 11329.

② *Grosse Politik*, XXXI, 11337; Tirpitz, *Aufbau*, p. 294.

③ Tirpitz, *Aufbau*, p. 322.

④ Bülow, I, 109.

1912年,德国出台了庞大的海军法案,英国政治家就此事对英国的影响作出了明确的表态。然而,对于如此重大的事件,魏德曼竟然既不报告,也不讨论。他坚持认为,德国海军法案改善了和平的前景。① 这是提尔皮茨及其传记作家的做法,将战争责任和后果归咎于外交官、商人、工业家和银行家们。

维德曼的继任者是海军上校冯·穆勒,一位刚被收录入《哥达年鉴》的新贵族。他从提尔皮茨那儿得到的训练跟维德曼全无二致。穆勒向长官保证,一定会"提高警惕",确保在英德谈判中"我国外交官不会提出与我们(德国海军)意见相悖的条件"。② 在提交一份关于他与丘吉尔谈论海军假日(a naval holiday,指1913年6月丘吉尔提出的英德两国暂停建造战列舰一年的提议——译注)的报告之前,穆勒向提尔皮茨请示该报告的写法,是否应该在这份将被外交部和皇帝看到的报告中提及这次谈话。不愿承担直接责任的提尔皮茨通过手下回复他,考虑到"与英国达成永久谅解的普遍愿望",德国外交部和国会或许乐于接受该假日的想法。最好简要报告此次会面,给人以一种印象,即丘吉尔只是想拖延或者阻止德国海军的扩张,因为这将危及英国霸权地位。这次询问的结果是,与丘吉尔的会面18天以后,他再次向柏林发出了一份"邮购"(mail order)报告(这是梅特涅对于此类提尔皮茨授意的文件的说法)。看到这份报告的德皇兴奋地大叫:"好哇! 太棒了! 我

---

① *Grosse Politik*, XXXI, 11578.

② Tirpitz, *Aufbau*, pp. 335f.

第16章 使团团长与武官:文官和军方的领导权之争

们保持着警惕!"①

在缺乏俾斯麦式的干预和仲裁的情况下,德国驻伦敦使馆的内部矛盾激化为一场持续的"两线战争",正如牵涉其中的武官们所说,一个对手是英国,另一个对手是德国海军。从大约1905年开始,所有的文职馆员,据提尔皮茨的一名手下称,都成了"正式的海军反对者"。这场冲突一度非常激烈,甚至支持海军的陆军武官几乎要与参赞(后来成为国务大臣的冯·屈尔曼[von Kühlmann])决斗。屈尔曼是一个富有的新贵,因此受到提尔皮茨阵营的人怀疑。他曾公开宣称,英德关系糟糕完全是因为德国海军"令人不快的建设",提尔皮茨必须作为世界和平的破坏者被打倒。② 然而,除了有关海军的争论,文官和陆、海军军人观点上的冲突(这一冲突震动了第二帝国)还包括一些附属性的、交叉性的争斗。这场争斗的双方是老的、地位较高的、富裕的贵族(他们大多担任外交官)和新的、地位较低的贵族以及在军中任职的非贵族军官。1888—1914年间驻伦敦的十名海军武官中,仅有三人出身贵族,而且都是贵族阶层中地位最低的、最年轻的成员。提尔皮茨从来都瞧不起那些身处高位的贵族们,他往往是在自己手下的平民(屈尔曼称其为"狡猾的尤利西斯",尊重他们的能力而不是他们的政治立场和做事的习惯③)中寻找最优秀的人才,"代表德国海军在

---

① Tirpitz, *Aufbau*, pp. 395ff.; *Grosse Politik*, XXXIX, 15573.

② Widenmann, pp. 20, 37ff.

③ Richard von Kühlmann, *Erinnerungen* (Heidelberg 1948), p. 290.

伦敦的利益"。没有什么比这更崇高的了。①

仔细研究德国以及1914年前其他君主国武官的背景、观点和活动会发现,那些出身平民阶层、渴望获得晋升并最终进入贵族阶层的军官变得越来越好斗,越来越不顺从。与生俱来的特权往往让那些贵族军官,特别是出身于古老和富有家族的军官,缺乏对自己和国家的远大理想。② 这种渴望加强海军的心理,其根源在很大程度上来自海军军官中的非(新)贵族成员,③他们(自提尔皮茨以下)认为,当时的德国外交界中大多是些堕落的贵族或者孱弱的巨贾子弟。如果一个富有冒险精神的古老贵族子弟,误打误撞地进入海军,他获得晋升的机会依然很大,但提尔皮茨及其助手将不会让他登上某些职位,因为他倾向于国际和解的习惯可能损害海军的利益。大使梅特涅伯爵被召回数月之后,当维德曼海军少校(他来自一个从事贸易和管理的家族)不得不离开伦敦时,他从提尔皮茨那儿获得了极大的满足感——他的继任者是收录于最新《哥达年鉴》的埃里希·冯·穆勒。他"除了具备出色的专业知识,还具备在伦敦工作所必需的性格力量"。另一名候选人,冯·莱茵巴本男爵,是魏玛共和国时期斯特来斯曼党在国会中的成员之一。在他数次访问伦敦期间,他那种"急于追随英国人,而不是让对方主动上门"的态度(这是绝对不可以的),已经让他丧失了

---

① Widenmann, p. 62.
② 腓特烈大帝从来不用那些出身高等贵族的军官,比如伯爵。
③ See *Journal of the American Military Institute*, III (1939) 214ff.

资格。①

武官的恐英心理不可能有任何改变,也不可能减弱。提尔皮茨本人已经将此作为德国海军发展的试金石,②这对于谋求在海军以外的其他领域与英国达成协议的德国外交官来说"非常别扭"。"这些英国政策的外部诱饵和指控尤其令人不安,特别是因为从顶层来说,它们总是被用作反对我的证据",饱受困扰的国务大臣冯·雅戈(von Jagow)在1914年2月写信给大使利赫诺夫斯基(Lichnowsky),问他能不能把手下的海军武官"管得稍微紧一些"。③但利赫诺夫斯基,作为一名真正的"腐朽贵族"子弟,不能或不会这么做。与他的前任(性格强势的梅特涅)不同,他愿意相信英德之间有达成谅解的可能,"尽管有这支舰队的存在",尽管有这样一位他从未在报告或辩护中提及的海军武官。

我们已经看到,武官比外交官更好战,更怀疑持久和平的可能性(从逻辑上来说,这二者不一定同时发生)。陆军或海军军人(空军武官几乎没有记录)往往觉得,为和平而努力是一件耻辱和不光彩的事。例如维德曼,在自己国家输掉两场世界大战之后,他仍然忍不住用谴责的口吻描述贝特曼·霍尔维格,"痛苦地拧着自己的手"。1911年,这名武官被从伦敦召回柏林,为的是支持一项新的更大的海军采购计划。首相对他说:"你给我们带来了战

---

① Widenmann, p. 83.
② 有关初始阶段的情况,见 Vagts, *Deutschland und die Vereinigten Staaten*, pp. 911ff.
③ *Grosse Politik*, XXXVII, 14697.

武 官

争!"这位海军军官"一段时间里尽力克制着恐惧情绪,同时怀着最深的蔑视",接着,他"嘲讽地"答道:"并不是我带来了战争,而是英国人要这么做,只要他们找到了必要的大陆盟友。"要避免这一局面,德国只有拥有更多的战舰,而且越大越好。① 对于建造战舰可能树敌这一点,他却一无所知。在他看来,让德国海军避免卷入一场世界大战是文官的事情。

在一个等级分明的体制里,不服从命令被视为是不光彩的事情,所以不会有太多这样的记载。发生这种事情通常是因为争权,后者本身就是源于政策上的根本分歧,而如果这种事情涉及军方人员(他们理应是服从命令的人),人们将会感到更加吃惊。在一些小的事件中,比如武官不服从大使,可能仅仅是因为外交官和军人下达命令的风格不同。英国驻圣彼得堡大使(1884—1893)罗伯特·莫里尔爵士与其陆军武官杰拉德上校最初的分歧是因为,莫里尔暗示杰拉德不应该加入一家高等俱乐部,因为该俱乐部出于反英心理刚刚拒绝了使馆的一名文职馆员;然而,杰拉德上校坚持加入该俱乐部,不愿考虑"这种暗示正是外交部下命令的方式,而不是像军方那么豪爽直率"。②

这些内部争斗几乎总是泾渭分明,以至于外交官们(从外交大臣和外交部人员到大使及其手下最年轻的文职随员)都遭到陆军或海军人员(从总参谋长和陆军大臣到驻外武官)的反对。例外

---

① Widenmann, p. 187. 他当时给首相起的绰号不宜刊印出来。
② Waters, *Secret and Confidential*, p. 47.

第 16 章 使团团长与武官:文官和军方的领导权之争

情况十分少见,而且显得很不寻常,如法国公使与武官在 1911 年阿加迪尔危机中的齐心协力。在"豹跃行动"(Panther jump)后的最初六七周里,与德国的谈判毫无进展。谈判完全掌握在法国外交部的专业人士手中,事实证明,他们的政策既顽固不化,又咄咄逼人。驻柏林的康邦大使对这一僵局十分忧虑,为了绕开外交部门,他让自己手下的陆军武官佩莱上校充当陆军部部长和总理之间的联络人。佩莱警告,不要采取任何挑衅性措施,如将当年征召的新兵全部转入现役部队。他不想在此时开战,因为西班牙可能会支持德国。于是,卡约开始掌握谈判的走向,并最终取得了让多数参与者满意的结果,包括陆军武官。后者对陆军部部长说,"为了打一场漂亮的战争,必须避免从糟糕的外交开始"。①

1918 年的德国革命或者崩溃早就酝酿已久。或许,比任何其他因素影响更久远的是政府体系的混乱,这种混乱先是始于首相冯·贝特曼·霍尔维格的软弱,后来在以兴登堡和鲁登道夫为首的陆军最高指挥部的非俾斯麦式军事独裁中达到巅峰。霍尔维格无法令奥地利人妥协,这种妥协无论是对前首相、驻罗马大使比洛,还是对他手下的陆军武官冯·施魏尼茨少校来说,都是绝对必要的。在表达自己对这一重要问题的看法上,后者比大使更加坦率,而霍尔维格(不像那位懂得如何管理武官的前任首相)既没有谴责也没有惩戒这名武官,只是对这名武官缺乏"能力和品位"不满。在谈到政府的政策时,施魏尼茨使用了诸如"以更多的能量"

---

① Messimy, *Mes Souvenirs*, pp. 61ff.

武官

或是"柏林的软弱"这样的语句。"冯·施魏尼茨少校对政治事务并不熟悉,因此,他对于凭借政治压力可以实现什么目标缺乏判断。在与一个盟友(威胁可能导致该盟友撤出战斗,从而让我们独自对敌)的关系中可以使用的语言上面,我们在维也纳已经达到了极限。"两个伙伴中强者的困境,就像1914年奥匈帝国和塞尔维亚之间的矛盾一样,将通过弱者向强者的任性屈服而解决,尽管德国和奥匈帝国总参谋长都宣称,"对我们来说,敌人对意大利和罗马尼亚的干涉,将意味着整场战争的失败"。①

1918年的革命让德意志帝国外交官和武官之间无数激烈的冲突曝光。这种曝光的影响在于,革命以后的德国政客和官僚,特别是魏玛共和国外交官,都坚决反对恢复给他们带来不快回忆的武官制度,尽管凡尔赛列强早已同意恢复这一制度。只是在将军出身的冯·施莱歇(von Schleicher)任总理期间(1932年12月—1933年1月),这一制度才最终得以恢复,而且即便当时,也不是所有德国使馆都欢迎武官。作为1918年后第一位派驻伦敦的陆军武官,盖尔·冯·施韦彭博格上校在1933年的经历很有代表性:

> 从一开始,我就感觉到德国外交部门和国防军代表之间的矛盾。我的第一任驻伦敦大使冯·赫施先生听说要再次派遣陆军武官时,他不高兴地喃喃自语:"他们能做些什么? 难

---

① 贝特曼给比洛的信,1915年3月16日。Bülow, III, 231f.

第16章 使团团长与武官：文官和军方的领导权之争

不成搞政治？"以前的经验是导致出现这种情况的根本原因。另外，时任总理冯·施莱歇曾是一名军人，德国外交部似乎对军方的影响有些担心，可能觉得武官的出现对外交官们来说是一种烦扰。因此，驻伦敦使馆对武官们的接待十分冷淡。他们在刚刚到达和安排住宿时很少能得到帮助。但赫尔·冯·赫施，这个德国外交部的杰出人物之一，很快就明智地认识到，处在这样一个军力不平衡的时局之下，一个年长的、有经验的武官的衷心配合对于大使掌握情报来说意义非凡。①

总体而言，保守的武官们与经历了前希特勒时代的、保守的大使们很快就建立了工作关系，但他们与里宾特洛甫这样的后来者却始终合不来。后者想让军官们成为党员，只效忠于政党，而不是效忠于他们的军队长官，如总参谋长和希特勒战争思想在军方的主要反对者——贝克上将。正直的武官们坚持向军方部门报告一切有价值的东西，包括关于希特勒政策的后果的警告，而不仅是希特勒想听的东西。元首反正很少看他们的报告，但忠于他的人希望所有的判断都协调一致，因此希望使馆（如里宾特洛甫所说）是"一个效忠的整体"。②

当大使与武官意见无法达成一致时，之前的独立倾向或者不服从现象就会再次出现，即便是希特勒主义的毁灭者所提供的残

① Geyr, *Erinnerungen*, pp. 15, 31f., 40.
② Geyr, *Erinnerungen*, pp. 120ff.

缺不全的文件也足以证明这一点。但某种秩序还是必要的，于是开始采取措施，将特立独行的武官置于使团团长的控制之下。这些努力的结果之一就是，当武官报告的内容涉及政治时，采取由大使或公使会签的办法（这是一种十分可取的创新）。① 但这些规定执行得并不好。下面的例证可以说明这一点。1941年11月以前，日本军国主义者判定，"冲突已不可避免，即使美国在最后关头作出重大妥协"，并将这一极其重要的决定通知了德国驻东京海军武官。后者报告了大使，但却有所保留。他通过电报将完整情报报告给了柏林的上级，并恳求其不要告诉里宾特洛甫的外交部。纽伦堡审判上一名被告的证词表明，德日轴心国"陆、海军武官之间的交流"十分广泛，②但战时使馆最需要的一致却从来未曾实现过。

---

① 见 *Documents on German Foreign Policy*, Ser. D, II, 1938年发自布拉格的武官报告不计其数。

② *Trial of the Major War Criminals*, XXXV, 622, 632；关于日本武官和军事部门参与1941年11月与德国的外交谈判的情况，另见XXXV, 323。

第 17 章　武官与联盟

1914 年以前

　　1871 年以后盛行的联盟体系中,陆、海军武官是不可缺少的人物,在联盟体系的建立和维持中发挥了重要作用。他们的职责之一,是对另一国家的军事力量给出专业判断,判断其作为盟友的潜在价值①或者作为潜在敌人的实力,②甚至(只要他们能做到)判断其是否愿意与本国或者另一敌对国家结盟。他们还可能更进

---

① 1888 年,就像之前屡次发生过的一样,法国驻圣彼得堡陆军武官表达了他的"坚定信念,即俄国军事力量既不像它应该的那样符合法国的利益,也不像它可能的那样轻轻松松地做到",除非财政捉襟见肘的俄国政府再投入四亿或五亿(卢布)。*Documents diplomatiques français*, 1st ser., VII, 647.

② 无论德国人对"卑劣的"英国远征军有怎样的评判,1914 年前的驻伦敦陆军武官从 1911 年开始就警告称,与欧洲大陆的很多看法相反,英国军队训练有素,在战时能够给予法国相当大的帮助。*Grosse Politik*, XXIX, 68.

一步,在本国是否应与某个国家结盟问题上发表赞成或反对意见。例如,普法战争前夕,奥地利驻巴黎和柏林的两名陆军武官,根据他们对法国和普鲁士陆军的了解,都反对与拿破仑三世结盟,尽管维也纳外交官们正在与后者谈判。①

1879 年,奥地利驻柏林陆军武官利希腾施泰因亲王既被排除在谈判人员名单之外,也不了解奥地利和德国结盟的详情。他向英国武官坦承,自己并不认为这一结盟对奥地利有多大用处。德国对奥地利从未有过对俄国那样的友谊,而且奥地利也不能忘记,它所有的不幸都是德国造成的。②

奥地利的军事政治,在总参谋长康拉德·冯·霍岑多夫(Conrad von Hötzendorf)的领导下,继续相信他们在联盟缔结过程中的影响力,并在巴尔干战争之后把保加利亚拉向同盟国阵营。他们的这一努力,在 1908—1909 年的波斯尼亚危机期间未能取得成功。当时,他们为了获得保加利亚军政官员的支持,与俄国驻索菲亚陆军武官以及整个泛斯拉夫主义展开竞争。③ 德国驻维也纳陆军武官注意到两国关系的走近,于是在 1913 年 4 月的报告中写道,"近期总参谋部对保加利亚的支持正在加大。保加利亚陆军武官比以前更频繁地到访这里"。此后不久,奥地利陆军大臣对与保

---

① Schlözer, p. 67; Oncken, *Rheinpolitik*, III, 428, 433.

② Winifred Taffs, *Ambassador to Bismarck, Lord Odo Russell, first baron Ampthill* (London 1938), p. 350.

③ *Oesterreich-Ungarns Aussenpolitik*, 1, 736, 1012.

加利亚召开一次军事会议表态积极,这一会议的目的是为了确保保加利亚与塞尔维亚—希腊之间的争议领土。其中的风险极大,甚至威廉二世都觉得"决不可行"。① 与此同时,罗马尼亚开始偏离其名义上的与同盟国结盟的立场。罗马尼亚驻柏林陆军武官,根据保加利亚同行的报告,且在其国内政府作出公开决定之前,"以最激烈和最恼怒的方式表达了对奥匈帝国的看法,并且十分肯定地宣布,罗马尼亚将不会与奥匈帝国结盟,而是基于国家利益选择与俄国结盟"。②

俾斯麦决不允许德国武官在其联盟体系缔结过程中拥有如此大的影响力。事实上,当他决定与奥地利结盟时,他让毛奇从军事角度提交了一份支持该决定的声明。这种排除武官的做法,与结盟作为一种国际协约,其最初目的不是为了战争而是和平(旨在反对法国作为战争策源地的和平)是一致的。后来,武官们对联盟任何一方(尤其是意大利)的军事判断往往是负面的,而外交官们(他们急于想离间意大利与法国的关系)往往对它的价值评价较高。外交官更多考虑的是避免战争,而军人更多考虑的是备战问题。

越是专制的政权,军人在其外交政策中的发言权往往越大。为法俄联盟牵线搭桥的是一群俄国将军(如斯科别列夫[Skobelev]、奥布鲁切夫[Obrutchev]、德拉戈米洛夫[Dragomirov]、波格

---

① *Grosse Politik*, XXXIV, 13214.

② *Oesterreich-Ungarns Aussenpolitik*, VII, 8432.

丹诺维奇[Boydanovitch]①),而不是外交官。② 1880年初,巴尔干战争时的俄国司令官尼古拉大公访问法国时,受到了前法国驻圣彼得堡武官加亚尔(Gaillard)将军的热情接待。后者1878年曾在俄军总司令部观摩了这场战争,并与大公一见如故,成为好友。加亚尔让尼古拉大公与法国军队("法兰西民族最生动的代表")接触。也许,他太过于取悦俄国驻巴黎陆军武官弗雷德里克斯男爵了,但他能与大公讨论两国缔结政治同盟的想法。对于接下来的谈判他不算合格,至少就法国政治而言。他作为一个宣判过无数巴黎公社社员的军事法庭主席,给人留下的印象太深,而这一角色令他更受俄国人的欢迎。③ 起到更明显作用的,是另一位前驻圣彼得堡武官布瓦代弗尔。他后来成为法国总参谋长,受邀于1890年夏天返回俄国"参观演习",并与陆军大臣和总参谋长密谈,从而"在两国总参谋部之间建立了联系"。④

俄国驻巴黎陆军武官弗雷德里克斯男爵用演讲和手势"点燃了俄法同盟和友谊之火",⑤并就法国为俄国陆军制造数百万支步

---

① *Grosse Politik*, VI, 1213.
② 这种离心离德或者无政府主义,让外交大臣吉尔斯"在面对陆军部的将军时感觉孤掌难鸣,后者要么是部队指挥官,要么是高级行政官员,都坚决反对他的政策,而且是在君主的支持之下"(*Grosse Politik*, VI, 1216)。
③ Kurt Koerlin, *Zur Vorgeschichte des russisch-französischen Bündnisses* 1879-1890 (Hallische Forschungen zur neueren Geschichte, no. IV, Halle 1926), pp. 56f.
④ *Documents diplomatiques français*, 1st ser., VIII, 226, 234ff.
⑤ *Grosse Politik*, VII, 1510.

枪事宜进行秘密谈判。法国政府欣然同意,提出这些枪支将来不可以用于同法国作战。弗雷德里克斯曾转达过一份早期法国提议,这份提议是由总参谋长阿约(Haillot)上将在1887年法德关系紧张、甚至"有战争危险"时提出的,旨在协调部队部署以及可能的合作,"尤其在德国可能发动战争之时"。俄国陆军部向他提供了一套特别密码(以避开外交部)用于与之有关的所有联络,同时也暗示陆军部有意推进此事。

此事在当时没有任何结果,但弗雷德里克斯随时准备着,就像他在1891年3月对法国外交部一名工作人员所说,"在两国陆军部中提出这一问题,当然意味着沙皇同意此事。但还要弄清法国方面是否仍有此意……一项军事协定,如果做到绝对保密并包括一些要点,即使没有正式的结盟也很有用……事实上,建立在利益和危险共同体上的联盟,当然值得以书面形式确认下来"。① 实际上,在达成军事协定之前,至少要有一份政治谅解。而一般认为,这样的谅解太过重要,仅用武官谈判显得不够分量,他们只是负责安排真正的谈判人员(总长和次长们)的行程。圣彼得堡的法国使节们虽然谨慎却很能干,他们听到,俄国军人对法国示好的同时又表达了"对德国的深切痛恨",特别是针对德国驻圣彼得堡陆军武官的。② 俄国人的举止更加不检点或者粗鲁。在1887年的布朗热危机期间,俄国驻柏林武官们告诉法国驻柏林使馆人员,

---

① *Documents diplomatiques français*, 1st ser., VIII, 441.

② Toutain, pp. 272ff.

武 官

"他们宁愿与德国人拼命,也不愿与奥地利人有什么瓜葛"(对法国战略来说这再好不过了)。他们可能一开始被打败,但这场冲突将持续十八个月或者两年,远比德国所能承受的一场战争的时间更长。他们毫不犹豫地向法国人诉说对德国的仇恨,以及军力落后带给他们的忧虑。"与德国相比处于下风的感觉,让他们倍感沉重",法国驻圣彼得堡大使 1885 年的这句话说出了俄国军队的心病。① 他们对德国人及其盟友的态度并不更有外交风度。1891 年 11 月,当增援的俄军蜂拥抵达西线时,俄国驻维也纳陆军武官对奥地利总参谋长说:"如果德国与法国出现争端,我们将放任不管。这意味着,满怀激情地反对德国人,既然你们不得不帮助德国人,当然也反对你们。"奥地利人回答得更有尊严:"如果事情果真如此,那么和平能否得以维护将取决于巴黎的民众,而不是沙皇"。②

可以说,武官是服务于同盟国和协约国集团军事机器的人。他们来回传递情报,为各国总参谋部和陆军部之间提供作战计划、武器或通讯领域的技术发展情况(俄法之间在传统有线通讯中断情况下的无线通讯)、增强或(在极少情况下)削减陆军或海军的计划、对共同敌人之军队的观察、敌人或盟友的和平或好战思想,等等。但是,即使是盟国之间,也对最高机密有所保留,例如作战

---

① *Documents diplomatiques français*, 1st ser., VI, 504, 155.
② *Grosse Politik*, VII, 1511. 德国武官在报告这一场面时,称他的俄国同行"无疑是个非常能干的人,但偶尔会带着斯拉夫式的幼稚说出自己的内心隐秘。他是奥布鲁切夫和德拉戈米洛夫的学生,他的观点与这些将军很接近"。

计划或参战意图。奥地利人从未获知战争初期东线德军的确切兵力,柏林担心,该秘密会被雷德尔那样的军官泄露给俄国人。当俄国人计划在1895—1896年发动一次针对达达尼尔海峡的突袭时,法国盟友对此毫不知情。法国认为,在当时为此发动战争非常不利,法国武官不得不前往黑海,观察登陆作战的实际准备情况。①

武官只是在有限范围内,扮演了同盟和联盟伙伴情报部门的联络人角色。总的来说,各国情报部门更倾向于直接联系,包括它们首脑之间的互访。1912—1913年,作为对巴尔干战争的本能反应,奥地利与俄国一时关系紧张。在此期间,德国驻维也纳陆军武官发现了一些他从未听说过的情况,即奥地利情报局"正与总参谋部三处二科进行大量的情报交换活动"。对这些情报来源有所了解的他建议柏林重新研究此事,因为这些活动"逃不过波兰特工的眼睛"。② 在轴心国内,情报机构(卡纳里斯海军上将领导的阿勃韦尔以及1936年罗阿塔上将领导下的军事情报局[Servizio Informazioni Militari])之间有直接联系,但武官并未参与其中。③ 另一方面,一些从事联络工作的人发现,没有什么比苏联情报机构的缄默或多疑更可恶。在德国防卫军与红军交流时期,当时苏联情报机构在沟通方面更加积极,它们将有关波兰军备和计划的情报

---

① *Documents diplomatiques français*, 1st ser., XIII, 41, 85, 89ff., 275ff., 315f.

② *Grosse Politik*, XXXII, 12393.

③ Enno von Rintelen, *Mussolini als Bundesgenosse, Erinnerungen des deutschen Militärattachés in Rom*, 1936-1943 (Tübingen 1951), p. 10.

交给魏玛共和国。华沙和巴黎之间最强有力的联系渠道之一(即使在1933—1939年的德波关系蜜月期也没有中断),是两国情报机构间建立的直线电话。最初,这条线路是根据1926年三四月间达成的一项秘密议定书建立的,是针对《洛迦诺条约》的一种再保证措施。这种联盟关系曾在1927年中断,1932年恢复,它让法国人第一次获得了德苏军事合作的具体细节。另一方面,作为斯特雷萨阵线(Stresa Front,1935年4月14日,法国总理皮埃尔·赖伐尔、英国首相拉姆齐·麦克唐纳以及意大利总理墨索里尼在意大利小城斯特雷萨达成的协议,其目的为再次确认《洛迦诺条约》效力,确保奥地利独立,并将阻止未来德国试图改变《凡尔赛和约》的行为。——译注)的一部分,法国与意大利情报机构之间开展了有关德国重整军备的情报交换工作,从1935年1月持续至1936年4月,但法国人感觉收获并不大。①

紧随陆军协议之后的是海军协议,海军武官们开始效仿其陆军同行。1889年,意大利驻伦敦(意大利希望在此保护自己的海岸线不受法国侵犯)海军武官建议,德国和意大利海军司令部应该像两国陆军那样建立稳定的关系,随后两国同意互派海军武官。很快,克里斯皮(Crispi)又建议,联合三个同盟国的地中海舰队以共同抵御法国。意大利怀疑,后者正密谋发动对拉斯佩奇亚(La

---

① Castellan, pp. 467, 474f., 478; Maurice Gustave Gamelin, *Servir*, 3 vols. (Paris 1946-1947), II, 467.

Spezia)的突然袭击,①从某种程度上,这算是一场小型的珍珠港袭击。然而,俾斯麦告诉克里斯皮,意大利必须首先与英国就海军协助抵御法国达成一项非正式协议。克里斯皮略带神秘地暗示,他早已做过了,对于深知获得英国承诺之难的俾斯麦来说,这已经足够了。柏林和罗马之间一直都互派海军武官,但没有任何海军协议,②直到1900年才签署了一份略显空洞的文件。1913年,两国又签署了一份十分详尽的文件。后者规定,两国在战时可以向对方三军最高司令部派遣海军军官。"这一工作被赋予海军武官,因为他们与盟国海军之间有私人关系,适合此项工作。"两国还约定,海军武官们将在达成海军协议时获知消息,甚至如有必要,获知协议的具体内容。③

随着时间的推移,由于意大利的独立自主政策(*Italia fara dasè*),④三国同盟变成了只有一边(即柏林—维也纳)牢固的三

---

① *Grosse Politik*, VI, 1278.

② *Grosse Politik*, VI, 1320-1327.

③ Alfred Francis Pribram, *The Secret Treaties of Austria-Hungary* (Cambridge 1920), I, 286ff.

④ 根据奥地利情报,1907年(这一年标志着意大利在军事领域从三国同盟转向针对蒂罗尔和伊斯特里亚的军事准备上)以后,意大利反对奥地利的巴尔干政策的力度非常大,甚至其驻贝尔格莱德陆军武官在1908年制定了"在大塞尔维亚方向一旦发生情况时"塞尔维亚陆军的集结计划,以及意大利对塞尔维亚进行军事援助的计划。*Grosse Politik*, XXVI, 8921, 9090. 此举是该武官的个人行为,还是获得了官方批准尚不清楚。

角。从一开始,德国和奥地利陆军武官就竭力加强两国关系。建立信任的首要条件,是停止对已成盟友的对方的间谍活动(这是俄国与新盟友法国的关系中未能做到的)。① 当奥地利驻柏林全权军事代表(1880—1895)冯·施泰宁格男爵得到这一任命时,他向上司宣称,自己决不当间谍。即便如此,施泰宁格最初也是在怀疑的眼光中工作。柏林方面怀疑,他雇佣的一名德国前军官涉嫌从事间谍活动,于是政府部门提供给他的情报并不比给法国武官和俄国武官的多。在施泰宁格从陆军部得到了公开解释以后,这一态度才有所改变,很快,威廉二世本人就向这位盟国军事代表展示出"惊人的坦率"。②

从那以后,德奥两国总参谋部的关系变得十分紧密,包括发生战争时最初的行动计划、不间断的情报交换甚至广泛的分工(这在一些批评家看来已是过于广泛)。例如,德国允许奥地利在贝尔格莱德、雅典和采蒂涅(Cetinie)等巴尔干国家首都从事军事观察,甚至主动放弃巴尔干战争期间向塞尔维亚军队派出观察员。这一方面是出于节约成本的原因,但也是因为奥地利已经在贝尔格莱德和采蒂涅有了一名常驻陆军武官,以及"或许强调这一事实,即塞

---

① *Grosse Politik*, XIII, 3577.

② *Preussische Jahrbücher*, 201 (1925), 264ff. 据施泰宁格的一名继任者称,19 世纪末以前相当长的时间内,流行着"一种信任和异常坦率的态度,特别是德国和奥地利军队指挥机构之间在最关键的战争准备方面。当时,在这方面无须以迂回的方式调查、观察或者打探。一方想要了解另一方的任何情况,只需通过公开和官方的方式询问即可"。Stürgkh, p. 181.

尔维亚的军事状况应该由我们(德国人)按照与维也纳一致的标准作出判断"。如果柏林在那里有自己的观察员,这种情况也许就不会出现。结果,在柏林出现了对塞尔维亚的负面评价,以及对巴尔干战争结果的错误猜测。军事判断在很大程度上是"我们外交关系的反映。因此,罗马尼亚陆军被认为是迄今最好的军队,而保加利亚人,也许主要是因为维也纳的推荐,被认为是令人满意的。在塞尔维亚这边,不用提希腊,陆军的官方判断几乎没有正面的评价,官方之外的判断更是公开的否定",而土耳其的实力被极其夸大了。①

意大利在三国同盟中的疏远导致约束和沟通的日益减少,奥意边界重新恢复了要塞建设,康拉德甚至提议对这一表面上的盟友开战。然而,德国和自埃伦塔尔以下的奥地利政府人员决不允许他这样做,不管是在1907年还是以后。② 在军事领域,这种疏远的表现不胜枚举,包括三国同盟武官之间的关系。意大利驻君士坦丁堡陆军武官,"平日总是一副无动于衷的样子",但1902年他突然频繁地向其德国同行打探的黎波里的消息,德国人觉得最好还是对他有所保留。③ 1906年,奥地利驻土耳其武官想要进行一次穿越的黎波里的旅行,后者当时仍属于土耳其领土,但意大利的宣传早已渗透了这一地区。意大利人提出抗议,并成功地利用陆

---

① Maj. Gen. Gerold von Gleich, *Vom Balkan nach Bagdad* (Berlin 1921), pp. 9f.
② Conrad, IV, 188.
③ *Grosse Politik*, XVIII, 5856.

军　官

军部部长的命令将其在中途拦下。① 尽管外交官们继续使用三国同盟的说法,但柏林和维也纳的陆、海军部门早已不再把意大利视为盟友。② 大约在1910年前后,意大利驻两国的海军武官已经被视为"一个被怀疑的对象"。一次,当法国海军武官向他提议,奥地利和意大利海军可以进行合作时,"他只是耸了耸肩,而且我们俩,都已想到了未来的前景,一致同意相互帮助"。③ 另一位意大利武官,即驻圣彼得堡陆军武官阿巴蒂(Abati)中校,早在1914年或1915年以前就已彻底被三国同盟所疏远。他在巴尔干战争期间被俄国人问起,如果德国、奥匈帝国与三国协约发生战争,意大利将采取何种立场。他回答说,意大利决不会积极介入协助盟国,最多只会采取中立。然而,阿巴蒂这种过于亲俄的态度也有一定好处,他能够从俄国陆军部拿到情报,而这些情报通常只提供给盟友法国。④

与康拉德政策协调一致的是,早在1914年以前,大多数奥地利军人(包括武官)对意大利的忠诚和军事作用的怀疑,就远超过柏林那些试图维持三国同盟的陆、海军将领们。1913年,德国海军部提议,一旦发生战争,两国舰队共同袭击法国陆军自北非的运

① Giesl, p. 172.
② 德皇的"玩笑"(总是派身材高大的军官担任驻罗马武官,从而让矮小的意大利国王相形见绌)很难说是有益的。Eugen Schiffer, *Ein Leben für den Liberalismus* (Berlin 1951), p. 117.
③ Faramond, p. 30.
④ *Oesterreich-Ungarns Aussenpolitik*, IV, 4346.

输船只。一次成功的袭击,如果能消灭法国在动员初期预计运送的三个军的全部或一部分,将使德国能够在东线出动更多的兵力援助奥地利,这也是奥地利人迫切希望的。这一想法因为奥地利驻罗马陆军武官的强烈反对而无果而终,后者反复警告,不要在现有海军协定以外再与意大利签订一个海军协议,这"可能给他们带来很多未知数"。①

军事关系在同盟关系中属于较为机械的部分,柏林和维也纳之间的军事关系相比外交关系更加稳固。举例来说,俾斯麦早就想使外交关系尽可能不受约束。他深知,一旦达成军事同盟协定和非正式协议,签署国军事当局将为了敌对的情况(casus foederis),及时开展"关于具体军事措施的对话",这也是结成同盟的目的所在。军方认为,在这种情况下,双方都不会"受到突发事件的影响"。除了在总体上对作战计划进行协调之外,还有和平时期数不清的具体准备工作,如铁路的使用、动员、宣战和作战行动的统筹协调,以及所有必须的时间安排,等等。② 然而,在这些提前安排好的细节之中隐藏着一个危险,即总参谋部及其领导人往往希望,有朝一日敌对的情况会变成开战的情况(casus belli);或者他们可能发现,关于合作的规定太过牢固和机械,如果一个盟国向战

---

① 给总参谋长的报告,1913 年 3 月 29 日。*Oesterreich-Ungarns Aussenpolitik*, V, 6366,此报告被转给外交部。后者在弗朗茨·费迪南大公要求审阅的压力下,对此类材料看得不多。

② *Grosse Politik*, VI, 1162, 1185

争迈出一步,将导致一个或几个盟国作出预先安排好的反应。人们还不懂得如何将主动挑起战争的欲望隐藏在一个貌似不侵犯的政策后面。

这些联盟问题,在出现"战争危险"的1887—1888年困扰着俾斯麦,而这时老毛奇又出来抗议。他非常清楚,关于奥地利和德国之间敌对的情况,何时到达那个点完全由首相来决定,总参谋部无权干涉。然而,俾斯麦不会允许奥地利(确切地说是"维也纳的某些军事圈子")以某种方式改变这个敌对的情况,致使它始终存在,而不是像协议所规定的那样,仅仅在俄国入侵时存在。① 在奥地利武官提出就与俄国开战问题进行讨论之后,俾斯麦告诫卡尔诺基,"我们两个一定要当心,向两国君主提供政治建议的特权,不要从我们手中转到总参谋部"。他恳请奥地利外交大臣支持他的立场,即在没有征得他和卡尔诺基允许的情况下,"仅由军方不能达成任何国际协议和协议草案"。"严格地执行这样的工作规定是为了和平,因为两国外交大臣都比军方更加倾向于和平"。② 军方提议(卡尔诺基其实是全力拥护,虽然他不愿承认),"对敌对的情况出现的条件作出明确规定"。俾斯麦称,这"绝无可能,不可能作出明确的规定,而且只要人们对盟友的信任比不上对协约文本的信任,就不能通过任何条约文本解决"。③

---

① *Grosse Politik*, Ⅵ, 1183, 1184, 1186.

② *Grosse Politik*, Ⅵ, 1185-1187.

③ *Grosse Politik*, Ⅵ, 1192.

第17章 武官与联盟

德国首相对敌对的情况的最终决定权,以及对政治和文官主导体制的坚持,都随着时间的流逝变得越来越弱,与此同时,柏林与维也纳之间的军事关系却加强了。后来的首相们同意,军人和外交官之间进行他们所认为的更加明确的分工,但这实际上导致他们对军方内部的行为失去控制。德国外交部应该早已从驻维也纳武官的报告中看出了这一态势,尽管这在康拉德上将与其手下武官,以及康拉德与毛奇的通信中表现得更加明显。1914年7月31日,这种态势达到了顶点,当时毛奇告诉奥地利武官:

> 他认为,如果奥匈帝国不立即动员起来应对俄国的话,局面就会变得万分危急。俄国已公开发出了动员令,这让奥匈帝国必须采取反制措施,而且有必要公开宣传。因此,对德国来说,将会出现敌对的情况。至于意大利,一定要给予一些体面的安排,确保它获得赔偿,以便让它继续留在三国同盟内;无论如何不要在意大利边境派驻一兵一卒。英国再三提出维持和平的要求,对此一定要拒绝。只有坚决地挺过一次欧洲战争,才是挽救奥匈帝国的最后机会。德国将无条件地给予支持。①

手里拿着这封电报的康拉德令外交大臣贝希托尔德(Berchtold)大吃一惊。后者大声嚷道:"太可笑了!他们谁执政,毛奇还

---

① Conrad, IV, 150.

武 官

是贝特曼?"①温和派的意见将占上风,但军方人员,自威廉二世以下,都向武官(德国的和外国的)并通过他们,流露出一种外交官们无法抑制的好战性。其中一个例子发生在德皇统治后期。1912年11月,当时奥地利与俄国因为巴尔干问题矛盾日益激化,德国驻圣彼得堡陆军武官在回国休假结束即将返回俄国之前受到了德皇接见,后者(据在圣彼得堡的奥地利人听说)显得"特别好战,并表示,如果塞尔维亚及其身后的俄国胆敢冒天下之大不韪,当下或许是一个合理的以武力一劳永逸地去除所有敌意的时刻。这些敌意已经在各方面不断累积,并对欧洲构成了一种持续的威胁"。奥地利驻圣彼得堡大使看不出"奥匈帝国能从一场即便是战胜俄国的战争中获得什么好处",但巴尔普拉茨广场的人甚至当时就认为,"好处在于南斯拉夫(塞尔维亚)问题的解决"。② 他们正在把皇帝的话当作向一个共同账户的存款,而到1914年,他们将从这个账户提取一张空头支票。

总体来说,俄国与法国军队领导人在武官帮助下建立起来的亲密合作关系,比柏林与维也纳之间的关系要更活跃,内容也更丰富。一方面,这是因为俄国人在军事上落后,他们有欺骗盟友的习惯(如部署了更多的对奥部队,严格来说,这在军事上是可取的③)以及日俄战争失败给他们带来的挫折;另一方面,也是因为法国人

---

① Conrad, IV, 152. 关于此事件在1914年7月的背景,见 Fay, II, 506ff。

② *Oesterreich-Ungarns Aussenpolitik*, IV, 4727.

③ *Documents diplomatiques français*, IInd ser., X, 492.

急于纠正俄国人的这些缺点,他们给出的建议和俄国人的解释和要求充斥了两国之间的外交电报和邮袋。武官们带来了有关其他国家军队、防御设施、装备和动员计划的建议。1905年以后,法国人专注的是俄国使用法国贷款修建战略铁路的计划,这条铁路将使俄国军队更快地抵达德国边境,从而缓解驻扎在法国边境的德国军队所带来的压力。甚至在军事协议签署之前,俄国人就已通过其驻圣彼得堡武官,告知法国人关于增加对德部队调动的情况。① 后来,这名军官参加了关于这些对德作战部队驻扎地点的讨论。人们意识到,太多兵力拥挤在维斯杜拉河(the Vistula)西岸的兵营中,可能会给德国人提供重演色当战役的机会。② 1913年8月,两国总参谋长在武官陪同下的最后一次会议上,决定加强情报交流。"鉴于两盟国军队之间的情报交换对彼此有益,以后将定期且频繁地进行。"③

有时,法国驻圣彼得堡大使和陆军武官需要尽力使自己相信,他们没有理由怀疑俄国总参谋部的善意,这是在1910年。但总的说来,随着1914年的来临,双方的互信增强了。这种信任只是一种信念的一部分,在1914年以前这种信念在外交圈和军人中间都

---

① *Documents diplomatiques français*, 1st ser., IX, 199ff.

② *Grosse Politik*, XXVI, 806.

③ Auswärtiges Amt, *Der diplomatische Schriftwechsel Iswolskis*, 1911-1914. *Aus den Geheimakten der Russischen Staatsarchive*. Freidrich Stieve, ed., 4 vols. (Berlin 1926), III, 276.

盛行一时,即自己一方将赢得战争,所以无须退缩。既然俄国实力已经恢复,协约国也不再需要推迟战争,而同盟国相信,尽管如此他们也能获胜。① 武官们也怀有相同的信念。1911年11月,英国驻维也纳陆军武官,被称为一个"好人"的托马斯·坎宁安(Thomas Cunningham)少校,对一名奥地利政客说:"德国陆军如果参战,将会被法国打败。"这名政客觉得奇怪,"这种信念最近是如何在法国和英国流行起来的"。② 另外,协约国阵营的信心还来自1912年达成《法俄海军协定》(the Franco-Russian Naval Convention),以及后来的《法俄海军情报互换协定》(Convention for the Exchange of Information between the Russian and French Navies)。该协定规定,通过两国海军武官在约见海军部官员时提出情报需求,但这些武官本人不会直接受到驻在国当局的询问。③

法国人尽量不使自己显得居高临下,但他们(有充分的理由)认为自己国家在军事上更先进。法国的成就,如果被盟友所采纳,可以把俄国巨大的人力资源转化成战争力量。在听到俄国军官提出的几项军事改革建议后,法国人非常失望,他们觉得,自己的提议是来自技术和组织上的进步,而俄国人的提议却是源于政治上的反应。一次,面对思想过于自由的陆军部部长安德烈(André)上

---

① 关于这一观点见 Vagts, *Defense and Diplomacy*, pp. 365ff。
② Josef Redlich, *Das politische Tagebuch* (Graz and Cologne 1954), I, 110.
③ Ministère des affaires étrangères, *Documents diplomatiques*: *L'alliance franco-russe* (Livre jaune) (Paris 1918), pp. 136f.

将（德雷福斯的拥护者），俄国人变得非常鲁莽，甚至俄国驻巴黎陆军武官也被召回。后者向巴黎媒体公开了自己与多米尼克街之间激烈的矛盾（1901）。这名俄国武官，牟拉沃夫-阿穆尔斯基（Mouraviev-Amourski）上校，在俄帝国时代颇有声望，还是俄国前外交大臣的表弟。在离任声明中，他说出了一番对武官来说很不寻常的话：

> 我从不隐瞒对法国陆军改革的看法，这完全是我自己的看法。我是一名军人，不是外交官，我觉得不应该在我与贵国大臣们（特别是德尔卡塞）的谈话中对此有所隐瞒。我一直都认为，我们两国军事力量的联合是欧洲和平的最大保障。如果我曾经不认同法国陆军的某些改革的话，那仅仅是出于对联盟关系稳定性的关切……另外，有一个事实证实了我的这一想法，那就是德国报纸对我的离任一致表示欣慰。在它们看来，我的离任是因为我反对法国军事改革。[①]

尽管发生了这样的事，俄国驻巴黎武官的地位在 1911 年前已经非常稳固。虽然英国陆军武官频繁造访法国陆军部，但他只能在专门接待外国武官的时间上门，而俄国武官却可以随时登门拜访。德国陆军武官认为，这种细微的差别"或许体现了在军事事务

[①] *Documents diplomatiques Français*, 2nd ser., I, nos. 121f., 205. 有关牟拉沃夫后来的一些政治活动情况，见 *Oesterreich-Ungarns Aussenpolitik*, VII, 9261。

上联盟和协约(entente cordiale)关系的不同"。①

在国外岗位上,特别是在柏林和君士坦丁堡,通常法国和俄国武官关系密切,就像一名法国驻柏林陆军武官对其俄国同行所说,"存在真正的友情"。后者(1905年12月被召回)在其任期即将结束时,说出了自己的肺腑之言,他认为德国陆军的巅峰时期已过,现在正走下坡路。法国人表示同意:"在军官身上已经找不到以前的那种奉献精神和纪律性,而在普通士兵中间,也已不可避免地留下了社会主义鼓动的印记。"②顺便说一下,这一判断引出了一个难题,一个外国军事观察员是凭借什么信号和征兆来判断另一国家军队的士气和其他无法估量的东西呢?

作为联盟伙伴,法国人(包括他们的武官)对于俄国盟友的游移不定(以任何法国标准衡量,其东欧政策都不过是白费力气和钱财)表现出了无穷的、令人钦佩的、有时却又令人可怜的耐心。这种任由盟友为所欲为的决心,甚至因此而不惜暂时放松对德国人的压力(这是法国军事上真正在乎的事情),可能在1904年秋法国驻圣彼得堡武官穆兰(Moulin)将军的总结中达到了顶点(当时,俄国人在中国东北第一次遭遇失败)。法国战地观察员断定,立即实

---

① *Grosse Politik*, XXIX, 67.

② *Documents diplomatiques Français*, 2nd ser., VIII, no. 271. 1910年,法国驻柏林陆军武官与其俄国同行("一个盟友和合作伙伴")曾交换看法,特别是关于德国在未来战争中两线如何分配兵力的看法,见 *Documents diplomatiques Français*, 2nd ser., XII, 608ff。

现和平符合俄国的利益,而且"从现实的角度出发,俄国只有放弃远东才对其有利"。但穆兰觉得,最好让俄国人放手一搏,不仅打到最后一人,而且直到花费更多的法郎(由法国资本家通过购买俄国债券的方式提供)。"既然法国的利益在于俄国应坚持到底,每个法国人都有责任,在其活动范围内,用言语、用笔以及(如果需要的话)用金钱为此贡献力量。"只要联盟关系能够经受住战争和德皇示好的考验,一切就不会白费。威廉想要替代法国成为俄国的金主,为了避免出现这一局面,俄国陆军大臣和法国武官早在1904年11月就已经在谋划了。①

在外交团队中,武官往往是最不像外交官的。② 他太过于急切地、直言不讳地表达自己的想法,即战争即将或正在到来,而且,他对情况的描述比真正的外交官"更加栩栩如生"。他会对朋友和中立者坦露心声,有时甚至对潜在的敌人也是如此,丝毫不管可能激化外交危机。阿尔赫西拉斯会议期间,德国驻罗马海军武官(他是德皇海军之家的成员,这让他在同行中享有很高的声望)在一个小的朋友圈子里,发表了他关于战争可能性的看法,其中一人

---

① *Documents diplomatiques Français*, 2nd ser., V, nos. 364, 450.
② 这里有一桩关于武官(也是国家)外交的趣闻:七名外国武官,在参观一个加拿大炮兵训练中心时,被问到了同一个问题——他们是否认为苏联已经拥有了原子弹?美国武官:"我没去过苏联。"中国武官:"这很难说。"捷克斯洛伐克武官:"我怎么知道呢?我又不常驻渥太华。"法国武官:"我不是苏联人。"瑞士人:"我只能说,我们没有原子弹。"土耳其武官:"我本人支持民主。"英国武官:"我是老派守旧之人,不喜欢发表言论。"《时代周刊》,1948年2月14日。

武 官

将其告诉了法国海军武官。"我不认为我们会有一战",这名德国海军武官说,"但你可以相信,我们已清醒地预见到这种可能,因为我们确信可以取胜,即便是在海上。我们不想主动宣战,但是,如果我们认为战争已不可避免,我们将作出安排,以便让对手在我们认为最有利的时刻宣战"(1914年前职业外交官最重要的秘密——战前计划,就这样被这名临时外交官随口说了出来)。

这名德国海军武官还说,英国"尽管以世界第一海军强国的傲慢态度俯视一切,它却仍然没有一支明显优于我们的海军舰队,从而在第一小时内形成决定性的优势。尽管英国海军的最新部署明显针对我们,但其海峡舰队在吨位和火力方面却明显落后于我们的舰队。英国扭转这一局面只需48小时,但在这48小时结束之前,我们就能摧毁海峡舰队并将伦敦付之一炬。在此之后,我们将撤回基地进行整修,然后再以胜利者的姿态面对第二支英国舰队"。法国的大西洋舰队可以不用考虑,因为它已经完全落伍,而且法国无论如何不会进军。"我们外交部门所做的,是用缔结联盟以及用敌人对我们陆上行动的恐惧束缚其手脚。"在这名德国武官自吹自擂的同时,从北海那头也传来了英国人的豪言壮语,历史记录下了这一番激烈的言语较量。英国驻罗马海军武官凯斯(Keyes)中校告诉他的法国同行,他从海军部内听说:"我们正在恭候德国舰队的到来,就像猫儿等着老鼠送上门来。"①

第一次巴尔干战争前夕,奥地利和俄国的外交紧张关系,也表

---

① *Documents diplomatiques Français*, 2nd ser., IX, no. 87.

现在两国驻君士坦丁堡使馆之间的严重对立上。俄国陆军武官告诉德国大使,如果奥地利进攻塞尔维亚,"俄国政府将立即被舆论淹没,从而不得不进行干涉"。① 1912—1913 年旷日持久的巴尔干危机期间,俄国驻伯尔尼陆军武官古尔科上校(他在俄国情报部门中是一个重要角色,与多件间谍案有关)以一种"即使对一个俄国军人来说也令人惊讶"的坦率,对一名奥地利代表团成员说:

> 从俄国角度来讲,保留君士坦丁堡对土耳其人来说是有利的。如果他们被迫退入小亚细亚半岛,就更有机会恢复实力并可能成为俄国的麻烦。因此,迅速结束战争符合俄国的利益。然而,群情激奋的俄国民众无法理解这种现实的考虑。他们想要确保巴尔干国家获得全胜,只有奥地利表示反对。俄国军队中也有同样的情绪。既然与奥匈帝国的摊牌无论如何也无法避免,现在对俄国来说是放手一搏的最有利时机。俄国陆军已经彻底从对日战争的失败中恢复了过来,炮兵与德国持平且优于奥地利。意大利仍被困在的黎波里,法国的战争准备已经达到了顶峰,至于英国,它的海上优势只会随着时间的推移逐渐减弱。②

另一位德国外交官口中的"狂野战士",俄国驻贝尔格莱德陆

---

① *Grosse Politik*, XXXIII, 12216.
② *Grosse Politik*, XXXIV, 12790.

军武官阿尔塔莫诺夫上校,早在1913年就已经"整装待发",准备参加一场欧洲战争。① 他说,奥匈帝国在军事上已经落后,无力在1912年发动战争,这些话只会更加激励塞尔维亚人抵制其无理要求。②

巴尔干国家的军方和文官当局及其工作并没有完全分离,这给了在那儿的外国武官们(如阿尔塔莫诺夫)很多政治机会。没有人比俄国人更急于利用这些机会,他们在这一地区的活动,令人想起俄国军官与泛斯拉夫主义的密切关系。"这是战争教唆者的集结地",威廉二世在巴尔干战争前夕评论道。③ 在联盟的缔结过程中,俄国驻索菲亚陆军武官罗曼诺夫斯基上校是一位不知疲倦的协调者,"热切地推动战争",正如我们在上一章中所看到的,与俄国公使"代表官方的和平努力背道而驰"。④ 后来,沙皇委托保加利亚驻圣彼得堡陆军武官给保加利亚陆军大臣带去口信,再次怂恿后者开战。沙皇"将乐于看到塞尔维亚与保加利亚的谈判圆满结束",该协议显然意味着结成了一个由军人政客创立的战争联盟。意大利驻索菲亚陆军武官就是其中之一。他与罗曼诺夫斯基及曾在意大利军校留学的保加利亚军官关系紧密,从他们那儿听

---

① *Grosse Politik*, XXXIV, 12806.

② *Oesterreich-Ungarns Aussenpolitik*, IV, 4353.

③ *Grosse Politik*, XXXIV, 12806.

④ *Grosse Politik*, XXXIII, 12219;有关罗曼诺夫斯基进一步的活动,见 XXXV, 13564, 13566。

到了塞尔维亚和保加利亚结盟的消息。在此之前,土耳其人一直都立场坚定,但这一消息促使它与意大利缔结了对后者有利的和平协议。①

从根本上说,武官的作用是当一名观察者和报告者,而不是谈判者。然而,在某些特定的军事场合,并在获得国内部门或大使明确指令的前提下,他也可能从事谈判,以便达成军事协议或较为有限的非正式协议。只有在原始的或者草率的情况下(就像在一些巴尔干国家所盛行的那样),武官才会成为最重要条约的谈判者和签署者,例如1904年4月塞尔维亚和保加利亚达成的那些协议,它们成为巴尔干联盟的序幕。② 1905—1906年法国与英国的非正式协议,以及后来的关于在与德国爆发战争时对法国进行军事援助的协议,都是通过法国驻伦敦陆军武官胡格特上校签署的。为此,胡格特先是求助于一名英国前武官——雷平顿上校。③ 在1914年英俄海军协定谈判中,俄国方面的代表是其驻伦敦海军武官,他根据在圣彼得堡得到的口头指示进行谈判。之所以这样安排,部分是因为"海军武官的出行,即使是多次往返,也不会让公众觉得异常,而海军高官如果到访伦敦一定会被公众所知,并成为他

---

① Ernst C. Helmreich, *The Diplomacy of the Balkan Wars* (Cambridge, Mass. and London 1938), pp. 52, 156; Anatolli V. Nekludoff, *Diplomatic Reminiscences before and during the World War*, 1911-1917 (New York 1920), pp. 75, 82ff., 194.

② Helmreich, pp. 5, 464ff.

③ 有关细节见 Fay, I, 203ff。

们谈论的话题"。① 尽管根据英国方面的要求采取了保密措施,这一"令英国朝着加入法俄联盟迈出的重要一步"(萨松诺夫),还是被德国外交部通过俄国驻伦敦使馆的 M. 德西贝特(M. de Siebert)获知了详情,并通过《柏林日报》公之于世。②

友好国家的武官之间经常会交换他们在驻在国获取的情报。③ 如果有联盟关系或者其他协议,这种交换就会更加密切,也更具有排他性,④甚至可以说是强制性,而武官之间合作的紧密程度也并不逊色于大使。朋友就是朋友,敌人就是敌人,这是联盟外交的绝对准则。第一次世界大战结束时,新任命的英国驻东京陆军武官向皇家总参谋长亨利·威尔逊爵士询问对其四年任期有何指示,威尔逊告诉他:"你问我在东京的基本工作方针或者政策。

---

① *Die internationalen Beziehungen im Zeitalter des Imperialismus* (USSR), 1st ser., III, 5; 关于这些谈判见 Vagts, *Defense and Diplomacy*, pp. 126ff。

② Theodor Wolff, *The Eve of* 1914 (New York 1936), pp. 380ff.

③ 巴尔干危机期间(1912年11月),德国驻巴黎陆军武官从西班牙同行处得到消息(后者"已在巴黎工作五年,是一个很好的观察者"),法国政府为防止不测,已经在不刺激外国或国内公众舆论的前提下采取了所有预防措施。意大利武官还提到加快新兵训练的命令,以使他们尽早做好上战场的准备。*Grosse Politik*, XXXIII, 12436.

④ 当同盟国和协约国两大集团的关系稍有缓和时,分属欧洲两大阵营的国家武官之间的情报交换也得以恢复。德国驻圣彼得堡武官断定,1913年英俄两国因为波斯问题正在变得疏远。"支持这一判断的,是一向矜持的英国陆军武官正在频繁地造访奥地利武官,而后者正竭力散布有关俄国部队在南方活动的谣言。" *Grosse Politik*, XXXIV, 12649.

嗯，我只能送给你一句我一直以来奉行的座右铭——忠于你的朋友，杀死你的敌人。你到了日本就会明白这句话的意思。我一直希望，也一直相信，日本人是我们的朋友，而维持这种友谊至关重要。我希望，通过与他们陆军的交往，你可以报告，我们和他们依然可以团结一致，共同担当法则和秩序的代表。"①

军事情报的交换几乎可以作为联盟关系的替代品。自19世纪80年代以来，它在不同时期成为英国秘密地摆脱不结盟状态的手段。事实上，英国在两次世界大战期间向奉行孤立主义政策的美国所提供的情报，成为克服后者回避外交契约习惯的一种方式。1890年前后，英国和三国同盟的准联盟关系中最具有实质性的部分，体现在交换关于潜在的共同敌人（特别是俄国）的情报。② 格里尔森上尉（陆军部俄国科科长，19世纪90年代曾任驻柏林陆军武官）"与柏林总参谋部的几个人关系很好，我们从他们那儿得到了关于俄国的很有价值的军事情报"。他也投桃报李，向德国人提供了一些他们认为很有价值的情报。③

尽管英国人避免与法国和俄国签署书面联盟协议，他们却通过交换情报表达了与法俄的友好关系。这种情报交换十分活跃，以致德国驻伦敦陆军武官，通过其在1912年初的观察，认为英法之间一定存在"某种防御性和进攻性的联盟关系"，因此，在即将

---

① Callwell, II, 307f.

② *Grosse Politik*, IV, 778.

③ Waters, "*Secret and Confidential*", pp. 25, 33.

举行的德国演习中,应该像对待法国观察员一样,对英国观察员采取同样的限制措施。① 1912 年 2 月,英国驻柏林陆军武官(法国和英国海军武官在那儿"进行日常交流")向其法国同行通报了他刚刚获得的德国动员计划中的一些变动情况。对法国武官来说,这些情况非常重要,应该引起重视,于是他通过其国内机构向圣彼得堡和伦敦进行了通报。② 在当年晚些时候的巴尔干危机期间,英国驻维也纳陆军武官对他的俄国同行说,英国使馆得到消息,德国正向奥地利施加压力,阻止其在南部针对塞尔维亚的侵略行为。③

为了获取情报,英国陆军部于 1906 年和 1912 年通过其驻布鲁塞尔陆军武官接近比利时总参谋长。英国人不会被他们的"谈话"所束缚,因为它们"完全是临时性的,不具有任何承诺性质"。但比利时针对德国的侵略作了哪些准备呢？一旦比利时遭到侵略,哪里是英国援军的最佳驻扎地点？运载英国部队的火车的下车地点应如何安排？还有地图、联络、翻译等一系列问题。比利时人对于邻近的德国莱茵省内的军事活动了解多少？可以说,比利时掌握的情报非常不全面。1906 年,时任总参谋长为他不掌握秘密活动经费而且比利时没有向国外派驻武官而感到遗憾。在一份给国防部的报告中,他认为"他有责任说明形势,即比利时与其邻国和潜在敌人相比处于明显的劣势"。但直到 1913 年,比利时才

---

① *Grosse Politik*, XXXI, 11552.

② *Documents diplomatiques français*, 3rd ser., II, nos. 13, 56.

③ Stieve, ed., *Der diplomatische Schriftwechsel Iswolskis*, II, 275.

开始派遣驻外武官。①

协约国的总参谋长,以及被他们视为自己的对外代表的武官们都相信,三国协约是服务于战争目的的一个坚强联盟。但那些信奉孤立主义的英国内阁成员,如莫利(Morley)和伯恩斯(Burns),却不这么认为。最晚到1912年初以前,协约国集团的弹性特征(格雷佯装保持的),对于那些参与战争策划的军人来说,早已不复存在。俄国人对英国义务的疑虑(从一开始就存在,到战争爆发时可能偶尔还会有),必须驱除。1911年下半年,当俄国驻伦敦陆军武官(1891—1895;1907—1917)叶尔莫洛夫(Jermolov)中将表现出这种疑虑时,法国总参谋长迪巴耶(Dubaille)上将向俄国驻巴黎武官诺斯蒂茨(Nostiz)伯爵给出了"新的、明确的"保证——英国对欧洲大陆的援助值得信赖,一旦发生战争,所有军事事务都会安排妥当,另外,两国海军人员也会就其他协议展开谈判。诺斯蒂茨的英国同行确认了法国人的情报——一旦开战,英国军队一定会在法国登陆(尽管最近一些英国报纸对此有些异议)。当天,这位英国武官从陆军部收到了肯定的说法,英国已经以1911年秋天商定的方式,做好了援助法国的准备,因此对德国来说,"将面临新的复杂情况"。他承认,军方以外的有些人并不同意这一想法,甚至海军部内也有一些质疑者,但他们已经被解职了。有了英国给出的这些坚定且又十分权威的保证,诺斯蒂茨以及很多其他军人和外交官,都设想协约国一定会取得胜利。法国

---

① *British Documents on the Origin of the War*, III, 186ff.; Beauvais, p. 77.

处于自1870年以来最好的战略形势,不再像以前一样对德国实力心怀恐惧。一名法国高级军官向诺斯蒂茨保证,"我们法国人不再害怕普鲁士"。

诺斯蒂茨在巴黎获得保证的同时,为了消除叶尔莫洛夫的疑虑,法国驻伦敦武官胡格特上校拜访了他。英国在发生战争时介入欧洲大陆的意愿不容质疑,总参谋部和海军部最近加强联系便是佐证。在法国(英国的情况也差不多),与德国尽早开战的愿望正在上升,而德国(持和平主义态度的德皇将很快失去对战争分子的控制)必须通过法国与英国作战。

1912年1月接替迪巴耶担任法国总参谋长的霞飞确认了迪巴耶作出的保证,并称陆军部正积极准备在当年春天与德国开战。现在,与英国的合作已经得到了明确的认同,甚至两国军队将同时出现在第一次战役的战场上。预计,德国将通过比利时进军。为了完成对德国的第三方观察,俄国驻柏林陆军武官巴萨洛夫与其法国同行佩莱讨论了叶尔莫洛夫的报告和总体形势。他们一致认为,尽管德国媒体的论战不如之前激烈,但因为德国在摩洛哥政策上的失败,"政治上成熟的社会阶层和军队普遍反感法国,对英国更是如此"。这两个协约国集团的发起国还一致认为,冲突将首先在英国和德国之间爆发,继而法国也会卷入,这让他们更加确信英国会加入欧洲的战争。德国正为即将到来的战争加紧准备。"同时,毫无疑问的是,无论德皇还是相当一部分的德国人民,目前都不想要战争。然而,如果他们意识到战争已不可避免,德国将极有可能首先发起军事行动,因为只有先发制人,才能在与英国海军的战斗中有取胜的机会,并确保在对法国的决战中取得压倒性优势。德国陆军和海军的组织提供了这种机会。"①

这些推心置腹的交流无疑使法国和俄国更加相信,英国"与它们同心同德",因此可以放心地将其视为军事盟友,尽管英国在外交上显得保守(公开比私下里更加明显)。它们一定会使协约国集团加强战备,而且这种战备随着1914年的临近而逐渐增强,并向协约国外交官进行了传达。它们使所谓的"关于某些情况的非正式协议",比诸如格雷这样的政客所愿意看到的或者后来所愿意承认的,更具约束力。分享秘密通常具有这样的效果,至少在绅士以及那些(就像军人一样)自认为比大多数其他人更为绅士的人中间是如此。

但是,绅士之间也会有所保留,有些秘密通常不会说出去。即使在盟友之间,有时也会怀疑对方在追求一己私利,而非共同的利益。几乎在1914年英俄海军协议谈判一开始,英国驻柏林海军武官(可能已经对俄国武官肆无忌惮的间谍活动有所耳闻)突然找到他的俄国同行,并提议与他在获取情报方面开展合作。俄国人被这一提议搞懵了。最后他判断,这是英国人变相地让俄国提升军备的一种手段,并以此迫使德国加强对俄国的军备,当然是在陆上,这意味着把军费从海军挪到陆军那里,从而减轻英国军备竞赛

---

① 这些1912年1月和2月的俄国武官报告被认为十分重要,因此被总参谋部报给了萨松诺夫,一起上报的还有武官们之间交流意见的情况。德文译文,译自 *Krasny Archive*, *Berliner Monatshefte*, VII (1929), 931ff。

的压力。俄国驻伦敦陆军武官同样十分关切。他担心,霍尔丹代表团1912年2月访问柏林或许会使英德达成削减海军军费的协议,这将使德国人把更多的钱用于针对俄国的陆军军备上。① 于是,撇开其他不谈,单凭这一点,就让俄国人十分希望此次访问失败。

通过武官进行情报交换只是维护友谊、修补联盟关系的一种方法。当军方对犹豫不决的外交官进行政治施压时,武官就常常成为各国政府的中间人(维也纳和柏林,②巴黎和伦敦,③以及巴黎和圣彼得堡),而且七月危机期间他们在三条线上都扮演了中间人的角色。7月28日,亨利·威尔逊上将和他陆军内外的亲法朋友"怀疑内阁正准备逃离"和抛弃法国,不顾两国军方达成的协议。他建议,帕努斯(Panouse)将军(胡格特的继任者)请康邦大使当晚去找爱德华·格雷,威胁"如果我们不参加,他将在断交后去巴黎"。④ 康邦是个文质彬彬的外交官,无法使用这种军人式的粗鲁

---

① *Journal of Modern History*, XII (1950), 85.

② Conrad, IV, 152.

③ 1911年3月,亨利·威尔逊爵士,陆军作战局局长,在一次访问柏林期间对法国陆军武官敞开了心扉。他说,多年来自己"坚信我们不久将有一战",坚信比利时的中立将被德国人打破,其陆军将加入西方阵营,坚信德国陆军并不可怕,坚信德国人既不勇敢也不好战,只要经历一次失败其士气就会垮掉。由于他详细地说出了法国可以从英国获得何种援助,这份报告在巴黎颇受重视。*Documents diplomatiques français*, 2nd ser., XIII, 326ff.

④ Callwell, I, 189.

言语,相反,他呼吁"光荣的期待……在一次公正的争吵中,英国将与它的朋友并肩而立"。① 差不多与此同时,俄国驻巴黎陆军武官送来最后一份照会:"法国陆军部已用一种爽朗热情的口吻,向我宣布了法国政府关于战争的决定,并恳请我确认法国总参谋部将全力对抗德国的愿望,以及奥地利将被视为一个可以忽略的因素。"②

1918 年以后

关于武官在 1918 年以后的联盟缔结和维护中的作用,我们只能粗略地概述。备受期待的武官政客,如 20 世纪 20 年代初波兰驻巴黎武官贝克上校,其行为与其说是加强了、不如说是破坏了法国与波兰的联盟关系。在贝克担任毕苏茨基的外长后,该联盟关系被进一步削弱。1919—1920 年,苏俄武官(尽管最初使用了其他称呼)再次出现在与凯末尔领导下的土耳其、中国以及德国防卫军之间的军事关系中。泽克特坚持,德国与苏俄的事务应"事无巨细,完全交由军人处理",驻莫斯科使馆不得插手。③ 泽克特的特

---

① Fay, II, 536.

② August 1. Fay, II, 531; Gen. Youri Danilov, *La Russie dans la guerre mondiale* (Paris 1927), p. 179.

③ Fredrich von Rabenau, ed., *Hans von Seeckt. Aus seinem Leben*, 1918-1936 (Leipzig 1940), p. 317.

武 官

使科斯特林上校,充当了战后德国驻莫斯科首任陆军武官的角色,很久以后他才被正式任命这一职务。在原先的布尔什维克革命者(如克拉辛[Krassin]和拉杰克[Radek])或去世或失踪后,苏俄武官再次充当了外交事务的渠道,成为适合从事谈判的协调者。他们或许没能重获白俄时代的自由,但在政治争斗中也会偶尔显露狰狞。德国驻莫斯科陆军武官(以及他那位没有获得该头衔的前任)成为德国防卫军与苏联红军关系的主要代理人,双方的合作包括在俄国领土上实验遭禁止的德国武器。当希特勒主义的崛起令这种紧密关系中止时,苏联军事领导人最初还想尽力维持或恢复"与德国的友好关系",而且(直到1939年)这种努力的失败也并非德国武官的责任。①

20世纪30年代,由武官所维持的各国军方关系似乎再次升温。当时的法国将军们,面对新的德国威胁,将他们的保守主义抛到一边,开始认真地考虑再次与苏联结成军事同盟。希特勒上台后不久,巴黎和莫斯科就开始互派武官。② 尽管波兰没有参与,而法国外交部除了东洛迦诺(Eastern Locarno)以外别无所求。陆军让当时还是上校的德拉特尔·德·塔西尼(De Lattre de Tassigny)与苏联驻巴黎陆军武官温泽夫(Wenzov)将军交换意见。③ 1935年5月2日签署的《法苏条约》,没有满足军方的愿望,不仅是因为

---

① *Documents on German Foreign Policy*, Ser. C, II, 376ff.

② *Documents on German Foreign Policy*, Ser. C, I, 71.

③ Pertinax, II, 43.

赖伐尔(Laval)和博内(Bonnet),而是因为一些其他原因,包括对赤色帝国主义及其高昂代价的担心。《慕尼黑协定》签署前不久,甘末林(Gamelin,法国陆军总司令——译注)约见苏联武官,请他向伏罗希洛夫传达法国的军事形势,并询问苏联是否准备"根据事件的情形"采取行动。这位红军军官坦诚相告,认为波兰将与德国联手对付捷克斯洛伐克。"这样一来,苏联的任务将是迅速地与波兰达成和解。"甘末林注意到,这位来访者陶醉于提前使用军事手段控制波兰的前景,但同时他也意识到,苏联外交部门对战争并不像这位军事代表那么热心。①

对法国来说,挽救与波兰的联盟在军事上是个不得已的选择。在对德国的东部第二战线上,波兰根本无法取代苏联的作用,但两国依旧为此做了很多工作,似乎是可能实现的事。新的工作层商谈得以举行,协议得以签署(为时已晚以致无法批准),波兰的武器生产得以开始(在名义上),武官们忙于让这一重新恢复的联盟关系重现生机。法国承诺,在其总动员令发出的15天内,将出动主力发起进攻。然而,当进攻来临时,波兰比其盟友预料的更快地屈服。9月10日,它的命运就已经决定了。当天,甘末林写信给波兰陆军武官(后者当时请求他提供援助),称法国军队将以比承诺更早的时间发动进攻(这甚至连一次象征性的进攻都算不上),除此之外他也无能为力了。②

---

① Gamelin, *Servir*, II, 348.
② Gamelin, *Servir*, II, 60f.

在希特勒和斯大林达成协议之前,法国军队与苏联军队几乎已经断绝了联系。数个月前,苏联召回了其驻巴黎武官,而且没有派出继任者。1939年12月,第一次芬兰战争期间(当时,法国同情芬兰,于是各种法国观察员,包括驻波罗的海国家前陆军武官,被派往芬兰军营中),两国讨论了派遣新武官一事,但直到法国沦陷也未见新武官到任。① 就这样,苏联红军站在了"帝国主义战争"的立场上,而根据苏联的说法,西方列强是帝国主义者和侵略者,而希特勒不是。

克里姆林宫并不想让别国轻易通过军事渠道与苏联建立友好关系。除了一些零星的交谈,那些武官,在苏联人的精心策划之下,其行动和交往受到越来越多的限制,这使他们对红军的观察和判断变得非常困难。于是,他们以同样不信任的态度对待苏联,甚至在他们的国家需要苏联支援时也不例外。1937年日本发动进攻后,德国召回了其派驻蒋介石身边的顾问,还威胁暂停交付所有的德国武器,苏联的援助此时变得更加重要。即使如此,中国驻莫斯科陆军武官告诉德国人,中国人仍然不信任苏联人。②

对大多数人(包括军人)来说,苏联的敌友关系转换起来很难。在20世纪30年代的前几年,苏联驻伦敦陆军武官是普特纳将军。他作为《苏联军队司令部手册》(*the Russian Manual for the Higher Command of Troops*)的作者在军界闻名,后来还担任过布吕

---

① Gamelin, *Servir*, III, 191, 194.

② *Documents on German Foreign Policy*, Ser. D, I, 734.

歇尔的远东司令部参谋长。他和德国武官保持着良好的关系(尽管在后者看来,二人算不上真正的深交),是为了体现德国防卫军与苏联红军之间当时尚存的紧密关系。另一方面,德国与日本最近的和解尚未对两国武官的关系产生影响。据1933—1938年间的德国陆军武官称:"紧密的政治关系扩展到(各国武官间的)私人关系中,这在伦敦并不常见。"在导致普特纳被杀的大清洗之后,莫斯科宣称,他在伦敦任职期间与一名德国军官保持着密切的私人关系。他的死在军界成为很多人谈论的话题。"我并不怕死",后来担任温斯顿·丘吉尔军事顾问的伊斯梅(Ismay)对德国武官说,"但被自己人开枪打死太可怕了"。①

法国政客们的不信任(他们不愿以让苏联控制波兰为代价拯救捷克),使苏联在1938年援助捷克斯洛伐克的希望落空。在无法确认法国将武装抵抗德国侵略的情况下,苏联不得不将这种援助限制在派飞机进入位于两国中间的罗马尼亚上空。罗马尼亚驻布拉格陆海军武官向德国人通报了这一消息,并向后者保证,罗马尼亚决不许苏联军队越境进入其领土。② 新任捷克驻莫斯科公使认为,苏联有援助捷克的实力和意愿,尽管它刚刚进行了大清洗且对两线作战心存忌惮。但是,已经在莫斯科待了四年的捷克陆军

---

① Geyr, *Erinnerungen*, pp. 18f.
② *Documents on German Foreign Policy*, Ser. D, II, 500.

武官,却"并不看好苏联援助的价值"。①

通过武官的非正式关系网,德国人搜集到不少情报,这些情报使德国对捷克的军事行动并不像当时看起来那样冒险。9月9日,德国驻巴黎海军武官给国内外交部发电报("为了海军"),称他的意大利同行从可靠渠道获知,法国地中海舰队已十分接近进入战备状态。② 但一周后,这位意大利武官又告诉德国人,从最近与法国总参谋部军官的交谈中,"他的感觉是,他们希望和平解决,而且他们能够接受以和平方式吞并苏台德区,但如果德国与捷克斯洛伐克发生类似战争的复杂情况,法国无论如何都要介入。他从总参谋部不同部门的军官处听说,法国与德国迟早会有一战,现在打总比晚打更有利"。③ 随后,他又提供了关于法国预备役部队动员的详细情报,唯恐德国人还不掌握这一情况。④ 波兰驻布拉格陆军武官也趁火打劫,告诉他的德国同行,波兰公使馆"都认为,欧洲的战争问题已不再严重。对于可能的苏联军队过境,波兰将进行军事上的抵抗,同时波兰也会向罗马尼亚施加强大压力,令其

---

① *Documents on German Foreign Policy*, Ser. D, II, 363. 更早之前,至少在1933年,捷克军人就已经对苏联的援助表示怀疑,并希望,正如两名捷克驻柏林陆军武官所说,如果德国与波兰及其盟国法国开战,捷克可以保持中立。因为捷克国内有400万德裔,与德国开战是不可能的。Castellan, p. 491.

② *Documents on German Foreign Policy*, Ser. D, II, 723.

③ *Documents on German Foreign Policy*, Ser. D, II, 809.

④ *Documents on German Foreign Policy*, Ser. D, II, 809f.

拒绝让苏联军队过境"(9月19日)。①

随着危机的临近,协约国集团内的小国开始背叛它们的盟友——捷克斯洛伐克。通过它们的武官,这些国家向德国提供了有关捷克总参谋部的情况。9月22日,慕尼黑协议签署前一周,捷克总参谋部坚信与法国的盟友关系将发挥作用,他们曾为此询问巴黎,得到的回答似乎令人满意。② 小的协约国集团成员国都对目前协议下的责任唯恐避之不及,③而在这一解除旧联盟、建立新联盟的过程中,武官成为不可或缺的角色。

在这些近东军事政客中,还活跃着一批来自远东的军人——日本陆军武官。④ 驻柏林的大岛浩和日本驻华沙武官都热心于拉拢其他国家(如罗马尼亚和波兰,两国都将苏联视为军事威胁)加入《反共产国际协定》。尽管日本人觉得,由一群上校统治的波兰符合加入反共产主义阵线的条件,但对波兰积怨颇深的德国人却不能接受这一建议。⑤ 即使在他还不是驻柏林大使的时候,大岛

---

① *Documents on German Foreign Policy*, Ser. D, II, 838;关于美国驻柏林陆军武官杜鲁门·史密斯在慕尼黑危机期间有关德国与波兰达成军事谅解的报告,见 Charles C. Tansill, *Back Door to War*, *The Roosevelt Foreign Policy*, 1933-1941 (Chicago 1952), p. 431。

② *Documents on German Foreign Policy*, Ser. D, II, 881.

③ *Documents on German Foreign Policy*, Ser. D, II, 990.

④ 关于日本陆军武官外交活动的开始,见 *Documents on German Foreign Policy*, Ser. D, III, 59, 306, 314, 344, 556 (1934)。

⑤ *Documents on German Foreign Policy*, Ser. D, I, 750ff.

浩就得到了里宾特洛甫办公室的特别关照,作为谈判者他的重要性不低于真正的大使。他代表了日本陆军,而后者是日本最急于缔结柏林—东京联盟的团体。1938年,德国外交部试图通过大岛浩对东京施加影响。当时日本政府犹豫,除了在其占领的中国北部地区的最惠国待遇外,是否应该对德国人作出更多的让步。大岛浩是他们接近的目标,此人"答应与参谋本部联系"。① 许多以前由外交官和外交部所把控的谈判工作,在1939年甚至在那以后,被武官和他们国内的军方部门篡夺。在西方人看来,这种越权行为在日本出现得比较晚。② 只是当他们的军官采取"以刺杀方式上台"的疯狂行为之后,军方才开始给予武官在驻外使馆之外采取独立政治行动的权限。然而,日本武官们从事这种活动的时间太长,也太晚了,后来证明这不符合日本的最大利益。其驻瑞典(少有的几个中立国之一)的陆军武官小野寺信和驻柏林的大岛浩一样,是一个东京—柏林轴心同盟的忠实拥护者。他坚决相信,而且一直相信,轴心国集团最终必将获胜,甚至1944年12月他没有立即向东京或他的上级报告古斯塔夫国王(King Gustaf)提出的一项考虑周到的建议,即由瑞典政府充当中间人,在日本国家和皇

---

① *Documents on German Foreign Policy*, Ser. D, I, 887.
② 有迹象表明,武官会有为政治服务的不良嗜好。1944年7月的内阁更替中,东条英机任命一名前驻柏林海军武官为海军大臣,与其前任一样,此人是个只会唯唯诺诺、不愿正视失败征兆的人,或者不愿就此提醒东条英机或者其他死硬派。Toshikazu Kase, *Journey to the "Missouri"* (New Haven 1950), p. 80.

室崩溃以前提出和谈条件。后来,当日本战败已经显而易见,这名武官又在未通知公使的情况下独立开展和谈工作。瑞典人向日本公使申明,这些活动对于实现和平有害无益。这位为了和平疯狂地、较早地作着努力的日本职业外交官愤慨地说:"这就是我们反复无常的军人们的心态,他们毫无顾忌地蔑视外务省,无视自己的无能,任意干预外交政策的执行。"①这名武官后来受到陆军大臣的严厉申斥,但其造成的伤害已经无可挽回。

在柏林—罗马轴心方面,德国国防军武官冯·林特伦利用外交和军事才能,尽力让他的上级明白意大利的弱点,同时让意大利人接受德国的建议和支持(未必及时,未必成功,而且在心怀不满的意大利人看来,也未必高明)。事实证明,对于作为最高统帅的德意两国独裁者来说,军事平衡反倒有害无益,两国的极权主义政党在竭力干预战争时也是如此。在意大利加入战争后,林特伦成为"驻意大利武装部队司令部的德国将领",主要负责在两国最高司令部之间建立并促进直接的联系,以免武官报告在采用使馆和外交部渠道时出现迟滞和延误。两国陆、海、空军之间也建立起了类似的联系,且均由武官负责。②

在扩展轴心国集团的卫星国方面,武官们发挥的作用丝毫不比外交官小。诸如匈牙利这样的卫星国首先是从德国武官那

---

① Toshikazu Kase, *Journey to the "Missouri"* (New Haven 1950), p. 221;关于日本驻伯尔尼海军武官维护和平的努力,见该书第222页。

② Rintelen, *Mussolini als Bundesgenosse*, pp. 53, 96f. and passim.

里得知,对苏联以及南斯拉夫的战争准备即将完成,希望它们也出一份力。① 后来加入轴心国集团的芬兰,通过德国驻赫尔辛基陆军武官安排了它的重新参战事宜。早在1940年9月,他把曼纳林元帅的全权代表领入希特勒的司令部,商定了进攻苏联的细节。②

在苏联与西方列强的联盟关系中(有关这方面的历史记载远不如轴心国集团内部的丰富),双方武官很少有发挥作用的机会,仅限于传达苏联关于战争物资的越来越多的需求,而且该工作也大多由高层人士负责。美国驻莫斯科武官未能做好华盛顿的耳目,因为苏联不允许他们检查这些物资的用途,也不允许他们观察苏联如何作战,此前这些高度专业的东西在盟国之间从未相互隐瞒过。出于对互惠原则的尊重,苏联人也没有提出允许其武官赴英美战争前线视察的要求。他们竭力通过间谍活动获取诸如原子研究等方面的西方秘密,正如前面提到的,其中有些间谍活动在苏联驻渥太华武官的领导下进行。

与之相反,英国人几乎从战争一开始就与美国人分享经验和情报,两国之间的交流经常通过美国驻伦敦武官进行。其中一位海军上校(后晋升为海军上将)阿兰·G.柯克,后来当上了美国海军情报局局长,③其在伦敦的经历发挥了一定作用。在珍珠港事

---

① *Trial of the Major War Criminals*, VII, 331ff.

② *Trial of the Major War Criminals*, VII, 327f.

③ 更多细节见 Watson, pp. 106f., 114, 370f., 505。

件之前的防御战结束后,英美之间的友好关系已经变成了联合作战的盟友关系,武官联络已经不能满足要求,于是设立了盟国间的常驻参谋人员。在战后诸如北约这样的机构中,这些职位也得以保留或者重现,而且在一些像英国这样的国家,这些参谋人员甚至取代了武官,在完成其他任务之余,担负起武官的工作(1952)。没人说得清,武官制度早期的恶劣记录对于如今的这种压制到底有多大的影响。

第 18 章　武官制度的未来

一名武官说过,"武官的名声比较有争议"。① 的确,他们有一种令人可疑的特征。不时有人提出,为了增进人类的福祉或者改善国际关系,应该取消武官。对武官的批评来自两种极端的和平主义思想——保守的君主外交思想(代表人物有明斯特尔伯爵、诺瓦耶[Noailles]子爵等)以及反战的社会主义思想。外交官的观点来自体制内部,来自他们与武官共事的个人经历。在他们看来,武官的政治活动,似乎对和平或外交事务的正常运行构成了威胁。对武官的外部批评,通常由一些与间谍案有关的丑闻事件所引发。时不时地,和平主义者②、国际律师③、搜寻奇闻轶事的报刊④,甚

---

① Geyr, *Erinnerungen*, p. 9.
② 为反驳和平主义者主张取消武官的言论,有人曾指出,武官最适合监督军备限制条约的执行情况。
③ Pradier-Fodéré, *Cours de droit diplomatique*, 2nd ed. (Paris 1899), II, 185,将武官称为"误入外交圈的士兵和水手",提供了富有争议的服务。Beauvais, p. 199.
④ 1896 年的"Le Matin"报。*Grosse Politik*, XIIII, 3589.

至像布朗热(他被一连串的事件彻底激怒,认为武官们的作用可以忽略①)这样的陆军部部长都加入了要求取消武官的阵营之中。②然而,这些鼓噪持续的时间都不长。至少有三次(1899、1900和1907年),法国社会主义者在内阁提议,应该把武官经费从陆、海军预算中取消,但每一次他们的提议都被否决。

最初,社会主义者鼓噪的动机来自德雷福斯事件,来自武官与间谍之间的关系,这种关系已经被公开曝光,尽管很不彻底。1899年3月11日,马赛尔·松巴在法国下议院的演讲中,将这种观点表达得最充分。③ 观点之一:所谓武官,只不过是间谍和他本国情报活动的领导人。对此,法国陆军部部长德·弗雷西内的回答是,取消武官制度并不会让间谍活动消失,"知道本国反间谍部门的目标是谁,总比不知道要好得多"。观点之二:外国武官在国内的存在,让叛国者可以轻易地将国家秘密出卖给他们。对此的回答是,一个铁了心的叛国者,即使不找武官也能出卖自己手里的秘密,而

---

① Beauvais, p. 199
② 1891年,当巴黎媒体反对德国陆军武官的呼声变得如此之猛烈,持续时间如此之长,而且法国当局对他们的保护显得如此不足,以致德国人,包括这位武官本人,已经在认真地考虑放弃这一职位。同时,为了报复,德国将法国驻柏林武官送回国内。*Berliner Monatshefte*, XV (1937), 997.
③ Beauvais, pp. 198ff. 大多数的反方观点也可以在此找到。

且武官一般都受到严密的监视,对叛徒来说与他们接触的风险很大。① 观点之三:允许负有情报搜集任务的外国武官进入诸如陆军部这样的军事部门是危险的。松巴质问道,谁能分辨无害的、可以分享的情报和不适于传播的情报? 如何确定外国武官想要的文件重不重要? 即使确定这份文件不重要,又如何确定它对这名外国武官也不重要?

不仅允许外国武官进入陆军部的做法应该受到批评,另外还有本国军官和外国陌生人之间交往过密的丑闻。外国武官凭借各种军人团体,持续进行交往,结果他们利用光明正大的、符合国际礼仪的方式获得了想要的情报。

除此之外,他们还可以在演习期间有所斩获。军队领导人在劳累了一天之后,他们在与武官共同居住、共同进餐时,都会给后者提供机会,研究他们的身体与心理状况,他们骑马的能力,是否容易感到疲劳、沮丧,从而判断他们是否具有冷静的心态和洞察力。

对此的回答是,并非陆军部的所有部门都对外国武官开放,事

---

① "武官有各种从事非法工作的其他渠道。'脏活'可以交给助手副武官来做,后者在发生不测时可能会被舍弃。另外,情报工作可能不在驻在国,而是在第三国进行,比如驻意大利武官对法国进行观察……观察其工作性质的一个很好的指标是武官处的地点。如果武官处位于使馆外面,在一处声誉不佳的地方,这说明它会接待一些可疑的来访者。正是出于这一原因,我反对(十分坚决且成功地)将我的办公室从使馆搬出,尽管空间显得越来越紧张。"Geyr, *Erinnerungen*, pp. 10f., 上述观点是基于作者 1933—1938 年担任德国驻伦敦武官的经历。

实上,仅仅设立了一个部门负责在规定的、有限的时间内接待他们。关于观察演习的担心也同样适用于其他外国观察人员,通常后者的人数要远远多于武官。因为对等原则,我们自己的武官也可以进行同样的观察。武官的素质越高,他的观察就越有成效。

观点之四:法国政府应该以身作则,召回其武官。对此的回答是,武官制度已经根深蒂固,只要各国没有一致同意取消这一制度,外国政府就可以继续向巴黎派遣武官。任何放弃派驻武官的国家,都将在国际军备竞赛中失去一个重要的岗位。

通过投票批准武官经费,法国政府一再驳回了社会主义者与和平主义者的观点,显然是出于现实的原因。一位封建时代的贵族——德拉费罗内丝侯爵,赞扬了武官使命的骑士特性,其"首要任务,是用高尚的荣誉、尊严,以及,如果可以的话,用他所有同事在细致严谨和专业方面的价值,激励他日常接触的所有国家的军官"。①

布尔什维克主义者一度取消了武官。然而,在认识到武官在军备竞赛中的价值之后,他们又重新恢复了这一制度,并充分发挥了它的作用,包括在临时盟友(在苏联人眼中,他们依旧是阶级敌人)中从事间谍活动。第二次世界大战结束几年以后,他们才得出结论,对武官加以抑制才是对苏联最有利的现实举措。于是,在莫斯科和苏联卫星国的首都,才充斥着西方武官是间谍的声音,才出现了无数间谍指控和召回的要求,才强调保守秘密是苏联公民或

---

① 法国下议院,1899 年 3 月 2 日。Beauvais, p. 92.

武 官

士兵的责任,①也才会在1949年9月发生解散公使馆几乎全体人员(包括武官)的事件(这是对铁托领导的南斯拉夫进行围堵的一部分)。苏联人的态度或许预示了东西方互派武官的终结,这是两大军事阵营相互隔绝的一部分。另一方面,作为这场不可避免的竞赛中唯一的代理人,使馆和公使馆内那些公开倡导军备竞赛的外交官,或许比以掩护身份活动的间谍更为合适。

在每一阵营内部,互派武官可能是军事联系日益紧密的体现,但即便这种联系也并不一定非得靠武官来进行。我们在前文中提到,1952年秋,英国撤销了其驻北约国家首都的部分武官,②公开的理由是为了节省经费,但这似乎也意味着在盟国之间武官是可有可无的。

---

① 1949年9月,苏联发布了一本名为《当心军事秘密》(*Guard Military Secrets*)的小册子,里面详细描述了以美国为首的"帝国主义国家"情报部门的工作方法。这本小册子将"参赞、二等秘书和三等秘书,使馆随员或者普通雇员"列为其特工。《纽约时报》,1949年9月23日。

② 英国撤回了其驻华盛顿武官和所属人员,其职责任务由英国联合军事使团接管。《每日电讯报》,1952年11月8日。

参考文献

著作：

Beauvais, Armand P. *Attachés militaires, attachés navales, et attachés de l'air* (Thèse: Université de Paris), Paris 1937.

Beyens, Eugen Louis, Baron. *Deux années a Berlin, 1912-1914*, 2 vols., Paris 1931.

Bülow, Bernhard, Fürst von. *Denkwürdigkeiten* (ed. F. von Stockhammern), 4 vols., Berlin 1930-1931.

Callwell, Major General Sir Charles Edward. *Field-Marshal Sir Henry Wilson. His Life and Diaries*, 2 vols., New York 1927.

Castellan, Georges. *Le réarmement clandestin du Reich, 1930-1935*, Paris 1954.

Conrad von Hötzendorf, Franz, Graf. *Aus meiner Dienstzeit, 1906-1918*, 5 vols., Vienna 1921-1925.

Dawson, Brigadier General Sir Douglas. *A Soldier Diplomat*, London 1927.

Faramond de Lafayolle, Contgran, vicomte de. *Souvenirs d'un attaché naval en Allemagne et en Autriche, 1910-1914*, Paris 1932.

Fay, Sidney B. *The Origins of the World War*, 2 vols., New York 1928.

Geyr von Schweppenburg, Leo Dietrich, Freiherr. *Erinnerungen eines Militärattachés, London, 1933-1937*, Stuttgart 1949.

Geyr von Schweppenburg, Leo Dietrich, Freiherr. *The Critical Years*, London 1952.

Giesl von Gieslingen, General Wladimir, Baron. *Zwei Jahrzehnte im Nahen Orient* (ed. General-major Ritter von Steinitz), Berlin 1927.

Glaise-Horstenau, Edmund von. *Franz Josephs Weggefährte: Das Leben des Generalstabschefs Grafen Beck*, Vienna 1930.

Gleichen, Lord Edward. *A Guardsman's Memoires. A Book of Recollections*, Edinburgh and London 1932.

Görlitz, Walter. *Der deutsche Generalstab, 1657-1945*, Frankfurt-am-Main 1950.

Haller, Johannes. *Aus dem Leben des Fürsten Philipp zu Eulenburg-Hertefeld*, Berlin 1924.

Hassell, Ulrich von. *The von Hassell Diaries, 1938-1944: The Story of the Forces against Hitler inside Germany as recorded by Ambassador Ulrich von Hassell*, New York 1947.

Herbette, Jean. *Ein französischer Diplomat über die bolschewistische Gefahr*, Berlin 1943.

Hilton, Richard. *Military Attaché in Moscow*, Boston 1951.

Hohenlohe, Choldwig, Fürst zu. *Denkwürdigkeiten der Reichskanzlerzeit* (ed. Karl Alexander von Müller), Stuttgart and Berlin 1931. (Vol. III of *Denkwürdigkeiten des Fürsten Chlodwig zu Hohenlohe-Schillingsfürst.*)

Ignatiev, Lieutenant General A. A. *A Subaltern in Russia* (transl. Ivor Montagu), London 1944.

Knox, Sir Alfred William Fortescue. *With the Russian Army 1914-1917*, London 1921.

Meisner, Heinrich Otto. *Militärattachés und Militärbevollmächtigte in Preussen und im Deutschen Reich. Ein Beitrag zur Geschichte der Militärdiplomatie*, East Berlin 1957.

Monts, Anton, Graf. *Erinnerungen und Gedanken des Botschafters Anton Graf Monts*, Berlin 1932.

Mott, T. Bentley. *Twenty Years as Military Attaché*, New York 1937.

Oncken, Hermann. *Die Rheinpolitik Kaiser Napoleons III von 1863 bis 1870 und der Ursprung des Krieges von 1870/71*, 3 vols., Stuttgart 1926.

Papen, Franz von. *Memoirs*, New York 1952.

Pertinax (pseud.) (André Géraud). *Les Fossoyeurs*, 2 vols., New York 1943.

Potiemkine, Vladimir (ed.). *Histoire de la diplomatie*, 3 vols., Paris 1946-1947.

Rich, Norman, and Fisher, M. H. (eds.). *The Holstein Papers*, 4 vols., Cambridge 1955ff.

Schlözer, Leopold von. *Generalfeldmarschall Freiherr von Loe. Ein militärisches Zeit-und Lebensbild*, Stuttgart 1914.

Schweinitz, Lothar von. *Denkwürdigkeiten*, 2 vols., Berlin 1927.

Stürgkh, Joseph. *Politische und militärische Erinnerungen aus meinem Leben*, Leipzig 1922.

Toutain, Edmond. *Alexandre III et la République française: souvenirs d'un témoin, 1885-1888*, Paris 1929.

Vagts, Alfred. *Deutschland und die Vereinigten Staaten in der Weltpolitik*, 2 vols., New York 1935.

Vagts, Alfred. *Defense and Diplomacy*, New York 1956.

Vagts, Alfred. *A History of Militarism*, rev. ed., New York 1959.

Vagts, Alfred. *Landing Operations*, Harrisburg, Pa. 1946.

Waldersee, Alfred, Graf von. *Aus dem Briefwechsel des Generalfeldmarschalls Grafen von Waldersee* (ed. H. O. Meisner), Berlin 1928.

Waldersee, Alfred, Graf von. *Denkwürdigkeiten des Generalfeldmarschalls Alfred Grafen von Waldersee* (ed. H. O. Meisner), 2 vols., Stuttgard 1922.

Waters, W. H. H. *Potsdam and Doorn*, London 1930.

Waters, W. H. H. *"Private and Personal"*, *Further Experiences of a Military Attaché*, London 1928.

Waters, W. H. H. *"Secret and Confidential"*, *The Experiences of a Military Attaché*, New York 1926.

Watson, Mark S. *Chief of Staff: Prewar Plans and Preparations*, Washington 1950.

Wedel, Erhard, Graf von (ed.). *Zwischen Kaiser und Kanzler*, Leipzig 1943.

Widenmann, Wilhem. *Marine-Attaché an der Kaiserlichdeutschen Botschaft in London, 1907-1912*, Göttingen 1952.

Witzleben, Erich von. *Adolph von Deines*, Berlin 1913.

文献：

AUSTRIA: Ministerium des Aussern. *Oesterreich-Ungarns Aussenpolitik von der Bosnischen Krise 1908 bis zum Kriegsausbruch 1914*. Diplomatische Aktenstucke des österreichischungarischen Ministeriums des Äusserün, 9 vols., Vienna and

Leipzig 1930.

FRANCE: Ministère des affaires étrangères. Commission des archives diplomatiques. *Receuil des instructions données aux ambassadeurs et ministres de France depuis les traités de Westphalie jusqu'à la révolution française*, 25 vols. in 27, Paris 1884-1936.

FRANCE: Commission de publication des documents relatifs aux origines de la guerre de 1914. *Documents diplomatique français (1871-1914)*, 3 series, Paris 1929-1950.

GERMANY: *Documents on German Foreign Policy, 1918-1945*, from the Archives of the German Foreign Ministry, Washington 1949.

GERMANY: *Die Grosse Politik der europäischen Kabinette, 1871-1914*, J. Lepsius, A. Mendelssohn Bartholdy, F. Thimme, eds., 40 vols. in 54. Berlin 1922-1927.

GERMANY: *Nazi-Soviet Relations, 1939-1941*. Documents from the Archives of the German Foreign Office as released by the Department of State, Washington 1948.

GERMANY: Historische Reichskommission. *Die auswärtige Politik Preussens, 1858-1871*, Erich Brandenburg, Otto Hoetzsch, Hermann Oncken, eds. (Reichsinstitut für Geschichte des neuen Deutschlands), 4 vols., Berlin 1932.

GREAT BRITAIN: Foreign Office. *British Documents on the Origins of the War 1898-1914*, G. P. Gooch and Harold Temperley, eds., 11 vols. in 13, London 1926-1938.

GREAT BRITAIN: Foreign Office. *Documents on British Foreign Policy 1919-1939*. E. L. Woodward and Rohan Butler, eds., 3 series, 18 vols., London 1946-1955.

NUREMBERG: *Trials of the Major War Criminals Before the International Military Tribunal*, *Nuremberg*, *14 November 1945-1 October 1946*, 42 vols., Nuremberg 1947-1949.

NUREMBERG: Nuremberg Military Tribunal. *Trials of War Criminals before the Nuremberg Military Tribunals under Control Council Law No. 10*, *October 1946 to April 1949*, 15 vols. Washington 1949.

UNION OF SOVEIT SOCIALIST REPUBLICS: Commission for the Publication of Documents Relating to the Era of Imperialism. *Die internationalen Beziehungen im Zeitalter des Imperialismus*: *Dokumente aus den Archiven der zarischen und der provisorischen Regierung*, hrsg. von der Kommission beim Zentralexekutivkomitee der Soveitregierung unter dem Vorsitz von M. N. Pokrowski, hrsg. Von Otto Hoetzsch, Berlin 1931-1942.

UNITED STATES: Congress. Joint Committee on Investigation of Pearl Harbor Attack. *Pear Harbor Attack*, *Hearings*, 79th Congress, 1st session, 11 parts, Washington 1950.

UNITED STATES: Department of State. *Foreign Relations of the United States. Diplomatic Papers. The Soviet Union 1933-1939*, Washington 1952.

译后记

由于武官身份的特殊性，国内外关于武官的著述极为少见，使得武官在很多人的眼中有些神秘，甚至有人把武官想象为007那样的超级间谍。为了揭开武官身上的神秘面纱，让普通读者了解武官和武官工作，同时也为国内开展相关领域的教学和科研提供理论支持，数年前我萌生了将德裔美国学者艾尔弗雷德·瓦茨的《武官》(*The Military Attaché*)一书译成中文的念头。该书是迄今为止唯一一部系统介绍武官历史和武官工作的英语学术著作，详细记述了武官制度从中世纪萌芽到19世纪诞生确立再到20世纪逐步成熟的发展历史，并对武官在情报搜集、外交联络、战场观察、军火贸易、军备限制、联盟合作等方面的作用进行了专门探讨。另外，瓦茨还在书中穿插了大量生动的武官故事和案例，让这部严谨的历史著作增添了不少趣味性和可读性。

当然，如果从内容的专业性和完整性来看，该书也不无遗憾之处：一是囿于个人背景和学术兴趣，作者将重心放在了武官与本国文官外交系统以及军方上级的关系上，而对各国武官制度的体系构成、运作方式以及各国武官的工作方法、工作特点等着墨不多；二是受资料来源所限，该书主要介绍的是德、俄、法、英、美等欧美主要国家的武官，对其他国家的武官则较少涉及；三是因为成书时间较早的原因，该书未能涵盖20世纪60年代以后武官制度和武官工作的情况，这不能不说是一个很大的缺憾。

从事过翻译的人都知道，翻译是件苦差事，而翻译这样一本时间跨度长、引述史料丰富、涉及人物和事件众多的大部头历史著作更是如此。本书从动手翻译到最后完成，历时三年有余。其间因杂事牵绊，翻译工作时断时续，进展缓慢，而翻译过程中遇到的各种困难也常常使我有力有不逮之感。对于该书所主要涵盖的欧洲从19世纪初到20世纪中叶的历史，我了解不多，因此只能采取老老实实、严肃认真的态度，对于不熟悉的人名、地名、历史事件等都在小心查证甚至再三查证后才动手翻译。在译文语言的把握上，我尽量在忠于原文的基础上兼顾中文语言习惯，力求做到准确、地道、简洁、流畅。尽管如此，由于译者学识和水平有限，难免会出现错误和不足之处，恳请有关专家和广大读者批评指正。

在本书付梓之际，我首先要感谢我的母校和工作单位国防科技大学国际关系学院为本书的出版提供支持。同时，我要感谢我的同事、国内军事情报和国家安全研究领域的知名专家刘强先生，他不仅积极帮我联系出版事宜，还结合自己的工作经历和研究心得挥笔为本书作序，令其增色不少。我的老师、原驻智利武官薛洲堂先生，以渊博的学识、深厚的翻译功底和严谨细致的作风对本书进行了仔细的审校，提出了不少修改意见，使我获益匪浅。另外，李杰、刘钊、方成、周浩、蒋斌等专家学者对本书提出了许多宝贵的意见和建议,在此表示衷心感谢。我还要特别感谢江苏人民出版社的张延安先生,他在这本译著的修改和编校过程中付出了大量艰辛的努力,为本书的最终出版发挥了重要的作用。最后,我要把这本书献给一直陪伴我、支持我的家人,没有他们的陪伴和支持,我不可能完成这本译著。

陈乐福

2020 年 10 月 12 日于南京